Active Strengthening Technique for Highway Concrete Bridges with Prestressing Tendons

天工开物 公路混凝土桥梁预应力主动加固技术

王潮海 郑继光 高庆飞 编著
黄 侨 主审

人民交通出版社股份有限公司
China Communications Press Co.,Ltd.

内 容 提 要

本书在介绍各种桥梁加固方法基本原理与计算要点的基础上,重点讨论了预应力主动加固方法的受力特点与设计理论,并给出了预应力主动加固受弯构件的计算理论,且对特殊构造转向块以及横向张拉预应力计算理论进行了相关研究。其次,详细介绍了预应力主动加固的常见材料、锚固系统、转向系统、减振系统与防腐系统。最后,分别阐述了有黏结预应力加固技术、预应力复合纤维材料加固技术、简支梁体外预应力加固技术以及大跨径预应力混凝土桥梁体外预应力加固技术的基本组成、受力特点、施工工艺与计算理论,并引入相应的工程应用案例。本书对公路桥梁预应力主动加固技术进行了全面的介绍,内容包含了目前常用的各种预应力加固技术的设计、计算方法和施工技术、细部构造等,以及近几年预应力加固技术在桥梁加固中的应用案例,为公路桥梁的维修加固提供了参考和借鉴。

本书可为桥梁领域的科研工作者、工程设计人员、运营管理者在其研究与工作中提供借鉴,也可作为高等院校桥梁专业师生的参考用书。

图书在版编目(CIP)数据

公路混凝土桥梁预应力主动加固技术 / 王潮海,郑继光,高庆飞编著. —北京:人民交通出版社股份有限公司, 2017.10

ISBN 978-7-114-13857-7

Ⅰ.①公… Ⅱ.①王… ②郑… ③高… Ⅲ.①公路桥—体外预应力—加固 Ⅳ.①U448.14

中国版本图书馆 CIP 数据核字(2017)第 117555 号

书　　名:	公路混凝土桥梁预应力主动加固技术
著 作 者:	王潮海　郑继光　高庆飞
责任编辑:	王　霞　王景景
出版发行:	人民交通出版社股份有限公司
地　　址:	(100011)北京市朝阳区安定门外外馆斜街 3 号
网　　址:	http://www.ccpress.com.cn
销售电话:	(010)59757973
总 经 销:	人民交通出版社股份有限公司发行部
经　　销:	各地新华书店
印　　刷:	北京鑫正大印刷有限公司
开　　本:	787×1092　1/16
印　　张:	19.25
字　　数:	454 千
版　　次:	2017 年 10 月　第 1 版
印　　次:	2017 年 10 月　第 1 次印刷
书　　号:	ISBN 978-7-114-13857-7
定　　价:	86.00 元

(有印刷、装订质量问题的图书由本公司负责调换)

序

  我国桥梁工程建设取得了举世瞩目的成绩,桥梁规模庞大、增长速度快。据统计,截止2016年末在役公路桥梁80.53万座,近年来每年新增的公路桥梁数目多达4万余座。然而,随着交通事业的发展和在役桥梁使用年限的增加,桥梁结构的病害问题日益突出,桥梁改造、维修和加固任务十分繁重。对旧桥、危桥进行加固维修提高其承载力,确保公路运输的安全是目前和今后我国桥梁工程界面临的主要任务之一。

  桥梁主动加固是指在桥梁加固施工中,对既有或新增构件采取一定的措施(如施加预应力或者浇筑微膨胀混凝土)使其主动受力,这样加固构件不仅能够承受后加恒载和活载,而且可以承受原有结构的恒载,甚至可以根据需要完全改变原有结构的受力体系和内力分布,改善原桥梁的工作状态,提高其承载能力。从桥梁加固的分阶段受力角度考虑,相较于传统被动加固的后补强材料只承担活载及后加恒载引起的内力,主动加固解决了后加补强材料应变滞后问题,提高了后加补强材料利用效率,具有诸多优势且加固效果明显。近年来主动加固方法受到工程界的广泛关注,并已成为桥梁改造和加固的主要形式之一。

  作者以他们多年来从事的科研及加固工程案例为主,并参考了部分国内典型工程案例,对公路桥梁预应力主动加固技术分别从加固特点、基本构造、设计理论、施工工艺等方面进行了系统阐述。首先,在介绍各种桥梁加固方法基本原理与计算要点的基础上,重点讨论了预应力主动加固方法的受力特点与设计理论,并给出了预应力主动加固受弯构件的计算理论,对转向块的构造特点以及横向张拉预应力计算理论进行了相关研究。其次,详细介绍了预应力主动加固涉及的常见材料、锚固系统、转向系统、减振系统与防腐系统。最后,分别阐述了有黏结预应力加固技术、预应力复合纤维材料加固技术、简支梁体外预应力加固技术以及大跨径预应力混凝土桥梁体外预应力加固技术的基本组成、受力特点、施工工艺与计算理论,并引入相应的工程应用案例。

  全书内容基本涵盖了目前常见的公路混凝土桥梁预应力主动加固技术,内容翔实,有很强的针对性与实用性,是一本极具实用意义的工程参考用书。

张劲泉

PREFACE 前 言

  桥梁加固方法从作用原理上可划分为被动加固和主动加固两大类,预应力加固属于主动加固范畴。预应力加固即采用预加力原理对桥梁结构进行加固补强,在对后加补强材料施加预应力使其主动受力同时,由于预加力的作用,也改善了原梁的应力状态,从而可以达到提高原梁承载力和抗裂性的双重目的。有黏结预应力加固体系、预应力复合纤维材料加固体系及体外预应力加固体系作为桥梁结构主动加固的主要形式受到工程界广泛关注。

  体外预应力加固是将具有防腐保护的预应力筋布置在梁体的外部(或箱内),对梁体施加预应力,以预加力产生的反弯矩抵消部分外荷产生的内力,达到改善梁的使用功能和提高梁的承载能力的目的。体外预应力加固是目前采用较多的加固方法之一,特别适用于大跨径预应力混凝土连续箱梁和连续 T 构箱梁桥的加固。利用锚固于被加固梁体上的小直径预应力筋,对梁体施加预应力,然后喷注具有较高抗拉强度的复合砂浆,将预应力筋与被加固梁体黏结为一体,构成有黏结预应力加固体系。有黏结预应力加固特别适用于中、小跨径钢筋混凝土 T 梁、空心板梁、箱梁桥的加固。预应力碳纤维布加固钢筋混凝土结构技术是将碳纤维布粘贴到结构表面,碳纤维布预先承受了拉力,通过胶黏剂与混凝土构件结成一体,以起到加固修复混凝土构件的加固方法。预应力加固技术有别于其他方法的优势,例如:与一般加固技术相比,可以较大提高结构的开裂荷载、屈服荷载和极限承载力;显著提高构件的刚度,减小构件变形;有效抑制裂缝的形成和发展,明显改善结构的工作性能。

  本书依托交通运输部联合科技攻关项目"有黏结预应力加固设计理论及施工技术研究"及"体外预应力混凝土桥梁设计理论及施工技术研究"课题成果,在理论分析、试验研究及模拟计算等课题研究成果基础上,介绍基于有黏结预应力加固、体外预应力加固及预应力复合纤维材料加固的混凝土桥梁预应力主动加固的设计计算方法。

  全书共分 7 章。第 1 章为绪论,介绍预应力主动加固的基本思想、基本方法等,各种预应力加固的技术特点,国内外的发展现状及发展趋势。第 2 章介绍预应力主动加固的设计理论。考虑桥梁加固分阶段受力的特点,介绍采用预应力对桥梁结构进行加固时,桥梁在正常使用极限状态和承载能力极限状态的设计计算方法。第 3 章介绍体外预应力转向、锚固、张拉及防腐体系。第 4 章介绍有黏结预应力的加固技术,以及该技术在桥梁正截面抗弯加固和斜截面抗剪加固中的设计方法、施工技术、细部构造等。第 5 章针对桥梁加固中普遍采用的预应力复合纤维材料,介绍预应力复合纤维加固技术及其在桥梁加固中的应用。第 6 章介绍在中小跨径混凝土桥梁中广泛采用的体外预应力加固技术,包括体外预应力加固的设计理论、施工技术、实用计算方法等。同时,对近年来中小跨径桥梁体外预应力加固技术研究的新成果进行介绍。第 7 章针对大跨径预应力混凝土桥梁普遍存在的裂缝、下挠过大等病害,介绍体外预应力加固技术在该类型桥梁加固中的应用。

  本书由王潮海、郑继光与高庆飞共同编写。其中,王潮海重点编写了第1章、第3章、第4章,郑继光重点编写了第2章、第5章,高庆飞重点编写了第6章、第7章。全书最后由王潮海统一修改定稿,由黄侨主审。

  在本书编写过程中,得到交通运输部科技司、吉林省交通运输厅、吉林省交通科学研究所、哈尔滨工业大学许多领导及同行的支持与鼓励,王宗林教授提供了大量素材并给出了诸多宝贵的建议,在此一并表示感谢。

  由于编者水平所限,仓促付梓,书中必有疏漏之处,诚望读者指正。

编著者
2017年6月

CONTENTS 目 录

第1章 绪论 ··· 1
- 第1节 常见桥梁结构加固方法 ··· 2
- 第2节 预应力主动加固的发展历程 ··· 11
- 第3节 预应力主动加固的关键技术问题 ··· 18
- 第4节 本书主要内容 ··· 20

第2章 预应力主动加固设计基本理论与方法 ··· 22
- 第1节 预应力主动加固方法与受力特点 ··· 22
- 第2节 体外预应力加固受弯构件承载力计算 ··· 32
- 第3节 体外预应力加固构件正常使用极限状态计算 ··· 56
- 第4节 有黏结预应力加固受弯构件承载力计算 ··· 64
- 第5节 有黏结预应力加固构件正常使用极限状态计算 ··· 69

第3章 预应力主动加固桥梁的构造 ··· 74
- 第1节 预应力主动加固的常用材料 ··· 74
- 第2节 预应力主动加固的锚固系统 ··· 79
- 第3节 预应力主动加固的转向系统 ··· 85
- 第4节 预应力主动加固的减振系统 ··· 89
- 第5节 预应力主动加固的防腐系统 ··· 89

第4章 有黏结预应力加固技术 ··· 93
- 第1节 有黏结预应力加固体系 ··· 93
- 第2节 横向张拉环氧涂层钢筋有黏结预应力加固技术 ··· 96
- 第3节 高性能抗拉复合砂浆（HTCM）试验研究 ··· 103
- 第4节 有黏结预应力加固钢筋混凝土梁试验研究 ··· 109
- 第5节 有黏结预应力加固技术工程实例 ··· 120

第5章 预应力复合纤维材料加固技术 ··· 136
- 第1节 预应力复合纤维材料加固特点 ··· 136
- 第2节 预应力复合纤维板材加固体系 ··· 140
- 第3节 预应力复合纤维材料加固空心板梁桥 ··· 145
- 第4节 预应力复合纤维材料加固技术工程实例 ··· 156

第6章 简支梁体外预应力加固技术 ··· 171
- 第1节 简支梁体外预应力加固体系基本组成 ··· 171

第2节	简支梁体外预应力加固体系施工方法	174
第3节	简支转连续法与体外预应力加固技术	181
第4节	简支梁体外预应力加固技术工程实例	185

第7章 大跨径 PC 桥梁体外预应力加固技术　200

第1节	大跨径 PC 桥梁常见病害及机理分析	200
第2节	大跨径 PC 桥梁维修加固技术	205
第3节	大跨径 PC 连续梁桥体外预应力加固工程实例	210
第4节	大跨径 PC 连续刚构桥体外预应力加固工程实例	222
第5节	大跨径 PC T 构 + 挂孔桥梁体外预应力加固工程实例	255

参考文献　295

第1章 绪 论

我国现有公路桥梁或城市桥梁有很多是根据20世纪70年代或80年代初期颁布的设计标准建造的,其设计荷载等级较低。我国公路桥梁所承受的荷载有三个特点:交通量不断增大,重型车辆增加,超限运输出现及超载现象严重。随着各种重型车辆,尤其是工程用重型运输车的不断出现,公路桥梁负荷日趋加重,加之旧桥部分老化、破损,已经不能适应现代公路运输的要求。对旧桥、危桥进行加固维修,提高其承载力,确保公路运输的安全是目前和今后面临的主要任务。

因此如何保障桥梁运营安全、提高桥梁结构的耐久性渐渐成为桥梁界一个十分突出的问题。特别是原先设计荷载偏低、使用运营多年的旧桥加固改造成了当务之急。据《2016年交通运输行业发展统计公报》显示,截至2016年底,我国已建造各类公路桥梁约80.53万座。我国的桥梁也面临着与英美等发达国家公路桥梁一样的难题:即一大批桥梁逐渐进入了"老龄"阶段,一些桥梁早已出现各种"病害",却常年带"病"运营,潜伏着巨大的安全隐患。桥梁的陈旧、老化、强度降低问题也是全球性问题,引起世界各国的极大关注,并提到刻不容缓的议事日程上来。1981年4月联合国经济合作与发展组织(OECD)主持召开了关于道路桥梁维修与管理的会议。会议提出如下六个亟需解决的问题:

(1)如何正确评价现有桥梁的实际承载能力与安全度的问题。

(2)如何及早地检查发现桥梁产生的损伤及异常现象,正确地检定结构物的损坏程度,从而采用合理的维修加固方法问题。

(3)桥梁损坏与维修加固的实际应用问题。

(4)桥梁维修加固技术,即采用维修加固新技术与方法的问题。

(5)桥梁设计与维修管理的关系,即如何把维修加固中发现的问题,放到今后桥梁过程中进行考虑的问题。

(6)桥梁维修加固技术的未来展望,即维修加固方法将来会怎样发展,如何提出更合理的维修管理方法与策略的问题。

我国交通运输部非常重视危、旧桥改造技术研究与工程实践,自20世纪70年代,便开始了旧桥加固技术的试验研究工作。"七五"期间,更是将"旧桥检测、评价、加固技术的应用"列为科技进步重大项目,并由交通部科学技术情报研究所推广。"十五"期间,由交通部公路科学研究所、西安公路学院、长沙交通学院(现长沙理工大学)、东南大学等13家单位联合完成了"公路旧桥检测评定与加固技术研究及推广应用"西部科技项目,形成了旧桥检测、检算、评估、加固的成套技术,极大地推动了我国旧桥加固技术的发展。2008年,交通运输部又先后颁布了《公路桥梁加固设计规范》(JTG/T J22—2008)和《公路桥梁加固施工技术规范》(JTG/T J23—2008),从此,我国桥梁加固走上了规范化的道路。在旧桥加固技术几十年的发展过程中,国内学者及工程人员在旧桥加固改造技术方面取得诸多突破和创新性成果。

第1节　常见桥梁结构加固方法

桥梁结构维修加固就是通过对桥梁结构物进行补强加固和拓宽等工作,改善结构的工作性能,恢复和提高桥梁安全度,提高其承载能力和通过能力,延长桥梁使用寿命,满足并适应交通运输要求。

依据受损桥梁的特点,桥梁上部结构加固方法可以分为:承载能力加固、使用功能加固、耐久性加固和抗震加固。其中桥梁承载能力加固是桥梁加固的核心内容,主要包括提高构件正截面抗弯承载能力以及构件斜截面抗剪承载能力,加固后要保证后加补强材料与原结构协同受力;使用功能加固是针对结构在活载作用下变形和振动过大的问题进行加固;结构耐久性加固是指加固和修补桥梁结构局部损伤和缺陷,防止结构进一步被破坏,从而提高结构的耐久性和使用年限;结构的抗震加固主要修补地震中破坏的构件或结构节点,增加其延性,提高结构的整体性。

混凝土桥梁结构工程规模大,结构自重大,受现场条件限制,对桥梁结构进行加固时一般采用带载加固的方式。在桥梁加固设计中,必须考虑分阶段受力的影响。在一般的加固中,桥梁结构的自重及其他早期恒载产生的内力由原结构承担,加固后结构增加的恒载和使用阶段的活载产生的内力应由加固后的组合截面承担。根据受力特点,可将结构承载能力加固分为主动加固法和被动加固法。

一、桥梁加固特点

在旧桥加固改造工程中,尽管每座既有桥梁的病害情况各不相同,具有各自的特点,但也存在一定的共性。作为桥梁工作者,应遵循桥梁加固、改造工作的共性,结合具体桥梁的特殊性,在实践中发挥积极性和创造性,不断进取和探索,采用最先进技术和材料,在旧桥利用、加固、改造工作中,创造和总结出多种切实可行的方法,为开辟一条新路打下坚实的基础,使旧桥继续发挥固有的使用功能,从而保证公路交通畅通无阻。

1. 基本原理

目前,桥梁加固、提高承载力的技术和方法种类繁多,但基本原理却是相同的。归纳起来都是遵循力学的基本原理,从桥梁结构外界因素和内在状况改变的角度进行加固补强,提高桥梁结构承载力。

(1)从外因角度通过改变结构性能提高主梁的承载力

采用喷射混凝土、现浇混凝土、外包混凝土加大主梁截面尺寸等加固方法,都是属于增大截面的加固方法的范畴。采用增大主梁截面的加固方法,目的是增加主梁截面抗弯惯性矩或几何抗弯模量。当荷载产生的内力(弯矩)不变或荷载等级提高时,通过改变截面几何特性的途径,减小主梁截面承受的拉应力(通常压应力不控制设计),使其不超过主梁材料性能承受范围,从而达到加固主梁提高承载力的目的。

对主梁采用粘贴钢板、环氧玻璃钢、碳纤维布、芳纶纤维布等高强材料,都属于增加主梁强度法。增加主梁强度的方法是在不改变原主梁截面的前提下,当荷载等级不变或荷载等级增加时,增加主梁受拉区的材料强度,使荷载在主梁上产生的拉应力小于补强材料的强度，从而达到加固主梁、提高主梁承载力的目的。

(2) 从内因角度通过调整内力提高主梁的承载力

改变原桥梁结构体系，将简支梁体系改变为连续梁体系，增加八字支撑改变桥梁的跨径，或施加预应力将主梁结构由弯剪结构变为压弯剪结构，通过改变结构内力或应力分布，以达到提高承载能力的目的。

综上所述，无论采取何种加固方法和技术，无论采取外部条件改变主梁的结构性能，还是通过结构体系的改变调整主梁内力的加固方法，其基本原理都是为了减小主梁承受的拉应力或增强主梁承受拉应力的能力，从而满足结构受力的需要，提高原桥梁的承载能力。

2. 设计原则

桥梁结构由于结构承载力不足或损伤不能满足结构安全或正常使用要求时，或桥梁结构有明显病害并危及行车安全时，必须进行加固。加固设计的内容及范围，应根据评估结论和委托方提出的要求确定，可以包括整座桥梁，亦可以是指定的区段或特定的构件。一般而言，桥梁维护与加固设计及施工应遵循的基本原则为：

(1) 必须对原桥进行翔实的现状调查、具体的病害分析与结构状态评定。

(2) 加固改造后的桥梁使用荷载等级，应根据使用要求由设计者按实际情况确定。

(3) 加固设计应与施工方法紧密结合，保证新增结构与原结构连接可靠，协同工作。

(4) 应按现行公路桥梁设计规范进行设计，加固改造后的桥梁在使用荷载下，原有结构与新增结构的强度、刚度及裂缝宽度限值等均应符合规范要求。

(5) 加固后的桥梁结构整体寿命至少应恢复到原设计的桥梁寿命。

(6) 对于大桥、特大桥，其主要承重构件需要加固补强时，加固设计方案应不少于2个，并进行方案比选和经济评价，完成加固方案可行性研究报告。

(7) 加固设计及施工尽量不损伤原结构，并保留具有利用价值的构件，做到尽量避免不必要的拆除或更换。

(8) 加固桥梁应按下列原则进行结构承载力验算：

①结构计算应根据实际受力状况与实际边界条件来确定。

②结构的截面计算面积应采用实际有效面积，并考虑结构加固时的实际受力情况及加固部分应变滞后的特点。

③进行超静定结构承载力验算时，应考虑实际荷载偏心、结构变形、温差作用等因素造成的附加内力的影响。

④加固后桥梁结构重力增加时，应对被加固结构及桥梁基础进行验算。

(9) 在加固施工中，尽可能减少对桥上和桥下通行车辆及行人的干扰，还需要采取必要的措施，减小对周围环境的污染。

(10) 在加固施工过程中，若发现原结构或相关工程隐蔽部位的构造有严重缺陷时，应立即停止施工，会同加固设计方进行研究，采取有效措施进行处理后，方能继续施工。

(11) 加固施工过程中，应采取安全监测措施，确保人员及结构安全。

3. 基本要求

由于桥梁加固工程的客观特殊性，对它的实施主要有技术、经济、交通影响及环境影响等方面的要求。

(1)技术要求

加固桥梁不同于新建桥梁,固定的旧危桥梁客观条件在方案设计及施工组织等技术层面上提出了更高的要求。应尽量减少对原有桥梁结构的损伤,充分利用原有结构构件,做到加固工程的安全、可靠、耐久,满足使用要求,不留后患。施工方案必须考虑到对现有交通的影响,在施工组织和方案设计上必须做到施工便捷、快速。在新旧结构的处理上,设计计算应充分考虑结构强度的折减;施工时,应尽量做到两者的一致性。

(2)经济要求

加固结构所产生的费用应该总体大幅低于新建结构的费用,使其直接经济效益和间接经济效益明显。国内外经验表明:一般情况下,拱桥的加固费用为重建新桥的20%~30%,梁桥的加固费用为新建桥梁的30%~40%。

(3)交通影响要求

要求在允许的范围将对交通的影响降到最小。

(4)环境影响要求

桥梁加固方案的设计应考虑到对环境的影响,对新旧部分应做到外观协调,以适应一定的景观要求。

4. 工作程序

加固工作程序为:桥梁现状评价→加固工程可行性研究报告→加固工程施工图设计→加固工程施工、监理招标→施工组织设计→施工→验收。

(1)桥梁现状评价

桥梁现状评价是建立在对桥梁技术状况、各部位缺陷、病害进行全面细致的检查与检测基础上,对其进行使用功能和承载能力评价。

①使用功能评价。

a. 设计技术标准:包括对原设计荷载标准、桥面净空、孔径、基础埋置深度等是否满足运营要求的评价。

b. 桥涵各部件完好程度:各部件能否保持正常使用,如桥面平整度、伸缩缝、泄排水设施、支座、栏杆、人行道等构件的完好状况;上下部承重结构质量状况,检查其有无裂缝、腐蚀、风化、疲劳等破损现象及挠曲、沉陷等位移变形现象,以及对桥梁整体正常使用功能的影响程度的评价。

c. 桥梁养护状况及意外事故的分析:是否经常对桥梁进行检查、养护;养护难易程度,经常性养护费用及养护材料、机具设备消耗情况;有无发生过意外事故,发生事故的概率,处理发生事故难易程度等,并将各因素对桥梁使用功能的影响进行分析,做出评价。

②承载能力评价。

a. 原结构验算:原结构检算是基于原设计图纸(无图纸时,应实测有关设计结构尺寸参数或参考同年代修建类似桥梁图纸),对持久状态桥梁结构承载能力,极限状态、正常使用极限状态和持久状态桥梁地基与基础的承载能力进行验算。

b. 基于检测结果的承载能力评定:根据桥梁结构或构件的检测评判结果,确定承载能力检算系数、恶化系数和截面折减系数以及活载影响修正系数的合理取值,对持久状态桥梁结构承载能力,极限状态、正常使用极限状态和持久状态桥梁地基与基础的承载能力进行评定。

c.荷载试验鉴定:当通过桥梁调查检测与检算分析尚不足以鉴定桥梁承载能力时,可采取荷载试验测定桥梁在荷载作用下的实际工作状态,结合桥梁调查、检测与检算的结果综合评定桥梁结构的承载能力。

(2)加固工程可行性研究报告

根据桥梁使用功能和承载能力评价的结果,如果桥梁主要承重构件需要进行加固,则应委托有加固设计经验的单位进行加固工程可行性研究工作。

(3)加固工程施工图设计

加固工程可行性研究报告经评审并补充完善后,经有关部门批准后,方可进行加固工程施工图设计工作。

(4)加固工程施工、监理招标

加固工程施工图设计评审通过后,进行加固工程施工、监理招标。

(5)施工组织设计

由中标施工单位编制加固施工组织设计,经监理批复后,开始施工。

(6)施工

施工时应采取确保质量和安全的有效措施,并应遵照有关现行规范进行施工。

(7)验收

按照《公路旧桥加固工程竣工验收办法(草案)》以及其他相关规范进行验收。

二、被动加固法

采用被动加固时,后加补强材料受力被动,原结构的恒载由原结构独自承担,当受到外荷载(车辆荷载)作用时,原结构与补强材料共同变形,补强材料分担后加恒载和部分活载引起的内力。常用的被动加固方法有:增大截面加固法、粘贴钢板加固法与粘贴高强复合纤维材料加固法。

1.增大截面加固法

(1)基本原理

增大截面加固方法的原理是在原有结构截面基础上,通过植筋等方法使新增加的截面和原有截面形成一体,增大构件的截面面积,从而达到提高原来结构的抗弯和抗剪承载能力的目的。一般适用于钢筋混凝土受弯构件、钢筋混凝土受压构件的加固。由于它具有施工简单、受力明确、加固费用较低等优点,一直被广泛使用。缺点是:湿作业工作量大、施工养护期长、占用空间较多等。常见的加固形式有:加厚桥面板法、增大梁截面的受拉区受压区的增大构件截面法。

①加厚桥面板法:该方法将原有桥面铺装全部凿除,在原桥面系上浇筑钢筋混凝土补强层,使构件截面高度增大,以提高桥梁结构的抗弯刚度和承载能力,并加强桥梁横向整体受力性能,通常称为"加厚法"。此方法一般适用于多板梁体系或者梁体净空受限制时。这种方法,由于加厚桥面使桥梁自重和恒载弯矩增加较多,一般只适用于跨径较小的空心板、T形梁、工字形梁等。

②增大受拉区梁截面法:增大受拉区梁截面法主要通过将T形梁、工字形梁的下翼缘加

宽加高,箱梁腹板和底板加厚等方式扩大梁的受拉面积,同时,在新增断面中增设普通钢筋或者预应力钢筋。为了加强新旧混凝土接合面的连接,提高整体受力性能,应在原有结构物表面植入钢筋和设置剪力槽。在实际工程中,处治预应力梁底板横向开裂、支点腹板斜裂缝、盖梁负弯矩区开裂等都可以采用此方法。

③增大受压区构件截面法:采取增大原构件受压截面的方式加固钢筋混凝土轴心受压构件;在原构件截面单侧、两侧和沿着周长方向加厚钢筋混凝土偏心受压构件截面。在实际工程中,对钢筋外露、墩身开裂等问题,常采用此方法,也可用于桥墩防撞加固。

(2)加固计算要点

①增大截面加固法属于桥梁结构带载加固,其结构可按二次受力计算,受力状态分为两个阶段:第一个阶段是以原构件截面受力的结构计算;第二个阶段是以加固后构件截面受力的结构计算。即加固后的承载力并不是原构件承载力和新增加部分承载力的叠加。

②增大截面加固法受力特性与加固施工过程中是否卸载有关。当不卸载或部分卸载时,加固后的构件工作属二次受力性质,存在着应变滞后问题。应变滞后产生原因:加固前原结构已经承受荷载(第一次受力),特别是当承载能力不足时,加固前原结构的截面应力、应变水平一般都很高。新加固部分加固后并不立即承受荷载,而是在新荷载(即二次加载)下才受力。从而导致整个加固结构在其后的第二次受力过程中新加部分的应力、应变始终滞后于原结构的累积应力、应变,这决定此时混凝土结构加固计算分析不能完全按普通结构概念进行;当完全卸载时,加固后的构件工作虽属于一次受力,但由于二次施工的影响,其截面特性仍然不如一次施工的新构件。

③增大截面加固法关键技术之一是新老混凝土接合面的抗剪承载力计算,其计算公式参见《公路桥梁加固设计规范》(JTG/T J22—2008)。

2. 粘贴钢板加固法

(1)基本原理

粘贴钢板加固法是将强度高的钢板粘贴到被加固的钢筋混凝土梁受力部位,不仅能保证混凝土和钢板作为一个新的整体共同受力,而且能充分地发挥粘贴钢板的强度,封闭粘贴部位加固构件的裂缝,约束混凝土变形,从而有效地提高加固构件承载力、刚度与抗裂性;同时可以任意地依设计需要而粘贴,有效地发挥粘贴钢构件抗弯、抗剪、抗压性能,其受力均匀,不会在混凝土中产生应力集中现象。粘贴钢板法属于被动加固方法,特点是所占空间小,一般不影响被加固结构外观和使用空间,加固周期短。适用于对钢筋混凝土受弯、大偏心受压和受拉构件的加固。

(2)加固计算要点

①粘贴钢板加固钢筋混凝土构件时,应将钢板受力方式设计成仅承受轴向应力作用。

②粘贴钢板加固法属于桥梁结构带载加固,其结构计算可按两阶段受力计算:第一阶段是以原构件截面受力的结构计算;第二阶段是以加固后构件截面受力的结构计算。

③加固时应卸掉作用在桥梁上的活载及部分恒载,尽量降低钢板的滞后应变。

3. 粘贴高强复合纤维材料加固法

(1)基本原理

复合纤维材料具有轻质高强、操作简单、易于粘贴、不易锈蚀的优点,可用于抗弯、抗剪、受压和大偏心受压。对于小偏心受压构件,由于纵向受拉钢筋达不到屈服强度,采用粘贴纤维复合材料的加固方法会造成材料的浪费。该方法属于被动加固方法,适用于混凝土梁、板桥的抗弯加固,提高其抗弯承载力;特别适合混凝土受压墩柱补强,提高其延性和耐久性。对配筋率较低或钢筋锈蚀严重的旧桥,加固效果尤为显著。

(2)加固计算要点

根据具体粘贴方法和材料的不同,具体计算方法也不同。基本的设计原则包括:

①混凝土桥梁结构自重大,加固时不完全卸载,必须考虑二次受力。

②混凝土桥梁结构尺寸大,在试验条件下得到的经验公式不一定都能适用于桥梁结构的加固,因此必须对这些公式进行修正,如修正安全系数等。

③加固设计计算时所有的设计状况和最不利的荷载组合都必须考虑到。计算过程包括承载力极限状态和正常使用极限状态的验算。一般情况下,正常使用极限状态控制加固设计。

④承载力极限状态的验算,要考虑可能发生的各种破坏形态。通常将破坏模式分为两大类:即粘贴复合纤维片材后能整体参与工作的构件与不能整体参与工作的构件(如发生片材脱落等早期破坏的情况)。

⑤正常使用极限状态的验算包括:应力的限制,以避免钢筋的屈服、混凝土的破坏或过度徐变和复合纤维材料的断裂;变形的限制;开裂的限制(包括黏结截面),以保证结构的耐久性和黏结的完整性。

加固桥梁薄弱构件的承载力计算,必须考虑分阶段受力特点,据此分析,被动加固是具有很大的局限性的。被动加固的后补强材料只承担活载及后加恒载引起的内力,与原梁的钢筋相比,其应变(应力)相对滞后,一般情况下,在极限状态时其应力达不到抗拉强度设计值,特别是采用直接粘贴高强复合纤维加固时,复合纤维的高抗拉性能很难充分发挥作用。被动加固的后加高强复合纤维,由于受分阶段受力造成的应变(应力)滞后的影响,在极限状态下根本无法充分发挥材料的高抗拉性能,"大马拉小车"是一种浪费。特别是在倡导建设节约环保型社会的环境下,这种浪费是值得深思的。

三、主动加固法

主动加固是指在加固施工过程中,对新增构件采取一定的措施(如施加预应力或者浇筑微膨胀混凝土)使其主动受力,这样加固部件不仅能够承受后加恒载和活载,而且可以承受原有结构的恒载,甚至可以根据需要完全改变原有结构的内力分布和受力体系,改善原桥梁的工作状态,实现桥梁加固。常用的主动加固方法有:有黏结预应力加固法、预应力复合纤维材料加固法、体外预应力加固法与改变结构体系加固法。

1. 有黏结预应力加固法

采用锚固于梁体上的2~3股钢绞线或小直径钢筋,对梁施加预应力,然后喷注具有一定抗拉性能的复合砂浆,将预应力筋与被加固梁体黏结为一体,构成有黏结预应力加固体系。有黏结预应力加固体系,依靠喷注的高性能复合砂浆,将预应力筋与被加固梁体黏结为一体。复合砂浆的高黏结强度是保证两者共同工作的基础;复合砂浆的高抗拉性能是控制结构抗裂性,保护后加预应力钢筋免于锈蚀的前提。

有黏结预应力加固体系以其预应力筋张拉方便、锚固构造简单和结构耐久性高的技术优势受到工程界的重视。这种加固方法特别适用于中小跨径桥梁,尤其是公路和城市立交工程中大量采用的中等跨径的钢筋混凝土及预应力混凝土连续箱梁桥。由于箱梁高度较矮,在箱内布置体外预应力筋施工困难,故采用在梁底增设小直径预应力筋,然后喷注高性能抗拉复合砂浆(HTCM)的有黏结预应力加固方案是较为理想的方案之一。

与体外预应力加固体系相比,有黏结预应力加固体系的突出优点是:能最大限度地发挥后加补强材料的作用,提高材料的利用效率;喷注的高性能抗拉复合砂浆保护层抗碳化和抗氯离子侵蚀能力强,能够保护钢筋免于锈蚀,提高结构耐久性,延长结构使用寿命;靠小型锚具和高性能抗拉复合砂浆黏结的双重作用锚固预应力钢筋,锚固工作更为安全可靠。

韩国 M&S 公司的 SRAP 工艺具有有黏结预应力加固特征,但所采用的 AP 砂浆和预应力镀锌软钢丝全部从国外进口,工程造价偏高,市场竞争力受到一定的影响。为适应桥梁加固市场的需求,国内研究开发的高性能抗拉复合砂浆(简称 HTCM 砂浆)已供市场,其抗拉强度、黏结性能及抗碳化、抗氯离子侵蚀能力均略高于 AP 砂浆;采用 2 股或 3 股钢绞线、螺旋带肋钢丝及小直径高强粗钢筋等国产钢材做预应力筋的张拉、锚固系统的试验研究已取得阶段性成果,为有黏结预应力加固在我国的推广开辟了新的途径。

虽然有黏结预应力技术在我国桥梁加固改造中得到了一定应用,并在加固技术、施工工艺和材料研究方面取得了一定进展,但对该技术进行的系统研究较少,特别是针对桥梁加固特点的加固设计基本理论深度不够。加固设计缺乏必要的理论支撑,致使很多加固设计生搬硬套国外或国内其他行业一般新建结构的设计方法,忽略了桥梁带载加固分阶段受力特点;有些加固设计只做宏观的定性分析,缺少科学的定量分析,设计工作带有很大的随意性。

2. 预应力复合纤维材料加固法

采用锚固、粘贴在梁体外部(或箱内)的高强复合纤维布条(或板条),对梁体施加预应力,即所谓的预应力复合纤维材料加固法。这种加固体系目前尚处于试验研究阶段,其关键技术是解决适用于桥梁加固现场施工的预应力纤维布条(板条)的张拉和锚固问题。

对已获得的研究资料进行整理、归并,结果表明,用预应力复合纤维材料进行混凝土结构加固时,目前国内外学者对复合纤维材料施加预应力的方法主要有以下三类:

(1)采用类似先张预应力混凝土的施工工艺,通过液压千斤顶等张拉设施将复合纤维材料张拉并锚固于与被加固构件独立的反力台座上,再将被加固构件的受拉加固侧与张拉后的预应力复合纤维材料粘贴,并结合必要的端部锚固措施(U 形箍、钢板压条等),待结构胶完全固化后剪断复合纤维材料(放张),最后再将张拉台座撤除。这一方法因依赖于庞大的张拉台座,被加固构件的尺寸(尤其是跨长)不可太大,即使是在实验室条件下进行复合纤维材料的张拉、粘贴加固,对设备的要求仍然很高,所以应用于实际工程几乎没有可能性。

(2)采用类似"预弯型钢预应力混凝土"的方法,通过千斤顶或其他加载装置使受弯构件预先产生反向弯曲,再将复合纤维材料粘贴于被加固构件弯曲"内侧"的表面,待结构胶完全固化后,再将千斤顶或加载装置移除,被加固构件因其弹性的恢复将造成粘贴于"内侧"表面的复合纤维材料受拉。这一方法明显不适用于工程结构构件的实际加固,因为无法对正在受荷或工作的结构构件进行较大幅度的反向"预弯",尽管实际加固中常采用千斤顶或其他顶撑装置对被加固梁的变形进行部分恢复后再粘贴复合纤维材料,但这一做法的目的并非是对加固用复合纤维材料施加预应力;即使是在实验室,采用预弯被加固梁、再粘贴复合纤维材料的预应力方法,在复合纤维材料中产生的有效预应力值也非常低。

(3)采用类似后张预应力混凝土的施工工艺,利用安装于被加固构件端部的张拉(液压千斤顶或其他设施)及反力装置对复合纤维材料进行预应力张拉,张拉的同时或结束后,在复合纤维材料与被加固构件表面之间涂抹、灌注结构胶,并在构件端部采用必要的锚固措施,待结构胶完全固化后再拆除反力装置。这种对复合纤维材料施加预应力的方法与上述两类方法相比,具有一定的可行性,特别是在实验室条件下,所需设施及复合纤维材料张拉效果均优于其他两类方法,因受施工现场的空间所限,尚不能应用于工程实际,如在楼面板的加固中,楼板底面四周均有框架梁、圈梁或隔墙,空间非常有限,不便于张拉设备的安放;因锚固可靠性不足,复合纤维材料的预应力损失也将无法控制。

分析表明,上述三类预应力复合纤维材料加固方法基本还是遵循传统预应力混凝土技术中较为成熟的先张法、后张法及预弯型钢法的思路,未能充分结合复合纤维材料性能及结构加固(非新建结构)的技术特点,尽管国内外对预应力复合纤维材料技术的研究已有20余年的历史,在实验室条件下开展了一定的研究,也取得了一定的研究成果,但大部分试验研究结论都是对预应力加固技术理论分析的证实,深入的具有预应力复合纤维材料技术特色的试验研究结论还比较少,主要原因在于预应力复合纤维材料加固方法的不成熟,导致对采用预应力复合纤维材料加固的结构构件的张拉控制应力、预应力损失、强度及变形计算理论等问题进行的系统研究较少,极大地影响了该项技术的实际工程应用。

3. 体外预应力加固法

(1)基本原理

采用布置在桥梁结构梁体外部(或箱内)具有防腐蚀保护的预应力筋(包括钢绞线、高强钢丝束和精轧螺纹钢筋)对梁体施加预应力,构成体外预应力加固体系。其原理是通过预应力手段,改变原结构的内力分布,调整原结构应力水平,从而达到提高结构承载能力、改善结构抗裂和耐久性的目的。体外预应力加固是成熟技术,特别适用于大跨径预应力混凝土连续箱梁桥的加固。

(2)加固计算要点

体外预应力加固效率较高,但对结构受力特性的影响显著,特别是对于大跨径连续桥梁,由预应力产生的次内力不容忽视。因此,对于加固后的结构整体和局部安全性验算是此类加固的关键。

①体外预应力加固整体计算应包括持久状况承载力极限状态计算、持久状况正常使用极限状态计算、持久状况和短暂状况的应力计算。

②体外预应力加固局部计算内容:转向构造的承载力和抗裂性计算、锚固区的承载力和抗裂性计算、持久状况下其他局部构件的承载力计算。

③在极限状态下,加固梁仍须为适筋破坏,原梁受拉区混凝土退出工作,全部拉力由原梁内预应力钢筋、普通钢筋和体外索共同承担。

④在极限状态下,加固后的混凝土梁仍须为剪压破坏。

⑤考虑到体外索的预应力损失量比体内预应力筋小很多,可变作用引起的拉力增量相对于其有效预应力的比例也很小,在使用阶段也不宜长期处于高应力状态,故体外索的张拉

控制力取值,比新建桥体内预应力取值小一些。

⑥考虑到旧桥加固,其混凝土的收缩、徐变已基本完成,故预应力损失计算中不再考虑由于收缩、徐变引起的应力损失。

4. 改变结构体系加固法

改变结构体系加固法是采用一种技术措施改变原结构受力体系,降低控制截面内力,提高桥梁结构整体承载能力的一种加固方法。桥梁常见改变体系加固法包括:将多孔简支梁改为连续梁,将单孔简支梁改为支撑梁,将中、下承式拱改为拱—斜拉组合体系,将连续梁、连续刚构改为矮塔斜拉桥,将带挂梁的T形刚构改为连续刚构以及其他增设结构(杆件)而使原结构受力体系发生改变的方法。

(1)简支梁改连续梁法

该加固方法是将原两跨及两跨以上简支梁的梁端通过增设普通钢筋或预应力钢筋,把简支梁连接起来,使受力体系由原来的简支转换为连续,减小跨中正弯矩,提高结构的承载能力,同时减小了伸缩缝数量,提高了行车舒适性。该方法主要适用于多跨简支梁(板)配筋不足、截面尺寸偏小、跨中截面抗弯承载能力明显不足以及挠度过大的情况。

由多跨简支改为连续,必将拆除部分伸缩缝,剩余伸缩缝将因伸缩量不足而需要更换,伸缩量需重新计算。更换伸缩缝时,位于伸缩缝两侧浇筑的混凝土铺装,必须有一定的养护时间,使其达到设计强度。原简支梁一边为固定支座,一边为活动支座,改变体系后的多跨连续体系的双支座形式会对上下部分及支座本身带来一定影响,加固时应适当考虑。必须充分考虑原桥的地基条件,防止由于基础沉降等对新形成的连续体系上部结构产生不利影响。受伸缩缝与支座的影响,建议连续跨数不超过4跨,最好为2~3跨一联,具体依据伸缩缝与支座计算确定。

加固方案需要凿除部分梁端桥面铺装,加固后势必要做好新旧铺装的连接。如果凿除面积已大于原桥面面积的1/2,或桥面铺装本身已破损,则建议全部凿除,重新铺装会使加固效果提高。梁端在变换体系后会有负弯矩,梁端连接不好会直接影响加固效果。

设计计算基本步骤为:根据现有支座以及伸缩缝计算适宜的连续跨数,或先定连续跨数,最后验算伸缩缝以及支座是否满足要求;计算简支裸梁恒载、栏杆、人行道荷载,若栏杆、人行道在加固时被拆除并在体系连续后重新修建,则其内力按实际情况考虑;计算桥面铺装在体系转变后的连续梁上的内力;计算活载在连续梁体系上的内力。参考《公路钢筋混凝土及预应力混凝土桥涵设计规范》(JTG D62—2004)进行内力组合,计算沿梁顶增设的纵向受拉钢筋数量,进行强度验算。

加固的构造要求包括:梁(板)端头结构应无破损现象。为保证桥面铺装与原梁体共同参与结构作用,梁顶要凿毛,有条件时,还要设置抗剪栓钉,桥面铺装采用收缩较小的膨胀混凝土;梁端间隙截面也要凿毛,有利于膨胀混凝土的填塞密实;对于焊接连续钢筋,焊缝应满足规范要求。

(2)多跨简支梁改桥面连续简支梁法

该法适用于桥面铺装破损较严重,且伸缩缝不平整的横向多片简支梁桥,例如空心板、T形梁、工字梁或小箱梁等。桥面连续,可以提高行车的舒适性和减少桥面不平整时车辆荷载对桥梁的冲击影响,也可以使荷载横向分布趋于合理。

加固中,如连接未处理好,或伸缩缝处所预留的伸缩量不足,或养护不及时导致伸缩缝被杂物堵塞,则温度升高时,均可能使连续桥面连接点处发生拱起,引起桥面破坏。

桥面连续时必将拆除部分伸缩缝,而剩余伸缩缝将因伸缩量不足而需要更换,伸缩量需要重新计算。更换伸缩缝时,位于伸缩缝两侧后浇筑的混凝土铺装必须有一定的养护时间,使其达到设计强度。受伸缩缝与支座的影响,建议连续跨数不超过6跨,最好为3~5跨一联,具体依据伸缩缝与支座计算确定。

本加固方法对原结构受力体系并未发生本质改变,但可使得过于集中的荷载分布趋于合理,增加梁体横向共同受力,减小每片梁荷载横向分布,同时减少了不必要的车辆冲击力,而且由于桥面铺装参与结构受力,增加了结构截面高度,提高了结构抗弯刚度与抗弯能力。

改造加固后的结构计算,由于仅仅是桥面连续,恒载及活载内力计算方法仍按简支梁来考虑。主要的构造要求包括:梁端两支点长度范围内的钢筋绑扎上柔性垫层,要求具有良好的防腐蚀性,并可使钢筋与混凝土隔开;桥面现浇层中布置的钢筋网在接缝处不断开;为使桥面平整美观,在混凝土桥面上铺一层3cm左右的沥青混凝土面层作磨耗层,可使假缝处产生的裂缝不致明显地反射到面层上,还可以提高桥面的使用质量。

(3)增加斜拉索方法

增加斜拉索方法,主要用于新建大跨径PC桥梁和已建大跨径PC桥梁长期过量下挠的控制。增加斜拉索的加固方案主要是通过增加桥塔并设置斜拉索对结构施加提升力。该方法与斜拉桥受力原理相似,可以根据实际情况,调整斜拉索的索力和数量,合理改善原有PC梁的内力分布,最大限度对主跨过量下挠纠偏。目前常用的控制措施包括:预留体外束控制、悬臂束控制、斜拉索塔控制及其组合控制方案等。据研究表明,斜拉索塔方案对大跨径PC桥梁挠度的提升效果最佳。

主动加固设计思想的核心是提高后补强材料的利用效率,以最小的成本,创造最佳的加固效果。主动加固体系有效解决了后补强材料应变(应力)滞后的问题,提高了后补强材料的利用效率。推广"主动加固"设计思想的关键是提高工程技术人员和领导决策层对桥梁加固设计特殊性的认识。相信随着人们对桥梁加固问题认识的提高,主动加固的设计思想会逐渐得到大家的认同与进一步发展。

第2节 预应力主动加固的发展历程

在20世纪中后期,随着预应力技术在桥梁工程中的发展,预应力技术也逐渐在桥梁加固工程中得到应用和发展。在应用过程中也衍生出很多新兴的加固方法,例如有黏结预应力加固法、预应力复合纤维材料加固法以及体外预应力加固法等。

一、有黏结预应力加固法

韩国近年来开发了一种新的加固技术,即采用高强不锈钢绞线和渗透性聚合砂浆进行桥梁的维修加固;韩国首尔产业大学曾对渗透性聚合砂浆的性能、高强不锈钢绞线的抗拉强度及弹性模量做过系列试验,研究及试验结果证明,这种加固技术有很好的应用前景。

Alkhairi和Naaman使用迭代程序对有黏结预应力梁和体外预应力梁进行了非线性分

析,得到梁体在加载过程中的荷载—挠度曲线。作者论述了剪跨比和剪力大小对梁体弯曲变形的影响,另外还分析了体外预应力梁在加载过程中预应力筋相对梁体位置的变化对梁体荷载—挠度关系的影响。

Xiao Han Wu 和 Shunsuke Otani 等人建立了一种可以模拟预应力混凝土结构中钢筋和混凝土之间黏结作用这一非线性因素的模型,该方法可以分析出钢筋或预应力筋在混凝土管道中的滑移对无黏结预应力混凝土结构的影响,也可以计算出体外预应力筋的预应力损失。另外,作者还提出了一种能够计入材料非线性和几何非线性的计算方法,能够模拟混凝土的收缩徐变、预应力筋应力松弛和裂缝开展等现象对结构计算的影响。

在国内,清华大学力学教研室和韩国首尔产业大学及韩国爱力坚公司合作,采用了他们开发的高强不锈钢绞线和渗透性聚合砂浆进行加固钢筋混凝土梁的试验,并对北京三元桥主体结构进行加固。采用的这项桥梁补强加固新技术取得了显著成效,达到了预期目的。

聂建国等人采用高强不锈钢绞线网—渗透性聚合物砂浆对钢筋混凝土梁进行了抗弯加固的试验研究。所采用的是韩国的渗透性聚合物灰浆,试件尺寸为 200mm × 300mm × 3200mm,加固试验采取的方法有一次受力加固试验、卸载的二次受力加固试验和不卸载的二次受力加固试验。试验结果表明,高强不锈钢绞线网—渗透性聚合物砂浆用于抗弯加固时整体工作性能良好,对于一次受力加固的试件,屈服荷载提高约 12.5%,极限抗弯承载力提高约 23.5%;对于卸载的二次受力加固的试件,屈服荷载提高约 13.0%,极限抗弯承载力提高约 25.5%;对于不卸载的二次受力加固的试件,极限抗弯承载力提高约 32.8%。在试验中观测到,采用高强不锈钢绞线网—渗透性聚合物砂浆对钢筋混凝土梁进行抗弯加固,对梁刚度的提高作用明显,对裂缝的产生和发展都具有约束作用,推迟了被加固梁裂缝的发展。

尚守平、曾令宏等人采用复合砂浆钢筋网对构件进行抗弯加固试验研究,试验证明,高性能复合砂浆具有许多一般水泥砂浆无法比拟的优越性能,抗压强度和抗拉强度分别为同条件的普通水泥砂浆的 2.59 倍和 1.35 倍,而且韧性好、抗裂性能好,与骨料的黏结性能好。对于复合砂浆钢筋(丝)网的材性试验结果表明,拉伸试验主要由钢筋网控制,而抗压试验主要由复合砂浆控制,因此可以把复合砂浆钢筋(丝)网看成一个具有不同拉伸及抗压性能的复合材料。抗弯加固中,进行了一次受力、二次受力、界限破坏的一次和二次受力等试验研究。试验结果表明,复合砂浆钢筋(丝)网加固使试件具有良好的抗裂性能,开裂荷载均有不同程度的提高,加固试件的最大裂缝宽度、平均裂缝间距与对比试件相比都有明显的减小。加固试件极限承载力都有较大幅度的提高,说明在试件破坏时,高性能复合砂浆钢筋(丝)网已经发挥了显著的作用。与一次受力加固相比,二次受力试验中所测得的应变值显示都是钢筋先屈服,然后钢筋(丝)网才屈服;而一次受力中,都是测得底部加固钢筋(丝)网先于受拉钢筋屈服。在平截面假定的基础上,采用国家标准《混凝土结构设计规范》(GB 5001—2010)中规定的钢筋、混凝土应力—应变关系,对加固试件进行了理论推导。确定复合砂浆钢筋(丝)网的应力—应变关系时,把其视作一种复合材料,考虑它有不同的拉伸和抗压应力—应变关系。计算结果表明,在控制配筋量以后,适筋范围内加固试件的计算结果与试验值吻合较好。对二次受力的滞后应变进行了简化和通常情况的精确计算,并编制了滞后应变计算程序,以便于实际工程应用。通过对试验数据的统计,给出了侧面钢筋(丝)网的有效作用高度和有效作用面积的算法。通过刚度解析法来计算梁的刚度,分析中考虑二次受力的影响,提出了复合砂浆钢筋(丝)网加固的初始荷载对试件应变的影响系数,即刚度系数的算法,并给出了刚度简化计算公式。

吴刚等做了9根试验梁,采用复合砂浆与钢丝绳对构件进行加固研究。研究结果表明:

(1)采用强度高、极限应变大、松弛小的钢丝绳施加预应力后加固混凝土结构,能大大提高其开裂荷载和最大承载力,并可以用传统的 RC 梁和 PRC 梁理论来计算开裂荷载和极限承载力,进行极限承载力计算时钢丝绳的强度可以取用名义屈服强度。

(2)预应力钢丝绳加固后的截面刚度与预应力大小、截面配筋率、钢丝绳和混凝土的黏结性能等因素有关,建议通过系数 k 来考虑预应力度对刚度的贡献,通过等效配筋率来考虑加固后总的纵向受拉钢筋以及钢丝绳与原有混凝土黏结性能对刚度的影响,如此便可以用有黏结预应力混凝土梁求解挠度的方法来计算预应力钢丝绳加固梁的跨中挠度,计算方法简单且与试验值符合情况好。

(3)钢丝绳加固可以减缓钢筋应力的增长,减小平均裂缝间距,使加固后的裂缝宽度显著减少,针对预应力钢丝绳加固混凝土梁的特点,提出了预应力高强钢丝绳加固混凝土梁最大裂缝宽度的修正规范方法、名义拉应力方法以及简化计算方法。

二、预应力复合纤维材料加固法

在目前的研究与工程应用中,施加预应力的碳纤维材料主要是筋材,筋材的优势是整体性好,强度高,可以完全代替预应力钢筋用于预应力构件中,施工工艺与传统的预应力技术基本相同。所以,截至目前,国内外关于 FRP(纤维增强复合材料)筋材代替预应力钢筋的预应力技术领域研究比较广泛,也比较深入,代表了 FRP 预应力技术的主流方向,相关的预应力筋材及其锚具的种类也很多。

Mohammad R. Esani 与 Hamid Saadatmanesh 等人研究了预应力 AFRP(高分子聚合物纤维增强塑料)和 CFRP(碳化纤维强化材料)构件中 AFRP 与 CFRP 筋的应力传递长度以及承受弯矩时与混凝土的黏结性能,进行了16根试件的试验。试验结果表明:AFRP 与 CFRP 筋的应力传递长度一般要短于相同条件的钢筋,其中 CFRP 筋的传递长度较 AFRP 筋均匀,几乎所有试件全部是 FRP 筋被拉断,所以设计预应力 FRP 构件要考虑安全的使用弯矩。

Nabil F. Grace 对预应力 CFRP 的连续梁在静荷载与循环荷载作用下的反应进行了试验研究,试验结果显示,即使是两倍于使用荷载的循环荷载对试件的性能也没有显著的影响,但试件的整体刚度在两倍于使用荷载的循环荷载作用下会有所下降,这种刚度减小可以通过后张调整消除。

Khaled A. Soudki 与 Mark F. Green 等人对预制的预应力 CFRP 先张受弯构件的传递长度进行了研究,试验结果表明,50% 的预应力水平时 8mm 直径的 CFRP 直线筋的传递长度一般为 650mm 或 80 倍 CFRP 筋直径,70% 的预应力水平时传递长度一般为 725mm 或 90 倍 CFRP 筋直径,T 形截面梁与矩形截面梁的传递长度基本一致,长期荷载下的传递长度与荷载刚释放时的传递长度基本相等。

Zhen Lu 与 Thomas E. Boothby 等对预应力 FRP 筋受弯构件的传递长度和黏结长度进行了研究,认为 CFRP 与 AFRP 筋的传递长度基本一致,钢筋的传递长度稍大于 FRP 筋;RP 筋的传递长度主要受直径影响,与预应力水平基本无关;FRP 筋的黏结长度也基本与钢筋相等;FRP筋的最大名义黏结应力要相当显著地大于钢筋的最大名义黏结应力。

薛伟辰对有黏结预应力纤维塑料筋混凝土梁的抗弯性能进行了研究,认为有黏结预应力纤维塑料筋混凝土梁的有效预应力和正截面抗裂度的设计计算可按普通预应力混凝土梁的设计方法进行;有黏结预应力纤维塑料筋混凝土梁的正截面强度的计算可以按普通预应力混凝土梁的设计方法进行,但此时需要注意截面界限受压区高度的取值问题。

Naaman进行了T形截面梁的试验,梁内配有非预应力钢筋,另外配有预应力碳纤维绳。在张拉和锚固时碳纤维绳意外地被拉断了,这说明张拉操作应非常小心。将试验结果与相同条件的钢筋预应力混凝土构件进行比较,显示配有预应力碳纤维绳的构件抗弯刚度和开裂荷载均小于钢筋预应力混凝土,同时表明预应力碳纤维绳受弯构件的性能可以用传统方法足够精确的预测。

Abdelrahman研究了全预应力与部分预应力CFRP筋受弯构件的弯曲性能,进行了8根试件的抗弯试验,对试件的使用性能、破坏形式、极限承载力进行了研究,并用变形协调假设对试件的弯曲—曲率关系进行分析。试验结果表明,试件在破坏前有明显的预兆,包括较大的挠度即广泛分布的裂缝,CFRP筋配筋率的变化对破坏形式和试件变形有明显影响,预应力度的降低会引起试件变形的增长。

Grace和Sayed进行了提高预应力CFRP结构延性的研究,提出用试件弯曲时吸收的能量与总能量之比来衡量试件的延性,并对桥梁上部结构进行了试验。试验表明,采用在纵向布置有黏结的预应力CFRP筋,同时在横方向布置无黏结的CFRP索的联合布置工艺可以大幅提高试件的延性。

欧阳煌和钱在兹对粘贴片材加固混凝土梁时的端部剥离应力进行了分析,分析结果表明贴片片端到支座的距离是影响最大剥离应力大小的最主要因素。当距离增加时,最大剥离应力增加幅度最大;减小环氧树脂层刚度也可以减小最大剥离应力,但减小环氧树脂层厚度却会增大最大剥离应力;减小贴片刚度和厚度也是减少最大剥离应力的有效方式。

Joseph M. Tripi和Charles E. Bakis等对CFRP加固的混凝土构件的变形进行了研究,发现较厚的环氧树脂层会引起CFRP与混凝土之间较大的相对变形,也会使裂缝间距增大;CFRP的抗拉弹性模量对垂直裂缝处的CFRP最大应变有一定影响,但对离裂缝较远处的CFRP应变影响很小;对混凝土与CFRP之间的相对变形及裂缝间距有轻微影响。

瑞士的Stöcklin和Meier提出不减小FRP厚度而是逐渐向端部减小预应力大小来防止早期的剥离破坏和施加更大的预应力。先将FRP板张拉到一定的预应力水平后,粘贴FRP板的跨中部分,待黏结剂产生强度后,再释放一部分张拉力,再继续粘贴剩下的部分,待黏结剂产生强度后,才释放所有的张拉力。这样做很繁琐,但可以减小FRP板端部的剥离应力。

英国Surrey大学的Hollaway教授采用的方法是张拉CFRP板,然后粘贴在混凝土梁表面,并对CFRP板施压,待胶完全固化后截断CFRP板,放张的CFRP板将对混凝土产生预应力。

日本茨城大学的课题组已经成功地对碳纤维增强塑料施加了60%保证强度的预应力。吴智深研究了由于预应力张拉端的释放引起的界面剪应力和FRP轴应力分布情况,应用断裂力学的概念阐明了剪应力集中的影响因素,为防止预张拉FRP补强技术中出现的FRP端部的早期剥离破坏提供了理论基础。为此,吴智深等提出了几种防止端部早期破坏的锚固措施并通过试验验证了其有效性。值得一提的是,吴智深提出在不采用其他附加锚固手段的情况下,可通过在靠近FRP端部逐步减小其厚度来实现缓减应力集中现象,该施工技术已经在日本申请了专利。

Triantafillou和Deskovic基于强度理论推导了在不发生端部剥离破坏情况下的最大预应力的理论预测公式。其中考虑了两种剥离破坏的情况:在靠近FRP混凝土界面的黏结层中破坏和混凝土中破坏。作者仅被动地从应用FRP角度讨论了可施加的最大预应力,而没有讨论如何采取一些应力递减措施积极地取得更大的预应力;并且作者导出的预测最大预应力的公式为隐性,影响参数不直接明了。之后,Triantafillou等通过试验验证了前述的用于防止在混凝土中破坏的最大预应力理论公式,同时作者指出,在应用预应力技术之前,需研究诸如采取哪些措施可以增大预应力以及FRP应力体系的长期行为。

在人们纷纷对预应力CFRP构件展开研究之时也开始将其应用于工程实践。

1988年,CFRP首次被作为预应力混凝土桥梁中的预应力筋在日本石川县修建的一座先张预应力混凝土板高速公路桥(Shinmiy桥)中应用。它采用7股总直径为12.5mm的线材组成跨长为5.76m、宽为7.0m的CFRP带。6束纤维被用于梁的一个下翼缘和两个上翼缘。外涂环氧树脂的钢筋被作为箍筋。生产商提供的这种材料的保证抗拉能力是137kN。

CFRP束也曾用于Nagatsugawa行人过街天桥。它是先张预应力混凝土整体板桥,长8.0m,宽2.5m,于1989年在千叶县Funabashi市建成。该桥使用的预应力锚固件是钢螺纹管。在射入环氧树脂前,将CFRP束预先嵌入锚固件。这座桥作为一个整体非金属结构在工厂中生产。分布筋和箍筋采用表面弍类和凸缘的CFRP棒。生产商提供的纤维束保证抗拉能力是137kN。

1991年在日本,一座后张预应力混凝土桥采用了CFRP束作为一部分预应力筋。这座桥是架于一个德国厂区内道路的上面。主桥大约80m长,11.2m宽。它采用4根大容量的多芯线,每根由19条12.5mm直径碳纤维增强塑料(CFRP)束组成。锚固采用楔形锚具。

1989年CFRP棒首次被作为预应力筋应用于日本北九州市八尺江上的一座两跨预应力混凝土高速公路桥。其结构由跨度为18.25m的先张拉大梁和跨度为17.55m的后张拉大梁组成。CFRP棒被用于两个矩形截面后张拉梁中的一个,横向预应力筋将该梁与其他梁连成整体。预应力钢筋由8根多芯线组成,每根多芯线用8条直径为8mm的CFRP棒束成。采用楔形钢锚具锚固多芯线。为了减少预应力的损失,预应力张拉分三个阶段进行。

1993年,加拿大第一座使用碳纤维增强塑料筋的桥梁在阿尔伯达省加尔盖利市建成,大桥每跨有13根轨形截面的大梁,其中6根大梁使用了日本东京筋束厂生产的直径为15.2mm的碳纤维复合筋束和三菱生产的直径为8mm的Leadline筋束作为预应力筋,弹性模量分别为137GPa和147GPa。

英国牛津的铸铁桥HYTHE桥可以承受40t的剪切力,但仅能承受7.5t的抗弯曲张力,问题在于所用工形梁的抗拉张力不够。粘钢加固需要135mm厚的钢板,并且需要使用特殊的支撑设备并关闭行车道。承担设计的Mouchel工程公司使用了增强塑料。计算数据显示,使用碳纤维增强塑料板(CFRP)也需要70mm厚,因此Mouchel工程公司决定预加应力于标准模量的碳纤维。这样碳纤维板又轻又薄,可以手工铺设,避免了调用桥梁支撑设备并保持了施工期间道路的正常使用。通过加固CFRP一端,使用一个依次对每块板预加应力的传动装置,使张力明显地提高到18t。该工程花费了20万~25万英镑。如果采用其他方法施工,至少要50万英镑。

相比而言,国内各高校与研究机构在这个领域内开展研究工作的不多,相应的工程实例也较少。但他们在这个领域内积极开展研究和探索,获得了有意义的研究成果。

湖南大学尚守平、彭晖等采用碳纤维布材进行预应力碳纤维增强塑料加固受弯构件的研究,研制了对受弯构件进行预应力碳纤维布加固的施工机具并摸索出了一套完整的预应力加固受弯构件的施工工艺。使用此套施工机具与施工工艺可对碳纤维增强塑料施加60%极限强度水平的预应力。施工机具由两台张拉机组成,分为主机具与副机具。主机具用于张拉,副机具用于固定。施工时将机具分别用膨胀螺栓固定在柱构件上。将碳纤维布的两端安装在两台机具的锚固装置上,固定好副机具的锚固装置,然后用主机具的张拉装置带动锚固装置对碳纤维布进行张拉。

重庆后勤工程学院的课题组将预施加应力的碳纤维布做成回路的形式,将碳纤维布的两个自由端与手扳葫芦及拉力传感器相连,利用手扳葫芦将碳纤维布收紧从而建立预应力。用手扳葫芦将碳纤维布上的拉力施加到预定的值后,将碳纤维布紧密地粘贴在梁的底面。继续用测力计和应变仪进行观察,直到一周后黏结剂完全固化,剪断多余碳纤维布时,将测力计去掉。

河南理工大学曾宪桃、王兴国等对粘贴预应力FRP板加固梁中FRP板预应力的施加方法进行了分析和比较,指出了各种方法的特点;针对FRP板侧向强度低的特点,设计了一种新型的FRP板夹具,以便对FRP板施加预应力。试验表明,正如传统的预应力结构一样,FRP初始预应力可用来平衡结构的自重和一部分活载。另外,预张拉FRP方法能够一定程度提高黏结界面有限的剪力传递能力,例如预应力在端部以外的地方不会引起额外的界面剪应力,从而能够充分发挥FRP的补强效果,推迟裂缝的进展,减小裂缝宽度和结构的挠度,缓解内部钢筋的应变,提高钢筋的屈服荷载和极限承载能力。

三、体外预应力加固法

体外预应力混凝土结构是后张法无黏结预应力混凝土结构的分支,是一种用完全位于混凝土截面以外的预应力束来对混凝土施加预应力的结构体系。它伴随着预应力技术产生而出现,且利用体外预应力技术修建混凝土桥梁的出现先于体内预应力技术,是一门古老的新生技术。

早在1934年,德国工程师Franz Dischinger分别在德国和法国取得了体外无黏结筋技术专利,并于1936年建成实桥。体外预应力的早期工程应用实例主要有:1928年在德国建成的Sal Ansieben桥是世界上第一座体外预应力混凝土桥梁,主跨68m。1936年由F Dischinger设计,建于德国Aue的公路桥是一座体外预应力混凝土悬臂梁桥,跨径布置为25.20m+69.00m+23.40m,预应力钢材采用极限强度为500MPa的高强粗钢筋,这座桥在1962年和1983年进行了两次维修和预应力筋的重新张拉后,使用至今。1950年在Cx Magnel教授的主持下,比利时国内设计建造了Sclayn等数座体外预应力桥。1950—1952年,法国的Henry Lossier设计了Villeneuve-Saint-Georges桥,Coignet设计了Faux-Sur-Seine、Pont a Binson和Can Bia桥。1952年古巴建造了美洲的第一座体外预应力桥——Canas河大桥,该桥采用三跨连续箱梁结构,跨径布置为 15m + 76m + 15m,箱内的体外预应力筋为直径 25.4mm 的镀锌钢绞线,锚固于铸铁隔梁端块处。

20 世纪 70 年代,欧洲一些国家相继发现用体内预应力建造的桥梁预应力不足,这主要是由于对混凝土的徐变、温度影响及预应力筋的摩擦和松弛损失估计不够造成的,致使多数桥梁破损严重,不得不进行补强加固,加固技术又多采用体外预应力。大量的工程实践表明,管道灌浆不饱满,水泥强度等级过低,质量得不到保证是较为普遍的现象,进而造成预应力钢筋的锈蚀。1985 年英国威尔士一座预应力混凝土桥的破坏及其他一些后张法预应力混凝土桥梁的事故,导致英国运输部于 1992 年 9 月 25 日颁布命令:"在新的标准颁布之前,不得建设采用管道压浆的后张法预应力混凝土桥"。这一政府指令使人们将目光转向先张法及无黏结体外预应力混凝土结构。

由于处于体外的钢筋防锈蚀技术不成熟,致使桥梁养护、维修费用很高,因而在很长时期内阻碍了这一技术的发展。20 世纪 90 年代以来,体外预应力技术在国外得到了迅速发展,一方面是由于人们对混凝土耐久性认识的提高,迫切期望创造一种具有防腐性能的结构,为体外预应力技术的发展提供了广阔的市场;另一方面,随着斜拉桥技术的发展,成功地解决了钢丝的防锈蚀和大吨位锚头的设计和施工问题,消除了体外预应力技术发展的最大障碍,使体外预应力技术的发展获得了新生。

在世界体外预应力技术的发展过程中最具有代表性的国家是法国和美国。法国政府部门对这一技术的大力支持和美国设计上的竞争,促进了体外预应力技术的发展。法国发展体外预应力混凝土的目的主要是提高混凝土结构的质量,一般采用换索方案。可更换的体外预应力索的锚固系统较为复杂,但桥梁建成后易于养护和维修加固,换索延长桥梁的使用寿命,所带来的经济效益也是很可观的。美国发展体外预应力混凝土的出发点主要是降低桥梁造价,增强设计方案的竞争力,一般均采用不换索方案。不可替换的体外预应力筋锚固比较简单,梁肋宽度小,结构自重轻,可获得最简单、最经济的设计方案。

从国内外体外预应力混凝土的发展情况可以看出,解决混凝土结构耐久性,开展体外预应力混凝土设计理论和应用技术研究是赶超世界先进水平的重要课题。正如世界桥梁工程界的权威人士德国的列翁哈特教授所说:"可以毫不怀疑地说,外部预应力技术,将伴随高强度混凝土的发展而成为技术上的必需品。更进一步说,在 21 世纪初,将开始把复合材料与外部预应力结合起来,从而使土木工程从钢筋锈蚀的困扰中解救出来。"

对于形式较为简单的简支梁结构,先期的研究多集中于体内无黏结预应力方面,对于体外预应力混凝土简支梁,大多直接套用体内无黏结预应力结构的有关计算方法,即首先确定一个体外预应力筋应力增量的计算公式,然后据此按照有黏结体内预应力的方法进行截面的设计计算。

用于计算无黏结预应力筋应力增量的计算方式有很多,但大多数是在实验室通过试验结果建立的经验公式。这些计算模型有:ACI 318-89/92 标准计算模式,Tao/Du 模式,PRC 模式,Harajli 1,2 模式,Naamman 计算模式(收入 AASHTO 1994 规范)等。对建立这些模式时采用的试验结果进行样本分析发现,没有任何一个计算模式与试验数据完全符合。一般地说,考虑普通钢筋(数量、位置和强度)影响的公式一般能提供更精确的索应力计算值。综合所有的试验结果表明,PRC 公式是计算索应力的最好统计模式,其相关系数为 $R = 0.815$。

应该指出,所有的试验都是在比实用桥跨短的短跨模型梁上完成的,短的预应力筋必然产生高的应力增量。此外,以上的计算模式多是通过体内无黏结预应力筋建立的,实际上体外预应力混凝土简支梁无论是在主梁的受力性能还是在索的受力性能上,都与体内无黏结预应力有着较大的区别,不能将二者等同。最明显的差别是,在体外预应力结构中,由于预应力筋的垂度引起索的偏心损失作用,对索的应力增量影响很大。对于短跨梁,忽略预应力筋的偏心变化的作用,对结果不会产生重大的影响。但是,对长跨桥梁则不然,因为大的垂度将产生大的偏心变化。AASHTO(1994)公式试图通过应变折减系数的方法把无黏结预应力梁简化为有黏结力筋的梁进行分析。通过对143片梁进行试验,确定了应变折减系数(Ω_u)的值。所有的试验梁都是无黏结的部分或全预应力结构,它们都在混凝土截面的内部,且只有非常短的跨度。试验梁的跨高比在4.5~7.8之间,这一范围对于实桥来说较大,但对桥梁工程师来说,对这些结果的实际应用的研究是非常必要的。

体外预应力结构无论是在预应力筋的变形特点上还是在结构的力学性能上都与体内无黏结的预应力结构有着较大的差别,不能简单地将体外预应力结构当作无黏结预应力结构,尚应考虑体外预应力结构中的中间转向、索偏心损失等具体的特点。当前规范给出的应力值是来自于预应力筋束应力增量的试验结果,而这些试验结果是适用于无黏结预应力结构或实验室无黏结预应力短梁,因此当用于实际桥梁时,这些值总是存在着一定的误差。

近年来,体外预应力结构正越来越多地被我国桥梁界所关注,但对体外预应力结构的系统研究还没有真正开始,尚缺乏系统而统一的认识,也没有统一的设计、计算方法。尽管国内学者在体外预应力结构方面进行了一些非线性的分析研究,但为数不多,并且大多带有一定的局限性。在国内,对无黏结预应力的研究开始于20世纪70年代,1990年建成的丹阳云阳大桥和1999年建成的天津彩虹桥均为系杆拱桥,两座桥梁的系杆及吊杆均采用体外力筋,1990年通车的福州洪塘大桥是我国参照国外设计图纸修建的国内第一座完全意义上的体外预应力混凝土连续箱梁,桥梁跨径为40m,采用逐孔拼装法施工。1999年底建成通车的吉林省朝长公路八宝栏子桥为2×30m体外预应力混凝土简支T形梁,现场预制、吊装施工。

体外预应力加固技术于20世纪40年代出自前苏联,主要用于工业厂房的加固,许多建筑的使用寿命因此得到延长,预应力加固法没有其他加固方法中常见的应变滞后的缺陷,因此是一种有效的主动加固方法。20世纪70年代以来,随着交通运输的发展,旧路改造及旧桥加固引起世界各国的普遍重视,很多国家开展了旧桥加固研究,在欧洲一些国家,采用体外预应力技术加固桥梁,提高原桥的荷载等级,收到了明显的经济效益,体外预应力技术在旧桥加固中的应用,又促进和加深了人们对体外预应力技术的认识。

第3节 预应力主动加固的关键技术问题

随着高性能材料的进一步推广,预应力主动加固技术逐渐得到了大家的认可,也取得了大量可喜的成果,但也存在一些关键问题,尚需进一步深入研究。

一、有黏结预应力加固技术

近几年来国内外学者对混凝土梁的有黏结预应力加固技术的研究做了大量工作,但仍有以下空白与不足：
(1) 以往的研究中没有对有黏结预应力加固体系中预应力损失进行深入的研究。
(2) 在有黏结预应力加固体系中，对已经开裂构件的抗裂性能的研究并不深入。
(3) 对于加固构件，影响结构抗裂性能的各种因素缺乏较为系统的研究。
(4) 高强砂浆与混凝土表面的黏结性能以及预应力锚固计算等方面的研究还存在不足。

二、预应力复合纤维材料加固技术

预应力复合纤维材料加固技术兼有预应力技术和复合纤维材料加固技术的各项优点，在实际工程中具有非常重要的经济价值。尤其是用于大跨度结构加固时，其应用价值十分显著。虽然该项技术的重要性早就为人们所认识，并付出了不懈的努力，但长期以来研究成果甚少，报道过的研究试验亦很少。其原因在于实现预拉复合纤维材料加固技术必须解决以下3个关键问题：预应力张拉机具的设计，要求具有较强的适用不同施工现场的能力，且装拆方便，周转迅速；有效的端部锚固措施，由于张拉后的预应力很大，单靠粘贴难以承受，必须在端部进行可靠的锚固，但采取何种措施尚待研究；预应力损失的合理估计，这是加固设计计算所必须有的部分，其取值与张拉工艺和锚固方式有关。

国内外的研究人员对预应力复合纤维材料加固混凝土梁结构在理论、试验等方面已经做了许多有价值的工作。但是，仍存在一些问题需深入研究。

1. 预应力复合纤维材料加固结构理论有待完善

(1) 现有理论大多是基于平截面假定和结构设计原理中的极限状态法，由此可以计算出结构在承载过程中各阶段的弯矩值，但这些研究方法不能对实际现象给出全面的解释，不能计算出黏结破坏的发生界面。

(2) 现有理论不能准确解释预应力复合纤维在承载过程中对结构的刚度和裂缝分布等的影响程度，而裂缝的发展情况、刚度的提高程度均是评价预应力复合纤维加固效果好坏的重要指标之一。

(3) 现有理论不能准确体现预应力复合纤维加固混凝土结构在荷载作用时结构内部任意位置点处的应力、应变及变形情况。

2. 界面黏结强度可靠性研究有待深入

(1) 复合纤维与混凝土界面黏结强度是控制初始预应力大小以及极限荷载大小的一个重要指标。由于预应力的作用，复合纤维与梁界面间有初始的粘贴内应力，其大小直接影响所能承受的剪应力，而目前关于界面黏结强度数值的规定没有明确给出，可见关于界面黏结强度方面的研究还有待于深入。

(2) 复合纤维材料加固的混凝土梁结构类的研究大多都是集中在静力问题上，这类结构动力性能的研究较少。特别是在疲劳荷载作用下，复合纤维与混凝土界面间胶层的抗疲劳性能的研究还未引起人们的足够重视，同时关于低温环境以及交变温度荷载对胶层剪切强度的影响的研究也比较少。

3. 预应力初始张力控制方法需要建立

预应力初始张拉力的大小决定了加固效果的好坏，它的确定同时由碳纤维强度、混凝土上缘反拱应力和界面黏结强度等众多因素影响，可见预应力初始张力的确定是个复杂的过程,但预应力复合纤维初始张拉力控制方法的建立是十分重要的。

三、体外预应力加固技术

从国内外研究情况来看,对体外预应力加固技术的研究主要集中在以下几个方面。

(1)体外预应力加固梁破坏形态的研究。

(2)体外预应力加固梁承载力的研究。体外预应力加固梁承载力计算主要集中于正截面承载力的计算,对斜截面承载力的研究则较为少见。研究方法大致分为两类:第一类是根据弹塑性力学原理和构件几何分析等方法,采用类似体内预应力混凝土结构的截面分析方法对结构的最不利截面进行计算,从而得到结构的承载力计算公式,这种方法有许多假设,是一种简化的计算方法;第二类是采用非线性有限元方法,结合体外预应力混凝土结构的特点,建立有限元模型,并编制有限元程序进行计算,这种方法考虑了部分非线性因素的影响,但没有综合各种影响因素对加固结构的力学行为作出比较完整的评述,更没有从实用的角度给出体外预应力加固混凝土结构的设计方法和设计建议。

(3)体外预应力筋应力的计算,包括体外预应力的极限应力、预应力损失和应力增量的计算、二次效应对加固桥梁承载能力的影响以及体外预应力筋在转向装置的滑移等。与承载力研究相对应,这方面的研究也可分为两类:一类是在大量试验研究和分析的基础上,建立计算模式;另一类是采用非线性分析方法进行计算。

(4)转向装置和锚固装置等局部构造的研究。

(5)体外预应力加固结构动力行为的研究。

第4节 本书主要内容

桥梁加固方法从作用原理上可划分为被动加固和主动加固两大类,预应力加固属于主动加固范畴。预应力加固即采用预加力原理对桥梁结构进行加固补强,在对后加补强材料施加预应力使其主动受力的同时,由于预加力的作用,也改善了原梁的应力状态,从而可以达到提高原梁承载力和抗裂性的双重目的。预应力主动加固技术由于加固效果明显而受到工程界的广泛关注,已成为桥梁改造加固的主要形式之一。

全书共分7章。第1章为绪论,介绍桥梁加固特点以及各种桥梁加固方法的基本原理与计算要点,同时,对预应力主动加固技术在国内外的发展现状进行了回顾与综述,并指出了目前存在的关键问题以及发展趋势。第2章为预应力主动加固设计基本理论与方法,通过对预应力主动加固桥梁结构受力特点的分析,给出了预应力主动加固受弯构件正截面、斜截面承载力计算理论以及正常使用极限状态计算理论,另外,针对特殊构造转向块以及横张预应力等计算理论进行了相关研究。第3章为预应力主动加固桥梁的构造,介绍预应力主动加固的常见材料、锚固系统、转向系统、减振系统与防腐系统。第4章为有黏结预应力加固技术,介绍有黏结预应力加固技术的基本组成与受力特点,并对横向张拉环氧涂层钢筋有黏结预应力加固技术进行了详细阐述,包括高性能抗拉复合砂浆的试验研究,最后进行了有黏结预应力加固钢筋混凝土梁的试验研究,并给出了对应的工程应用实例。第5章为预应力复合纤维材料加固技术,针对桥梁加固中普遍采用的复合纤维材料,介绍预应力复合纤维加固技术及其在桥梁加固中的应用。第 6 章为简支梁体外预应力加固技术，介绍在中小跨径混凝土桥梁中广泛采用的体外预应力加固技术，包括体外预应力加固的设计理论与施工技术等，同时，对近年来中小跨径桥梁体外预应力加固技术研究的新成果进行介绍。第 7 章为大跨径 PC 桥梁体外预应力加固技术，针对大跨径预应力混凝土桥梁普遍存在的裂缝、下挠过大等病害，介绍体外预应力加固技术在该类型桥梁加固中的应用。

  本书对公路桥梁预应力主动加固技术进行了较为全面的介绍，内容包含了目前常用的各种预应力加固技术的设计、计算方法和施工技术、细部构造等，以及近几年预应力加固技术在桥梁加固中的应用案例，为公路桥梁的维修加固提供了参考和借鉴。

第2章　预应力主动加固设计基本理论与方法

预应力主动加固法包括体外预应力加固法和体内预应力加固法，体外预应力是将预应力钢材布置在原加固构件的混凝土外部，或者是为了保护预应力钢材，张拉后浇筑或喷射混凝土覆盖。这种情况下，构件截面尺寸虽有增加，但新增混凝土部分并无预加力作用。若预应力筋与混凝土为无黏结形式，相当于对原构件施加外作用力后，再用钢筋混凝土增大截面。或者是先布置无黏结预应力筋，浇筑混凝土覆盖后再对新、旧混凝土施加预加力，相当于用预应力混凝土增大截面，也属体外预应力的性质。体内预应力有两种情况，一是在截面受拉边体外布置预应力筋，增加截面覆盖的混凝土，待新增混凝土达强度后再对新、旧混凝土施加预应力。这种情况下，一般需要对预应力钢筋孔道灌浆，预应力筋与混凝土是有黏结的。但同一截面高度处新、旧混凝土及钢筋的应力不相同，应分阶段计算应力强度，此时相当于预应力混凝土增大截面，承载力计算与新桥设计相同。二是先张拉预应力筋后覆盖混凝土，新混凝土虽然没有预应力，但与预应力筋有黏结，相当于对原结构施加预应力后，再用钢筋混凝土增大截面，其受力性能和计算方法与增大截面加固预应力混凝土结构的方法大致相同，只是加固时张拉阶段的截面材料应力要计入体外预加力的作用。总之，体外预应力与体内预应力的主要区别在于后加预应力筋是否与混凝土有黏结。

体外预应力加固桥梁的目的是利用预加力产生的内力抵消结构控制截面的部分或全部恒、活载内力。体外预应力加固计算的基本假定：梁体内的预应力钢筋或普通钢筋与混凝土具有良好的黏结性。在体外预应力加固桥梁的结构计算中，主要针对持久状态的承载力极限状态和正常使用极限状态，由于加固施工过程较短，在无特殊需求的情况下可不做短暂状况的应力计算。

体外预应力加固桥梁的方法主要适合于以下情况：
(1) 使用荷载下，原受弯构件抗弯、抗剪承载力不足，刚度不足，裂缝过多、过宽。
(2) 使用荷载下，大偏心受拉或受压构件的受拉裂缝过多、过宽，施加预压力后应能保证受压构件的稳定性要求。
(3) 改善结构控制截面的受力状况及变形，较大地提高构件承载能力。
(4) 在一定条件下提高桥梁的荷载等级或作为重车过桥的临时加固手段。

预应力复合纤维材料加固特点与体外预应力加固特点基本一致，而有黏结预应力加固技术在喷射混凝土之前也与其类似；但是，喷射混凝土之后，则存在明显的不同之处。因此，本章主要阐述体外预应力加固以及有黏结预应力加固的基本理论。

第1节　预应力主动加固方法与受力特点

预应力可以加固梁式桥，也可以加固拱式桥及其他类型的桥梁。这种方法主要是利用预加力产生的内力抵消部分恒、活荷载产生的内力，从而改善控制截面的内力或变形，提高构件的承载力、抗裂性及抗变形能力。体外预应力筋常采用钢绞线、钢丝绳、高强钢丝、粗钢筋等材料。也可考虑采用碳纤维或芳纶纤维筋，但纤维筋目前只能直线布置，不能弯折，且锚固问题还未得到很好解决，尚未推广使用。

一、桥梁加固薄弱构件分阶段受力特点

桥梁结构自重较大，一般均采用带载加固。桥梁构件自重及恒载由原梁承担，活载则由加固后的截面承担。因此，桥梁加固薄弱构件承载力计算应考虑分阶段受力特点，按照两阶段受力构件计算。

桥梁加固薄弱受弯构件正截面加固补强方法很多，从加固部位上可划分为拉区加筋类和压区加混凝土类两种。

1. 拉区加筋类

在受拉区直接加焊钢筋、粘贴钢板或粘贴高强纤维布(碳纤维、芳纶纤维)，或在受拉区增设预应力钢筋(体外预应力筋或先锚固于体外，再通过喷注高强抗拉复合砂浆形成的有黏结预应力筋)，对梁体施加预应力，对薄弱构件正截面进行补强加固。从作用原理上划分，前者属于被动加固，后者属于主动加固。

拉区加筋类加固构件的受力特点是，后加补强材料只承受活载引起的内力，构件的破坏由原梁的受拉钢筋控制。特别是在拉区直接粘贴的高强复合纤维，由于受原梁变形的限制，在极限状态下，应力达不到其抗拉强度设计值。设计时，必须考虑分阶段受力特点，合理地确定极限状态下后补强材料的极限应力。若不考虑加固构件的分阶段受力特点，就会过高地估计了后加补强材料的作用，设计是不安全的。

2. 压区加混凝土类

采用加厚桥面板的方法对混凝土受压区进行补强，增加了梁的有效高度，亦可达到提高构件承载力的目的。对压区加混凝土类构件来说，考虑到混凝土的塑性发展，分阶段受力影响不大，其承载力可按照一般钢筋混凝土构件计算。

桥梁加固薄弱构件斜截面一般采用粘贴钢板(或其他复合纤维材料)增加斜筋或箍筋截面面积进行补强。后加钢板(或其他复合纤维材料)只承受活载引起的剪力，设计时亦应考虑分阶段受力特点。采用竖向(或斜向)有黏结预应力加固斜截面，可以很好地提高后加补强材料的利用效率。

二、预应力加固简支梁桥

简支梁桥是中、小跨径桥梁中数量最多的桥型，其中包括简支梁桥及简支板桥，以下将分别说明它们的加固方法及特点。

1. 简支梁桥

简支梁桥常用的截面形式有钢筋混凝土 T 梁和 I 字梁，常用跨径为 10~20m，预应力混凝土 T 梁、I 字梁、箱梁(整体大箱梁)常用跨径为 20~50m。它们共同的截面特点是均为多肋式断面，有 1m 左右的梁高，这给体外筋的布置带来方便，也使加固更有效。可采用折线形布索。对于 T 梁和 I 字梁，体外筋可布置在腹板的两侧或梁底；对于大箱梁(箱内高度满足施工人员操作)，体外筋可布置在箱内紧靠腹板侧；对于小箱梁，由于内部空心，且高度较矮、底板有一定宽度，箱内不能布筋，转向装置及锚座设置较为困难，可根据具体情况按空心板桥对待。

无论是何种肋形截面,体外筋均可按折线形布置或直线形布置,但只有折线形布置对简支梁两端部的抗剪有改善。图 2-1 所示为等截面简支梁在体外筋双折线形布置时,预加力产生的内力图。竖向分力产生的弯矩和剪力与简支梁的外荷载产生的内力相反,对梁起卸载的作用。水平分力产生的轴向压力对跨中截面受拉边有利,而对梁顶受压边会抵消部分由预加力产生的拉应力。简支梁截面往往受压区面积较大,适当地再增加一些压应力也符合抗压强度要求,如果锚固合力点在等截面梁的形心处,则预加力不会产生偏心弯矩;如果合力点在截面形心的下方,则使全梁产生与外荷载相反的偏心弯矩,即梁的上缘受拉,下缘受压;如果合力点在截面形心的上方,则使全梁产生与外荷载相同的偏心弯矩。最终预加力产生的截面应力是由各分力产生的应力叠加而成的。当然,简支梁也不一定都为等截面,特别是预应力混凝土简支梁往往将两端部的腹板加厚,这时偏心弯矩图会稍有变化。

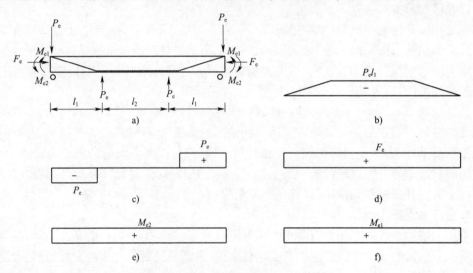

图 2-1 等截面简支梁折线形体外筋产生的内力图
a)等效预加力图;b)竖向分力产生的弯矩图;c)竖向分力产生的剪力图;d)水平分力产生的轴力图(压);e)锚固合力点下向心产生的弯矩图;f)锚固合力点上向心产生的弯矩图

当体外筋采用直线形布置时,只产生偏心弯矩及轴力,如图 2-2 所示。预加力产生的负弯矩有效地抵消跨中部分外荷载产生的正弯矩,外荷载产生的弯矩在跨中最大,向两端逐渐变为零;而预加力产生的负弯矩在两端锚固点之间不变。这样,梁两端顶面拉应力增大,是否使两端梁顶开裂,还要依据叠加轴向压应力及原有体内预应力后的情况才能确定。至于轴向压力的利弊,则同上述折线形布置一样。直线形布置时,由于梁端头张拉锚固受操作空间的限制,一般可在梁端附近的腹板下部两侧位置设钢锚座。

图 2-2 等截面简支梁直线形体外筋产生的内力图
a)等效预加力图;b)偏心弯矩图;c)轴力图(压)

采用体外筋折线形布置加固简支 T 梁或 I 字梁时,转向装置一般采用梁底滑块或利用

1/4跨的横隔板做U形承托转向，但边梁外侧还要新增钢结构的肋形隔板，以便设置U形承托。完全没有横隔板时，在1/4跨附近腹板下部两侧位置新增钢转向装置。

对于预应力混凝土大箱梁，一般在1/4跨附近的箱内腹板与底板相交处设置转向块或转向肋。体外筋折线布置时的锚固位置可选在梁顶或腹板上部。梁顶锚固时施工较为方便，铺座设置简单。但预加力产生的偏心弯矩与外荷载产生的弯矩方向相同，对跨中截面受力不利时，主要靠预加力竖向分力产生的反向弯矩来卸载，但应注意两支承端附近梁底的拉应力是否过大，该法对桥面交通有一定影响，在受力方面，可通过体外筋起弯角度、转向位置、张拉力等综合调整。腹板上部锚固时，情况与上述相反，如图2-3所示。有时，将锚固点设在截面形心处，有利于计算分析。

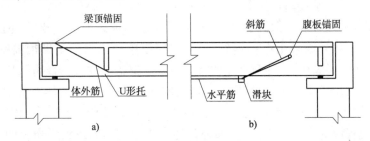

图2-3 体外筋折线布置加固简支梁锚固示意图
a) 梁顶锚固；b) 腹板上锚固

对体外筋加固简支梁的其他布筋方法及张拉方法，如曲线形布筋、横向收紧或竖向顶撑张拉等应用较少，不再详述。

对于简支T梁或I字梁，除了可直接对梁体施加预压力外，也可通过间接方法施加预应力。如先在梁的两端腹板下部设临时锚座，直线布筋后对梁体施加压力，张拉参数到位后保持张拉力恒定，然后在梁底粘贴纤维复合材料，如碳纤维布等。在粘贴胶完全固化达强度要求后，放松并卸去临时张拉及锚固体系，利用胶的粘贴强度将预加应力传给碳纤维布承受，如图2-4所示。这种方式建立的预加应力，实际上是靠固结胶与混凝土表层的剪切强度传递应力的，而不在于所粘贴的材料有多高的抗拉强度。由于粘贴面混凝土表层的剪切强度及剪切面积决定着能传递多大应力，剪切强度主要取决于混凝土表层的强度。质量好的粘贴胶黏结强度一般没有问题，剪切面积由粘贴宽度和薄弱截面之间的应力传递长度所决定。当然，可人为设置多道纤维U形箍，以增大剪切面积。U形箍的作用虽然远不如梁底布置的纤维布，但仍有一定的锚固力，不过这样会使应力的传递变得复杂。与一般粘贴纤维布的被动加固方法相比，本方法主要是让纤维布预先承受恒载产生的部分应力，加固后再承受活载产生的应力。纤维布的抗拉强度得到更多的利用，但同时也消耗了一部分粘贴面的抗剪切能力，因此对梁体施加的预应力比前述其他方法小。这种方法也存在体外筋直线形布置时的受力缺点，且临时设锚、张拉工序多，消耗一定的临时材料，对构件有一定损伤。该方法对构件的承载能力有一定提高，适用于施加的体外预应力不太大，设置临时张拉、锚固的简支T梁、I字梁等开口肋形截面。

2. 简支板桥

简支板桥常用的截面形式有钢筋混凝土或预应力混凝土空心板、实心板。实心板桥的跨径一般在10m以下，预应力混凝土空心板的跨径常超过20m，施工方法有现浇和预制装配。它们共同的截面特点是：截面轮廓为封闭形，无间隙，高度较小，采用体外筋折线形布置较为困难。

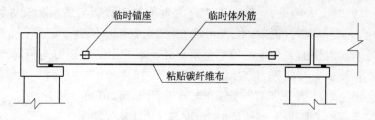

图 2-4　间接方法施加预应力示意图

对于板桥来说，支承端附近抗剪一般没有问题，薄壁大空心板除外。利用板桥板底较宽的特点，可将体外筋沿板底分散并直线布置，两端将横向成条形的钢锚座固定在板底，有利于分散锚下应力。体外筋采用单根钢丝，按一定间距单层锚固于条形钢锚座上，其上用约 6cm 厚的黏结力强、凝固快、有一定强度的特制混凝土覆盖。体外钢丝可采用后张法或先张法施加预应力。采用后张法时，对锚座的构造及埋置要求低，钢丝用油纸或塑料袋等包裹成无黏结筋，覆盖混凝土并达强度后，按一定次序张拉钢丝并锚固、封锚。这样，预加应力作用在新浇混凝土及板底的众多剪力筋上，部分预加力通过剪力筋及板底粗糙的结合面传递给原底板混凝土，从而完成对板底施加预压应力的工作。采用先张法时，对锚座的构造及埋置要求高，要求底板混凝土有一定的厚度，埋置可靠钢丝，张拉锚固后覆盖混凝土，待混凝土达强度后按一定次序剪断钢丝。这种情况下，钢丝回缩，从而建立预加应力，像后张法那样进行应力传递，在底板上施加预压应力。先张法的应力传递比较均匀，有利于新、旧混凝土的受力。

对于实心板来说，上述锚座的埋置可满足要求；对于空心板，要注意锚座处的底板混凝土厚度是否满足先张法的锚固要求。

对于小箱梁来说，底板有一定宽度，各箱底面之间分离，条形钢锚座长度由箱底宽度决定。按上述先张法或后张法分片设置直线形体外钢丝，其他均与上述原理一样对箱底板施加预压力。此法布置的钢丝数量比板桥少，但覆盖混凝土的施工则方便得多。

如果采用折线形布置的体外筋加固板桥，则应要具体情况具体分析。当板高不大、条件许可时，可在板底转向处设横向条形钢托梁，以增加体外筋的起弯角度及竖向分力。对于空心板，要在横向一定间距的挖空部分之间的腹板（竖隔板）内钻斜孔通出板底，张拉、锚固在板顶进行，但钻斜孔会给施工带来难度。如果腹板厚度不够，或避不开主钢筋或原预应力筋，此方案则不能采用。

三、预应力加固悬臂梁桥与 T 形刚架桥

悬臂梁桥和 T 形刚架桥（带挂梁）大多为预应力混凝土变高度箱梁桥，少数悬臂梁桥采用其他截面形式，悬臂长度从几米到几十米。它们的共同特点是：梁顶面始终受拉、底面始终受压。体外预应力筋的布置也有直线形及折线形两种，预应力筋采用无黏结钢绞线。直线形布置时，体外筋可单根分散布置在腹板两侧的梁顶面现浇混凝土铺装层中。锚座构造采用厚钢板加工而成，锚垫板可通过梁顶开凿的三角锚坑部分嵌入梁顶旧混凝土中，锚坑的设置应避开

原预应力钢束通过的位置,如图 2-5 及图 2-6 所示。此方法应配合桥面改造进行。

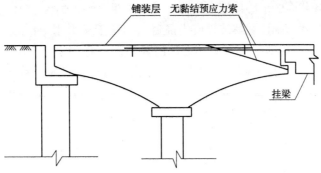

图 2-5　悬臂梁负弯矩区铺装层中布置预应力索

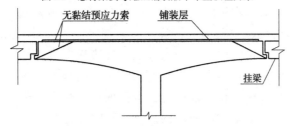

图 2-6　T 形钢构桥铺装层内布置无黏结预应力通长索

另一种直线布置是采用无黏结钢绞线束。在悬臂端部的牛腿附近腹板上方或锚固孔适当截面位置的腹板上方设置锚座,穿索直线布置在两锚座上。箱内体外索通过墩顶时将穿过横隔板上预先钻出的孔洞,体外索紧靠腹板两侧上方布置,中间设若干个索夹固定在腹板上,如图 2-7、图 2-8 所示。

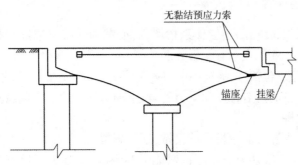

图 2-7　悬臂梁负弯矩区腹板两侧布置预应力索

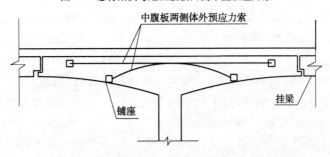

图 2-8　T 形钢构腹板两侧布置体外预应力通长索

直线布索虽对梁的抗剪没有帮助,但能产生较大的与恒、活荷载相反的正弯矩。由于梁高向墩中心增加,各截面的形心位置向墩中心逐渐降低,预加力产生的偏心正弯矩也向墩中心逐渐加大。如图2-9所示,无黏结预应力筋通长布置于T形刚架桥的桥面,重新浇筑桥面铺装层混凝土后张拉无黏结预应力筋所产生的弯矩图。此法施工较简单,但要配合桥面系改造,图中F_e为有效预加力,e_i和e_0分别为锚固截面和悬臂根部截面形心至上边缘的距离。

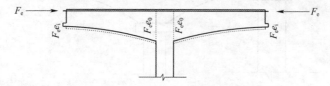

图2-9　无黏结预应力筋通长布置于T形刚架桥的桥面所产生的弯矩图

折线形布索时,要在紧靠腹板两侧的梁顶设置转向装置,体外索下弯后锚固于牛腿附近腹板下方的钢锚座,或者穿过牛腿预先钻好的孔洞锚固于牛腿处,如图2-5～图2-8所示。体外索紧靠腹板两侧布置,中间设若干个索夹固定在腹板上,自由长度不超过8m。下弯的体外索将产生向上的竖向分力,因而产生与外荷载相反的弯矩和剪力,有利于梁体抗剪,对控制牛腿下挠更有效,但需配合桥面改造进行。在顶板上开孔设转向装置和牛腿上钻孔设锚座时施工较为麻烦,且对原结构有一定的损伤。竖向分力产生弯矩图为三角形向墩中心增大,剪力图为均匀的矩形。

无论是采用直线形或是折线形布索,所产生的轴向压力均对梁顶有利,对梁底可抵消部分预加力偏心弯矩在梁底产生的拉应力。总之,采用何种布置形式,应视具体的病害情况及施工条件等而定。

四、预应力加固连续体系桥梁

从梁高的角度来说,常见的连续体系桥梁,有变截面连续梁或连续板,等截面连续梁或连续板。连续梁的横截面形式常有箱形和肋板形(包括工字形和T形),连续板的横截面形式常有空心板和实心板,包括矮箱梁。用预应力加固连续体系桥梁时,不同的结构形式和不同的布索方式有着各自的构造特点和受力特点,下面分别讨论它们的特点。

1. 肋板式连续梁桥

肋板式连续梁桥指开口形肋板连续梁桥,如T形梁、工字形梁。一般跨径在16～40m范围,梁高在1～2.5m。不管是为了恢复抗弯能力和刚度,还是为了提高荷载等级,采用体外预应力加固是效果较佳的方案。对于等截面连续梁,可在1/4跨附近的横隔板下增设转向设施;如果没有横隔板,则要在梁底增设转向块,让体外索绕过转向装置,两端弯起锚固或采用绕过支点横隔板,纵向成为多折点的折线形布置。横向对称紧靠梁肋布置。这样处理,对梁各控制截面的抗弯或抗剪都有较大帮助,如图2-10所示。在支承处,体外索需锚固时,可在紧靠支点横隔板处的腹板上增设锚座,或者在支点横隔板处增设锚固横梁,从梁端或桥面上斜向张拉。在墩顶支承处锚固时,采用纵向交叉锚固。对于变截面连续梁,可以利用截面形心纵向不断变化的特点,将体外索靠两端梁底布置成直线形,如图2-11所示。在墩顶负弯矩段,预压力的重心在截面形心之上,在该段截面上缘产生压应力,能抵消部分恒活载产生的拉应力。在中跨跨中和边跨正弯矩段,预压力的重心在截面形心之下,在该段截面下缘产生压应力,能抵消部分恒活载产生的拉应力,改善了墩顶梁顶受拉区和跨中及边跨梁底受拉区的抗弯能力,但对抗剪能力没有帮助。需要特别注意的是,由于边跨端部锚固点较低,靠端部附近的梁顶将产生较大的负弯矩,此处截面需认真验算,以免桥面开裂。国道324线厦门段坂头大桥为 16m + 22.5m + 22.5m + 16m 的钢筋混凝土变高度T形连续梁桥,跨中梁高0.8m,墩顶梁高1.8m,采用了直线形体外预应力加固来提高荷载等级。变截面连续梁也可采用等截面连续梁的折线形布置。直线形布置,施工简便,材料用量少,但加固效果不如折线形布置方式,特别是在梁的刚度不足或跨中下挠时,采用折线形布置可避免梁端顶部负弯矩过大的缺陷,加固效果较好,如下述分析。

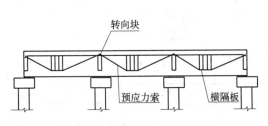 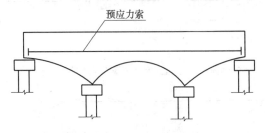

图 2-10 连续梁体外索折线形布置　　　　图 2-11 连续梁体外索直线形布置

2. 箱形连续梁桥

连续箱梁桥的跨径一般较大,梁也较高,多数情况下,人可以进入箱内施工操作,最适合采用预应力加固。对于等截面连续梁,一般采用折线形布置的体外索或体内索加固。采用体外索时,在1/4跨附近的箱内腹板与顶、底板上设置钢结构的肋板式转向装置,在墩顶横梁上开槽孔使体外索偏转索的两端锚固于端横隔板上,必要时增设端锚固横梁。如果梁跨较多,可分跨在墩顶横梁处交叉锚固,索在箱内靠箱梁腹板内侧对称布置,体外索布置类似图 2-10。

变截面连续箱梁桥的体外预应力加固,体外索的纵向布置有上述折线形的,也有直线形的。折线形布索对跨中下挠过大和增强抗剪能力的加固效果较好。305国道的盘锦立交主线桥、凌海桥等4座钢筋混凝土变截面3~5跨连续箱梁桥,主跨跨径最大为35m,最小为32m,墩顶桥面、跨中梁底等处开裂及跨中下挠过大。采用折线形布索加固取得较好效果。而直线形布索如图 2-11 所示,对墩顶负弯矩区和中跨的跨中正弯矩区的加固效果要差些,且梁端顶部负弯矩过大不宜处理,但直线形布索的施工大为简便,不设任何转向装置,省财省力。2002年完成加固的广东省广州至佛山高速公路某跨江大桥,桥型为三跨预应力混凝土变高度连续箱梁桥,中跨长为100m,主要病害为中跨跨中明显下挠过大,另有梁底裂缝及负弯矩区腹板斜裂缝等。采用直线形的体外预应力布索,体外束紧靠跨中底板上面通过,两端锚固在两个中墩顶的横隔板上(锚固处横隔板加厚)。现以中跨62m,两边跨各40m的三跨变截面箱形连续梁桥为例,假如索的张拉力为10000kN不变,预应力损失不计,根据体外索各点的倾角,采用等效节点力的方式施加体外预应力。一种采用直线形布索,两端锚固在两边跨梁端的横隔板上,距梁底0.3m,其体外索产生的梁底应力如图 2-12 所示,梁顶应力如图 2-13 所示,正应力值见表 2-1,剪应力如图 2-14 所示,其应力值见表 2-3。另一种采用折线形布索,中跨双折点,边跨单折点,两端锚固在边跨梁端截面形心处的横隔板上,其他转向点分别距梁底0.3m,距梁顶0.35m,其布索形式如图 2-15 所示,体外索产生的梁底应力图如图

2-16 所示,梁顶应力图如图 2-17,正应力值见表 2-2,剪应力如图 2-18 所示,其应力值见表 2-3。

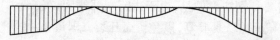

图 2-12 三跨连续梁直线形布索梁底压应力示意图

图 2-13 三跨连续梁直线形布索梁顶压应力示意图

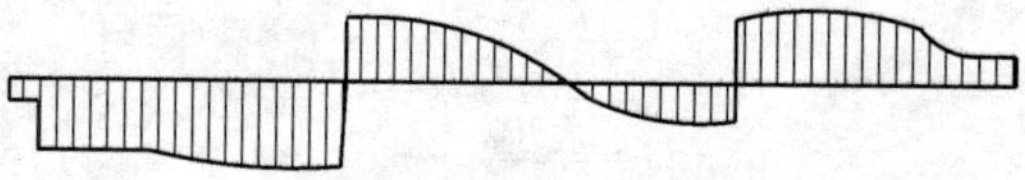

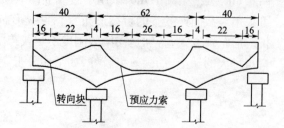

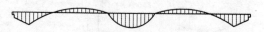

图 2-14 三跨连续梁直线形布索各截面剪应力示意图

图 2-15 三跨连续梁体外索折线形布置(尺寸单位:m)

图 2-16 三跨连续梁折线形布索梁底压应力示意图

图 2-17 三跨连续梁折线形布索各截面梁顶压应力示意图

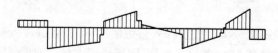

图 2-18 三跨连续梁折线形布索各截面剪应力示意图

直线形布索各控制截面梁底及梁顶应力(单位:MPa)　　表 2-1

截面位置	梁底应力	梁顶应力
中跨跨中	-2.0	-1.6
0.42 边跨	-4.6	-0.6
支点根部	-0.1	-1.9

折线形布索各控制截面梁底及梁顶应力(单位:MPa)　　表 2-2

截面位置	梁底应力	梁顶应力
中跨跨中	-3.5	-0.8
0.42 边跨	-4.5	-0.2
支点根部	1.0	-2.5

直线形和折线形布索产生的剪应力(单位:MPa)　　表 2-3

截面位置	梁底应力	梁顶应力
中支点根部	±0.3	±0.5
边支点根部	-0.1	0.3

相同张拉力作用下,从应力图表比较可知:

(1)折线形布索对中跨跨中截面下缘产生的压应力是直线形布索的 1.75 倍,均与自重产生的拉应力反号,而对上缘产生的压应力负担只是直线形布索的一半。

(2) 折线形布索对中支点根部截面上缘产生的压应力是直线形布索的1.32倍,均与自重产生的拉应力反号,而对于在下缘产生的应力,折线形布索时产生的拉应力可抵抗自重时产生的压应力,直线形布索时会产生压应力负担,但较小。

(3) 两种形式布索对0.42倍边跨截面下缘产生的压应力基本一样,均与自重产生的拉应力反号;而折线形布索对上缘产生的压应力负担只是直线形布索的一半。

(4) 折线形布索对中支点根部截面中性轴附近产生的剪应力是直线形布索的1.67倍,均与自重产生的剪应力反号;边支点端部截面中性轴附近产生的剪应力,折线形布索时产生的剪应力与自重时产生的剪应力反号,直线形布索时会产生同号的剪应力负担,但较小。

由此说明,折线形布索比直线形布索能更有效地抵抗恒活载内力。

采用先体外后体内预应力布索加固时,实质是用混凝土来保护体外预应力束。这时有两种方式:

一种是在箱梁腹板内竖向及斜向钻孔,钢索穿过孔洞,上端穿出箱梁顶板结合桥面改造覆盖于铺装层混凝土中。下端穿出梁底,所有的转向点处均要用弧形钢板设置转向装置,梁底张拉完成后通过新浇混凝土增加腹板底面的高度将钢索包裹,并将腹板孔洞空隙灌满水泥浆,如图2-19所示,将体外束变成体内束。2002年9月加固完

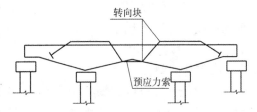

图2-19 三跨连续梁体外索穿过腹板折线形布置

工的广东南海三山西桥北岸南岗立交桥,为主跨37.8m的三跨钢筋混凝土变高度连续梁桥,主要病害为跨中下挠过大,底板开裂及墩顶桥面开裂,采用此种方式布索加固效果较好。但施工工艺要求高,斜腹板钻孔难度大。

另一种方式是先按真正的体外折线形布置预应力索,可在箱梁腹板上设置锚固齿板,钢索紧靠腹板布置。张拉完成后新浇混凝土将腹板加厚,覆盖体外索成体内索。2000年加固完工的深圳市某匝道桥,主跨为40.5m的多跨预应力混凝土连续曲线箱梁桥,主要病害为跨中附近底板横向裂缝、支点附近腹板斜裂缝等。采用此方式加固,钢索紧靠箱梁腹板外侧呈折线形布置,锚座设在腹板上,张拉完成后在腹板外侧全高范围新浇20cm厚混凝土。即腹板加厚20cm,将体外索覆盖成体内布索,加固效果不错但自重增加较多,工程量较大。

总之,先体外后体内预应力布索加固的优点是:钢索不需要专门防锈保护;中断交通加固时,若新浇混凝土与旧混凝土结合良好,能共同受力,则活载作用下,控制截面的钢索强度能比体外索更有效地发挥作用;钢索不存在振动问题;防护好,外观好。缺点是施工较麻烦,工期长,增加自重。

3. 连续板桥

连续板桥由于高度矮,特别是跨径超过20m的钢筋混凝土连续板桥,常因承载能力不够,出现支点上缘和跨中下缘横向裂缝,跨中下挠度过大等病害,采用预应力加固效果较好,但要直接有效地布置体外预应力索是难于做到的。这时,可在每孔的1/4跨附近横向增设钢结构的条形托梁,通过粘贴和锚栓固定于板底,根据受力需要选择合适的托梁高度布置体外索,如图2-20所示。

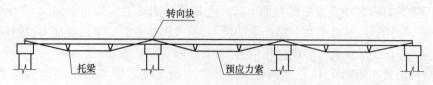

图 2-20 连续板体外索布置

利用体外索产生的向上竖向分力对板卸载。在每跨的两端,按体外索的倾角在实心板上或空心板的腹板两侧钻孔,使索穿过孔洞,边跨两端锚固于桥面开凿的斜向锚坑中;在中间支承点处,体外索穿出桥面或不出桥面,通过转向块连续穿进相邻桥跨的斜孔中。当桥跨较多时,为减少预应力损失,也可将体外索分段锚固于墩顶隔板处的斜向锚坑中。如果体外索穿出板顶,则要结合桥面混凝土铺装层的改造在锚固点处利用体外索产生的水平分力对板施加压应力。提高板的抗弯能力关键问题是怎样根据每跨承载力的需要选择体外索的转向托梁位置、倾角及锚固点位置,并协调其产生的竖向分力与水平压力的关系,在构造能实现的情况下使负弯矩区和正弯矩区的内力调节达到最佳组合。对于变截面连续板也可采用上述方法加固处理。

4. 其他问题

(1)单点转向与双点转向问题:一般来说,双折点转向在梁长一定时,由于索的起弯角度大,产生的向上竖向分力也大,能较多地抵抗恒活载弯矩,中跨采用双折点比较合适;而单折点起弯角度小,产生的向上分力也小,对于边跨正弯矩不太大的情况比较合适。

(2)张拉问题:有些位置在梁端张拉预应力筋时,由于端部张拉操作空间位置受限,可将该处设为固定锚,在其他方便张拉的位置设置类似游动锚的装置,张拉后将体外索连接起来。

(3)索的振动问题:体外索的自由长度都较大,为防止振动,一般7m左右设一索夹固定在梁上。

(4)钢筋混凝土梁和预应力混凝土梁的问题:体外预应力加固钢筋混凝土梁时,原有截面分担的抗力和张拉体外索分担的抗力比较明确,容易计算。而加固预应力混凝土梁时,由于梁内原有的有效预应力算不准,原有截面分担的抗力也就算不准,往往涉及有黏结预应力配筋与无黏结预应力配筋组合计算的问题。这时除了要认真计算外,在张拉体外索时,须对控制点进行应变(应力)或变形监控,以便及时发现问题,随时调整施工方案。

第2节 体外预应力加固受弯构件承载力计算

承载能力极限状态对应于结构或构件达到最大承载能力或出现不适于继续承载的变形或限位。承载能力极限状态涉及结构的安全问题,可能导致人员伤亡和大量财产损失,所以必须具有较高的安全度。体外预应力加固受弯构件承载力计算的核心内容包括正截面抗弯承载力计算和斜截面抗剪承载能力计算两部分。

一、体外预应力筋极限应力的合理取值

在体外预应力加固结构的抗弯承载力计算中,预应力水平筋(束)的极限应力 $\sigma_{pu,e}$ 是关

键性计算参数之一。根据目前的理论研究和试验研究成果,关于体外预应力水平筋的极限应力 $\sigma_{pu,e}$ 的计算公式有很多。这些公式主要基于两种方法建立:其一是根据某种计算理论建立计算模型,再根据试验结果修正其中的某些参数;其二是找到影响 $\sigma_{pu,e}$ 的主要因素,并根据试验结果进行统计分析,再建立经验公式。

研究结果表明,体外预应力筋(束)的极限应力可以表示为有效预应力与极限应力增量之和的形式。根据大量的文献检索得到国内外关于体外预应力筋(束)的极限应力计算公式,主要包括美国 ACI 318-02 规范公式、Chakrabarti 公式(美)、美国 AASHTO 2004 规范公式、英国 BS8110 规范公式、Harajli 公式(美)、我国《无粘结预应力混凝土结构技术规程》(JGJ 92—2016)规范公式、AASHTO 2004 规范修正公式、哈尔滨工业大学基于塑性理论并考虑二次效应的计算公式、牛斌基于塑性铰理论的计算公式,以及同济大学基于试验统计分析并拟纳入《体外预应力混凝土桥梁设计指南》(送审稿)中的计算公式等。

1. 美国 ACI 318-02 规范

美国 ACI 318-02 规范的体外预应力极限应力公式是自 ACI 318-77 规范沿袭多年的计算公式。该公式形式最为简捷,并以参数 f_c'/ρ_p 为主要变量。它考虑了结构跨高比(L/d_p)的影响,但没有考虑非预应力钢筋的作用,公式形式如下:

$$f_{ps} = f_{pe} + 70 + \frac{f_c'}{\mu \rho_p} \tag{2-1}$$

式中:f_c'——混凝土圆柱体抗压强度;

ρ_p——预应力筋的含筋率,$\rho_p = A_{ps}/bd_p$;

f_{pe}——体外预应力筋的有效预应力;

μ——结构跨高比修正系数,当 $L/d_p \leq 35$ 时,$\mu = 100$;当 $L/d_p > 35$ 时,$\mu = 300$。

Chakrabarti 在此公式的基础上进行了改进,以无黏结部分预应力试验梁为基础,考虑了预应力筋有效应力、跨高比、混凝土强度及普通钢筋等因素,改进后的公式形式如下:

$$f_{ps} = \frac{f_{pe} + 1000 + A}{1 - B} \tag{2-2}$$

式中:A、B——计算参数,分别按下式确定。

$$A = \frac{f_c'}{100\rho_s} \times \frac{d_p}{d_s} \times \frac{60000}{f_y} \times \left(1 + \frac{\rho_s}{0.025}\right)$$

$$B = \frac{r \times f_c'}{100 \times \rho_s \times f_{pe}} \leq 0.25$$

式中:r——结构跨高比修正系数,当 $L/d_p \leq 33$ 时,$r = 1.0$;当 $L/d_p > 33$ 时,$r = 0.8$;

f_y——普通钢筋的抗拉强度;

ρ_s——普通钢筋的配筋率,且当 $\rho_s = 0$,$L/d_p > 33$ 时,式(2-2)可变为式(2-3),即

$$f_{ps} = f_{pe} + 0.65 \times \Delta f_{ps} \tag{2-3}$$

2.《美国公路桥梁设计规范》

《美国公路桥梁设计规范》(AASHTO 1994)中,体外预应力筋的极限应力采用 Naaman 提出的以黏结折减系数法为基础的计算模型,计算公式如下:

$$f_{ps} = f_{pe} + \Omega_u E_p \varepsilon_{cu} \left(\frac{d_p}{c} - 1\right) \frac{L_1}{L_2} \leq 0.94 f_{py} \tag{2-4}$$

式中：L_1——加载跨的长度，或受同一力筋作用的几个跨的长度；

L_2——相邻锚具间的距离；

ε_{cu}——混凝土极限压应变，在缺乏更精确数据的情况下，可取值为0.003；

f_{py}——体外预应力筋的屈服强度；

Ω_u——黏结折减系数，与荷载形式、构件、跨高比及结构是否开裂有关；跨中加载时，$\Omega_u = 1.5/(L/d_p)$；三点集中荷载或均布荷载时，$\Omega_u = 3.0/(L/d_p)$；

c——中性轴到受压混凝土顶面的距离。

对于T形截面：

$$c = \frac{A_p f_{ps} + A_s f_y - A_s' f_y' - 0.85 f_c' \beta_1 (b - b_w) h_f}{0.85 f_c' b \beta_1}$$

对于矩形截面：

$$c = \frac{A_p f_{ps} + A_s f_y - A_s' f_y'}{0.85 f_c' b \beta_1}$$

式中：β_1——混凝土受压应力块折减系数，$\beta_1 = 0.85 - 0.05(f_c' - 28)/7$，且 $\beta_1 \geq 0.65$；

f_c'——混凝土圆柱体抗压强度。

计算时可将两式联立，先求出 c 值，以T形截面为例：

$$c = \frac{-B_1 + \sqrt{B_1^2 - 4 A_1 C_1}}{2 A_1}$$

$$A_1 = 0.85 f_c' b_w \beta_1$$

$$B_1 = A_p \left(\Omega_u E_p \varepsilon_{cu} \frac{L_1}{L_2} - f_{pe} \right) - A_s f_y + A_s' f_y' + 0.85 f_c' (b - b_w) h_f$$

$$C_1 = A_p \Omega_u E_p \varepsilon_{cu} d_p \frac{L_1}{L_2}$$

美国公路桥梁设计规范中的体外预应力极限应力计算方法从1998年开始采用基于塑性铰理论的计算公式。它考虑了构件破坏时可能形成的塑性铰数目，适用于简支梁桥和连续梁桥的计算。

$$f_{ps} = f_{pe} + 6300 \frac{d_p - c}{l_e} \leq f_{py} \tag{2-5}$$

式中：c——中性轴到受压混凝土顶面的距离；

l_e——无黏结筋的有效长度，$l_e = 2 l_i / (N_s + 2)$；

l_i——梁端锚具间无黏结筋的长度；

N_s——构件失效时形成的塑性铰数目。

3. 英国BS8110规范

英国BS8110规范认为无黏结预应力极限应力主要受跨高比和混凝土强度的影响，并将普通钢筋面积等效为预应力筋面积，给出的公式形式如下：

$$f_{ps} = f_{pe} + \frac{7000}{\frac{L}{d_p}} \left(1 - 1.7 \frac{f_{pu} \rho_p}{f_{cu}} \right) \leq 0.7 f_{pu} \tag{2-6}$$

式中：ρ_p——预应力筋的含筋率，为了考虑非预应力钢筋面积 A_s 的作用，规范建议 A_s 等效为预应力筋面积 $A_s f_y / f_{pu}$；

f_{pu}——预应力筋的极限强度。

4. Harajli 钢绞线应力计算模式

Harajli（美）综合考虑了普通钢筋和构件跨高比的影响，建立了以预应力筋极限强度系数为变量的计算模型，其公式形式如下：

$$f_{ps} = f_{pe} + \left[1 + \frac{1}{\frac{L}{d_p}\left(\frac{0.95}{f} + 0.05\right)}\right]\frac{n_L}{n_0} \times f_{pu}\left(\alpha - \beta \frac{c}{d_p}\right) \leq f_{py} \quad (2\text{-}7)$$

公式可改写为：

$$f_{ps} = f_{pe} + \gamma_0 f_{pu}(1 - 3q_0)$$

式中：q_0——$q_0 = \frac{A_{ps} f_{ps}}{b d_p f_c'} + \frac{A_s f_y}{b d_p f_c'}$，且 $q_0 \leq 0.23$，$\gamma_0 = \frac{L_1}{L}\left(0.12 + \frac{2.5 d_p}{\frac{L}{d_p}}\right)$；

L_1——构件施加荷载部分的长度；

L——构件全长。

5. 加拿大规范 A233-M94

加拿大规范采用基于塑性铰理论的计算公式，其特点为在计算受压区高度时，对影响受压区高度的一系列因素，如体外预应力筋面积、非预应力钢筋面积、混凝土材料等进行折减，其计算公式如下：

$$f_{ps} = f_{pe} + 8000 \frac{d_p - c_y}{l_e} \leq f_{py} \quad (2\text{-}8)$$

式中：l_e——无黏结筋的有效长度；

c_y——中性轴到受压混凝土顶面的距离。

对于 T 形截面：

$$c_y = \frac{\varphi_p A_p f_{py} + \varphi_s A_s f_y - \varphi_s A_s' f_y' - 0.85\varphi_c f_c'(b - b_w)h_f}{0.85\varphi_c f_c' b_w \beta_1}$$

对于矩形截面：

$$c_y = \frac{\varphi_p A_p f_{py} + \varphi_s A_s f_y - \varphi_s A_s' f_y'}{0.85\varphi_c f_c' b \beta_1}$$

式中：φ_p——预应力材料折减系数，取 0.9；

φ_s——非预应力材料折减系数，取 0.85；

φ_c——混凝土材料折减系数，取 0.6；

β_1——等效矩形受压区高度与中性轴高度之比。

6.《无黏结预应力混凝土技术规程》（JGJ 92—2016）

我国建筑科学研究院开展无黏结预应力混凝土研究，突出强调了非预应力筋配筋率对梁的破坏状态及无黏结筋极限应力的重要影响。我国颁布的《无黏结预应力混凝土结构技术规程》（JGJ 92—2016）规定，无黏结筋的极限应力按下列公式计算：

$$\sigma_{pu} = \sigma_{pe} + \Delta \sigma_p \quad (2\text{-}9)$$

$$\Delta\sigma_p = (240 - 335\varepsilon_0)\left(0.45 + 5.5\frac{h}{l_0}\right) \quad (2\text{-}10)$$

$$\varepsilon_0 = \frac{\sigma_{pe}A_p + f_y A_s}{f_c b h_p} \quad (2\text{-}11)$$

此时,应力设计值 σ_{pu} 尚应符合下列条件:

$$\sigma_{pe} \leqslant \sigma_{pu} \leqslant \sigma_{py} \quad (2\text{-}12)$$

式中:σ_{pe}——扣除全部预应力损失后,无黏结预应力中的有效预应力(N/mm^2);

$\Delta\sigma_p$——无黏结预应力中的应力增量(N/mm^2);

ε_0——综合配筋指标,不宜大于0.4;

l_0——受弯构件计算跨度;

h——受弯构件截面高度;

h_p——无黏结预应力筋合力点至截面受压边缘的距离。

7. 考虑二次效应的计算方法

哈尔滨工业大学根据塑性理论推导出来钢筋混凝土梁在极限状态下体外索的极限应力计算公式,给出了相应的试验验证。

由图2-21中的几何关系——$\triangle bcd$ 和 $\triangle efg$ 的相似比,可建立如下方程:

$$\frac{L/2}{h_y - x_s} = \frac{f_u}{\Delta l_y / 2} \quad (2\text{-}13)$$

式中:L——梁的计算跨径;

h_y——体外索水平筋重心到梁顶面的距离;

x_s——梁发生截面破坏时实际受压区高度;

f_u——梁破坏时的极限挠度值;

Δl_y——体外索预应力钢筋的总伸长值。

$$\Delta l_y = \frac{\Delta f_u}{L}(h_y - x_s) \qquad \zeta_y = \frac{x_s}{h_y} \qquad \zeta_y = \frac{x_s}{h_y}$$

式中:ζ_y——水平筋的极限高度系数;

l_y——体外预应力钢筋的换算长度。

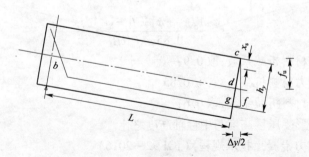

图2-21 水平筋破坏时的变形关系

根据体外索钢筋的总伸长量 Δl_y,即可求出体外预应力钢筋的极限应变增量 $\Delta\varepsilon_y$:

$$\Delta\varepsilon_y = \frac{\Delta l_y}{l_y} \quad (2\text{-}14)$$

$$f_{ps} = \frac{f_{pe} + 4f_u E_p h_y (1 - \zeta_y)}{\beta_L L^2} \tag{2-15}$$

式中：ζ_y——水平筋极限高度系数；

β_L——体外预应力钢筋换算长度与梁的计算跨径之比；

L——梁的计算跨径。

对于T形截面：

$$\zeta_y = \frac{1}{0.8R_a\beta_1} \left[\sigma_y \mu_y \beta_1 + R_g \mu_g - R_g' \mu_g' - \frac{(b_i' - b)h_i' R_a}{bh_0} \right] + \frac{\Delta\sigma_y \mu_y}{0.8R_a}$$

对于矩形截面：

$$\zeta_y = \frac{1}{0.8R_a\beta_1} (\sigma_y \mu_y \beta_1 + R_g \mu_g - R_g' \mu_g') + \frac{\Delta\sigma_y \mu_y}{0.8R_a}$$

式中：β_1——体外预应力钢筋换算长度与梁的计算跨径之比。

影响极限状态下体外预应力增量的因素有：剪跨比、配箍率、混凝土强度、体外预应力筋张拉力和纵向普通钢筋配筋率。

8. 基于结构变形极限应力求法（杜进生）

杜进生通过试验后得出：无论是连续梁还是框架，构件破坏时，体外预应力筋的极限应力均未达到其屈服强度；各构件荷载—预应力筋应力增量曲线与其所对应的施加预应力后再继续加载部分的荷载—挠度曲线具有相似的发展趋势；在荷载作用下，直至构件破坏，预应力筋的应力增量与构件的跨中挠度也近似直线关系，如图2-22所示，建立体外筋极限应力增量公式如下。

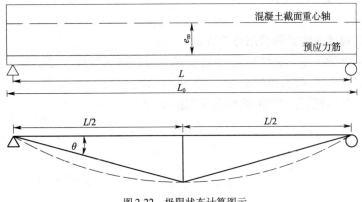

图2-22 极限状态计算图示

简支梁：

$$f_{ps} = f_{pe} + \frac{4E_p e_m \Delta}{L_0 L} \leqslant f_{py} \tag{2-16}$$

连续梁：

$$f_{ps} = f_{pe} + \sum_{i=1}^{n} \frac{4E_p e_{mi} \Delta_i}{L_0 L_i} \leqslant f_{py} \tag{2-17}$$

式中：n——连续梁加载的跨数；

其他符号意义同前。

梁的跨中实际挠度为：

$$\Delta_i = k_1 \frac{M_u L^2}{E_e I_e} \qquad (2-18)$$

式中：k_1——荷载形式及支座约束情况；

n——连续梁加载的跨数。

c 为破坏截面的中性轴高度，对于给定的截面性质，由截面平衡方程得到中性轴高度 c，即

$$0.85 f_{cx} + f_y' A_s' = (f_{pe} + \Delta f_{pe}) A_p + f_y A_s$$

x 为混凝土受压等效应力块高度，取 $x = 0.8c$。

令

$$q_0 = \frac{c}{h_p} = \frac{f_x A_p + f_y A_s}{0.8 \times 0.85 f_c b h_p}$$

公式中略去 $\Delta f_{pe} A_p$ 及 $f_y' A_s'$ 项对 q_0 的影响，则构件的极限挠度可表示为：

$$\Delta = k_1 \frac{\varepsilon_{cu} L^2}{q_0 h_p}$$

后来，杜进生根据等效塑性区长度理论得到体外筋极限应力增量公式如下：

$$f_{ps} = f_{pe} + \frac{0.03 E_p (h_p - c_{pe})}{l_e} \qquad (2-19)$$

式中：l_e——体外预应力筋的有效长度，$l_e = L/(1 + N/2)$；

N——L 范围内，连续梁失效时在中支座处形成的塑性铰数目；

c_{pe}——不计体外预应力筋应力增量时，中性轴到受压区混凝土顶面的距离。

该公式与美国 AASHTO 2004 规范公式同根，只是将系数 6300 用 $0.03 E_p$ 表示。对于不同类型的体外预应力钢材，这种表达具有普遍意义。

9. 基于塑性铰理论的极限状态计算方法（牛斌）

大量的混凝土梁破坏试验结果表明：在梁的普通钢筋屈服后至破坏前，梁弯矩较大的区域将出现塑性铰或塑性区段，梁体的变形主要发生在塑性铰附近，体外预应力混凝土梁在破坏前亦有类似情况出现，此时梁的曲率分布如图 2-23 所示。

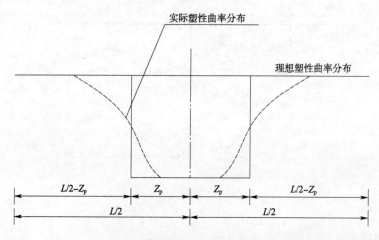

图 2-23 体外预应力极限状态曲率分布

根据上述假设,体外预应力混凝土梁极限状态下曲率、转角和跨中挠度的关系可由以下各式表达

$$\varphi_u = \frac{\varepsilon_{cu}}{c} \tag{2-20}$$

$$\theta_u = Z_\beta \cdot \varphi_u \tag{2-21}$$

$$\Delta_u = \frac{\varphi_u}{2}(L - Z_\beta) \tag{2-22}$$

以体外预应力筋无转向点的情况为例,如图 2-24 所示,梁极限状态下体外钢筋长度为:

$$L_p = 2\sin\theta_u(d_p - c) + L_p\cos\theta_u \tag{2-23}$$

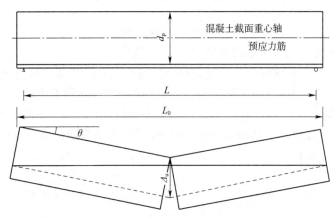

图 2-24 体外预应力梁极限状态计算模型

考虑到梁体变形,中性轴将产生弓形压缩,其量值约为 $L(1-\cos\theta_u)$,则极限状态下体外钢筋的伸长量为:

$$\Delta L_p \approx 2\theta_u(d_p - c) - (L + L_p)\frac{\theta_u^2}{2} \tag{2-24}$$

根据截面内力平衡条件

$$0.85\beta_1 f_c' bc = A_s f_y - A_s' f_y' + A_p(f_{pe} + \Delta f_{ps}) \tag{2-25}$$

极限状态下体外预应力筋的应力:

$$f_{ps} = f_{pe} + \Delta f_{ps} \qquad \Delta f_{ps} = \frac{\Delta L_p}{4} E_p \tag{2-26}$$

由上述条件可得出求解 c 值的方程:

$$c^3 - Ac^2 - Bc + C = 0 \tag{2-27}$$

其中 $\quad A = q_0 - q_e \qquad B = q_e h_p \qquad C = \frac{q_e}{4}(L + L_p)Z_p\varepsilon_{cu}$

对于矩形截面:

$$q_0 = \frac{A_s f_y + A_s' f_y' - A_p f_{pe}}{0.85\beta_1 f_c' b} \qquad q_e = 2\frac{E_p A_p z_p \varepsilon_{cu}}{0.85\beta_1 f_c' b}$$

对于有转向块、直线或折线布置的体外预应力筋,在体外预应力筋高度不大于梁高的条件下,中性轴高度方程形式不变,系数变化,如表 2-4 所示。

体外预应力筋不同布置时中性轴系数　　　　　表2-4

系数	转向块				
	0	1		2	
		直线	折线	直线	折线
A	$q_0 - q_e$	$q_0' - q_e'$	$q_0' - q_e'$	$q_0 - q_e$	$q_0 - q_e$
B	$q_e h_p$	$q_e h_p$	$q_e' h_p$	$q_e h_p$	$q_e h_p$
C	$\dfrac{q_e}{4}(L-L_p)Z_p \varepsilon_{cu}$	$\dfrac{q_e}{4}L Z_p \varepsilon_{cu}$	$\dfrac{q_e}{4}L Z_p \varepsilon_{cu}$	$\dfrac{q_e}{4}(L_c - L_p)Z_p \varepsilon_{cu}$	$\dfrac{q_e}{4}\left(L_c - \dfrac{L_d}{\cos\alpha}\right)Z_p \varepsilon_{cu}$

注：$q_0' = q_0/\cos\alpha$, $q_e' = q_e/\cos\alpha$。

塑性铰区长度：

$$Z_p = 0.5 d_e + 0.05 Z \text{ 或 } Z_p = 0.5(d_e + L_0) \tag{2-28}$$

10.《体外预应力混凝土桥梁设计指南》（送审稿）

同济大学根据实测的试验结果，考虑跨高比、综合配筋指数及混凝土强度等几个主要因素对体外预应力极限应力增量影响，采用统计回归的方法，得到了极限应力计算公式，并按照设计可靠度要求，极限应力增量以95%的保证率取值，体外预应力筋的材料分项安全系数取1.25，材料强度值按规范的标准值取用，则体外预应力筋极限应力的设计值可表述如下。

对于简支梁桥：

$$\sigma_{pu,e} = \frac{1}{1.25}\left[\sigma_{pe,e} + a\left(2.25 - \frac{22}{\dfrac{L}{h_{p,e}}}\right)(407 - 1480\rho_p - 531\omega^2 + 492\omega) - 92\right] \tag{2-29}$$

对于连续梁桥：

$$\sigma_{pu,e} = \frac{1}{1.25}\left\{\sigma_{pe,e} + 0.92\left[a\left(2.25 - \frac{22}{\dfrac{L}{h_{p,e}}}\right)(407 - 1480\rho_p - 531\omega^2 + 492\omega) - 92\right]\frac{L_1}{L_2}\right\} \tag{2-30}$$

式中：ρ_p——预应力配筋指标，$\rho_p = \dfrac{A_{p,e}\sigma_{pe,e} + A_{p,i}\sigma_{pe,i}}{A_c f_{ck}^0}$；

ω——体内受拉钢筋率，$\omega = \dfrac{A_{p,i} f_{pk,i}^0 + A_s f_{sk}^0}{A_{p,i} f_{pk,i}^0 + A_{p,e} f_{pk,e}^0 + A_s f_{sk}^0}$；

$A_{p,e}$——体外预应力筋的截面面积；

$A_{p,i}$——体内预应力筋的截面面积；

$\sigma_{pe,i}$——体内预应力筋的永存预应力；

A_c——梁的混凝土截面面积；

f_{ck}^0——混凝土的抗压强度试验标准值；

$f_{pk,i}^0$——体内预应力筋的抗拉强度试验标准值；

A_s——体内纵向受拉普通钢筋的截面面积；

f_{sk}^0——体内纵向受拉普通钢筋的抗拉强度试验标准值；

$f_{pk,e}^0$——体外预应力筋的抗拉强度试验标准值。

归纳上述公式可知，影响体外预应力筋极限应力的主要因素有跨高比、体内受拉钢筋配筋率、普通钢筋面积、体外预应力钢筋面积、混凝土强度、加载方式、布索方式等。其中跨高比、体内受拉钢筋配筋率为最主要因素。

在上述公式中，ACI318-02、Harajli钢绞线应力计算模式，及《无粘结预应力混凝土结构技术规程》(JGJ 92—2016)均为依据极限应力与截面配筋指标之间关系建立的公式。《美国公路桥梁设计规范》(AASHTO 2004)、《英国公路桥梁设计规范》(BS8110)公式均是基于等效塑性区长度理论提出的。《美国公路桥梁设计规范》(AASTHO 1994)曾采用Naaman提出以黏结折减系数法为基础的计算公式。国内现有的考虑二次效应的计算方法虽然计算起来精度较好，但也存在实际计算起来复杂和只适用于简支梁等不足之处。

黄侨教授在收集到的国内外48片体外预应力钢筋混凝土试验梁数据的基础上，利用上述极限应力公式分别进行试算，并采用统计分析的方法，检验上述各公式的计算结果与试验结果的吻合情况。并推荐出适合于桥梁工程计算的体外预应力极限应力计算方法。已收集各组试验梁数据见表2-5，体外预应力筋极限应力的计算与试验梁实测值的比值的统计分析结果见表2-6。

试验梁的主要参数　　　　　　　　　　　　　　表2-5

试验单位	编号	跨高比	混凝土强度	加载方式	布索形式
铁道部科学研究院	A1-1	14.29	38.15	跨中加载	直线
	A2-2	14.29	38.15	跨中加载	直线
	A3-3	14.29	38.15	跨中加载	直线
	A1-2	14.29	38.15	跨中加载	直线
	A2-2	14.29	38.15	跨中加载	直线
	A3-2	14.29	38.15	跨中加载	直线
	B1-2	13.33	38.15	双点加载	双折线
	B2-2	13.33	38.15	双点加载	双折线
	B3-2	13.33	38.15	双点加载	双折线
同济大学	A-1	20	31.24	双点加载	直线
	A-2	20	27.51	双点加载	直线
	B-1	20	31.24	双点加载	双折线
	B-2	20	27.51	双点加载	双折线
	MA-04	16	59.7	双点加载	双折线
	MA-05	16	59.7	双点加载	双折线
	MB-01	20	53	双点加载	双折线
	MB-02	20	52.9	双点加载	双折线
	MB-03	20	50.1	双点加载	双折线
	MB-04	20	50.1	双点加载	双折线
哈尔滨工业大学	HGD-1	20	37.94	双点加载	双折线
	HGD-2	20	39.19	双点加载	双折线
	HGD-4	20	36.82	双点加载	双折线
	HGD-5	20	36.16	双点加载	双折线

续上表

试验单位	编号	跨高比	混凝土强度	加载方式	布索形式
哈尔滨工业大学	HGD-6	20	31.87	双点加载	双折线
	HGD-7	20	31.62	双点加载	双折线
	HGD-9	20	34.78	单点加载	双折线
	HGD-10	20	30.86	双点加载	双折线
	HGD-11	20	32.74	双点加载	双折线
	HGD-12	20	35.7	双点加载	双折线
	HGD-13	20	42.73	单点加载	双折线
	HGD-14	20	36.92	双点加载	双折线
	HGD-16	20	28.82	双点加载	双折线
	HGD-17	20	30.82	单点加载	双折线
	HGD-18	20	34.58	双点加载	双折线
	HGD-19	20	35.89	双点加载	双折线
	HGD-20	20	45.6	双点加载	双折线
	KW-1	6.2	28	双点加载	双折线
	KW-2	6.1	28	双点加载	双折线
	KW-3	6	28	双点加载	双折线
	KW-4	6	28	双点加载	双折线
	KW-5	6.1	28	双点加载	双折线
	KW-6	6.3	28	双点加载	双折线
K. H. Tan	T-0	16.5	26.3	双点加载	直线
	T-1	16.5	25.99	双点加载	单转向
	T-2	16.5	23.1	双点加载	双转向
	T-1A	13.2	24.4	双点加载	单转向
	T-1D	13.2	25.23	双点加载	单折线
	T-1B	16.5	21.81	双点加载	单转向

极限状态下计算应力与实测应力的比值 表2-6

梁号	无黏结	AASHTO-04	Harajli	文献[16]	文献[34]	文献[36]	英国规范	ACI-02	Chakrabarti
A1-1	0.70	1.00	0.97	0.83	0.92	0.62	0.61	0.61	0.81
A2-2	0.67	0.97	0.86	0.79	0.89	0.62	0.58	0.60	0.73
A3-3	0.67	0.99	0.79	0.78	0.91	0.65	0.56	0.61	0.71
A1-2	0.71	1.01	0.79	0.83	0.93	0.63	0.62	0.62	0.82
A2-2	0.69	0.99	0.85	0.80	0.91	0.63	0.59	0.61	0.75
A3-2	0.70	1.02	1.00	0.81	0.94	0.67	0.58	0.63	0.74
B1-2	0.63	0.78	0.73	0.74	0.75	0.57	0.65	0.60	0.69
B2-2	0.61	0.77	0.71	0.72	0.73	0.56	0.63	0.58	0.66

续上表

梁号	无黏结	AASHTO-04	Harajli	文献[16]	文献[34]	文献[36]	英国规范	ACI-02	Chakrabarti
B3-2	0.63	0.80	0.70	0.73	0.76	0.60	0.63	0.61	0.66
A-1	0.99	0.86	0.81	1.04	0.86	0.95	0.92	0.88	0.93
A-2	0.92	0.81	0.66	0.95	0.81	0.88	0.86	0.83	0.87
B-1	1.22	1.01	0.78	1.35	1.01	1.20	1.05	0.97	1.07
B-2	1.12	0.98	1.11	1.15	0.99	1.07	1.05	1.02	1.06
HGD-1	1.05	0.93	1.26	1.29	0.90	1.04	0.93	0.85	0.98
HGD-2	1.09	0.95	1.35	1.41	0.91	1.08	0.94	0.84	1.01
HGD-4	1.01	0.91	1.23	1.21	0.88	1.02	0.90	0.83	0.93
HGD-5	0.94	0.86	1.19	1.09	0.84	0.99	0.85	0.80	0.86
HGD-6	0.93	0.85	1.17	1.04	0.83	0.98	0.83	0.78	0.84
HGD-7	0.99	0.92	1.14	1.09	0.90	1.08	0.89	0.85	0.90
HGD-9	1.22	1.12	1.18	1.39	1.09	1.30	1.09	1.03	1.11
HGD-10	0.95	0.89	1.15	1.06	0.86	1.03	0.86	0.82	0.87
HGD-11	0.89	0.84	1.14	0.97	0.81	0.99	0.80	0.78	0.82
HGD-12	0.89	0.84	1.12	0.97	0.82	0.97	0.82	0.79	0.83
HGD-13	1.13	1.03	1.20	1.33	1.00	1.19	1.02	0.97	1.04
HGD-14	0.93	0.85	1.19	1.06	0.82	0.98	0.83	0.79	0.84
HGD-16	0.90	0.87	1.14	0.97	0.84	1.01	0.83	0.81	0.84
HGD-17	1.03	1.00	1.12	1.10	0.98	1.15	0.97	0.95	0.98
HGD-18	0.92	0.88	1.11	0.99	0.86	1.01	0.86	0.83	0.87
HGD-19	0.91	0.89	1.13	0.98	0.87	1.04	0.85	0.85	0.89
HGD-20	0.95	0.90	1.12	1.05	0.88	1.05	0.89	0.87	0.92
T-0	0.79	0.92	1.10	0.89	0.91	0.90	0.77	0.85	0.86
T-1	0.75	0.87	1.11	0.85	0.86	0.86	0.72	0.80	0.81
T-2	0.40	0.54	1.41	0.53	0.52	0.58	0.23	0.39	0.42
T-1A	0.41	0.54	1.53	0.49	0.52	0.38	0.29	0.34	0.39
T-1D	0.73	0.91	1.20	0.79	0.89	0.73	0.60	0.74	0.76
T-1B	0.68	0.84	1.11	0.80	0.83	0.83	0.65	0.78	0.79
KW-1	—	—	—	1.15	—	—	—	1.12	—
KW-2	—	—	—	1.06	—	—	—	0.96	—
KW-3	—	—	—	0.96	—	—	—	0.89	—
KW-4	—	—	—	0.92	—	—	—	0.86	—
KW-5	—	—	—	1.06	—	—	—	0.96	—
KW-6	—	—	—	1.23	—	—	—	1.15	—
MA-04	0.68	0.87	1.13	0.78	0.84	0.91	0.52	0.77	0.80
MA-05	0.69	0.85	1.13	0.80	0.83	0.89	0.51	0.74	0.77

续上表

梁号	无黏结	AASHTO-04	Harajli	文献[16]	文献[34]	文献[36]	英国规范	ACI-02	Chakrabarti
MB-01	0.62	0.79	1.12	0.72	0.79	0.81	0.36	0.71	0.74
MB-02	0.64	0.86	1.12	0.74	0.84	0.97	0.39	0.78	0.80
MB-03	0.42	0.64	1.14	0.52	0.62	0.77	0.20	0.57	0.59
MB-04	0.58	0.86	1.12	0.71	0.84	1.00	0.36	0.80	0.82
均值	0.82	0.88	1.07	0.95	0.85	0.88	0.77	0.79	0.82
方差	0.04	0.01	0.04	0.04	0.01	0.04	0.04	0.03	0.02
离散系数	0.05	0.02	0.04	0.04	0.01	0.05	0.05	0.03	0.03

注：1. 表中均值为极限应力的计算值/实测值；
  2. "—"为计算公式对试验梁失效，原因为试验梁跨高比偏小，公式不适用；
  3. 在统计分析中若以有效预应力、活载应力增量分别计算，相对误差较大，可达20%左右。

综合表 2-6 研究结果，可认为影响体外预应力筋极限应力增量的主要因素有受拉区普通钢筋的面积、体外预应力钢筋的面积、跨高比、混凝土强度、外荷载形式及布索形式六项。

在其他影响因素不变的情况下，体外预应力钢筋的应力增量随着跨高比的增加而降低，随着混凝土强度等级的增加而增加。综合配筋指标对极限应力增量的影响表现为存在一个合理的配筋指标，使得梁体破坏时普通钢筋的应变达到 0.01，同时受压区顶边混凝土的应变达到 0.003，即两者同时失效而导致梁体破坏。当综合配筋指标小于临界值时，体外预应力钢筋的应力增量随着配筋面积的增大而增大，当综合配筋指标大于这一临界状态时，体外预应力钢筋的应力增量随着配筋面积的增大而减小。

已有的研究指出，ACI 公式没有考虑非预应力钢筋的作用而且采用的参数过于简单，在低含筋率情况下过于安全，在高含筋率情况下又偏于危险，且在 L/d_p 处，存在 f_{ps} 值突变等问题。从表 2-5 分析结果来看 ACI 公式的计算统计结果偏小、离散性较大且其在低含筋率情况下偏于保守的看法得到了验证。Chakrabarti 在 1995 年修正了 ACI 公式，在公式中加入了普通受拉钢筋的影响因素，公式的计算结果比 ACI 的结果要好，但也存在着计算值较小且离散性较大的缺点。

通过表 2-6 中的均值和方差的对比结果来看，Harajli 公式的计算值偏高，这与 Ament J 论文中的结论一致。英国规范 BS8110 的公式是将非预应力钢筋等效为预应力钢筋，其计算结果并不理想。

我国无黏结预应力规范的公式限制在综合配筋指标小于 0.45 的情况，且主要是用于楼板结构。通过试验梁的计算分析发现其计算结果的离散性也较大，因此也存在一定的缺陷。

统计分析结果表明，AASHTO-04 公式、哈工大基于塑性理论并考虑二次效应的计算公式、AASHTO-04 修正公式及同济大学基于试验研究的统计公式的计算结果均与试验结果吻合良好，其计算值与试验值之比的平均值 $\bar{x}$ 均在 0.88～1.07 之间。其中以哈工大公式的计算精度最高，比值的平均值为 0.95，离散系数为 0.04，但由于其计算方法比较复杂且仅适用于简支梁桥，不便于应用。同济公式是以截面性质和配筋指标建立的回归公式，从分析结果来看，比值的平均值为 0.88，但离散系数为 0.05，相对大一些。虽然 AASHTO-04 和其修正公式的形式略有不同，但其计算精度相差不多，比值的平均值分别为 0.88 和 0.85，其离散系数为 0.02 和 0.01。综合考虑，可认为 AASHTO 公式计算精度较好，简捷适用且能够用于连续结构计算，还可更好地适用于不同种类的体外预应力钢材。

AASHTO-04 规范的修正公式中采用的是混凝土圆柱体强度，考虑到与我国 15cm × 15cm × 15cm 立方体强度在形状和尺寸上的差异，须将其换算为我国立方体抗压强度标准值 $f_{cu,k}$，或轴心抗压强度的标准值 f_{ck}。经换算得到原公式中的 $0.85f_c' = 0.752f_{cu,k} = 1.124f_{ck}$，取用 $0.85f_c' = 0.75f_{cu,k}$ 并代入到 AASHTO-04 的修正公式中使用。

根据试验结果的对比分析可以看出，AASHTO-04、Harajli、文献[16]、文献[34]、文献[36]的计算公式均与试验结果吻合良好。其中文献[16]公式的计算精度最高，但其计算方法比较复杂，不便于使用。文献[36]为以截面性质和配筋指标建立的回归公式，从分析结果来看，均值吻合较好，离散系数相对大一些。AASHTO-04 和文献[34]的计算公式同根，虽然公式的形式略有不同，但精度相差不多，且可用于连续梁桥的计算。

鉴于上述理论及试验对比分析，在《公路桥梁加固设计规范》(JTG/T J22—2008)中推荐了 AASHTO-04 规范中的体外预应力筋极限应力公式，即公式(2-8)。注意到美国规范是以结构破损强度为基础的，也就是说公式(2-8)给出的是体外预应力钢筋的极限应力，未计入任何安全系数。因此在将其用于我国以分项安全系数表达的结构极限强度理论为基础的极限状态计算时，须考虑材料安全系数。

二、加固受弯构件正截面抗弯承载力计算

体外预应力混凝土受弯构件正截面承载力计算与有黏结预应力混凝土梁的区别在于需要对整个结构进行体外预应力筋在外荷载作用下的应力增量分析，而不仅仅是对单个截面进行受力分析；另一个重要区别就是二次效应的影响。正截面承载能力计算时，体外预应力筋极限应力采用上述推荐公式进行计算，忽略二次效应影响，抗弯承载力计算假设如下：

(1) 在极限状态下，加固梁仍为适筋梁破坏，受拉区混凝土退出工作，全部拉力由原梁中预应力钢筋或普通钢筋与体外索共同承担。

(2) 受压区混凝土的应力分布按矩形应力图考虑，其应力大小取为混凝土抗压强度设计值 f_{cd}，混凝土的极限压应变取为 $\varepsilon_{cu} = 0.0033$。

(3) 原混凝土梁中普通钢筋或预应力钢筋的应力分别达到其抗拉强度设计值 f_{sd} 或 $f_{pd,i}$。

(4) 体外索水平筋(束)在极限状态下的应力达到其极限应力 $\sigma_{pu,e}$。

体外索加固梁的正截面抗弯承载力可按如下方法计算，计算图式如图 2-25 所示。加固结构抗弯承载力计算时，根据截面形状和中性轴的位置分两种情况考虑。

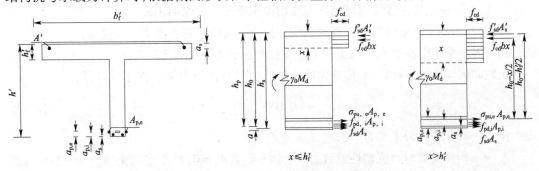

图 2-25　矩形、T 形截面梁正截面抗弯承载力计算图式

(1) 矩形截面或中性轴位移 T 形或 I 形截面翼板内 ($x \leqslant h_f'$):

$$f_{cd}b_f'x + f_{sd}'A_s' = \sigma_{pu,e}A_{p,e} + f_{pd,i}A_{p,i} + f_{sd}A_s \tag{2-31}$$

$$\gamma_0 M_d \leqslant f_{cd}b_f'x\left(h_0 - \frac{x}{2}\right) \tag{2-32}$$

(2) T 形或 I 形截面且中性轴位于截面腹板内 ($x > h_f'$):

$$f_{cd}bx + f_{cd}(b_f' - b)h_f' + f_{sd}'A_s' = \sigma_{pu,e}A_{p,e} + f_{sd,i}A_{p,i} + f_{sd}A_s \tag{2-33}$$

$$\gamma_0 M_d \leqslant f_{cd}bx\left(h_0 - \frac{x}{2}\right) + f_{cd}(b_f' - b)h_f'\left(h_0 - \frac{h_f'}{2}\right) + f_{sd}'A_s'(h_0 - a_s') \tag{2-34}$$

为确保加固后的混凝土梁仍为塑性破坏,上述公式中的截面受压区高度 x 应满足条件:

$$x \leqslant \xi_b h_s \qquad x \leqslant \xi_b h_p \tag{2-35}$$

$$x > 2a_s' \tag{2-36}$$

以上式中:γ_0——桥梁结构重要性系数;

M_d——计算截面弯矩组合设计值;

$A_{p,e}$——体外预应力水平钢筋(束)的截面面积;

$\sigma_{pu,e}$——当构件达到极限抗弯承载能力时,体外预应力筋(束)的极限应力计算值按式(2-37)计算;

$A_{p,i}$——原梁体内预应力筋的截面面积;

$f_{pd,i}$——原梁体内预应力筋的抗拉强度设计值;

A_s——原梁体内纵向受拉普通钢筋的截面面积;

A_s'——原梁体内纵向受压普通钢筋的截面面积;

f_{sd}——原梁体内纵向受拉普通钢筋的抗拉强度设计值;

f_{cd}——混凝土的抗压强度设计值;

b_f'——受压翼板的有效宽度,按《公路钢筋混凝土及预应力混凝土桥涵设计规范》(JTG D62—2004)第 4.2.2 条规定取用;

b——矩形截面宽度或 T 形截面的腹板厚度;

h_f'——受压翼板的厚度;

$h_s \, \text{、} \, h_p$——原梁中普通钢筋和预应力钢筋的合力作用点至梁顶面的距离;

h_0——体内(外)预应力筋和原梁普通钢筋的合力点到梁顶面的距离,$h_0 = h - a$;

a——受压区体内(外)预应力筋(束)和普通钢筋合力作用点至受拉区边缘的距离;

a_s'——受压区普通钢筋的合力作用点至受压区边缘的距离;

ξ_b——原钢筋混凝土梁或原预应力混凝土梁的相对界限受压区高度。

相对界限受压区高度 ξ_b 可根据原梁中受拉钢筋的种类由表 2-7 查取。

正截面抗弯承载力计算中,体外索的水平筋(束)极限应力 $\sigma_{pu,e}$ 按下式计算:

$$\sigma_{pu,e} = \sigma_{pe,e} + 0.03 E_{p,e} \frac{h_{p,e} - c}{\gamma_p l_e} \leqslant f_{pd,e} \tag{2-37}$$

式中:l_e——计算跨体外索的有效长度,$l_e = 2l_i/(N_s + 2)$;

N_s——构件失效时形成塑性铰数目,对于简支梁 $N_s = 0$,对于连续梁 $N_s = n - 1$;n 为连续梁的跨数;

l_i——两端锚具间体外索的总长度,对于简支梁加固体系,$l_e = l_i$;
γ_p——体外预应力钢材的安全系数,取 $\gamma_p = 2.2$;
$h_{p,e}$——体外预应力筋(束)合力点到截面顶面的距离;
$E_{p,e}$——体外预应力筋(束)的弹性模量;
c——截面中性轴到混凝土受压区顶面的距离。

对于T形截面:
$$c = \frac{A_{p,e}\sigma_{pe,e} + A_s f_{sk} + A_p f_{pk} - A_s' f_{sk}' - 0.75 f_{cu,k}\beta(b_f' - b)h_f'}{0.75 f_{cu,k} b \beta}$$

对于矩形截面:
$$c = \frac{A_{p,e}\sigma_{pu,e} + A_s f_{sk} + A_p f_{pk} - A_s' f_{sk}'}{0.75 f_{cu,k} b \beta}$$

式中:β——混凝土受压区高度折减系数,取 $\beta = 0.8$;当混凝土强度高于C50时,应按照《公路钢筋混凝土及预应力混凝土桥涵设计规范》(JTG D62—2004)表5.3.3折减;
$f_{cu,k}$——混凝土轴心抗压强度标准值;
$f_{pd,e}$——体外预应力筋(束)的抗拉强度标准值;
$\sigma_{pe,e}$——体外预应力筋(束)的永存预应力;
$A_{p,e}$——体外预应力筋(束)的截面面积;
其他符号意义同前。

相对界限受压区高度　　　　　　　　　　　　　　　表2-7

原结构中钢筋种类	C50及C50以下混凝土	原结构中钢筋种类	C50及C50以下混凝土
R235(Ⅰ级钢筋)	0.62	5号钢	0.60
HRB335(Ⅱ级钢筋)	0.56	钢绞线、钢丝	0.40
HRB400、KL400(Ⅳ级钢筋)	0.53	精轧螺纹钢筋	0.40

注:1. 截面受拉区配置不同的钢筋受弯构件,其 ξ_b 值应选用相应于各种钢筋的较小者;
    2. 原构件混凝土强度等级超过C50时,ξ_b 应按照《公路钢筋混凝土及预应力混凝土桥涵设计规范》(JTG D62—2004)第5.2.1条规定取值;
    3. 表中Ⅰ、Ⅱ、Ⅲ级钢筋及5号钢是指《公路钢筋混凝土及预应力混凝土桥涵设计规范》(JTG D62—2004)中的钢筋牌号。

三、加固受弯构件斜截面抗剪承载力计算

国内外许多试验表明:体外预应力对构件抗剪承载力起着有力的作用,施加体外预应力的受弯构件斜截面抗裂性比普通钢筋混凝土受弯构件好,体外预应力筋的水平分力和竖向分力均能提高梁的抗剪承载力。体外预应力混凝土结构斜裂缝出现后至破坏,混凝土受压区塑性发展,受拉区已退出工作状态,构件斜截面承载力则可通过极限平衡关系分析得到。斜截面抗剪承载力计算假设:

(1)在极限状态下加固后的混凝土梁仍须为剪压破坏。
(2)与斜裂缝相交的原梁箍筋、斜筋或梁内弯起预应力钢筋的应力均能达到其各自的抗拉强度设计值。
(3)体外索斜筋(束)或体外索弯起部分达到其极限应力 $\sigma_{pub,e}$。

钢筋混凝土及预应力混凝土斜截面抗剪强度公式有多种,且基于不同的抗剪理论模式。

(1)桥梁加固规范送审稿推荐的体外预应力加固梁抗剪承载力计算公式是在考虑到与现行《公路钢筋混凝土及预应力混凝土桥涵设计规范》(JTG D62—2004)相协调的基础上,对其抗剪公式增加了体外预应力弯起钢筋的抗剪强度一项,并考虑了原梁中非预应力弯起钢筋可能出现的因腐蚀对钢筋面积的折减。体外预应力加固混凝土梁的抗剪能力由混凝土(含纵向钢筋)、箍筋、体内弯起非预应力钢筋或预应力钢筋和体外预应力弯起钢筋提供。

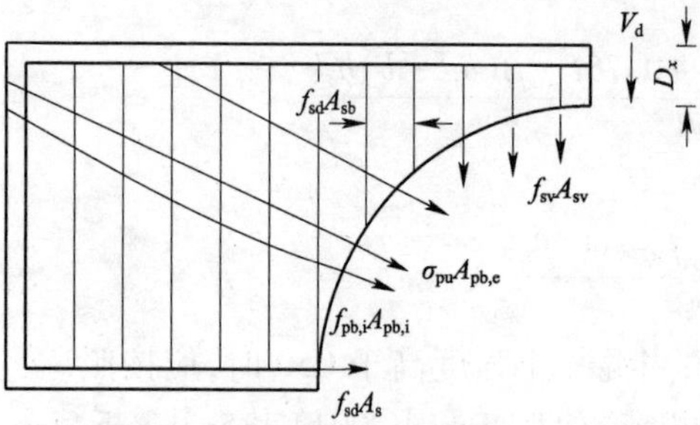

将体外预应力斜筋(束)对抗剪承载力的贡献项 $0.8 \times 10^{-3} \sigma_{pub,e} \sum A_{pb,e} \sin\theta_e$ 作为抗力的一部分考虑进去。其中系数 0.8 作为体外预应力斜筋(束)的安全系数,即 1/1.25,如图 2-26 所示,但必须考虑穿过验算斜截面的体外预应力斜筋竖向分力的影响。

图 2-26 等截面梁的抗剪承载力计算图式

体外索加固的矩形、T 形、I 形截面的受弯构件,其截面尺寸应符合以下要求:

$$\gamma_0 V_d - \frac{1}{\gamma_{fs}} \sigma_{pub,e} A_{pb,e} \sin\theta_e \leq 0.51 \times 10^{-3} \sqrt{f_{cu,k}} bh_0 \quad (2\text{-}38)$$

式中:V_d——斜截面受压端剪力的组合设计值(kN),变高度梁段应考虑附加剪力的影响,见《公路钢筋混凝土及预应力混凝土桥涵设计规范》(JTG D62—2004)第 5.2.7 条注(3);

γ_0——结构重要性系数;

γ_{fs}——体外预应力斜筋(束)的材料安全系数,对于钢绞线和钢丝,$\gamma_{fs} = 1.47$;对于精轧螺纹钢筋,$\gamma_{fs} = 1.2$;

$\sigma_{pub,e}$——体外预应力斜筋(束)的极限应力(MPa);

$A_{pb,e}$——体外预应力斜筋(束)的截面面积(mm^2);

b——相应于剪力组合设计值处的矩形截面宽度或 T 形和 I 形截面腹板宽度(mm);

h_0——相应于剪力组合设计值处的截面有效高度,即自纵向受拉钢筋合理点至受压边缘的距离(mm);

θ_e——体外预应力筋(束)在竖直平面内的弯起角度(竖弯角)(°),$\theta_e \leq 45°$;

其他符号含义同前。

体外索加固梁斜截面的抗剪承载力可按钢筋混凝土或预应力混凝土梁计算,如图 2-26 所示,但必须考虑穿过验算斜截面的体外预应力斜筋的竖向分力的影响。

$$\gamma_0 V_d \leq \alpha_1 \alpha_2 \alpha_3 \times 0.45 \times 10^{-3} bh_0 \sqrt{(2+0.6P)\sqrt{f_{cu,k}} \rho_{sv} f_{sd,v}} + 0.75 \times 10^{-3} f_{sd,b} \sum A_{sb} \sin\theta_s +$$
$$0.75 \times 10^{-3} f_{pb,i} \sum A_{pb,i} \sin\theta_i + 0.8 \times 10^{-3} \sigma_{pub,e} \sum A_{pb,e} \sin\theta_e \quad (2\text{-}39)$$

式中:α_1——异号弯矩影响系数,计算简支梁和连续梁近边支点段的抗剪承载力时,$\alpha_1 = 1.0$;计算连续梁和悬臂梁近中间支点段的抗剪承载力时,$\alpha_1 = 0.9$;

α_2——预应力提高系数,原梁为钢筋混凝土受弯构件时 $\alpha_2 = 1.0$,为预应力混凝土受弯构件时 $\alpha_2 = 1.25$,但原梁中由钢筋合力引起的截面弯矩与外弯矩的方向相

同时,或加固梁为预应力混凝土 B 类受弯构件,取 $\alpha_2 = 1.0$;

α_3——受压翼缘的影响系数,对于 T 形截面梁,取 $\alpha_3 = 1.1$;对于矩形截面,取 $\alpha_3 = 1.0$;

$f_{cu,k}$——边长为 150mm 的混凝立方体抗压强度标准值(MPa),即混凝土的强度等级;

P——原梁斜截面内纵向配筋率,$P = 100\rho$,$\rho = (A_s + A_{p,i})/bh_0$;

b、h_0——原梁计算斜截面顶端正截面的腹板宽度和有效高度(mm);

ρ_{sv}——斜截面内箍筋配筋率,$\rho_{sv} = A_{sv}/(s_v b)$;

s_v——斜截面范围内的箍筋间距(mm);

$f_{sd,v}$、$f_{sd,b}$——原梁箍筋和弯起普通钢筋的抗拉强度设计值(MPa);

A_{sv}——斜裂缝范围内同一截面内箍筋各肢的总截面面积(mm^2);

$f_{pb,i}$——体内预应力筋的抗拉强度设计值(MPa);

A_{sb}——原钢筋混凝土梁中,一排普通弯起钢筋(或斜筋)的截面面积(mm^2);

$A_{pb,e}$——体外预应力弯起筋(束)的截面面积(mm^2);

θ_i——体内预应力筋(束)在斜截面受压端正截面处与梁轴线的夹角(°);

θ_e——体外预应力筋(束)在竖直平面内的弯起角度(竖弯角)(°),$\theta_e \leq 45°$;

θ_s——体内普通弯起钢筋的弯起角度(°)。

其他符号含义见图 2-26。

体外索的斜筋极限应力 $\sigma_{pub,e}$ 与转向块处的摩阻情况有关,可由水平筋(束)的极限应力求得:

$$\sigma_{pub,e} = \lambda \sigma_{pu,e} \tag{2-40}$$

式中:λ——体外索斜筋(束)拉力与水平筋(束)拉力的比例系数,按如下方法确定:

采用有水平向移动的滑块或有转向块时

$$\lambda = \frac{1}{\cos\theta_e + f_0 \sin\theta_e}$$

采用楔形滑块时

$$\lambda = \cos\theta_e - f_0 \sin\theta_e$$

式中:f_0——摩擦因数,在缺少可靠试验数据的情况下,钢材间的摩擦因数取 $f_0 = 0.16$;采用四氟乙烯板时取 $f_0 = 0.06$;混凝土与钢材间的摩擦因数取 $f_0 = 0.25$。

(2)同济大学沈殷采用桁架+拱模型分析法和极限平衡法对体外预应力混凝土斜截面抗剪承载力进行计算。

采用修正的变角桁架+拱模型模拟体外预应力混凝土梁的剪切受力机理,将体外预应力看成锚固区的集中力,其传力机构为桁架模型和拱模型的组合。桁架模型由箍筋、部分纵筋和部分混凝土组成,共同承担部分剪力和弯矩;拱模型由余下的纵筋和部分混凝土形成,共同承担部分剪力和所有轴力,通过叠加两模型的抗剪承载力来推导体外预应力梁的极限抗剪承载力。下面介绍桁架+拱模型分析法。

翼缘抗剪计算提高系数:

$$\beta_f = 1 + 0.75(b_t - b)\frac{b_t}{bh_0} \leq 1.2 \tag{2-41}$$

对于 T 形梁等有翼缘梁使用桁架与拱模型分析计算时,抗剪承载力偏低,原因是桁架与拱模型分析法中拱模型受翼缘影响较大。根据 Placas 的试验,翼缘宽度 $b = 2b_w$ 的试验梁的极限承载力比矩形试验梁提高约 20%,所以建议乘以 $\alpha_1 = 1.2$ 的系数进行修正,公式如下:

$$\gamma_0 V_d \leq V_u = \alpha_1 (V_a + V_t) + V_p \tag{2-42}$$

$$V_a = 2 \times 10^{-3} b h_{ep} \sigma_{c,a} \frac{(1 - r\tan\theta)\tan\theta}{1 + \tan^2\theta} \tag{2-43}$$

$$V_t = 0.167 \times 10^{-3} \sqrt{f_{cd}} b h_0 + 1 \times 10^{-3} \rho_{sv} f_{sv} b Z \cot\phi \tag{2-44}$$

$$V_p = 1 \times 10^{-3} (A_{ep} \sigma_{ep} \sin\beta_{ep} + A_{ip} f_{pd} \sin\beta_{ip}) \tag{2-45}$$

以上式中:V_d——验算截面处的剪力组合设计值(kN);

　　　　V_a——拱模型抗剪承载力;

　　　　V_t——桁架模型的抗剪承载力;

　　　　V_p——体外预应力筋的竖向分量承担的剪力部分;

　　　　h_{ep}——支点上体外预应力合力到截面上缘距离;

　　　　$\sigma_{c,a}$——拱模型中混凝土压杆压应力(MPa);

　　　　r——几何系数,$r = a/h_{ep}$;

　　　　θ——拱模型中混凝土压杆倾角;

　　　　ϕ——拱模型中混凝土斜压倾角;

　　　　a——剪跨长,工程设计中建议用广义剪跨比代替;

　　　　h_0——体内纵向钢筋有效高度(mm);

　　　　ρ_{sv}——配箍率;

　　　　Z——纵向钢筋的内力臂(mm),一般取 $Z = 0.9h_0$;

　　　　f_{cd}——混凝土的抗压强度设计值;

　　　　f_{sv}——箍筋的抗拉强度设计值;

　　　　A_{ep}——体外预应力筋面积(mm²);

　　　　σ_{ep}——体外预应力筋设计极限应力;

　　　　β_{ep}——体外预应力筋弯起角度;

　　　　A_{ip}——体内预应力筋面积(mm²);

　　　　f_{pd}——体内预应力筋抗拉强度设计值(MPa);

　　　　β_{ip}——体内预应力筋弯起角度(°)。

拱模型中混凝土压杆倾角 θ 表示成:

$$\tan\theta = \sqrt{r^2 + 1} - r; \quad h_{ep} - a(\sqrt{r^2 + 1} - r) \leq h_0 - h_{ep}$$

$$\tan\theta = \frac{2h_{ep} - h_0}{a}; \quad h_{ep} - a(\sqrt{r^2 + 1} - r) \leq h_0 - h_{ep}$$

桁架模型中混凝土斜压倾角 ϕ 由下式求解:

$$A\cot^2\phi + B\cot\phi + C = 0 \tag{2-46}$$

$$A = \frac{1}{2} \rho_{sv} f_{sv} b Z^2 - \frac{1.6 b h_{ep} a \rho_{sv} f_{sv} (1 - \gamma\tan\theta)\tan\theta}{1 + \tan^2\theta} \tag{2-47}$$

$$B = bZa\rho_{sv}f_{sv} \tag{2-48}$$

第2章 预应力主动加固设计基本理论与方法

$$C = 0.167\sqrt{f_{cd}}bh_0 a + \frac{abh_{ep}(2vf_{cd} - 1.6\rho_{sv}f_{sv})(1-\gamma\tan\theta)\tan\theta}{1+\tan^2\theta}$$

$$A_{ep}\sigma_{ep}\cos\beta_{ep}a\tan\theta + A_{ip}f_{pd}\sin\beta_{ip}a - (A_s f_{sd} + A_{ip}f_{pd}\cos\beta_{ip}Z) \tag{2-49}$$

v 为混凝土有效抗压强度折减系数,其取值应满足如下要求:

$$v = \frac{3.8\left(1 + 2\dfrac{A_{ep}\sigma_{ep}\cos\beta_{ep} + A_{ip}f_{pd}\cos\beta_{ip}}{A_c f_{cd}}\right)}{\sqrt{f_{cd}}} \le 1, \text{当 } v > 1 \text{ 时,取 } v = 1 \tag{2-50}$$

拱模型中混凝土压杆压应力 $\sigma_{c,a}$ 由下式求解:

$$\sigma_{c,a} = vf_{cd} - 0.8(1 + \cot^2\varphi)\rho_{sv}f_{sv} \tag{2-51}$$

(3)《公路体外预应力混凝土桥梁设计指南》(2006年送审稿)斜截面抗剪承载力试验回归公式包括混凝土的抗剪承载力、箍筋的抗剪承载力、预应力筋的抗剪承载力。体外预应力筋的极限应力偏安全地取永存预应力为设计值;体外预应力的二次效应也偏安全地不予以考虑。在斜裂缝范围内的箍筋、弯起预应力筋,考虑其受力不均匀或不完全达到屈服强度,均取强度修正系数0.8。由于剪切破坏属脆性破坏,参照现行桥梁规范对计算强度乘以系数0.95。并考虑破坏斜裂缝的水平投影长度随剪跨比、预应力度的提高而增大,但其也受试验加载方法和施工方法(节段施工)的影响。因此,整体式梁仍按体内预应力混凝土梁的方法计算斜裂缝的水平投影长度,即 $C = 0.6mh_0$;公式如下:

$$\gamma_0 V_d \le 0.65 \times 10^{-3} C_1 \beta\lambda\phi \frac{\sqrt{f_{cu,k}}(C_2 + P)bh_0}{m} + 0.75 \times 10^{-3}\frac{C}{s_v}f_{sv}A_{sv} + \tag{2-52}$$

$$0.75 \times 10^{-3} f_{pd,i} \sum A_{pd,i}\sin\theta_i + 0.95 \times 10^{-3} \sigma_{pe,e} \sum A_{pe,e} S\sin\theta_e$$

式中:γ_0——结构重要性系数;

V_d——斜截面剪压端剪力的组合设计值;

C_1——整体式和现浇节段式梁取0.06,胶接缝和干接缝节段式梁取0.72;

β——施工方法影响系数,整体式和现浇节段式梁取1.0,胶接缝节段式梁取1.0,干接缝节段式梁取0.94;

λ——体内外预应力配筋影响系数,全体外配筋取1.0,体内外组合配筋取1.1;

ϕ——截面形状影响系数,$\varphi = bh_0 + 2h_f'^2/bh_0$,$h_f'$ 为受压翼板的厚度;

$f_{cu,k}$——边长为150mm的混凝土立方体抗压强度标准值,即混凝土的强度等级;

C_2——整体式和现浇段式梁取12.8,胶接缝和干接缝节段式梁取0.11;

P——纵向配筋率,$P = 100\rho$,$\rho = (A_s + A_{p,i} + A_{pb,i} + A_{p,e} + A_{pb,e})/bh_0$,预制节段式梁不考虑 A_s 的作用;

b、h_0——腹板宽度与截面有效高度(按普通钢筋和体内有黏结预应力筋计算);

m——剪跨比;

C——斜裂缝的水平投影长度,整体式和现浇节段式梁取 $C = 0.6mh_0$,铰接缝和干接缝节段式梁取一个节段长度和 $C = 0.6mh_0$ 的较小者;

s_v——斜裂缝范围内的箍筋间距;

f_{sv}——箍筋的抗拉强度设计值;

A_{sv}——斜裂缝范围内一个间距内箍筋各肢的总截面面积;

$f_{pd,i}$——体内预应力筋的抗拉强度设计值;

$A_{p,i}$——体内直线预应力筋的截面面积;

$A_{pd,i}$——斜裂缝范围内体内弯起预应力筋的截面面积;

θ_i、θ_e——体内、体外弯起预应力筋与梁轴线的夹角;

$\sigma_{pe,e}$——体外预应力钢束的永存预应力;

$A_{p,e}$——体外直线预应力钢束的截面面积;

$A_{pe,e}$——斜裂缝范围内体外弯起预应力筋的截面面积。

上述三种计算方法中,桁架与拱模型的分析方法假定结构破坏时,箍筋能达到其屈服强度,混凝土也同时被压碎,不考虑纵筋的销栓作用和斜裂缝上的集料咬合作用。该方法可用于分析体外预应力或体外、体内混合配筋,以及无腹筋体外预应力混凝土梁的抗剪承载力,对体外预应力试验梁和原型梁抗剪承载力的计算结果较好。桁架与拱模型的分析方法在剪跨比较小时将相对偏大地估计极限抗剪承载力,不太适用剪跨比较小的情况;能够计算剪跨比较大时的极限承载力,但并不能界定其破坏模式;能够考虑体内体外预应力对极限承载力的不同影响。

《公路体外预应力混凝土桥梁设计指南》(2006年送审稿)推荐的斜截面抗剪承载力试验回归公式包括混凝土的抗剪承载力、箍筋的抗剪承载力、预应力筋的抗剪承载力。体外预应力筋的极限应力偏安全地取永存预应力为设计值,桥梁加固规范送审稿推荐的抗剪承载力计算公式依据"临界剪跨比"求出混凝土和箍筋的共同抗剪承载力的最小值,偏于安全地对体外预应力筋贡献的梁体抗剪承载力进行修正,取强度修正系数为0.8。因为在各因素对梁体抗剪承载力的贡献中混凝土和箍筋所占比重最大,因此桥梁加固规范送审稿推荐的抗剪承载力计算公式的安全度最大。

四、转向块计算

转向装置是体外预应力混凝土结构中的关键构造之一,箱内的体外索转向装置简称转向块或转向肋。转向装置的平面尺寸与体外索的断面尺寸、束数、间距及转向力大小等因素有关。关于转向块的计算,常用有两种简化模型,即拉压杆模型与偏心拉压杆模型。

1. 拉压杆模型计算方法

体外预应力钢筋(束)的转向块可采用拉杆压杆模型计算参见图2-27,钢筋的抗拉承载力计算应满足下列要求:

$$\gamma_0 N_d \leqslant f_{sd} A_s \tag{2-53}$$

式中: γ_0——结构重要性系数,取为1.1;

N_d——体外索在转向块上的竖向分力,即斜筋(束)的张拉控制力的竖向分力,其荷载分项安全系数不应小于1.8;

f_{sd}——箍筋或锚固钢筋的抗拉强度设计值,取《公路钢筋混凝土及预应力混凝土桥涵设计规范》(JTG D62—2004)第3.2.3条规定的0.8倍;

A_s——箍筋、锚固钢筋或植入钢筋的截面面积。

转向块开裂面抗剪承载力应符合下列规定:

$$\gamma_0 V_d \leqslant \mu(f_{sd} A_{sv} - N_d) \tag{2-54}$$

式中：V_d——横向剪切力的组合设计值；
μ——摩阻系数，整体浇筑混凝土剪切面取1.4；新、旧混凝土剪切面取1.2；
f_{sd}——穿过剪切面或锚固钢筋的抗拉强度设计值，取《公路钢筋混凝土及预应力混凝土桥涵设计规范》(JTG D62—2004)第3.2.3条规定的0.8倍；
A_{sv}——穿过剪切面的钢筋截面面积；
其余符号意义同前。

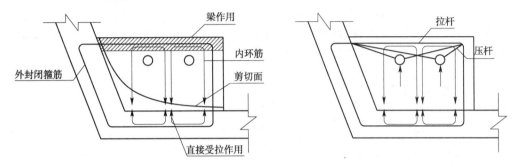

图2-27 转向块的拉杆—压杆或锚固钢筋的计算模型

非块状转向构造也应根据可能的开裂面，进行抗拉承载力计算和开裂面抗剪承载力计算。

体外索的锚固凸块和锚固横梁，在采用拉杆压杆模型计算时，钢筋的抗拉承载力应满足下列要求：

$$\gamma_0 T_d \leqslant f_{sd} A_s \tag{2-55}$$

式中：T_d——拉杆拉力的组合设计值；
f_{sd}——拉杆钢筋的抗拉强度设计值，取《公路钢筋混凝土及预应力混凝土桥涵设计规范》(JTG D62—2004)第3.2.3条规定的0.8倍；
A_s——拉杆钢筋的截面面积；
其余符号意义同前。

2. 偏心拉压杆模型计算方法

根据有限元分析及试验结果，认为达到极限荷载时混凝土块式转向装置受到的拔出力(体外预应力束对转向装置合力的竖向分力)由箍筋承担；水平剪力(体外预应力束对转向装置合力的水平分力)由混凝土和箍筋共同承担。转向装置的承载力可按偏心拉压杆模型计算。

(1) 转向装置的荷载效应设计值

已有研究结果认为体外预应力束在可变荷载作用下的应力增量通常不超过有效预应力的10%。为简化计算，确定转向装置的荷载效应设计值时，可不考虑可变荷载引起的应力增量的影响，只计入有效预拉力N_p的作用，但将荷载分项系数由1.2调整为1.3。作用于转向装置的水平力和竖向力设计值由此确定为：

$$N_{Hd} = 1.3 N_p \sqrt{1 - 2\cos\alpha\cos\beta + \cos^2\alpha} \tag{2-56}$$

$$N_{Vd} = 1.3 N_p \sin\alpha \tag{2-57}$$

式中：N_{Hd}——转向装置的水平荷载设计值，即体外预应力束张拉时对转向装置的合力在水

平方向的分力设计值;

N_{Vd}——转向装置的轴向荷载设计值,即体外预应力束张拉时对转向装置的合力在竖直方向的分力设计值;

N_p——体外预应力束的有效预加力;

α——体外预应力束的竖向转角;

β——体外预应力束的水平转角。

(2)混凝土块式转向装置的承载力计算

混凝土块式转向装置承载力计算时,应计算转向装置与混凝土板连接截面(图2-28 A—A截面)的抗剪承载力和抗拉承载力。

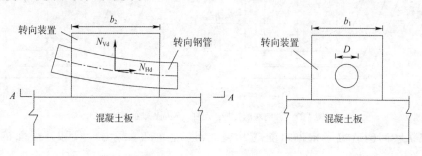

图 2-28 混凝土块式转向装置抗剪极限承载力验算截面

①抗剪承载力计算。

混凝土块式转向装置处于剪拉复合受力状态。考虑混凝土的开裂影响,在计算时可不考虑混凝土抗剪作用,全部剪力由钢筋承担。转向装置的剪切承载力可按下式计算:

$$\gamma_0 N_{Hd} \leqslant V_s \qquad (2\text{-}58)$$

式中:γ_0——重要性系数,由于转向装置在体外预应力结构中起着至关重要的作用,建议转向装置计算时 γ_0 一律取 1.1;

V_s——箍筋的抗剪承载力。

由于混凝土块式转向装置内箍筋处于剪拉组合作用下,其承载能力有所降低。可近似按照下列公式计算 V_s:

$$V_s = \phi_V f_{sd} \sum A_s \qquad (2\text{-}59)$$

式中:ϕ_V——由剪拉组合作用引起的钢筋抗剪承载力降低系数,根据第四强度理论有 $\phi_V = 1/\sqrt{3 + (N_{Vd}/N_{Hd})^2}$;

f_{sd}——环向钢筋的抗拉强度设计值;

$\sum A_s$——A—A 截面上环向钢筋截面面积之和。

②抗拉承载力计算。

计算抗拉承载力时,可忽略预应力钢束平弯的影响,参照《公路钢筋混凝土及预应力混凝土桥涵设计规范》(JTG D62—2004)第5.4.2条给出的偏心受拉构件抗拉承载力计算方法进行计算,计算图示参见图2-29:

$$\gamma_0 N_{Vd} e_s \leqslant \phi_p f_{sd} A_s{'}(b_0 - a_s{'}) \qquad (2\text{-}60)$$

$$\gamma_0 N_{Vd} e_s{'} \leqslant \phi_p f_{sd} A_s(b_0{'} - a_s) \qquad (2\text{-}61)$$

其中
$$b_0 = b_2 - a_s$$
$$b_0' = b_2 - a_s'$$
$$e_s = e_0 + b_2/2 - a_s'$$
$$e_s' = e_0 + \frac{b_2}{2} - a_s'$$
$$e_0 = \frac{M_d}{N_{Vd}}$$
$$M_d = N_{Hd}d_1 + N_{Vd}d_2$$

式中：ϕ_p——由剪拉组合作用引起的钢筋抗拉承载力降低系数，根据第四强度理论，有
$$\phi_p = 1/\sqrt{1+3(N_{Hd}/N_{Vd})^2}$$

a_s——受拉较大侧环向钢筋合力作用点到该侧混凝土边缘距离；

a_s'——受拉较小侧环向钢筋合力作用点到该侧混凝土边缘距离；

A_s——受拉较大侧环向钢筋的截面面积之和；

A_s'——受拉较小侧环向钢筋的截面面积之和；

d_1——转向器中心距混凝土板的竖直距离；

d_2——转向器中心距环向钢筋截面重心的水平距离。

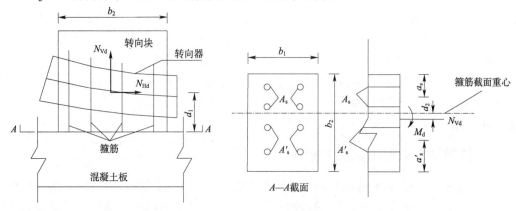

图 2-29 混凝土块式转向装置抗拉极限承载力验算截面

3. 对比计算分析

按图 2-30 所示转向块分别用拉压杆模型和偏心拉压计算方法进行承载能力验算，转向块中受拉钢筋采用直径 16mm 的 HRB400，内部箍筋一共 24 根，其抗拉设计强度 $f_{sd} = 330$MPa，$A_s = 48.26$cm^2。体外预应力筋采用 6 根 ϕ^j15.24 钢绞线，体外预应力筋在转向块处转向角度为 9.1°。预应力钢筋的永存预拉应力为 1100MPa，转向块沿预应力筋纵向长 150cm，横向宽 170cm。

(1) 转向块抗拉承载能力验算

采用拉压杆模型计算所得的转向块抗拉承载力为 1158.3kN，而采用偏心拉压杆计算方法计算所得的转向块抗剪承载力为 1065.4kN，由此可见采用偏心拉压计算方法计算所得的转向块抗拉承载力大约为采用拉压杆模型计算所得的 0.9 倍，因此采用偏心拉压计算方法计算转向块抗拉承载力偏于安全。

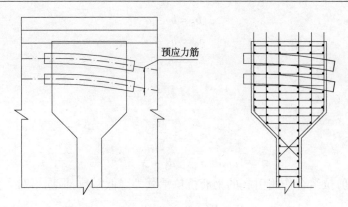

图 2-30 转向块钢筋构造图

（2）转向块抗剪承载能力验算

采用拉压杆模型计算所得的转向块抗剪承载力为139.1kN，而采用偏心拉压杆计算方法计算的转向块抗剪承载力为100.4kN，采用偏心拉压计算方法计算转向块抗剪承载力偏于安全。

第3节　体外预应力加固构件正常使用极限状态计算

正常使用极限状态对应于结构或构件达到正常使用或耐久性能的某项规定的限值。正常使用极限状态涉及结构适用性和耐久性问题，可以理解为对结构使用功能的损害，导致结构质量的恶化，与承载能力极限状态比较，其可靠度可适当降低。尽管如此，设计时仍需引起足够重视。例如，如果桥梁的主梁竖向挠度过大，将会引起行车时产生很大的冲击和振动，进而影响行车舒适性；如果出现过大的裂缝，不但会引起人们心理上的不安全感，也会导致钢筋锈蚀，有可能带来重大的工程事故。

一、体外预应力筋的预应力损失

由于受施工因素、材料性能和环境条件等影响，预应力钢筋在张拉时所建立的预拉应力（即张拉控制应力）将会有所降低，这些减少的应力称为预应力损失。采用体外索加固的既有混凝土桥梁在正常使用极限状态计算中应考虑如下因素引起的预应力损失。

1. 摩阻力引起的预应力损失 σ_{l1}

摩阻力引起的预应力损失与布筋形式、张拉位置和预应力筋的转向装置有关。体外筋为直线布置或折线布置但在梁底张拉水平筋时，$\sigma_{l1} \approx 0$。

当体外筋为折线形布置时，转向装置采用滑动块；又在梁顶张拉斜筋时，斜筋的拉力 N_{p2} 由于起弯角度及转向装置摩擦的原因，与水平筋的拉力 N_{p1} 存在一个差值，两者的关系为：

$$N_{p1} = (\cos\theta - \mu\sin\theta) N_{p2} \tag{2-62}$$

用应力表示为：

$$\sigma_{p1} = m(\cos\theta - \mu\sin\theta)\sigma_{p2} \tag{2-63}$$

式中：σ_{p1}、σ_{p2}——水平筋和斜筋的拉应力；

　　　　m——预应力斜筋与水平筋的截面积之比，$m = A_{p2}/A_{p1}$；

　　　　θ——斜筋与水平面的夹角；

μ——预应力筋转向点处滑动面的摩擦系数,视滑动面的接触材料及润滑情况而定,可参考已有的试验结果或根据实测数据确定。

在梁顶张拉斜筋时,应以斜筋的张拉应力为控制应力,即 $\sigma_{con}=\sigma_{p2}$;水平筋相应的应力则为扣除摩擦损失后的有效预应力。摩擦应力损失为:

$$\sigma_{l1}=\sigma_{con}-\sigma_{p1}=[1-m(\cos\theta-\mu\sin\theta)]\sigma_{con} \tag{2-64}$$

式中:σ_{con}——体外筋的张拉控制应力,由于预应力筋在转向接触面的挤压及弯曲后会产生内应力等原因可能使钢筋强度下降,张拉应力不宜过大,按《无粘结预应力混凝土技术规程》(JGJ 92—2016)第5.1.8条取值,不宜超过 $0.6f_{pk}$,也不应小于 $0.4f_{pk}$,超张拉时可提高5%。

体外筋为折线形布置,转向装置的滑动面为U形承托或弧形钢套管,如图2-31和图2-32所示。体外筋带有护套,又在梁顶张拉时,摩擦应力损失按下式计算:

$$\sigma_{lt}=\sigma_{con}(1-e^{-kx-\mu\theta}) \tag{2-65}$$

式中:μ——转向点处的摩擦系数,当采用多根无黏结预应力筋组成的集团束时,按《无粘结预应力混凝土技术规程》(JGJ 92—2016)第5.1.8条,取 $\mu=0.09\text{rad}^{-1}$;当预应力钢丝束直接与弧形面接触时,按国外资料常取 $\mu=0.3\text{rad}^{-1}$;

k——考虑体外索护套壁每米局部偏差对摩擦的影响系数,采用无黏结筋时取 0.004m^{-1},见表2-8;

x——张拉端至计算截面的索长度(m),可近似取水平长度。

上述取值均可根据实测而定。

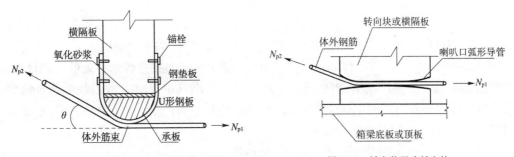

图2-31 转向装置为U形承托   图2-32 转向装置为转向块

摩 擦 系 数   表2-8

管 道 种 类	k	μ	管 道 种 类	k	μ
钢管穿过无黏结钢绞线	0.004	0.09	HDPE管穿过光面钢绞线	0.002	0.13
钢管穿过光面钢绞线	0.001	0.25			

2.锚具变形、钢筋回缩和接缝压缩引起的应力损失 σ_{l2}

体外筋为直线形布置时,预应力损失按下式计算:

$$\sigma_{l2}=\frac{\sum\Delta l}{l}E_p \tag{2-66}$$

上式各符号含义及取值参见《公路钢筋混凝土及预应力混凝土桥涵设计规范》(JTG D62—2004)第6.2.3条进行。

体外筋为折线形布置时,如果采用无黏结预应力筋作为体外筋,预应力损失可参照《无粘结预应力混凝土技术规程》(JGJ 92—2016)附录 B 的 B.0.3 条计算,但如果按图 2-33 布索张拉时,应修改如下:

当折线形无黏结索锚固损失消失于转向点之外时,σ_{l2} 按下列公式计算:

当 $x \leq l_1$ 时

$$\sigma_{l2} = 2i_1(l_1 - x) + 2\sigma_2 + 2i_2(l_f - l_1) \tag{2-67}$$

当 $l_1 < x \leq l_f$ 时

$$\sigma_{l2} = 2i_2(l_f - x) \tag{2-68}$$

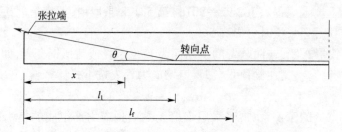

图 2-33 折线形布索张拉端顺斜张拉时的应力损失计算

反向摩擦影响长度 l_f 可按下列公式计算:

$$l_f = \left(\frac{\alpha E_p}{1000 i_2} + l_1^2 + \frac{i_1 l_1^2 + 2\sigma_2 l_1}{i_2} \right)^{\frac{1}{2}} \tag{2-69}$$

$$i_1 = \sigma_{con} k \tag{2-70}$$

$$i_2 = \sigma_{con}(1 - kl_1)(1 - \mu\theta)k \tag{2-71}$$

$$\sigma_2 = \sigma_{con}(1 - kl_1)\mu\theta \tag{2-72}$$

以上式中符号含义同《无粘结预应力混凝土技术规程》(JGJ 92—2016)。

如果采用其他形式的钢材作为体外筋,预应力损失可近似按直线形布索的公式计算,但式中的 l 近似按三种情况取值:当斜筋和水平筋为同一钢筋组成时,l 取斜筋和水平筋的总长;当斜筋和水平筋为不同钢筋组成时,如果在梁底张拉水平筋,l 取水平筋长度;如果在梁顶张拉斜筋,l 取两斜筋长度之和。

锚具变形、预应力筋(束)回缩和接缝压密值见表 2-9。

锚具变形、预应力筋(束)回缩和接缝压密值(单位:mm)　　表 2-9

锚具、接缝类型		Δl	锚具、接缝类型	Δl
夹片锚具	有预压	4	镦头锚具	1
	无预压	6	每块后加钢垫板的缝隙	1
带螺母锚具的螺母接缝		1	水泥或环氧树脂砂浆的接缝	1

注:表中数据以一个锚具或接缝计。

3. 温差引起的预应力损失 σ_{l3}

由于预应力钢筋和混凝土的线膨胀系数相差不大,即使温差 20~30℃,应力损失也较小,一般不超过 10MPa。可忽略不计。

4. 分批张拉时混凝土弹性压缩引起的预应力损失 σ_{l4}

由于体外筋加固旧桥时,混凝土的弹性压缩已经发生,对于多片梁组成桥梁,后张拉的梁对先张拉的梁的影响可以通过超张拉或重复张拉工艺消除该项损失,可取 $\sigma_{l4} \approx 0$。但如果加固对象是预应力混凝土结构,则体外预加力会对原预应力筋产生该项预应力损失,其值为:

$$\sigma_{l4} = n_p \sum \Delta \sigma_{pc} \tag{2-73}$$

式中,$\Delta \sigma_{pc}$ 为计算截面的原预应力钢筋重心处,由各体外预加力产生的混凝土法向应力,在计算原预应力钢筋有效应力时应再扣除这一项应力损失。

5. 钢筋松弛引起的预应力损失 σ_{l5}

对钢丝或钢绞线:

$$\sigma_{l5} = \psi \cdot \xi \left(0.52 \frac{\sigma_{pe}}{f_{pk}} - 0.26 \right) \sigma_{pe} \tag{2-74}$$

对精轧螺纹钢筋或其他型钢:

一次张拉

$$\sigma_{l5} = 0.05 \sigma_{con} \tag{2-75}$$

超张拉

$$\sigma_{l5} = 0.035 \sigma_{con} \tag{2-76}$$

式中符号含义及取值参见《公路钢筋混凝土及预应力混凝土桥涵设计规范》(JTG D62—2004)第 6.2.6 条。

采用低松弛级无黏结预应力筋时也可按《无粘结预应力混凝土技术规程》(JGJ 92—2016)的式(5.1.7-1)计算:

$$\sigma_{l5} = 0.125 \left(\frac{\sigma_{pe}}{f_{pk}} - 0.5 \right) \sigma_{con} \tag{2-77}$$

6. 混凝土收缩、徐变引起的预应力损失 σ_{l6}

旧桥在使用多年后混凝土的收缩、徐变大部分已经完成,取 $\sigma_{l6} \approx 0$。于是体外筋的总预应力损失:

$$\sigma_l = \sigma_{l1} + \sigma_{l2} + \sigma_{l5} \tag{2-78}$$

体外筋的最终有效预应力:

$$\sigma_{pe} = \sigma_{con} - \sigma_l \tag{2-79}$$

综上所述,所列各项预应力损失在不同的施工方法中所考虑的亦不相同。从损失完成的时间上看,有些损失出现在混凝土预压完成以前,有些损失出现在混凝土预压后;有些损失很快就完成,有些损失则需要延续很长时间。在设计预应力混凝土构件时,应根据所采用的施工方法,按照不同的工作阶段充分考虑有关的预应力损失。

二、正常使用极限状态下的抗裂性计算

预应力混凝土结构的抗裂性验算包括正截面抗裂性和斜截面抗裂性验算两部分。正截面抗裂性是通过正截面混凝土的法向拉应力来控制的,斜截面抗裂性是通过斜截面混凝土的主拉应力来控制的。

1. 正截面抗裂性验算

整体浇筑或整体预制构件在作用(或荷载)短期效应组合下,正截面混凝土的抗裂性要

求为：

$$\sigma_{st} - 0.90\sigma_{pe} \leq 0 \quad (2-80)$$

分段浇筑或分段拼装的构件为：

$$\sigma_{st} - 0.85\sigma_{pc} \leq 0 \quad (2-81)$$

A 类预应力混凝土：

在作用(或荷载)短期效应组合下：

$$\sigma_{st} - \sigma_{pc} \leq 0.75 f_{tk} \quad (2-82)$$

在作用(或荷载)长期效应组合下：

$$\sigma_{lt} - \sigma_{pc} \leq 0 \quad (2-83)$$

式中：σ_{pc}——由体外(内)预应力筋(束)的永存预应力和水平筋(束)可变作用频遇值或准永久值产生的拉力增量 $\Delta N_{p,e}$ 在构件抗裂验算边缘产生的混凝土预压应力；

σ_{st}——由作用(或荷载)短期效应组合引起的截面抗裂验算边缘混凝土拉应力；

σ_{lt}——由作用(或荷载)长期效应组合引起的构件抗裂验算边缘混凝土拉应力。

2. 斜截面抗裂性验算

体外索加固的全预应力混凝土构件在作用(或荷载)短期效应组合下的抗裂性要求为：

整体浇筑或整体预制

$$\sigma_{tp} \leq 0.65 f_{tk} \quad (2-84)$$

分段浇筑或分段拼装

$$\sigma_{tp} \leq 0.45 f_{tk} \quad (2-85)$$

整体浇筑或整体预制 A 类和 B 类构件、分段浇筑或分段拼装 A 类的加固构件在作用(或荷载)短期效应组合下截面抗裂要求为：

整体浇筑或整体预制构件

$$\sigma_{tp} \leq 0.75 f_{tk} \quad (2-86)$$

分段浇筑或分段拼装构件

$$\sigma_{tp} \leq 0.55 f_{tk} \quad (2-87)$$

式中：σ_{tp}——斜截面上由作用(或荷载)短期效应组合引起的混凝土主拉应力；

f_{tk}——混凝土抗拉强度标准值，按《公路钢筋混凝土及预应力混凝土桥涵设计规范》(JTG D62—2004)中表 3.1.3 取值。

上述各项拉应力或主拉应力的计算方法可参见《公路钢筋混凝土及预应力混凝土桥涵设计规范》(JTG D62—2004)第 6.3.2 条和第 6.3.3 条，但计算中需考虑由可变作用(或荷载)频遇值或永久值引起的体外预应力筋(束)的拉力增量和加固中新增附加恒载的影响。

3. B 类构件裂缝宽度计算

参照《公路钢筋混凝土及预应力混凝土桥涵设计规范》(JTG D62—2004)裂缝宽度计算公式，同时考虑可变荷载频遇值弯矩在体外预应力筋中引起的拉力增量 ΔN_{pf} 的影响，建立裂缝宽度 ω_f 计算公式：

$$\omega_f = c_1 c_2 \frac{\sigma_{sf}}{E_s} \left(\frac{30+d}{0.28+\rho} \right) \quad (2-88)$$

$$\sigma_{sf} = \frac{0.7\dfrac{M_{Q1K}}{1+\mu} + M_{Q2K} - (N_{pe} + \Delta N_{pf})(z - d_p)}{A_s z} \tag{2-89}$$

$$Z = \left[0.87 - 0.12(1 - \gamma_f')\left(\frac{h_0}{e}\right)^2\right]h_0 \tag{2-90}$$

$$\gamma_f' = \frac{(b_f' - b)h_f'}{bh_0} \tag{2-91}$$

$$e = \frac{0.7 M_{Q1K}}{\dfrac{1+\mu} + M_{Q2K}}{N_{pe} + \Delta N_{pf}} \tag{2-92}$$

以上式中：E_s——普通钢筋弹性模量；

M_{Q1K}——汽车荷载引起的弯矩；

M_{Q2K}——人群荷载引起的弯矩；

h_0——加固后截面有效高度；

e——轴力作用点至受拉区纵向钢筋合力点的距离；

b——截面腹板厚度；

μ——冲击系数；

b_f'——受压区的翼缘宽度；

h_f'——受压区的翼缘厚度；

γ_f'——受压翼缘截面面积与腹板有效截面面积的比值；

c_1——原梁钢筋表面形状系数，对光面钢筋，取 $c_1 = 1.4$，对带肋钢筋，取 $c_1 = 1.0$；

c_2——作用长期效应影响系数，近似取 $c_2 = 1 + 1.5 M_l / M_s$，其中，M_l 和 M_s 为按作用长期效应组合和短期效应组合计算的弯矩值；

ρ——原梁的配筋率，$0.006 \leqslant \rho \leqslant 0.02$；

d——原梁的纵向受拉钢筋直径，采用不同直径的钢筋时，应改为以换算直径代替，取值见《公路钢筋混凝土及预应力混凝土桥涵设计规范》(JTG D62—2004)；

σ_{sf}——可变荷载频遇值弯矩及有效预应力引起的原梁钢筋应力；

z——原梁纵向受拉钢筋合力作用点至截面受压区合力作用点的距离；

d_p——体外预应力筋与原梁钢筋之间的距离 $d_p = h_s - h_p$，当 $h_p > h_s$，d_p 以负值代入；

N_{pe}——体外预应力筋的有效预加力。

三、正常使用极限状态下的加固体系截面应力验算

持久状况设计的体外预应力混凝土受弯构件，应计算其使用阶段正截面混凝土的法向压应力、斜截面混凝土的主压应力，原梁受拉区预应力钢筋的拉应力以及体外预应力筋（束）中的拉应力。计算上述应力时，作用（或荷载）取其标准值。在进行应力计算时，汽车荷载必须考虑其冲击系数。

对体外预应力加固后的构件，应力计算方法宜按照《公路钢筋混凝土及预应力混凝土桥涵设计规范》(JTG D62—2004)第7.1.2条～第7.1.4条和7.1.6条进行。体外预应力筋

(束)中的拉力 $N_{p0,e}$ 等于其永存预应力与可变作用标准值产生的拉力增量之和,即

$$N_{p0,e} = (\sigma_{pe,e} + \Delta\sigma_{p,e})A_{p,e} \tag{2-93}$$

式中:$N_{p0,e}$——使用阶段体外预应力水平筋(束)中的拉力;

$\Delta\sigma_{p,e}$——体外预应力水平筋(束)中由可变作用标准值引起的拉应力增量,按《公路桥梁加固设计规范》(JTG/T J22—2008)附录 E 计算;

$A_{p,e}$、$\sigma_{pe,e}$——体外预应力水平筋(束)的截面面积和永存预应力。

使用阶段作用荷载,体外预应力水平筋(束)中产生的最大拉应力为:

$$\sigma_{p,e} = \sigma_{pe,e} + \Delta\sigma_{p,e} \text{ 或 } \sigma_{p,e} = \frac{N_{p0,e}}{A_{p,e}} \tag{2-94}$$

对简支加固体系,体外预应力水平筋(束)和弯起筋(束)中的拉应力增量可按照《公路桥梁加固设计规范》(JTG/T J22—2008)附录 E 的方法计算。

钢筋混凝土构件加固后为全预应力混凝土或预应力混凝土 A 类构件时,混凝土法向压应力和法向拉应力可按下式计算:

$$\sigma_{kcp} \text{ 或 } \sigma_{ktp} = \frac{N_{p0,e}}{A_0} \mp \frac{N_{p0,e}h_2}{I_0}y_0 \mp \frac{M_k}{I_0}y_0 \tag{2-95}$$

式中:σ_{kcp},σ_{ktp}——使用阶段由作用(或荷载)标准值产生的混凝土法向压应力和拉应力;

h_2——加固后构件截面的高度;

A_0、I_0——原梁换算截面面积和惯性矩;

M_k——按作用(荷载)标准值组合计算的弯矩值;

y_0——原梁换算截面重心轴至受压区或受拉区计算纤维处的距离。

预应力混凝土构件加固后,应考虑原构件中体内预应力筋引起的受压边缘压应力和拉应力。计算中应考虑由体外预应力引起的原构件体内预应力钢筋的弹性压缩损失的变化。

在体内、体外预应力水平筋(束)和作用(或荷载)标准值组合的共同作用下,原构件的混凝土压应力或拉应力按下式计算:

先张法

$$\sigma_{kcp} \text{ 或 } \sigma_{ktp} = \frac{N_{p0,e} + N_{p0}}{A_0} \mp \frac{N_{p0,e}h_2}{I_0}y_0 \mp \frac{N_{p0}e_{p0}}{I_0}y_0 \pm \frac{M_k}{I_0}y_0 \tag{2-96}$$

后张法

$$\sigma_{kcp} \text{ 或 } \sigma_{ktp} = \frac{N_{p0,e}}{A_0} + \frac{N_p}{A_n} \mp \frac{N_{p0,e}h_2}{I_0}y_0 \mp \frac{N_p e_{pn}}{I_n}y_n \pm \frac{M_k}{I_0}y_0 \pm \frac{M_{p2}}{I_n}y_n \tag{2-97}$$

原构件预应力钢筋的最大应力为:

$$\sigma_{p,i} = \sigma_{pe,i} + \alpha_{Ep}\left(\frac{M_k}{I_0}y_0 \pm \frac{M_{p2}}{I_n}y_n\right) \tag{2-98}$$

式中:N_{p0}、N_p——先张法构件、后张法构件的预应力钢筋和普通钢筋的合力,按《公路钢筋混凝土及预应力混凝土桥涵设计规范》(JTG D62—2004)中式(6.1.6-1)或式(6.1.6-3)计算;

A_n、I_n——原梁(跨中)静截面面积和惯性矩;

α_{Ep}——原梁体内预应力钢筋与混凝土的弹性模量之比;

σ_{kcp}、σ_{ktp}——原梁混凝土截面体内、体外预应力、作用(或荷载)标准值组合及预应力二次力矩引起的法向压、拉应力；

$\sigma_{pe,i}$——原梁体内预应力筋的永存预应力，应包括体外预应力对其引起的弹性压缩影响；

M_{p2}——由预应力 N_p 在后张法预应力混凝土连续梁超静定结构中产生的次弯矩，与 M_k 同号为正，异号为负；

e_{p0}、e_{pn}——原梁中先张法或后张法结构中的预应力钢筋和普通钢筋的合力 N_{p0} 或 N_p 对换算截面或净截面的偏心距，按《公路钢筋混凝土及预应力混凝土桥涵设计规范》(JTG D62—2004)中式(6.1.6-2)或式(6.1.6-4)计算；

y_n——原梁净截面重心轴至受压区或受拉区计算纤维处的距离。

加固后的结构为预应力混凝土 B 类构件时，混凝土的法向压应力 σ_{cc} 应按《公路钢筋混凝土及预应力混凝土桥涵设计规范》(JTG D62—2004)第7.1.4条的方法计算，相关参数的计算方法如下：

$$\sigma_{cc} = \frac{N_{p0}}{A_{cr}} + \frac{N_{p0}e_{0N}c}{I_{cr}} \tag{2-99}$$

式中：N_{p0}——混凝土法向应力等于零时，体内、体外预应力钢筋和原梁中普通钢筋的合力，应按《公路钢筋混凝土及预应力混凝土桥涵设计规范》(JTG D62—2004)第6.1.6条的公式计算，计算中必须增加体外预应力水平筋(束)的拉力 $N_{p0,e}$ 一项；

e_{0N}——N_{p0} 作用点至开裂截面重心轴的距离，$e_{0N} = e_N + c$；

e_N——N_{p0} 作用点至截面受压边缘的距离，位于截面之外为正、截面之内为负；

$$e_N = \frac{M_k + M_{p2}}{N_{p0}} - h_{pse}$$

c——截面受压区边缘至开裂换算截面重心轴的距离；

A_{cr}、I_{cr}——B 类构件开裂截面换算截面面积和惯性矩；

h_{pse}——体内、外预应力钢筋与普通钢筋合力点至截面受压边缘的距离，按《公路钢筋混凝土及预应力混凝土桥涵设计规范》(JTG D62—2004)第7.1.4条的式(7.1.4-4)计算，计算时，其分子中必须增加 $\sigma_{p,e}A_{p,e}(h+a_{pe})$ 一项，分母中应包括 $N_{p0,e}$。

原构件开裂截面体内预应力钢筋的应力增量 $\Delta\sigma_{p,i}$ 按下式计算：

$$\sigma_{p,i} = \alpha_{Ep}\left[\frac{N_{p0}}{A_{cr}} - \frac{N_{p0}e_{0N}(h_p-c)}{I_{cr}}\right] \tag{2-100}$$

式中：α_{Ep}——原构件体内预应力钢筋弹性模量与混凝土弹性模量的比值；

h_p——截面受拉预应力钢筋合力点至截面受压边缘的距离；

$$\sigma_{p,i} = \sigma_{pe,i} + \Delta\sigma_{p,i}$$

$\sigma_{pe,i}$——原构件体内预应力钢筋的永存预应力。

用体外预应力加固后的预应力混凝土 B 类构件开裂截面换算截面中性轴位置 c，应按《公路钢筋混凝土及预应力混凝土桥涵设计规范》(JTG D62—2004)附录 G 中(受压区高度

x)的方法计算。

使用阶段体外索加固受弯构件正截面混凝土的压应力和预应力钢筋(束)中的拉应力满足下列要求。

(1)受压区混凝土的最大压应力:

$$\left.\begin{array}{l}未开裂构件:\sigma_{kcp} \\ 容许开裂构件:\sigma_{cc}\end{array}\right\} \leq 0.5 f_{ck} \quad (2\text{-}101)$$

(2)体内、体外预应力筋(束)的最大拉应力:

钢绞线、钢丝

$$\left.\begin{array}{l}未开裂构件:\sigma_{p,i}或\sigma_{p,e} \\ 容许开裂构件:\sigma_{p,i}或\sigma_{p,e}\end{array}\right\} \leq 0.65 f_{pk,i}或0.65 f_{pk,e} \quad (2\text{-}102)$$

精轧螺纹钢筋

$$\left.\begin{array}{l}未开裂构件:\sigma_{p,i}或\sigma_{p,e} \\ 容许开裂构件:\sigma_{p,i}或\sigma_{p,e}\end{array}\right\} \leq 0.8 f_{pk,i}或0.8 f_{pk,e} \quad (2\text{-}103)$$

式中:$f_{pk,i}$、$f_{pk,e}$——体内、体外预应力筋(束)材料的抗拉强度标准值,应按《公路钢筋混凝土及预应力混凝土桥涵设计规范》(JTG D62—2004)表3.2.3-2取值;

σ_{cc}——原构件混凝土开裂截面最大压应力;

$\sigma_{p,e}$——体外预应力水平筋(束)中的最大拉应力,$\sigma_{p,e} = \sigma_{pe} + \Delta\sigma_{p,e}$;

$\sigma_{p,i}$——原构件截面的体内预应力钢筋的最大拉应力。

使用阶段构件混凝土主压应力计算应考虑体外、体内预应力弯起钢筋及作用(或荷载)标准值组合的影响,且应满足下式要求:

$$\sigma_{cp} \leq 0.6 f_{ck} \quad (2\text{-}104)$$

式中:σ_{cp}——使用阶段由作用(或荷载)标准组合产生的混凝土主压应力,应按《公路钢筋混凝土及预应力混凝土桥涵设计规范》(JTG D62—2004)第6.3.3条计算;

其他符号含义同前。

第4节 有黏结预应力加固受弯构件承载力计算

有黏结预应力加固体系是采用锚固于被加固梁体上的高强钢丝、2~3股钢绞线或小直径高强度粗钢筋对梁体施加预应力,然后喷注具有较高抗拉强度的复合砂浆(HTCM或AP砂浆),将预应力筋与被加固梁体黏结为一体,构成有黏结预应力加固体系。

有黏结预应力加固体系,依靠喷注的高性能复合砂浆,将预应力筋与被加固梁体黏结为一体,复合砂浆的高黏结强度是保证两者共同工作的基础,复合砂浆的高抗拉性能是控制结构抗裂性、保护后加预应力钢筋免于腐蚀的前提。为适应桥梁加固市场的需求,国内研制开发的高性能抗拉复合砂浆(简称 HTCM 砂浆)已供应市场。有黏结预应力加固体系在张拉预应力筋时属于体外预应力体系,喷注高性能抗拉复合砂浆后,将预应力筋与被加固梁体黏结为一体,在活载作用下,又具有一般有黏结预应力混凝土的受力特征。

按照《公路钢筋混凝土及预应力混凝土桥涵设计规范》(JTG D62—2004)的规定,采用有黏结预应力加固的钢筋混凝土及预应力混凝土受弯构件应进行承载能力极限状态计算

(包括正截面抗弯和斜截面抗剪承载力计算)和正常使用极限状态计算(包括正截面和斜截面抗裂性或裂缝宽度及变形计算)。此外,必要时还须对使用阶段混凝土的法向压应力和预应力钢筋的拉应力及混凝土主压应力进行验算。加固所用材料的强度标准值和设计值应与《公路钢筋混凝土及预应力混凝土桥涵设计规范》(JTG D62—2004)的取值标准相一致。国产钢丝、钢绞线、精轧螺纹钢及热轧钢筋的强度标准值和设计值可按《公路钢筋混凝土及预应力混凝土桥涵设计规范》(JTG D62—2004)规定采用。HTCM砂浆的有关设计参数应在对试验资料统计分析的基础上,参照《公路钢筋混凝土及预应力混凝土桥涵设计规范》(JTG D62—2004)的可靠度指标确定。在试验统计资料不足的情况下,建议暂按下列规定采用:

轴心抗压强度标准值　　　　$f_{ck.m} = 23.4 \text{MPa}$
轴心抗压强度设计值　　　　$f_{cd.m} = 16.1 \text{MPa}$
抗拉强度标准值　　　　　　$f_{tk.m} = 8.0 \text{MPa}$
抗拉强度设计值　　　　　　$f_{td.m} = 5.5 \text{MPa}$
弹性模量　　　　　　　　　$E_m = 3.0 \times 10^4 \text{MPa}$
重度　　　　　　　　　　　$\gamma = 20.0 \text{kN/m}^3$

一、有黏结预应力加固受弯构件正截面抗弯承载力计算

采用有黏结预应力加固的钢筋混凝土受弯构件的正截面加固补强设计,一般以正截面抗弯承载能力控制设计。采用有黏结预应力加固的钢筋混凝土受弯构件正截面抗弯承载能力计算公式与一般有黏结预应力混凝土构件有大致相同的表达形式,其主要特点是:

(1)桥梁带载加固应考虑分阶段受力特点,构件自重和恒载由原梁承担,活载由加固后的组合截面承担。

(2)应考虑结构损伤对承载力的影响。

(3)加固构件的承载力一般以原梁钢筋屈服控制设计。

(4)极限状态下后加预应力筋的应力原则上应按其变形确定,极限状态下后加预应力筋的应变与原梁的配筋率,预应力筋的张拉控制应力及应力损失有关。

有黏结预应力加固的钢筋混凝土受弯构件正截面抗弯承载力计算图式如图2-34所示。

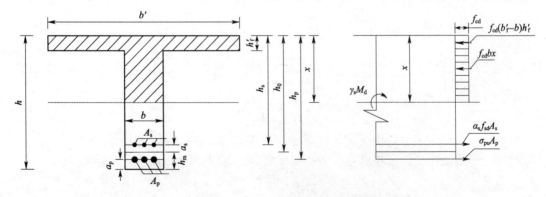

图2-34　正截面抗弯承载能力计算图式

承载力计算基本方程由力的平衡条件求得(以$x \geq h'_f$的T形梁为例):

由$\sum X = 0$得

$$f_{cd}bx + f_{cd}(b_f' - b)h_f' = \alpha_s f_{sd} A_s + \sigma_{pu} A_p \tag{2-105}$$

由 $\sum M = 0$ 得

$$\gamma_0 M_d \leq f_{cd}bx\left(h_0 - \frac{x}{2}\right) + f_{cd}(b_f' - b)h_f'\left(h_0 - \frac{h_f'}{2}\right) \tag{2-106}$$

公式适用条件

$$x \leq \xi_{bs} h_s \tag{2-107}$$

式中：M_d——按《公路钢筋混凝土及预应力混凝土桥涵设计规范》(JTG D62—2004)计算的弯矩组合设计值；

γ_0——结构重要性系数；

f_{cd}——原梁混凝土的抗压强度设计值；

f_{sd}——原梁纵向受拉钢筋的抗拉强度设计值；

α_s——考虑腐蚀钢筋截面面积减小和屈服强度降低影响的受拉钢筋承载力折减系数；

h_0——后加预应力钢筋和原梁受拉钢筋合力作用点至截面受压边缘的距离；

h_s——原梁受拉钢筋合力作用点至截面受压边缘的距离；

ξ_{bs}——原梁受拉钢筋的混凝土受压区高度界限系数；

σ_{pu}——极限状态下后加预应力钢筋的应力。

极限状态下后加预应力钢筋的应力 σ_{pu} 可根据变形条件确定，并应考虑桥梁加固构件分阶段受力的影响，其数值与混凝土受压区高度有关。后加预应力钢筋的应力 σ_{pu} 取值为：

$$\sigma_{pu} = \begin{cases} f_{pd} & x \leq \xi_{bp} h_p \\ \sigma_{pe} + \Delta\varepsilon_p E_p & x > \xi_{bp} h_p \end{cases} \tag{2-108}$$

式中：f_{pd}——预应力钢筋的抗拉强度设计值；

h_p——后加预应力钢筋合力作用点至截面受压边缘的距离；

$\Delta\varepsilon_p$——极限状态下预应力钢筋的应变增量；

E_p——预应力钢筋的弹性模量；

σ_{pe}——预应力钢筋的有效预应力。

活载作用后预应力筋的应变增量 $\Delta\varepsilon_p$ 计算公式为：

$$\Delta\varepsilon_p = \alpha_h \varepsilon_{cu}\left(\frac{\beta h_s}{x} - 1\right) + (\alpha_h - 1)\varepsilon_{cu} - \alpha_h \varepsilon_{s1} - (\alpha_h - 1)\varepsilon_{c1} \tag{2-109}$$

$$\varepsilon_{s1} = \frac{1}{E_c} \cdot \frac{\gamma_0 M_{d1}}{J_{cr1}}(h_s - x_{cr1}) \tag{2-110}$$

$$\varepsilon_{c1} = \frac{1}{E_c} \cdot \frac{\gamma_0 M_{d1}}{J_{cr1}} x_{cr1} \tag{2-111}$$

式中：ε_{cu}——混凝土的极限压应变，对 C50 及以下混凝土，取 $\varepsilon_{cu} = 0.0033$；

β——混凝土受压区矩形应力图高度系数，对 C50 及以下混凝土，取 $\beta = 0.8$；

α_h——系数，$\alpha_h = h_p/h_s$；

ε_{s1}——一期荷载作用下原梁受拉钢筋的拉应变；

ε_{c1}——一期荷载作用下原梁受压翼缘顶面混凝土的压应变；

x_{cr1}、J_{cr1}——按开裂构件计算的原梁换算截面重心轴至受压边缘的距离和惯性矩；

M_{d1}——一期荷载引起的弯矩设计值。

应该指出,上面给出极限状态下后加预应力钢筋应力 σ_{pu} 的取值与预应力钢筋的混凝土受压区高度界限系数 ξ_{bp} 有关,对于正常张拉的情况,ξ_{bp} 可按《公路钢筋混凝土及预应力混凝土桥涵设计规范》(JTG D62—2004)规定取值,即对高强钢丝、钢绞线取 $\xi_{bp}=0.4$,精轧螺纹钢取 $\xi_{bp}=0.4$;若张拉控制应力过小,ξ_{bp} 值应按下式计算:

对于钢丝和钢绞线

$$\xi_b \approx \frac{\beta}{1+\dfrac{0.002}{\varepsilon_{cu}}+\dfrac{f_{pd}-\sigma_{pe}}{E_p\varepsilon_{cu}}} \quad (2\text{-}112)$$

对于精轧螺纹钢

$$\xi_b \approx \frac{\beta}{1+\dfrac{f_{pd}-\sigma_{pe}}{E_p\varepsilon_{cu}}} \quad (2\text{-}113)$$

采用有黏结预应力加固的钢筋混凝土受弯构件的承载能力极限状态计算可分为配筋设计和承载能力复核两种情况。

(1)配筋设计

配筋设计的主要内容是根据加固后应承担的弯矩组合设计值 $\gamma_0 M_d$,按主要控制截面的正截面抗弯承载力要求,确定预应力钢筋截面面积 A_p。

这时,可先取 $\sigma_{pu}=f_{pd}$,代入公式(2-106)解二次方程,求得混凝土受压区高度 x,若 $x \leqslant \xi_{bs}h_s$,且 $x<\xi_{bp}h_p$ 时,所得 x 即为所求;将其代入公式(2-105),求得所需预应力钢筋截面面积 A_p。

若所得 $x \leqslant \xi_{bs}h_s$,但 $x>\xi_{bp}h_p$ 时,应将 σ_{pu} 的计算表达式(2-108)和式(2-109)代入公式(2-106),解三次方程,重新计算 x,并将其代入公式(2-108)和式(2-109)求得 σ_{pu} 值。然后,将所得 x 和 σ_{pu} 值代入公式(2-105),求得所需的预应力钢筋截面面积 A_p。

(2)承载力复核

对已经初步设计好的截面进行承载力复核的目的是确定加固后的截面所能承担的弯矩设计值,判断结构的安全程度。

这时,首先取 $\sigma_{pu}=f_{pd}$,代入公式(2-105)求得混凝土受压区高度 x,若所得 $x \leqslant \xi_{bs}h_s$,且 $x \leqslant \xi_{bp}h_p$ 时,所得 x 即为所求。将其代入公式(2-106),求得该截面所能承担的弯矩设计值 M_{du},若 $M_{du} \geqslant \gamma_0 M_d$,说明该截面的承载力满足要求。

若所得 $x \leqslant \xi_{bs}h_s$,且 $x>\xi_{bp}h_p$ 时,应将 σ_{pu} 的计算表达式(2-108)和式(2-109)代入公式(2-105),解二次方程,重新计算 x,并将其代入公式(2-108)和式(2-109)求得 σ_{pu} 值。然后,将所得 x 和 σ_{pu} 值代入公式(2-106),求得该截面所能承担的弯矩设计值 M_{du},若 $M_{du} \geqslant \gamma_0 M_d$,说明该截面的承载力满足要求。

二、有黏结预应力加固受弯构件斜截面抗剪承载力计算

以往对斜截面抗剪承载力不足的构件,一般均采用粘贴钢板或高强复合纤维布的办法加固补强。斜截面抗剪承载力加固设计亦应考虑分阶段受力特点,后加补强材料同样存在"应变滞后"问题,很难充分发挥作用。

采用锚固于腹板上的竖向(或斜向)预应力筋,对被加固梁体施加竖向(或斜向)预加力,然后喷注高性能抗拉复合砂浆(HTCM),将预应力筋与被加固梁体黏结为一体,构成有黏结预应力斜截面加固系统。采用有黏结的竖向(或斜向)预应力钢筋对斜截面加固可以有效地提高加固材料的利用效率;喷注的 HTCM 砂浆层加大了腹板的厚度,可降低截面的主拉应力,HTCM 砂浆层保护钢筋免于锈蚀,可大大提高结构的耐久性。

对采用有黏结预应力加固的斜截面而言,混凝土提供的抗剪承载力,可按一般钢筋混凝土计算,但是式中梁的宽度 b,应以加固后的宽度$(b+2b_m)$代替;对沿梁底通长布置预应力筋的情况,梁的有效高度 h_0 应以加固后梁的有效高度 $h_{02} = (h + \Delta h_m - a)$ 代替,纵向钢筋配筋率百分率 $P = 100 A_s / b h_0$,应以 $P = 100(A_s + A_p)/[(b+2b_m)(h+h_m-a)]$ 代替。此处 b_m 为每侧腹板加宽的厚度,h_m 为梁加高的高度,a 为原梁钢筋和后加预应力筋合力作用点至截面下边梁的距离。箍筋的抗剪承载力,不受后加补强材料的影响,可以按一般钢筋混凝土计算。众所周知,在《公路钢筋混凝土及预应力混凝土桥涵设计规范》(JTG D62—2004)给出的抗剪承载力计算公式中,采用了混凝土与箍筋综合抗剪承载力,如果采用加固后的截面尺寸和纵向钢筋配筋率,直接代入上式计算加固后混凝土和箍筋的综合抗剪承载力,无疑相当于把箍筋的承载力也提高。为了消除这种不利影响,建议将式中的系数 0.45,调整为 0.43。

有黏结预应力加固的斜截面,在二期荷载(活荷载)剪力作用下,后加补强预应力筋的应力增量提供的抗剪承载力为 ΔV_p。后加竖向预应力筋提供的总抗剪承载力 $V_p = (\sigma_{con,v} - \sum \sigma_{1,v}) \sum A_{pv} + \Delta V_p$。此处 $\sigma_{con,v}$ 为后加竖向预应力筋的张拉控制应力,$\sum \sigma_{1,v}$ 为竖向预应力筋的应力损失;$\sum A_{pv}$ 为与裂缝相交的竖向预应力筋截面面积。这样,即可求得有黏结预应力加固的斜截面抗剪承载力计算公式:

$$\gamma_0 V_d \leq \beta_{cs} 0.43 \times 10^{-3} \alpha_1 \alpha_3 (b + 2b_m) h_{02} \sqrt{(2 + 0.6p)} \sqrt{f_{cu,k} \rho_{sv} \alpha_{sv} f_{sd,v}} + 0.75 \times$$
$$10^{-3} \alpha_{sb} f_{sd,b} \sum A_{sb} \sin\theta_s + 0.26 m V_{d2} \left[\frac{0.707 \sum A_{pv}}{0.707 \sum A_{sv} + \sum A_{sb} + 0.707 \sum A_{pv}} \right] + (\sigma_{con,v} - \sigma_{1,v}) \sum A_{pv}$$

(2-114)

式中:β_{cs}——斜裂缝对混凝土抗剪承载力降低系数,其数值按下列规定采用:加固前未出现斜裂缝者,取 $\beta_{cs} = 0.89$;加固前斜裂缝宽度小于 0.2mm 者,取 $\beta_{cs} = 0.835$;加固前斜裂缝宽度大于 0.2mm 者,取 $\beta_{cs} = 0.78$;

α_1——异号弯矩影响系数,对连续梁或悬臂梁中间支点承受异号弯矩区段,取 0.9;

α_3——受压翼缘影响系数,对矩形截面,取 $\alpha_3 = 1.0$,对具有受压翼缘的 T 形或工字形截面,取 $\alpha_3 = 1.1$;

α_{sv}、α_{sb}——考虑钢筋腐蚀影响的箍筋和弯起钢筋承载力降低系数;

$f_{sd,v}$、$f_{sd,b}$——箍筋与弯起钢筋的抗拉强度设计值;

ρ_{sv}——原梁的箍筋配筋率;

b——原梁的腹板宽度;

b_m——腹板每侧加宽的宽度;

h_{02}——加固后梁的有效高度;

p——加固后计算截面斜裂缝范围纵向钢筋的配筋百分率;

V_{d2}——活载剪力设计值;

m——剪跨比,$m = M_d/(V_d h_0)$;

$\sum A_{sv}$——与斜截面相交的箍筋截面面积;

$\sum A_{sb}$——与斜截面相交的弯起钢筋截面面积;

$\sum A_{pv}$——与斜截面相交的竖向预应力筋的截面面积。

最后还需特别指出,上面给出的有黏结预应力加固斜截面的抗剪承载力计算公式是以剪压破坏形态受力特征为基础建立的,构件的抗剪强度应满足抗剪强度上限值的要求,且应考虑分阶段受力特点。为此,将截面尺寸限制条件改为下列形式:

$$\frac{\gamma_0 V_{d1}}{bh_{01}} + \frac{\gamma_0 V_{d2}}{(b+2b_m)h_{02}} \leq 0.51\sqrt{f_{cu,k}} \tag{2-115}$$

式中:h_{01}——原梁的有效高度;

h_{02}——加固后梁的有效高度。

第5节 有黏结预应力加固构件正常使用极限状态计算

有黏结预应力加固构件正常使用极限状态计算,包括正截面抗裂性验算、斜截面抗裂性验算、正应力验算以及主压应力验算等。

一、有黏结预应力加固受弯构件正截面抗裂性验算

1. 正截面抗裂性或裂缝宽度验算

对加固构件而言,计算正截面抗裂性时可不考虑构件自重和恒载的影响,只计算可变荷载频遇值弯矩 $M_{\theta f}$ 和后加补强砂浆层自重弯矩 $M_{GK,m}$ 引起的拉应力。这样,有黏结预应力加固的钢筋混凝土受弯构件正截面抗裂性的控制条件可表达为下列形式:

原梁受拉边缘处

$$\Delta\sigma_{t,1} - \sigma_{pe} + \sigma_m \leq 0.8 f_{tk} \tag{2-116}$$

加固后截面受拉边缘处

$$\Delta\sigma_{t,2} \leq 0.7 f_{tk,m} \tag{2-117}$$

式中:$\Delta\sigma_{t,1}$——在可变荷载频遇值弯矩 M_{Qf}[对于简支梁 $M_{Qf} = 0.7 M_{Q1K}/(1+\mu) + M_{Q2K}$]作用下,原梁受拉边缘的拉应力,其数值按下式计算:

$$\Delta\sigma_{t,1} = \frac{\frac{0.7 M_{Q1K}}{1+\mu} + M_{Q2K}}{J_{02}}(h_1 - x_{02})$$

$\Delta\sigma_{t,2}$——在可变荷载频遇值弯矩 M_{Qf} 作用下,加固后截面受拉边缘的拉应力,其数值按下式计算:

$$\Delta\sigma_{t,2} = \frac{\frac{0.7 M_{Q1K}}{1+\mu} + M_{Q2K}}{J_{02}}(h_2 - x_{02})$$

σ_m——在后加补强砂浆自重弯矩标准值 $M_{GK,m}$ 作用下,原梁受拉边缘的拉应力,其数值按下式计算:

$$\sigma_{\mathrm{m}} = \frac{M_{\mathrm{GK,m}}}{J_{01}}(h_1 - x_{01})$$

σ_{pe}——原梁受拉边缘处的有效预压应力，其数值按下式计算：

$$\sigma_{\mathrm{pe}} = \frac{N_{\mathrm{pe}}}{A_{01}} + \frac{N_{\mathrm{pe}} e_{\mathrm{p01}}}{J_{01}}(h_1 - x_{01})$$

f_{tk}——原梁混凝土灌缝胶体的抗拉强度标准值，考虑到后加砂浆层对原梁混凝土的牵制作用，将系数 0.7 调整为 0.8；

$f_{\mathrm{tk,m}}$——HTCM 砂浆的抗拉强度标准值；

M_{Q1K}——包括冲击系数影响的车辆荷载引起的弯矩标准值；

M_{Q2K}——人群荷载引起的弯矩标准值；

$M_{\mathrm{GK,m}}$——后加补强砂浆层自重引起的弯矩标准值；

x_{01}、A_{01}、J_{01}——按全截面参加工作计算的原梁换算截面重心至受压边缘的距离、换算截面面积和惯性矩；

h_1——原梁高度；

e_{p01}——相对原梁换算截面重心的预加力偏心距；

N_{pe}——扣除预应力损失后的有效预加力，$N_{\mathrm{pe}} = (\sigma_{\mathrm{con}} - \sum \sigma_{\mathrm{L}}) A_{\mathrm{p}}$；

x_{02}、J_{02}——按全截面参加工作计算的加固后换算截面重心至受压边缘的距离和惯性矩；

h_2——加固后梁的高度。

应该指出，在有黏结预应力加固体系中，后喷注的复合砂浆并没有受到预加力的作用，其抗裂性取决于砂浆自身的抗拉强度。如果所采用的复合砂浆抗拉强度在可变荷载频遇值弯矩 M_{Qf} 作用下，有可能不满足公式(2-117)要求，则后加补强砂浆可能出现裂缝，将影响结构的耐久性。对于这种情况，笔者建议可采用部分放张工艺，对后加补强砂浆层施加一定的预加力，即在复合砂浆与被加固梁体牢固黏结后(必要时要增设抗剪连接件)，部分放松预应力筋的固定螺帽，将一部分预应力转移作用到被加固后的整体截面上，使后加复合砂浆层也储备一定的预压应力。采用部分放张工艺处理的有黏结预应力加固构件，加固后截面边缘复合砂浆的抗裂性限制条件，可改为下式：

$$\Delta \sigma_{\mathrm{t2}} - \Delta \sigma_{\mathrm{pc}} \leq 0.7 f_{\mathrm{tk,m}} \tag{2-118}$$

式中：$\Delta \sigma_{\mathrm{pc}}$——部分放松固定螺帽后引起的转移预加力($\Delta N_{\mathrm{pc}} = \Delta \varepsilon_{\mathrm{p}} E_{\mathrm{p}} A_{\mathrm{p}}$，此处 $\Delta \varepsilon_{\mathrm{p}}$ 放松应变)产生的加固后截面受拉边缘的有效预压应力。

2. B 类构件的裂缝宽度计算

由于受原梁配筋率的限制，所加预应力筋较少时，加固后构件有可能属于部分预应力混凝土 B 类构件，有黏结预应力加固部分预应力混凝土 B 类构件裂缝宽度计算可忽略后加补强砂浆的影响，参照体外预应力加固的 B 类构件裂缝宽度公式计算，且可忽略活载拉力增量的影响。显然，这样计算是偏于安全的。

对于有黏结预应力加固的部分预应力混凝土 B 类构件，若采用部分放张工艺处理后，满足式(2-118)的要求，保证后加复合砂浆不开裂，则限制原梁裂缝宽度的意义就不大了。

3. 变形计算

有黏结预应力加固受弯构件的变形，可按一般结构力学方法计算。抗弯刚度可按全截面参加工作计算，考虑到后加复合砂浆没有预加力的不利影响，建议 $B_0 = 0.9 E_{\mathrm{c}} J_{02}$，此处 J_{02}

为按加固后全截面参加工作计算的换算截面惯性矩。

二、有黏结预应力加固受弯构件斜截面抗裂性验算

对于加固前未出现斜裂缝的构件,应控制荷载短期效应组合作用下的主拉应力为:

$$\sigma_{tp} = (\sigma_{tp1} + \sigma_{tp,f}) \leqslant (0.6 \sim 0.7)f_{tk,m} \tag{2-119}$$

对于加固前出现严重斜裂缝的构件,应控制可变荷载效应频遇值作用下的主拉应力为:

$$\sigma_{tp} = \sigma_{tp,f} \leqslant (0.6 \sim 0.7)f_{tk,m} \tag{2-120}$$

式中:σ_{tp1}——构件自重及恒载剪力 V_{GK} 作用下产生的主拉应力,应按开裂的钢筋混凝土弹性体计算;

$\sigma_{tp,f}$——可变荷载频遇值弯矩 M_{Qf}、剪力 V_{Qf} 及纵向有效预加力 N_{pe} 和后加竖向有效预加力产生的主拉应力,其计算公式为

$$\sigma_{tp,f} = \frac{\sigma_{cx} + \sigma_{cy}}{2} - \sqrt{\left(\frac{\sigma_{cx} - \sigma_{cy}}{2}\right)^2 + \tau_s^2} \leqslant (0.7 \sim 0.8)f_{tk} \tag{2-121}$$

σ_{cx} 为在纵向有效预加力 $N_{pe} = (\sigma_{con} - \sum\sigma_l)A_p$ 及可变荷载频遇值弯矩 $[M_{Qf} = 0.7M_{Q1K}/(1+\mu) + M_{Q2K}]$ 作用下,所求之点混凝土的法向压应力,其计算公式为:

$$\sigma_{cx} = \frac{N_{pe}}{A_{01}} \mp \frac{N_{pe}e_{p01}}{J_{01}}y_{01} \pm \frac{\dfrac{0.7M_{Q1K}}{1+\mu} + M_{Q2K}}{J_{02}}y_{02} \tag{2-122}$$

式中:y_{01}、y_{02}——所求主应力之点至按全截面参加工作计算的原梁换算截面和加固后换算截面重心的距离。

σ_{cy} 为后加竖向预应力筋引起的竖向预压应力,其计算公式为:

$$\sigma_{cy} = \frac{(\sigma_{con,v} - \sum\sigma_{l,v})nA_{pv}}{bS_{pv}} \tag{2-123}$$

式中:A_{pv}——单肢竖向预应力筋的截面面积;

n——同一截面内竖向预应力筋的根数;

S_{pv}——竖向预应力筋的间距。

τ_s 为在可变荷载频遇值剪力 $[V_{Qf} = 0.7V_{Q1K}/(1+\mu) + V_{Q2K}]$ 作用下,所求主应力之点混凝土的剪应力,其计算公式为:

$$\tau_s = \frac{\dfrac{0.7V_{Q1K}}{1+\mu} + V_{Q2K}}{J_{02}(b + 2b_m)}S_{02} \tag{2-124}$$

式中:S_{02}——所求主应力之点的水平纤维以上(或以下)部分截面面积对加固后换算截面重心轴的面积矩;

b_m——每侧腹板补强砂浆的厚度。

腹板补强砂浆层的主拉应力为:

$$\sigma_{tp,m} = \frac{\sigma_{cx}}{2} - \sqrt{\left(\frac{\sigma_{cx}}{2}\right)^2 - \tau_s^2} \leqslant (0.6 \sim 0.7)f_{tk,m} \tag{2-125}$$

式中:σ_{cx}——在可变荷载频遇值弯矩 $[M_{Qf} = 0.7M_{Q1K}/(1+\mu) + M_{Q2K}]$ 作用下,所求应力之点混凝土的法向压应力,计算公式为

$$\sigma_{cx} = \frac{\dfrac{0.7M_{Q1K}}{1+\mu} + M_{Q2K}}{J_{02}} y_{02} \tag{2-126}$$

式中：τ_s——在可变荷载频遇值剪力[$V_{Qf} = 0.7V_{Q1K}/(1+\mu) + V_{Q2K}$]作用下，所求主应力之点混凝土的剪应力，其数值按式(2-124)计算；

$f_{tk,m}$——补强复合砂浆（HTCM）的抗拉强度标准值。

三、有黏结预应力加固受弯构件使用阶段正应力验算

有黏结预应力加固受弯构件使用阶段应力验算，其实质是强度计算，是承载能力计算的补充，其内容包括使用阶段正截面混凝土的法向压力和钢筋拉应力的验算。构件应力验算时，作用（或荷载）取其标准值，不计分项系数，汽车荷载应考虑冲击系数影响。加固构件的应力计算，应考虑分阶段受力特点。

1. 构件自重及恒载应力

构件自重及荷载由原梁承担，截面应力按开裂的钢筋混凝土弹性体计算。

2. 预加力和活载作用下的应力

（1）全预应力混凝土及部分预应力混凝土 A 类构件

在预加力和使用荷载作用下，加固构件可能处于全截面参加工作的全预应力混凝土或部分预应力混凝土 A 类构件受力状态。此时，截面应力可按材料力学公式计算：

混凝土压应力

$$\sigma_{c2} = \frac{N_{pe}}{A_{01}} - \frac{N_{pe}e_{p,01}}{J_{01}} x_{01} + \frac{M_{GK,m}}{J_{01}} x_{01} + \frac{M_{QK}}{J_{02}} x_{02} \tag{2-127}$$

原梁钢筋的拉应力增量

$$\sigma_{s2} = \alpha_{Es}\left[-\frac{N_{pe}}{A_{01}} - \frac{N_{pe}e_{p,01}}{J_{01}}(h_s - x_{01}) + \frac{M_{GK,m}}{J_{01}}(h_s - x_{01}) + \frac{M_{QK}}{J_{02}}(h_s - x_{02}) \right] \tag{2-128}$$

预应力钢筋的拉应力增量

$$\Delta\sigma_p = \alpha_{Ep}\frac{M_{QK}}{J_{02}}(h_p - x_{02}) \tag{2-129}$$

式中：x_{01}、J_{01}——按全截面参加工作计算的原梁换算截面混凝土受压区高度和惯性矩；

x_{02}、J_{02}——按全截面参加工作计算的加固后换算截面混凝土受压区高度和惯性矩。

最后，将上述求得的应力与构件自重及恒载产生的应力叠加后，应满足《公路钢筋混凝土及预应力混凝土桥涵设计规范》（JTG D62—2004）的限值要求。

（2）部分预应力混凝土 B 类构件

由于受原梁配筋率的限制，所加预加力较小时，在预加力和使用荷载作用下，加固构件可能处于部分预应力混凝土 B 类构件受力状态。此时，截面应力原则上应按开裂的钢筋混凝土大偏心受压构件计算。但是，对有黏结预应力加固构件而言，有效预加力 N_{pe} 是作用在原梁截面上，而使用荷载弯矩 M_{QK} 是作用在加固后的组合截面上。将分别作用于两个不同截面的偏心力 N_{pe} 和弯矩 M_{QK} 按作用等效原则转换为作用于距截面上边缘的距离为 e_N 的偏心力 $R = N_{pe}$，在技术处理上是很繁琐的，实用意义不大。

在实际工作中，有黏结预应力加固预应力混凝土 B 类构件在使用阶段的应用计算，可采

用以下两种简化方法处理：

①忽略后加复合砂浆的黏结作用。显然,这样的计算结果是偏于安全的。

②近似地认为有效预加力 N_{pe} 和使用荷载弯矩 M_{QK} 都是作用于加固后的组合截面上,按一般有黏结部分预应力混凝土 B 类构件计算截面应力。显然,这样的计算结果偏小。

在实际工程中,采用有黏结预应力加固,后加复合砂浆的厚度一般为 30~50mm,对截面几何性质影响不大,上述两种计算结果相差不大。笔者建议,有黏结预应力加固的部分预应力混凝土 B 类构件的应力验算,可采用上述第二种简化处理方法,即按 N_{pe} 和 M_{QK} 作用于加固后的组合截面上,按一般有黏结部分预应力混凝土 B 类构件计算,为安全起见将所得应力值增加 5%。

此外,采用有黏结预应力加固的预应力混凝土受弯构件,要注意的问题如下：

①在抗裂性及应力验算中,应考虑后加预应力对原梁预应力筋有效预应力的影响(相当于增加一项分批张拉损失)。

②采用有黏结预应力加固连续梁等超静定结构,应考虑后加预应力引起的预加力次内力的影响。

③采用黏结预应力加固连续梁等超静定结构,应根据结构的实际受力情况考虑温度、制动力、风力等其他可变荷载组合。

四、有黏结预应力加固受弯构件使用阶段主压应力验算

使用阶段的主压应力计算应考虑分阶段受力特点。

构件自重及恒载产生的主拉应力为：

$$\sigma_{cp1} = \frac{M_{GK}y_{01}}{2J_{01}} + \sqrt{\left(\frac{M_{GK}y_{01}}{2J_{01}}\right)^2 + \left(\frac{V_{GK}}{0.92h_0 b_2}\right)^2} \tag{2-130}$$

预加力和可变荷载(活荷载)产生的主压力为：

$$\sigma_{cp2} = \frac{\sigma_{cx,k} + \sigma_{cy}}{2} + \sqrt{\left(\frac{\sigma_{cx,k} - \sigma_{cy}}{2}\right)^2 + \tau_k^2} \tag{2-131}$$

式中：$\sigma_{cx,k}$——纵向有效预加力 $[N_{pe} = (\sigma_{con} - \sum \sigma_l)A_p]$ 和可变荷载弯矩标准值 $M_{\theta k}$ 产生的计算主应力点混凝土的法向压应力,其计算公式为

$$\sigma_{cx,k} = \frac{N_{pe}}{A_{01}} \mp \frac{N_{pe}e_{p01}}{J_{01}}y_{01} \pm \frac{M_{QK}}{J_{02}}y_{02}$$

τ_k——在可变荷载剪力标准值 V_{QK} 作用下产生的计算主应力点混凝土的剪应力,其计算公式为

$$\tau_k = \frac{V_{QK}S_{01}}{J_{01}b}$$

σ_{cy}——后加竖向预应力筋引起的竖向预压应力。

最后,将上述求得的主压应力叠加后,应满足《公路钢筋混凝土及预应力混凝土桥涵设计规范》(JTG D62—2004)的要求：

$$\sigma_{cp} = (\sigma_{cp1} + \sigma_{cp2}) \leq 0.5 f_{ck} \tag{2-132}$$

主压应力以原梁混凝土控制设计,此处 f_{ck} 为原梁混凝土的抗压强度标准值。

第3章 预应力主动加固桥梁的构造

预应力主动加固技术包括有黏结预应力加固技术、预应力复合纤维材料加固技术以及体外预应力加固技术。其核心思想均为通过施加预应力,使结构受力更有利。本章围绕预应力主动加固体系的基本构造,分别介绍预应力主动加固的常用材料、锚固系统、转向系统、减振系统和防腐系统。

第1节 预应力主动加固的常用材料

在旧桥维修和加固中必须采用各种建筑材料,而这些材料与新建桥梁材料相比,对其材料性能的要求有一定差异。桥梁维修和加固采用的材料一般包括:水泥混凝土、钢材、复合纤维材料、胶结材料、高性能抗拉复合砂浆、裂缝修补和灌浆材料以及连接材料等。

一、水泥混凝土

桥梁混凝土结构加固所用的水泥宜优先选用硅酸盐水泥与普通硅酸盐水泥,或选用矿渣硅酸盐水泥、火山灰硅酸盐水泥。水泥的强度等级不应低于 325 号。水泥的质量应分别符合现行国家标准。混凝土结构加固所用的混凝土强度等级,设计时宜比原结构、构件的设计混凝土强度提高一级,且不应低于 C30。

混凝土的强度设计值应按现行国家标准《混凝土结构设计规范》(GB 50010—2010)的规定取用。当采用原结构、构件的混凝土强度等级设计时,验算时混凝土的强度设计值可按现行国家标准《混凝土结构设计规范》(GB 50010—2010)中附录一的规定取用。

当采用现场实测方法评定原结构、构件的混凝土强度等级时,验算时混凝土的强度设计值可按现行国家标准《混凝土结构设计规范》(GB 50010—2010)的规定取用。当加固选用树脂混凝土、微膨胀混凝土、喷射混凝土时或加固的混凝土需采用早强、防冻或其他掺合剂时,宜在施工前进行试配并检验其强度,必要时应检验其干缩、耐腐蚀等性能。

上述混凝土强度等级的确定,可按照现行国家标准《混凝土强度检验评定标准》(GB/T 50107—2010)的规定执行。加固用混凝土中不应掺入粉煤灰等混合材料。混凝土用砂应符合建设部颁布的标准《普通混凝土用砂、石质量及检验方法标准》(JGJ 52—2006)的规定。混凝土用石应符合建设部颁布的标准《普通混凝土用砂、石质量及检验方法标准》(JGJ 52—2006)的规定。

二、钢材

桥梁混凝土结构加固所用的普通钢筋宜选用热轧 R235、HRB335、HRB400 和 KL400 钢筋。钢板、型钢、扁钢和钢管应采用 Q235 钢、Q345 钢、Q390 钢、Q420 钢;对重要结构的焊接构件,应采用Q235-B级、Q345-C级可焊性好的钢材。

预应力钢材的基本性能指标应满足《公路钢筋混凝土及预应力混凝土桥涵设计规范》(JTG D62—2004)表3.2.3-2的要求。体外预应力索应采用防腐性能可靠的产品,宜采用成品索;采用环氧涂层预应力钢材时,应检测涂层的质量及主要性能指标。

三、复合纤维材料

复合材料是近年来发展起来的新型材料,它具有设计适应性强,便于施工和轻质、高强、防撞、抗振、耐疲劳、耐腐蚀等结构优势,引起了各国桥梁工程界的极大兴趣。20世纪70年代桥梁工程界开始竞相开展复合材料桥梁的应用研究和工程实践。在桥梁的维修和加固中也开始采用复合材料,如采用玻璃钢和碳纤维加固混凝土桥梁等。复合材料具有其他加固材料不可比拟的优点,但由于其目前价格较高,限制了其在桥梁维修和加固中的广泛应用。复合材料尤其是以碳纤维、硼纤维为代表的高级复合材料,自重轻、强度高、刚度大,可向结构提供最高的比强度、比刚度,具体力学性能见表3-1。

结构钢材和纤维增强树脂基复合材料力学性能比较　　表3-1

序号	材料	纤维体积含量(%)	重度γ (kN/m^3)	拉伸强度σ(MPa)	纵向弹模E(GPa)	比强度σ/γ ($\times 10^4$m)	比刚度E/γ ($\times 10^6$m)
1	Q235钢		78.5	410	210	0.5	2.7
2	高强钢丝(ϕ5)		78.5	1600	200	2.0	2.5
3	碳纤维HT/环氧	0.6	15.5	1620	140	10.5	9.0
4	碳纤维HM/环氧	0.6	16.7	600	290	3.6	17.4
5	硼纤维/环氧	0.6	21.0	1400	215	6.7	10.2
6	Kavler-49/环氧	0.6	13.8	1348	76	10.0	5.5
7	单向玻纤/环氧	0.6	20.0	780	40	3.9	2.0

因此,复合材料在桥梁的维修和加固中有着广阔的应用前景。加之其耐疲劳、耐腐蚀,在悬殊温差下热胀系数较低(比钢低得多)的特点,将其用于桥梁加固可使结构的有效承载能力大大提高,为桥梁加固的可靠性和安全性提供更有力的保证。

复合材料不仅是一种结构功能优良的材料,而且具有设计适应性强、可任意施工成型的技术优势及材料价格较低、施工费用省、使用期维护费用少的经济优势。因此,复合材料用于桥梁维修和加固,可使设计、施工、后期维护、技术使用效果更加理想和完善。

利用复合材料非均质各向异性的特点,按各部位的实际应力状态,通过不同的结构层次设计,选择不同的单层材料、不同的纤维含量和铺设方向,可满足加固结构各部位各点、各方向的不同受力要求和功能要求;利用复合设计构思,可制成技术、经济指标较理想的混合加固材料;利用复合材料的耦合效应,增加原结构和加固构件之间连接的整体效果。

复合材料性能的可设计性,为桥梁加固提供了更多的方案选择,并由常规设计的"选用材料",进入"桥梁加固时结构与材料同时设计"的可能,使其在优化桥梁结构加固设计、提高桥梁的有效承载力与极限承载力等方面,能更有效地发挥其主观创造性。

复合材料的工艺优势在于其可任意制作成型,可工厂预制加固构件、现场快速方便地黏结,施工构件轻、设备少、难度小、工期短,对于大型桥梁的加固施工,可使许多以前难以解决的问题变得迎刃而解。此外,复合材料不锈蚀、耐酸碱及有害介质腐蚀,故可使加固后的桥梁在使用期的维护工作大大减少,节省或降低其后期维护费用。

复合材料尤其是碳纤维、硼纤维高级复合材料,目前虽因产量较低,市场价格较高,但如果大量用于桥梁结构加固工程,上部结构因加固构件减轻,则下部无须考虑恒载增加的因素,从而使维修和加固费用减少,故总体经济指标可能在复合材料价格继续下降的情况下,逐渐优于用常规材料维修和加固桥梁。在今后,复合材料维修和加固桥梁,可能会更具技术优越性与经济竞争力。

四、胶结材料

在桥梁加固时除采用水泥混凝土作修补材料外,还必须采用其他材料作为胶结剂的混合料(如环氧树脂混凝土等),此外,也经常要使用各种胶结材料,将加固构件(如钢板及其他复合材料)黏结到混凝土表面。可以用于混凝土桥梁修补的胶结材料很多,按材料性能可分为有机类修补材料、无机类修补材料及有机材料和无机材料的复合物。

1. 有机类修补材料

有机类修补材料是以含碳有机化合物为基础,通过有机合成或聚合反应加工成的链状或网状有机材料。它们的特点是在常温或高温下具有一定的塑性、弹性和机械强度,在热、光、化学添加剂等影响下能产生分解、交联和老化等变化,其物理性质和机械性能随分子结构的不同而异。用于混凝土桥梁修补和加固的有机材料大多为合成胶凝剂,如用于裂缝灌浆修补的环氧树脂类胶黏剂、酚醛树脂类胶黏剂、聚氨酯类胶黏剂、烯类高分子胶黏剂等。

2. 无机类修补材料

无机类修补材料不含有机化合物。这类修补材料主要是在物理、化学作用下,从浆体变成坚固的石状体,并胶结其他物料,产生一定的机械强度,如各种水泥、快硬早强修补剂等。

3. 有机—无机复合物

有机—无机复合物采用有机材料和无机材料进行复合而成。根据不同用途,这类材料有以有机材料为主、无机材料为辅;也有以无机材料为主、有机材料为辅的。前者多用于混凝土桥梁裂缝修补和边角修补;后者多用于混凝土桥梁大面积或局部破损的修补。从实际使用中发现,采用有机—无机复合物进行混凝土桥梁修补通常能获得比单用一种无机材料或有机材料修补更好的效果。本章将在后面的叙述中进行比较详细的介绍。

五、高性能抗拉复合砂浆

有黏结预应力加固体系,依靠喷注的高性能抗拉复合砂浆,将预应力筋与被加固梁体黏结为一体,复合砂浆的高黏结强度是保证两者共同工作的基础,复合砂浆的高抗拉性能是控制结构抗裂性、保护后加预应力钢筋免于腐蚀的前提。

SRAP 工艺(SR 镀锌软钢丝束 + AP 树脂砂浆)采用的氧化铝聚糖树脂砂浆是一种强度高、密实性好、抗腐蚀性能强的多功能复合砂浆,其主要试验资料摘录于表 3-2。

AP 树脂砂浆主要试验结果　　　　表 3-2

试验项目	M&S 公司提供的试验结果		中国国家建筑材料测试中心的试验结果		
	试验值	试验标准	试验值	试验标准	标准指标
抗压强度(28d)	65.3MPa	韩国标准 KSF4042	41.8MPa	中国标准 GB 18445—2012	≥18.0MPa
抗折强度(28d)	16.8MPa	韩国标准 KSF4042	9.2MPa	中国标准 GB 18445—2012	≥3.5MPa
黏结强度(28d)	3.16MPa	韩国标准 KSF4042	1.2MPa	中国标准 GB 18445—2012	≥1.0MPa
抗碳化能力	1.4mm (CO_2,5%,28d)	韩国标准 KSF4042			

另外，中国国家建筑材料研究院提供的国产高性能抗拉复合砂浆(High Tensile Compound Mortar，HTCM)的主要试验结果列于表 3-3。

高性能抗拉复合砂浆(HTCM)主要试验结果　　　　表 3-3

试验项目	试验值	试验标准	标准指标
抗压强度	36.8MPa	GB 18445—2012	≥18.0MPa
抗折强度	9.3MPa	GB 18445—2012	≥3.5MPa
黏结强度	1.85MPa	GB 18445—2012	≥1.0MPa
抗碳化能力	2.1mm	GB/T 50082—2009	CO_2 浓度为 20%，标准养护 28d，其数值相当于自然条件下碳化 50 年
氯离子渗透性	112.5 库仑，很低	ASTMC1202-97	>4000 高；2000～4000 中等 1000～2000 低；100～1000 很低 <100 可忽略

将表 3-3 给出的试验结果与表 3-2 给出的 AP 砂浆试验结果加以对比可以看出，HTCM 砂浆除抗压强度略低于 AP 砂浆外，起控制作用的抗折强度、黏结强度、收缩率和抗碳化能力均略好于 AP 砂浆。

从表 3-3 给出的试验数据可以看出，HTCM 砂浆的突出优点是：

(1) HTCM 砂浆具有较高的抗压强度和抗折强度，特别是其抗折强度为一般砂浆的 2～3 倍。抗折强度高，即抗拉强度高，表明 HTCM 砂浆具有较高的抗裂能力。

(2) HTCM 砂浆密实性能好，抗化学腐蚀能力强，抗碳化(中性化)能力强，抗氯离子渗透能力强，采用 HTCM 砂浆层保护的混凝土结构的耐久性大大提高。

(3) HTCM 砂浆的黏结强度高，采用喷注方法施工的 HTCM 砂浆与被加固梁体混凝土之间具有较高黏结强度，为两者共同工作提供了可靠的保证。

(4) 由于聚合物对砂浆的改性，HTCM 砂浆具有一定的塑性，能够承受动荷载的作用，耐疲劳性能较好。

六、裂缝修补和灌浆材料

裂缝修补和灌浆材料根据其功能可分为高模量补强材料和低模量密封材料。前者固化后具有较高的强度和刚度，后者具有较大的柔性。当混凝土桥梁由于裂缝造成刚度不足时，宜选用高模量材料。修补材料模量太低，将降低应力传递的效果，起不到加固的作用。当混凝土桥梁仅出现非受力产生（如干缩或徐变）的裂缝，而桥梁强度仍能满足通车要求时，为防止雨水和空气的侵蚀使裂缝扩大和钢筋锈蚀而削弱桥梁的受力断面，可选用低模量密封修补材料，将裂缝密封。

典型的高模量补强材料有环氧树脂类、酚醛和改性酚醛树脂类胶黏剂；低模量封闭材料有聚氨酯类、烯类、橡胶类、沥青类胶黏剂。本书主要对目前国内外常用的环氧树脂及改性环氧树脂类裂缝修补材料、聚氨酯及改性聚氨酯类裂缝修补材料、烯类裂缝修补材料及沥青橡胶类裂缝修补材料进行试验研究。

1. 环氧树脂类修补材料

环氧树脂类修补材料的主要组分是环氧树脂，它是含有两个以上环氧化基因的高分子化合物。常见的环氧树脂可分为两类：一类是缩水甘油基型环氧树脂；一类是环氧化烯烃。环氧树脂分子结构中有烃基和醚键，在固化过程中，伴随着与固化剂的化学作用，还能进一步生成烃基和醚键，不仅有较高的内聚力，而且与被黏物表面产生很强的黏附力。同时环氧树脂的收缩率比其他树脂低，因此可用它作为混凝土桥梁的裂缝修补材料。

由于环氧树脂本体延伸率低、脆性大，当与老混凝土胶结时，接头承受外应力很快会造成缺陷区扩展、裂缝蔓延，从而导致胶层开裂，使胶结接头不耐疲劳。因此，必须对环氧树脂进行改性，既要充分利用环氧树脂本身强度高、黏附力强的优点，又要通过改性，降低其脆性，提高延伸率。环氧树脂改性的方法是加一些改性剂，如低分子液体改性剂、增柔剂、增韧剂等。

2. 聚氨酯类灌浆材料

混凝土桥梁裂缝修补选用的是一种胶结性能很好的聚氨酯胶液。由于聚氨酯具有柔性的分子链，它的耐振动性及抗疲劳性能都很好。聚氨酯还有一个重要的特点是耐低温性能好，比所有其他任何有机类的胶黏材料耐寒性都优异。因此，用聚氨酯配成的裂缝灌浆材料耐气候性好，在各个季节和各个不同地区都可使用。

3. 烯类裂缝修补材料

烯类裂缝修补材料主要采用烯类聚合物配制而成，通常有两大类：一类是以烯类单体或预聚体作胶黏剂，在固化过程中发生聚合反应；另一类是以高分子聚合物本身作胶黏剂，如热熔胶、乳液胶黏剂和溶液型胶黏剂。

七、连接材料

湿外式包钢加固法采用化学浆液灌浆连接时，其浆液组成在工程应用前应进行试配。浆液固化后，其与混凝土的黏结强度应高于被黏结构的混凝土抗拉强度和抗剪强度。

环氧树脂浆液的原材料质量应符合国家有关技术标准的规定。

桥梁混凝土结构加固中，当采用钢制胀锚螺栓连接新混凝土与原混凝土或外包角钢于原混凝土，以保证两者协同工作时，钢制胀锚螺栓的质量应符合有关技术标准的规定。锚栓的强度设计值可根据钢种按现行国家标准《钢结构设计规范》（GB 50017—2003）的规定取用。

采用焊缝连接时，焊接采用的焊条质量应符合现行国家标准《非合金钢及细晶粒钢焊条》(GB/T 5117—2012)或《热强钢焊条》(GB/T 5118—2012)的规定。焊条的型号应与被焊钢材的强度相适应。焊缝连接的强度设计值应按现行行业标准《公路钢结构桥梁设计规范》(JTG D64—2015)的规定取用。

采用螺栓连接时,螺栓可采用Q235钢制作,其质量应符合现行国家标准《碳素结构钢》(GB/T 700—2006)的规定。螺栓连接的强度设计值应按现行行业标准《公路钢结构桥梁设计规范》(JTG D64—2015)的规定取用。

第2节 预应力主动加固的锚固系统

一、锚固系统分类

1. 按照受力原理分类

锚固系统按照受力原理分为两大类,即机械夹持式锚具和黏结型锚固,也有许多锚固系统是这两类锚固方法的组合。

(1)机械夹持式锚具

夹片式锚具由外锚环及二夹片、三夹片或四夹片组成,夹片可以带细齿或不带细齿。其锚固原理主要是靠夹片施加在预应力筋上的压力产生夹持作用。夹片式锚具在工地上便于安装和使用,因此在预应力工程中获得广泛应用。但是,由于夹片的夹持效应,该锚固系统的破坏模式往往表现为预应力筋的局部损伤破坏;此外,由于在锚固区存在着较大的剪应力,也会出现预应力筋的剪切破坏。

(2)黏结型锚具

树脂套筒锚具为管状的金属或非金属套管或套筒,内表面带螺纹或经加工变形。锚固作用靠在套筒内注入树脂得以实现,并采用支撑螺母锚固到构件上。这种锚具的不足之处是锚具较长,抗冲击能力差,蠕变变形大以及存在防潮和耐久性问题。最常见的破坏模式为黏结破坏或环氧树脂出现过大的蠕变变形。

树脂封装锚具是采用内部带锥形孔金属锚环,靠在锥体内填充树脂或浆体形成黏结,实现非金属预应力筋锚固。锚固作用取决于树脂锥体所施加的压应力,树脂可避免咬伤预应力筋,研究表明锚固用树脂填料的刚度从锚固前端往后逐渐增加,可获得满意的锚固效果,不足之处为锚具与预应力筋之间滑动大,锚固性能不太好,也存在蠕变变形大及热耐久性问题。

(3)机械夹持黏结型锚具

这类锚具将树脂套筒锚具与夹片式锚具合并,组合成新的锚具,其中一部分力通过树脂的黏结力传递至钢套管,并通过黏结和夹片横向压力的综合作用进行锚固,锚固效果很好,且可用于锚固多根预应力筋。

2. 按照锚固位置分类

根据斜筋抵抗的预剪力和负弯矩的大小,体外预应力筋锚固于梁体的不同位置,包括梁顶锚固、腹板锚固以及梁端锚固。

(1)梁顶锚固

对于交通量小、可能短期限制交通的桥梁,或当桥下作业难度较大时,可将斜筋的上端锚固在桥面板顶面或梁端顶面上角处。对于锚固在桥面板顶面的情况,首先在桥面板和端横梁上开凿与斜筋倾斜方向相同的斜孔,穿进斜筋后,在斜孔周围,按钢垫板尺寸将桥面板凿成凹槽,用环氧砂浆将钢垫板粘牢。斜筋张拉后,通过楔形垫块,用螺母将斜筋锚固在桥面板上。最后用混凝土将锚头封闭。对锚固在桥梁顶面的情况,首先将梁端部分混凝土桥面板凿掉,将梁端顶面上角凿成与斜筋倾斜方向相垂直的斜面(需剪断架立钢筋和部分箍筋),在端横隔板上开凿与斜筋倾斜方向相同的斜孔;然后,将用角钢或槽钢制作的支撑垫座用环氧砂浆固定在已凿好的梁端斜面上。斜筋穿过横隔梁和支撑垫板的斜孔,用千斤顶进行张拉并用螺母锚固在支撑垫板上,最后用混凝土将锚头封闭。

(2)腹板锚固

当桥上交通量很大难以中断交通,且桥下便于施工作业时,可将斜筋的上端设在主梁腹板上。具体做法又可分为以下两种:

①钢销锚固。

当斜筋采用钢丝绳或型钢时,采用钢销锚固是很方便的。钢销锚固是将钢丝绳(或型钢)端头做成扣环(或圆孔),套在穿过梁腹板的钢销的端头,通过钢销的抗剪、抗弯和承压作用来锚固斜筋。钢销的直径应根据钢销受力情况和材料强度,按计算确定。钢销两端伸出梁腹板的长度,应满足设置钢丝绳扣环和固定螺母的构造要求。为了穿过钢销,首先应在梁的腹板上穿孔,设置钢套管。钢套管的内径应比钢销直径大1~2mm,钢套管壁厚为5~10mm;腹板钻孔直径,应比钢套管外径大10~12mm,钢套管用环氧砂浆时,一定要保证钢套管的轴线垂直于梁腹板平面,以避免腹板两侧的体外索受力不均匀。

②摩擦—黏着锚固。

摩擦—黏着锚固是通过用高强螺栓固定在梁腹板上的锚固装置来锚固斜筋。其锚固作用是通过高强螺栓的摩擦力和环氧砂浆的黏结力来保证的,该锚固装置由M20~M22高强螺栓组件、钢丝网环氧树脂砂浆黏结层和锚固钢板组成。高强螺栓组件包括高强螺栓、高强螺母及垫圈。这三种零件均由45号钢经热处理制成。其主要作用是用高强螺栓的预拉力将锚固板、黏结层和梁体夹紧,以夹紧力产生的摩擦力来传递预应力。钢丝网环氧树脂砂浆黏结层的作用是将锚固板和梁体黏在一起,与高强螺栓所产生的摩擦力一起传递预应力。同时对高强螺栓孔所引起的梁体削弱给以补强,并兼起垫层作用。试验表明,摩擦—黏着型锚固具有锚固力大、传力均匀、对梁体损伤小的优点,但用钢量相对较大。

(3)梁端锚固

当采用横向夹紧施加预应力的工艺时,可采用梁端锚固。该方法是将U形锚固钢板套在梁端腹板的下部,将斜筋的顶端焊在钢板上,以U形锚固钢板下混凝土的抗压强度及粗钢筋与钢板的焊接强度来提供锚固作用。

3. 按照可更换性分类

体外预应力锚固系统体系主要由锚具、锚固块及钢垫板等组成。锚固体系按照是否可更换原则一般分为永久式和可更换式两大类(图3-1)。

永久式锚具的锚垫板及预埋钢管直接与混凝土相黏结,钢索一旦被锚固,则不可更换,其索力不可调整。一般采用水泥浆作为灌注材料,在转向处采用单管式转向钢管,并灌入水泥砂浆形成黏结。锚具在锚固以后用环氧树脂或混凝土做封锚处理,防止水分渗入。

第3章 预应力主动加固桥梁的构造

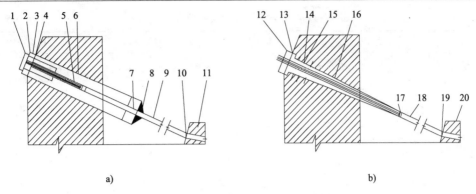

图 3-1 两种体外预应力束的锚具构造图
a) 永久式锚具构造图；b) 可更换式锚具构造图

1-保护罩；2-工作锚板；3-螺母；4-垫板；5-密封浆筒；6-预埋钢筋；7-减震块；8-端头保护套；9-HDPE 管；10-转向块；11-转向装置；12-工作锚板；13-锚垫块；14-螺旋筋；15-衬套；16-预埋钢筋；17-防损衬套；18-HDPE 管；19-转向管；20-转向装置

可更换的体外预应力锚固系统，必须保证锚具与混凝土结构之间相互隔断，对于体外预应力混凝土结构而言，关键在于锚固位置及转向构造处。在可更换的体外预应力锚具中，包括可换不可调和可换可调两种类型。前者在钢索张拉后不预留能够再次张拉的长度，钢索在张拉后无法放松，使用这种类型锚具的体外预应力索既可以是普通的钢绞线，也可以是单根无黏结钢绞线。使用普通钢绞线时，在管道中灌注非刚性灌浆材料（油脂或石蜡）；使用无黏结钢绞线时，管道中一般灌注水泥浆。

可换可调型锚具在钢索张拉锚固后，在锚具外需要预留一定长度的预应力筋以备放索与再次张拉。使用该类型锚具的体外索，均使用柔性灌注材料如油脂或石蜡等。重复张拉前，打开锚头外部的密封罩，清除灌注材料，装上张拉千斤顶，即可进行换束张拉。无论采用何种预应力筋，锚具内均使用防腐材料填塞而不用水泥浆，以满足可更换的要求。对于用体外预应力加固的旧桥而言，采用的是可更换的体系。

二、国内常用锚具

国内的 OVM 体外预应力锚具，主要有永久式和可换索式两大类型，根据结构的不同又分为五种形式，可根据不同工程的要求选择不同的锚具，除表 3-4 中几种型号的锚具外（其推荐配置见表 3-5），还可以根据结构的需要设计出专用的体外预应力锚具。

OVM 体外预应力锚具的类型 表 3-4

型号	特 点
OVM.A	属永久型锚具，不能进行换索（不推荐）
OVM.TA	属可更换型锚具，可进行换索
OVM.TS	灌注柔性防腐材料可以进行换索；灌注刚性防腐材料不能进行换索（不准荐）
OVM.TT	属可更换型锚具，可进行换索
OVM.TSK	OVM.TSK 型体外预应力锚具在 OVM.TS 基础上增加了螺母及锚杯，不但预留了钢索的张拉工作长度以在需要时换索，而且在锚杯上加工有螺纹，从而可以在体外索张拉后使用螺母调节预应力，可实现整体换索

OVM 体外预应力体系的配置 表3-5

OVM 体外预应力钢索	OVM 体外预应力锚具	灌浆材料	转向处的构造形式
永久型的体外预应力体系	OVM-S1 OVM-S2	OVM.A	水泥浆	单层钢管道
可更换型体外预应力体系	OVM-S3 OVM-S4	OVM.TS	发泡剂	单层钢管道
	OVM-S5 OVM-S6	OVM.AT OVM.TT OVM.TS	发泡剂 砂浆 砂浆	单层钢管道
可换可调型体外预应力体系	OVM-S5 OVM-S6	OVM.TSK	砂浆	单层钢管道

上述各型号的锚具的具体构造如图3-2～图3-6所示。

1. OVM.A 型

OVM.A 型体外预应力锚具属于不可更换型,其构造与组成如图3-2所示。OVM.A 型锚具的规格及几何尺寸见表3-6。张拉后体外预应力筋外套管内可灌注水泥浆或其他防腐材料。

OVM.A 型体外预应力锚具尺寸表(单位:mm) 表3-6

型号	ϕ_D	H	$A \times A \times B$	L
OVM.A15-7	157	60	240×240×45	265
OVM.A15-12	175	70	300×300×45	301
OVM.A15-19	240	90	370×370×60	555
OVM.A15-27	260	110	420×420×60	630
OVM.A15-31	275	130	470×470×75	765

2. OVM.TA 型

OVM.TA 型体外预应力锚具属于可更换型。OVM.TA 型体外预应力锚具是在 OVM.A 型的基础上增加了与喇叭管隔离的内衬套装置,当需要更换索时,放松预应力束后,从一端整体取出索体即可。其构造与组成如图3-3所示。该图中预应力锚具采用成品索,根据设计要求也可采用其他束体类型。OVM.TA 型锚具的规格及几何尺寸与 OVM.A 型体外预应力锚具基本相同。

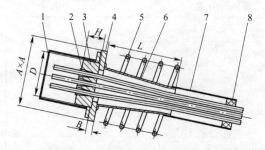

图3-2 OVM.A 型体外预应力锚具
1-保护罩;2-工作夹片;3-工作锚板;4-锚垫板;5-螺旋筋;
6-外套筒;7-预埋管;8-密封装置

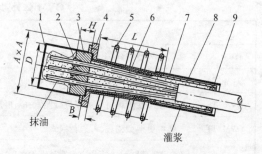

图3-3 OVM.TA 型体外预应力锚具
1-保护罩;2-工作夹片;3-工作锚板;4-锚垫板;5-螺旋筋;6-内衬套;7-预埋管;8-密封筒;9-密封装置

第3章 预应力主动加固桥梁的构造

3. OVM.TS 型

OVM.TS 型体外预应力锚具属于不可更换型。OVM.TS 型体外预应力锚具采用整体铸造锚板,其构造与组成如图 3-4 所示。其具体的规格及几何尺寸见表 3-7。张拉后体外预应力束外套管内可灌注水泥浆或其他防腐材料。

4. OVM.TT 型

OVM.TT 型体外预应力锚具属于可更换型。OVM.TT 型体外预应力锚具是在 OVM.TS 型的基础上增加了与锚垫板隔离的内衬套隔离装置,当需要换索时,放松预应力束后,从一端整体取出索体即可。其构造与组成如图 3-5 所示。OVM.TT 型锚具的规格及几何尺寸与 OVM.TS 型体外预应力锚具基本相同。

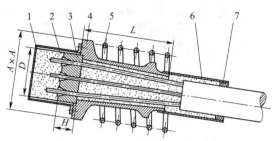

图 3-4 OVM.TS 型体外预应力锚具
1-保护罩;2-工作夹片;3-工作锚板;4-锚垫板;5-螺旋筋;6-预埋管;7-密封装置

OVM.TS 型体外预应力锚具尺寸表(单位:mm) 表 3-7

型　号	ϕ_D	H	$A \times A \times L$
OVM.TS15-7	157	60	$240 \times 240 \times 290$
OVM.TS15-12	175	70	$285 \times 285 \times 340$
OVM.TS15-19	240	90	$350 \times 350 \times 470$
OVM.TS15-27	260	110	$410 \times 410 \times 495$
OVM.TS15-31	275	130	$465 \times 465 \times 565$

5. OVM.TSK 型

OVM.TSK 型体外预应力锚具可进行换索、可以整体调整索力,属于可换可调型。OVM.TSK 型体外预应力锚具增加了锚环螺母,不但预留了钢索的张拉工作长度以在需要时换索,而且在锚环上设计有螺纹,从而可以在体外预应力张拉后使用螺母调节预应力,并可以实现整体换索。OVM.TSK 构造与组成如图 3-6 所示。OVM.TSK 型锚具规格及几何尺寸如表 3-8 所示。

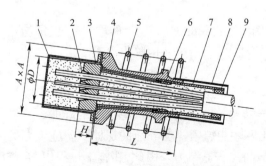

图 3-5 OVM.TT 型体外预应力锚具
1-保护罩;2-工作夹片;3-工作锚板;4-锚垫板;5-螺旋筋;6-隔离装置;7-密封筒;8-预埋管;9-密封装置

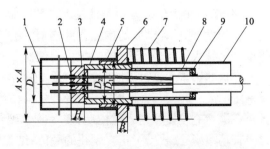

图 3-6 OVM.TSK 型体外预应力锚具
1-保护罩;2-工作夹片;3-工作锚板;4-锚杯;5-螺母;6-锚垫板;7-螺旋筋;8-密封筒;9-密封装置;10-预埋管

OVM.TSK 型体外预应力锚具尺寸表（单位：mm）   表 3-8

型　　号	ϕ_D	H	$A \times A \times B$	ϕ_{D1}	ϕ_{D2}
OVM.TSK15-7	150	70	285×285×30	160	160
OVM.TSK15-12	205	80	360×360×40	210	220
OVM.TSK15-19	230	100	420×420×50	270	245
OVM.TSK15-27	270	100	490×490×60	305	285
OVM.TSK15-31	270	110	500×500×65	340	285

三、锚固块

锚固结构是体外预应力加固体系中最为关键的部位之一。在张拉施工过程中，体外索的张拉力由锚固块直接承担，通过锚固块与梁体的稳固连接，以锚固块为载体，将体外预加力直接传递到梁体上。为此，锚固块的稳定性以及承载能力，将直接影响到加固的成败以及加固的效果。目前，锚固块的稳定性及可靠性分析主要采用数值模型及试验相结合的手段。首先，建立锚固块的数值模型对其进行有限元分析，以获得锚固体系及其附近结构的受力性能及应力分布的情况。其次，设计锚固块的试验模型，测试其极限承载力、应变及变形等力学性能指标，并把测试结果与有限元计算结果进行比较，来判断构件是否安全，如不满足要求，应对设计方案作相应的改进。此外，在施工前应对锚固结构进行全面探伤检验，以保证锚固块质量，方可进行下一步施工；在张拉施工过程中，必须对锚固结构进行监测，观测其应变及变形等力学指标，确保锚固结构的可靠性。

锚固块根据材料及构造形式可分为钢锚箱和混凝土锚固块两大类。其中，钢锚箱一般适用于大跨径桥梁且张拉预应力束较多的体外预应力加固工程中。其主要特征为：便于后期更换大量预应力筋；相比混凝土锚固块制作较为简便，可在现场焊接预制；承载能力强；对原桥跨结构的恒载影响小；抗疲劳性能强等。钢锚箱结构形式各异，一般钢锚箱主要由锚栓、端部承压板、横向加劲肋、纵向加肋板及底板五大部分组成。

钢锚箱和原结构主要通过锚栓的稳固连接成为一体。为此，在钢锚箱施工过程中，必须保证锚栓和原结构混凝土牢靠地黏结在一起，否则将会导致钢锚箱与原结构之间发生剥离。根据钢锚箱脱落的破坏形态、实际梁体破损的现象及各种试验的结果，分析得到钢锚箱脱落的原因主要有以下两点：

（1）施工中由于多方面条件及因素的限制，例如结构胶的配比、搅拌的均匀程度、锚栓孔的清洁程度、锚栓孔灌胶的饱满程度、胶体受到扰动等，都会对结构胶与混凝土之间的黏结强度产生很大影响，导致锚栓的抗拔力偏低。

在这些因素中，胶体硬化过程中受到过早扰动是导致锚箱脱落的主要原因。结构胶需要一定的硬化时间，若硬化过程中受到扰动，将导致锚栓和混凝土之间黏结力的降低。施工人员在灌注完胶体并植入锚栓后，需等胶体硬化后才能拧紧锚栓外面的螺栓。若施工人员过早拧动了螺栓，扰动了正在硬化的胶体，结构胶将失去黏结力。因此，在施工过程中，需在胶体达到一定强度之后，再拧紧螺栓，以保证其达到黏结强度。

（2）主梁结构混凝土强度等级较低是导致钢锚箱发生脱落的原因之一。由于锚固块及其附近区域的应力状态十分复杂，并且处于高应力场中，混凝土强度等级较低时将会导致黏结面处的混凝土发生剥离。

为此,在施工时必须注意以上两点,控制好施工质量,保证钢锚箱与梁体之间能够稳固地黏结在一起。

混凝土锚固块相比钢锚箱而言,一般用于跨径较小且张拉钢束较少的桥梁加固中。其主要特征为:配筋设计及构造复杂;抗腐蚀性强;抗疲劳性较差;与原结构黏结性能好;造价低等。各种混凝土锚固块其形状大同小异,主要呈块体状。其配筋构造十分复杂,某些区域配筋过密则影响混凝土的施工质量,某些区域配筋不足将导致局部开裂。

混凝土锚固块在结构设计上属于应力分布非线性的结构区域,也就是通常所说的 D 区。目前,国内学者关于 D 区结构的设计,通常是利用空间有限元法程序对锚固块及其附近结构进行静力分析及主应力迹线分析,得出锚固块的应力变化规律,继而进行拉压杆模型法配筋。

第 3 节 预应力主动加固的转向系统

一、转向装置设计原理

转向装置是体外配筋结构中重要的构造部分之一,它能保持体外筋的形状,牢靠地将力筋的分力传递到该处梁的整个断面上。转向装置的常用形式有滑块式、U 形承托式、横隔板式、肋板式、块式。其中前两种主要用于 T 形梁或 I 形梁桥的加固,后三种主要用于箱形梁桥的加固。

滑块:主要由厚钢板焊接而成,具体构造及滑动面的处理可参照相关手册或资料进行。设计时,重点验算焊缝强度。

U 形承托:主要由 U 形钢板、钢垫板、承板及锚栓组成,设计时主要验算混凝土端部的局部承压强度。

以下主要讨论横隔板式、肋板式和块板式转向装置的设计原理。前两种的特点是:从力筋导管上方到桥面的横隔板形成受压支柱,主要靠支柱承受力筋的垂直分力,承载能力大,属于支柱承压型。采用新增混凝土横隔板时,板的四周新旧混凝土连接部分要处理牢靠,需要临时中断交通养护混凝土。采用新增钢构件横隔板则无须中断交通。块式的特点是:重量较小,块的上方不能形成受压支柱,主要靠转向块内箍筋的承拉把分力传递给梁,承载力有限,配筋复杂,属钢筋受拉型。上述三种转向装置都要设符合起弯角度带喇叭口的弧形钢导管。下面就转向装置的支柱承压型和钢筋受拉型两类,分析其受力机理和设计原理。

1. 受力分析

体外筋的转向点与两端锚固点不在同一竖直平面内时,转向点将作用有张拉力筋引起的竖向分力与横向水平力。以转向块为例,如图 3-7 所示,不计体外筋与导管的摩擦损失时,在张拉力 F 作用下,转向点处分别产生竖向分力与横向水平分力,以此为设计荷载。θ 为力筋的纵向起弯角度,β 为体外筋所在的竖斜面与水平面的夹角。其中横向水平力 Q 的方向有两种可能,一是指向腹板,这种情况下导管的水平剪切一般不控制设计;二是背离腹板,此时导管下可能产生水平剪切裂缝,需要进行抗剪能力计算。

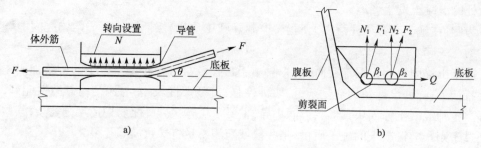

图 3-7 转向设置受力分析图
a) 纵向；b) 横向

对于支柱承压型的转向装置中存在着三种受力机理：力筋导管上方隔板形成受压支柱；箍筋受拉产生拉拔力；横向水平分力 Q 沿导管下产生裂缝面剪力。前两种是由竖向分力 N 所引起的，如图 3-8 所示。其中受压支柱并非完全由支柱受压，而是分为两种受力机理：转向点上方支柱（横隔板或肋板）与梁的腹板相交面内混凝土的直接抗剪和通过相交面的横向水平钢筋的销栓抗剪承受竖向力；顶板抵抗转向装置向上的压力，它包括转向装置纵向长度内梁的顶板与腹板结合面的竖向钢筋拉拔力和顶板以上的恒载和活载的部分重量。

对于钢筋受拉型的转向装置，转向块中存在着三种受力机理：箍筋受拉产生的拉拔力；筋束导管上层钢筋产生的梁作用；横向水平分力 Q 沿导管下产生裂缝面的剪力。前两种也是由竖向分力 N 引起的，如图 3-9 所示。

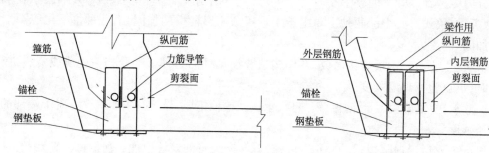

图 3-8 支柱承压型转向装置受力分析图   图 3-9 受拉型转向装置受力分析图

根据国外的试验结果，除半径小的曲线梁外，块式转向装置的破坏都是由于箍筋被拉断引起的，并非剪切而发生的。内层受拉箍筋抵抗拉拔力的效果比外层受拉箍筋好。屈服荷载阶段时，转向块上层钢筋对控制裂缝有一定作用。

2. 转向装置的构造

转向装置的纵向尺寸由鞍座或导管弧面最小曲率半径、箍筋根数及间距、构造要求及最小保护层来决定。弧形钢导管的最小曲率半径可参照《无粘结预应力混凝土技术规程》（JGJ 92—2016）表 5.4.2 选择。体外筋的起弯角度 θ 一般不宜超过 15°，但旧桥加固中，有时会受其他条件的限制，弯起角度有一定程度超过。横向尺寸由力筋的外径、横向排列布置、水平抗剪和保护层来决定。为尽可能减小底板与腹板处的偏心弯矩，力筋导管必须靠近腹板布置，特别是对转向块尤为重要。根据国外的实践经验，导管水平及竖直净距不应小于管道直径，且不小于 4cm，导管离侧面自由边缘的净距在 7.5~10cm 之间为宜，离底板净距在 2.5~5cm 之间为宜。对受拉型的转向块，箍筋可采用单层或双层布置，对支柱受压型，箍筋只需采用单层布置。

对于受拉型的转向块,内层及外层箍筋的下端焊接于锚栓上形成闭口箍筋。箍筋直径在 12~16mm 为宜,纵向间距在 10~15cm 为宜,如图 3-10 所示。

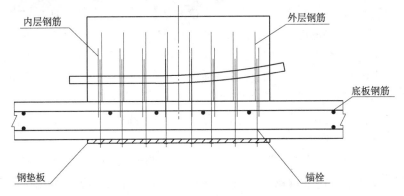

图 3-10 受拉型转向块箍筋布置图

内层箍筋围住各根筋束孔道,与导管的最小净距约为 2.5cm。外层箍筋围住所有内层箍筋,净保护层厚为 4~6cm,与内层箍筋的竖直方向间距不少于 5cm。内、外层箍筋的尺寸由导管曲率、外径、间距,以及箍筋本身的间距、锚固长度等决定。不管设单层或双层箍筋,所有箍筋的下部均以锚栓焊接,并满足焊缝长度要求,与混凝土底板下的钢垫板形成封闭箍筋。锚栓数量由箍筋数量决定,直径约为 20cm。首先需在底板上避开主筋钻孔,锚栓穿出底板后锚固在粘贴于混凝土底板下的钢垫板上,再往孔隙中灌注环氧树脂固结锚栓。钢垫板厚度为 8~12mm,平面尺寸比转向装置稍大。所有新旧混凝土结合面均需凿毛、植筋等处理。转向装置内的纵向箍筋数量和位置可按照构造要求设置。

对采用新增钢构件横隔板(肋)的转向装置,其设计比混凝土的相对简便,主要是与旧混凝土的连接问题要处理好,此处不再讨论。

二、转向装置基本构造

体外预应力桥梁中的体外预应力筋的转向装置是一种特殊的构造,除了锚固系统外,它是体外预应力筋在梁跨内唯一与预应力受力结构有联系的构件,承担着体外索的转向功能,是体外预应力桥梁中最重要、最关键的结构构造之一。体外预应力混凝土结构的预应力筋必须通过转向块改变预应力筋的方向,从而形成预应力折线筋。转向块由于受较大的集中力与预应力筋的摩擦力,受力较复杂。

转向装置的传力模式,根据其作用力形式的不同分为两种基本形式:一是承压型,主要以压力的形式将体外索的荷载传递给原结构,一般用于矩形、T 形梁和箱形梁的纵向加固;二是剪切型,主要以剪力的形式将体外索的荷载传递给原结构,一般用于箱梁的纵向加固。对于承压型转向装置与预应力筋的接触区域,由于摩擦力和横向压力的挤压作用,如果转向装置设置不合理、结构措施不当或者体外预应力筋定位不准确,预应力索就容易产生局部硬化和摩阻损失过大以及与原结构接触面的局部应力过分集中的现象,从而导致原结构局部压坏。因此,对体外索的传载方式和自身性能的研究是比较重要的。承压型转向装置的研究可以采用计算机模拟的方法进行。对于剪切型,其转向装置与原结构在连接处的接触面将承受体外索张拉引起的剪力。在以往的设计中,一般都采用近似的方法,即将接触面的应力视为均匀分布,但是事实上,接触面处的应力分布是相当不均匀的。如果设计不合理,除了造成材料的浪费外,还会使连接处安全储备不够,这将会为结构的正常使用带来隐患,张拉体外预应力筋时,转向块与腹板和底板相连接的部分会产生较大的剪力和应力集中,局部应力比较大,所以转向块的施工质量要求严格。转向块的设计要求预应力筋在转折点的位置必须高度精确,转向块在结构使用期内不应对预应力筋有任何损害。转向块的功能是传递体外束所产生的水平力和竖直力,体外束通过转折点产生集中荷载,这个荷载应能通过转向块安全地传递到混凝土结构。转向块的设计与施工取决于体外预应力的束形布置,其主要技术参数包括:预应力筋根数、束的直径、弯曲角度、弯曲曲率半径、预埋套管内径、束本身套管或成品束外径及转向器长度等。

体外预应力转向块主要的构造形式有块式、横隔板式和肋板式三种。体外预应力转向块根据材料,又可分为钢筋混凝土和钢结构两种形式。目前,较为常用的是钢筋混凝土形式。

块式转向块主要特征是:体积较小、自重较轻,用于转向钢束较小的情况,或用于两个转向构造之间的钢束定位,以减小钢束的振动及其引起的二次效应,转向块通常用混凝土或钢板制作,如图3-11a)所示。其缺点是:应力分布较为复杂,极易引起结构的应力集中;当结构发生开裂后,不能形成受压支柱,其体外预应力筋的拉拔力主要靠箍筋来抵抗。

横隔板式转向块主要特征:横隔板式转向块与结构的顶板、底板紧密相连,结构自重比块式与肋板式类型要大一些,在体外预应力束作用下,容易形成受压支柱,承载能力较强。适用于横桥向转向较大的情况,或用于两个转向构造之间的钢束定位,如图3-11b)所示。

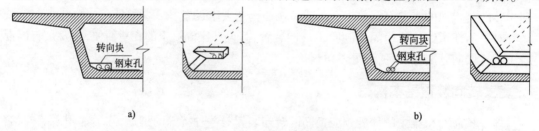

图3-11 块式、横隔板式转向块构造
a)块式转向构造;b)横隔板式转向构造

肋板式转向块分为底横肋式转向块和带竖肋式转向块。其主要特征是:肋板式转向块较横隔梁式体积小,自重轻,但其应力较为复杂;比块式转向块易形成力筋拉张拉分力的受压支柱,并且这一受压支柱从管道延伸到结构顶面,如图3-12所示。

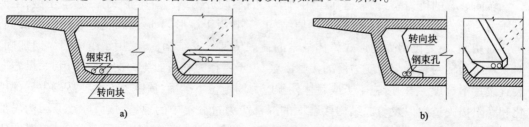

图3-12 肋板板式转向块
a)底横肋式转向构造;b)带竖肋式转向构造

第 4 节　预应力主动加固的减振系统

梁体与体外筋的振动特性是体外预应力结构研究的一个重要问题。由于体外预应力筋仅通过转向块和锚固端向混凝土梁体施加预应力并传递加载过程中力的变化,而在转向块之间未受到约束,故与体内预应力筋不同,体外预应力筋将产生独立于梁体的变形和振动。研究体外预应力结构振动特性的目的,主要是在动力荷载作用下进行体外预应力结构设计时,保证梁体自振频率、体外预应力筋的固有频率与外动力荷载的频率不同,避免三者产生共振。体外预应力加固梁的振动涉及两方面的内容:梁体的振动;体外预应力索的振动。

由振动理论可知,梁的固有基本频率由梁的截面特性确定,因此只能通过改变体外索的固有基本频率来避免共振。体外预应力筋的张力、预应力筋的材料由受力条件、使用环境等其他因素确定,因而只能通过改变体外预应力筋的自由段长度来改变体外索的固有频率。体外预应力筋自由段长度的改变可通过转向块位置设计或转向块间增设减振装置将索与混凝土梁固定起来的办法实现。由于减振装置不是主要受力构件,因此,在设计上也相对简单,可以采用钢制索箍将索体固定在混凝土梁体上,如图 3-13 所示。

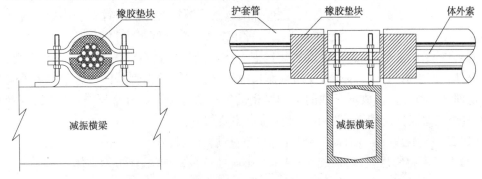

图 3-13　体外索减振装置构造图

第 5 节　预应力主动加固的防腐系统

体外预应力束套管与导管材料,可采用高密度聚乙烯(High Density Polyethylene,简称为 HDPE)或聚丙烯(Polypropylene,PP)套管材料、钢带增强聚乙烯螺旋波纹管、镀锌钢管等。

HDPE 是一种由乙烯共聚生成的热塑性聚乙烯。虽然 HDPE 在 1956 年就已推出,但这种塑料还没达到成熟水平。高密度聚乙烯为无毒、无味、无臭的白色颗粒,熔点约为 130℃,相对密度为 0.941~0.960。它具有良好的耐热性和耐寒性,化学稳定性好,还具有较高的柔性和韧性,机械强度好,介电性能和耐环境应力开裂性好。用 HDPE 材料做成的 HPDE 套管,具有质量轻、韧性好、不导电、密封性能好、耐低温性能较好、抗疲劳性能好、抗冲击强度高、耐腐蚀、摩擦损失小、弯曲性能优良、无毒且价格较便宜等优点。国际上目前广泛应用 HPDE 管作为体外预应力束套管材料。

PP 是一种半结晶性材料。它比 PE(聚乙烯)更坚硬并且有更高的熔点。聚物性的 PP 材料有较低的热扭曲温度(100℃)、低透明度、低光泽度、低刚性,但是有更强的抗冲击强度。

PP 的强度随着乙烯含量的增加而增大。PP 的维卡软化温度为 150℃。由于结晶度较高,这种材料的表面刚度和抗划痕特性很好。PP 不存在环境应力开裂问题。通常,采用加入玻璃纤维、金属添加剂或热塑橡胶的方法对 PP 进行改性。PP 的流动率(MFR)范围在 1~40。低 MFR 的 PP 材料抗冲击性能较好但延展强度较低。对于相同的 MFR 材料,共聚物型的强度比均聚物型的要高。由于结晶度较高,PP 的收缩率相当高,一般为 1.8%~2.5%。并且收缩率的方向均匀性比 HDPE 等材料要好得多。加入 30% 的玻璃添加剂可以使收缩率降到 0.7%。均聚物型和共聚物型的 PP 材料都具有优良的抗吸湿性、抗腐蚀性、抗溶解性。然而,它对芳香烃(如苯)溶剂、氯化烃(四氯化碳)等没有抵抗力。PP 也不像 PE 那样在高温下仍具有抗氧化性。相比 HDPE 套管材料,PP 套管材料无毒、无味,密度小,强度、刚度、硬度耐热性均优于低压聚乙烯,可在 100℃ 左右使用。具有良好的电性能和高频绝缘性,不受湿度影响,但低温时变脆、不耐磨、易老化。

钢带增强聚乙烯螺旋波纹管的定义为:以高密度聚乙烯(HDPE)为基体,用表面涂敷黏结树脂的钢带成型,并与聚乙烯材料缠绕复合成整体的双壁螺旋波纹管。其规格主要有 DN200、DN300、DN800 和 DN1200 四种。

镀锌钢管分为冷镀锌管、热镀锌管,前者已被禁用,后者暂时能使用。20 世纪 60~70 年代,国际上发达国家开始开发新型管材,并陆续禁用镀锌管。热镀锌管利用熔融金属与铁基体反应产生合金层,从而使基体和镀层两者相结合。热镀锌是先将钢管进行酸洗,除钢管表面的氧化铁,酸洗后,在氯化铵或氯化锌混合水溶液槽中进行清洗然后送入热浸镀槽中。热镀锌具有镀层均匀,附着力强,使用寿命长等优点。热镀锌钢管基体与熔融的镀液发生复杂的物理、化学反应,形成耐腐蚀的结构紧密的锌—铁合金层。合金层与纯锌层、钢管基体融为一体;其耐腐蚀能力强。其主要性能特点主要如下:

(1)镀锌层较厚,结晶细致、均匀且无空隙,抗腐蚀性良好。

(2)电镀所得锌层较纯,在酸、碱等雾气中腐蚀较慢,能有效保护钢基体。

(3)镀锌层具有良好的延展性,因此可进行冷冲、轧制、折弯等各种成型而不损坏镀层。

一、体外预应力筋的防腐措施

目前,各国实桥常用的体外束防腐蚀措施,可分为无套管钢束表面防护法和套管加填充材料法两大类。填充或灌浆一般采用专业防腐蚀油脂或水泥基灌浆浆体,国外也有采用灌注石蜡、沥青产品或聚氯酯水泥浆等。根据各部分所用材料的不同,又可细分为以下几种类型:

(1)镀锌防蚀法。直接采用镀锌钢丝组成体外预应力束,依靠表面镀锌,防止钢束的锈蚀。这种方法适用于环境气候干燥、周围无腐蚀性气体、箱内通风良好的桥梁。其优点是施工工艺简单、便于日后内力调整和更换钢束;缺点是对环境条件要求严格。加拿大哈德逊霍普悬索桥混凝土加劲梁即采用这种防腐蚀措施。该桥于 1964 年 9 月建成通车,加劲梁为单箱五室结构,预应力全部为通长体外束,采用 CCL 体系,每束由 19 根镀锌钢丝组成。

(2)环氧树脂防蚀法。即在钢丝表面涂装环氧树脂保护层的防蚀措施。以往常用于预应力粗钢筋和其他钢构件上。近年,美国的试验研究表明,用环氧树脂涂装的钢绞线,具有很好的耐锈蚀性,它与钢丝黏结十分牢固,耐磨损性和塑性均良好,被涂装过的钢绞线的疲劳、强度、抗拉强度和延伸性等都满足规范要求。环氧树脂直至钢绞线张拉到极限时都不开裂,并且不需去掉环氧树脂涂层便可直接锚固。美国于1981年正式发布环氧树脂涂层钢丝,同时后张学会斜拉桥委员会在《关于斜拉桥设计、试验及安装建议》中正式推荐这种防蚀措施。汕头海湾悬索桥混凝土加劲梁的预应力体外束采用了这种措施防蚀。该桥为世界上最大跨度的预应力混凝土加劲梁悬索桥,设计时考虑到悬索桥受力特点、结构构造要求以及施工养护方便等因素,认为纵向预应力体外束采用环氧树脂防蚀最为理想。

(3) 采用带套管的单股无黏结钢绞线。采用工厂生产的成品单股无黏结钢绞线预应力体外束,依靠无黏结束的套管及其充填材料防蚀。如日本福盐线芦田川桥,其预应力束采用12V12.7外包聚乙烯套管内填黄油的具有防蚀性能的无黏结钢绞线。为便于锚固,锚固区段的包裹材料必须清除,为此采用了特制喇叭管锚头防蚀等装置并内填黄油密封防蚀。

(4) 热挤PE管法。将整根成型的预应力钢束用机器将高密度聚乙烯材料加热熔化直接挤压包裹在钢束表面进行防蚀。广东九江大桥主梁的预应力体外束(31ϕ7平行钢丝束)即采用这种方法防蚀。这种方法的特点是不需要压浆,防护耐久可靠。

(5) 套管加填充材料法。按套管制成材料又可分为刚性套管和柔性套管。刚性套管通常为薄壁钢管或铁皮波纹管;柔性套管通常为聚乙烯、聚丙烯或其他塑性制品。管内充填材料通常有水泥砂浆、黄油、石蜡、沥青环氧树脂以及其他沥青产品等。目前国外建成桥梁中应用这类方法最多。表3-9介绍了国内外10座桥梁的体外预应力束所采用的防腐方法。

体外预应力束防腐措施实例 表3-9

桥 名	主 跨 (m)	体外预应力束规格	防 腐 措 施
长礁桥(美国)	36.0	19T13,26T13	聚乙烯套管+水泥砂浆
弗莱舍桥(法国)	64.0	19T15	钢管+黄油
穆松桥(法国)	76.0	19T15	聚丙烯套管+水泥砂浆
花支谷桥(法国)	48.0	12T15	聚乙烯套管+黄油
希农桥(法国)	70.0	12T15	钢管+水泥砂浆
赛里尼奥桥(法国)	34.6	19T15,10T15	聚乙烯套管+水泥砂浆
哈德逊霍普桥(加拿大)	207.3	19ϕ29	镀锌
芦田川桥(日本)	32.4	12V12.7	带套管的单股无黏结钢绞线
广东九江大桥(中国)	160.0	31ϕ7	热挤PE管
汕头海湾大桥(中国)	452.0	7-7ϕ5	环氧树脂

二、锚固区及转向块的防腐措施

锚固区和转向块是体外预应力体系中最为关键的两个部位。因此,锚具和转向块必须采用防腐蚀和防火的保护措施。目前,对于锚固区和转向块采用的防护措施主要有以下三种:

(1) 锚固区用混凝土或砂浆将其包裹起来,包裹层内不能存在任何氯化物,可以采用波特兰水泥浆或环氧砂浆进行包裹。在不能采用混凝土或砂浆包裹层的部位,应对预应力筋的锚具全部涂以防腐蚀漆。对于锚具凸出混凝土表面的情况,应按照规定切除外露预应力筋多余的长度,然后在锚具及承压板表面涂以防腐涂料,再用后浇的外包混凝土封闭好。锚具凹入混凝土表面的,先按照规定切除外露预应力筋多余的长度,然后在锚具及承压板表面涂以防腐涂料,用比构件等级高一级的混凝土把凹入部位封闭好。该方法适用于后期不需要更换体外索的加固工程。

(2)对于需换索或者重新张拉的情况,则需要采用盒具密封,盒具的空腔内填充防腐油,使锚具与空气和水分隔绝。盒具一般由金属材料做成,为此,也应对保护盒具采取防腐措施。

(3)对钢锚箱而言,一般在钢材表面涂以非金属保护层,即用防腐涂料将钢材表面保护起来,使之免受大气中有害介质的侵蚀。目前构件中采用非金属涂料防腐是最普遍、最常用的方法。这种方法效果好,涂料品种较多,且价格低廉,适应性强,不受构件形状和大小的限制,操作方便。但非金属涂料的耐久性较差,经过一段时间需要进行维修。必要时再将转向装置用细石混凝土封闭,需要换索时可用封闭罩封闭,注入石蜡或黄油密封防腐。

第4章 有黏结预应力加固技术

有黏结预应力加固技术以其预应力筋锚固简单、张拉施工方便、结构耐久性好、建筑高度改变不大、材料利用效率高的技术优势受到国内外土木工程界的重视。有黏结预应力加固技术特别适用于中、小跨径钢筋混凝土T梁、空心板梁、箱梁桥的加固。尤其是对高速公路及城市立交工程中大量采用的中等跨径的钢筋混凝土及预应力混凝土连续箱梁桥,由于受箱梁高度的限制,在箱内布置体外预应力筋有困难的情况下,采用在箱梁底板部增设预应力筋,然后喷注高性能抗拉复合砂浆的有黏结预应力加固体系是理想的加固方案之一。

第1节 有黏结预应力加固体系

在进行桥梁结构加固时,利用锚固于被加固梁体上的小直径预应力筋,对梁体施加预应力,然后喷注具有较高抗拉强度的复合砂浆,将预应力筋与被加固梁体黏结为一体,构成有黏结预应力加固体系。

有黏结体外预应力体系在施加预应力阶段,唯一和结构有联系的地方是在被加固结构的锚固区域,并通过锚固区域的黏结力传递预应力完成张拉阶段的施工,此阶段属于体外预应力加固。而在体外预应力加固完成后喷注高性能复合砂浆,通过砂浆的黏结力形成有黏结的预应力体系,此阶段属于有黏结预应力体系的范畴。因此有黏结体外预应力加固其实是两种体系,两种施工阶段的叠加,它具有体外预应力加固主动加固的优点,同时又具有有黏结预应力体系的受力特点。

一、基本组成

一般情况下,有黏结预应力加固体系由预应力钢绞线或索、预应力锚固系统、转向装置、体外有黏结补强材料4部分构成,如图4-1所示。

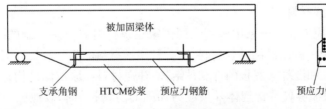

图4-1 有黏结预应力加固体系

1. 预应力钢绞线或索

靠锚固于梁体上的支承角钢固定,采用螺旋扣环拉紧器或测力扳手扭进螺帽进行张拉。用于有黏结预应力加固体系的预应力钢筋可采用1×2或1×3股高强钢绞线、高强螺旋肋钢丝或小直径精轧螺纹钢等国产材料,预应力筋采用锚固于梁体上的支撑角钢固定,支撑角钢和被加固梁体的锚固方式应视加固部位和具体情况而定,可以采用膨胀螺栓(或植筋),也可采用植筋和胶结相结合的方式。

对于小直径钢筋可采用测力扳手拧紧螺帽的办法进行张拉,对于较大直径的预应力钢筋可采用小型千斤顶进行张拉。图 4-2 所示为公称直径 8.6mm 的国产钢绞线断面图。

图 4-2 钢绞线示意图
a)1×3 股和 1×2 钢绞线断面;b)张拉用小股钢绞线

2. 预应力锚固系统

锚固系统是体外预应力施加的连接部位,既是传力装置又是受力装置,因此锚固系统的工作性能直接影响到预应力的施加、原加固构件的受力以及加固后的整体受力性能。锚固系统分别由锚垫板、转向钢筋、螺栓和夹片式锚具等组成。图 4-3 为锚具系统,图 4-4 为夹片式锚具构造。

图 4-3 锚具系统

图 4-4 夹片式锚具构造

3. 转向装置

对于梁高较大,需同时进行抗弯加固和抗剪加固的桥梁结构,可通过在近梁端设置转向块来改变预应力筋的布置方向。

4. 体外有黏结补强材料

在有黏结体外预应力加固体系中采用中国国家建筑材料研究院研制的新型 HTCM(高强抗拉砂浆)砂浆作为体外用黏结补强材料,充分利用该材料的高强抗拉性能和钢绞线的特殊黏结性能,从而保证和混凝土底板的可靠黏结,使补强材料和原加固结构达到共同受力的目的,HTCM 砂浆不仅能够代替常规体外预应力加固的防锈护管有效地保护钢绞线不受腐蚀,而且使体外钢束成为加固结构的有机整体,增大了原结构的截面,从而增大了结构的整体刚度,有效地提高了加固结构的承载能力。

二、受力特点

加固薄弱构件的方法从工作原理上可分为被动加固和主动加固两大类。预应力加固属于主动加固范畴,后加预应力筋主动受力,依靠预加力产生反向弯矩,改善梁的受力状态,从而达到补强的目的。

桥梁加固必须考虑分阶段受力的特点,这就是桥梁加固设计区别于一般结构设计的最大特点。有黏结预应力加固桥梁结构的受力变形分三个主要阶段,分别为施加预应力阶段、成桥阶段与运营阶段。

1. 施加预应力阶段

本阶段在张拉钢筋施加预应力前,构件自重及先期恒载产生的内力由原梁承担,结构一般已发生挠曲变形和受拉裂缝。通过施加预应力,达到类似于后张法张拉对梁的作用效果:预加力产生反向弯矩使原结构受拉区受压、受压区受拉,裂缝闭合,但预应力筋仍属于体外配筋,与梁变形不协调。

张拉钢筋施加预应力阶段的受力图如图4-5所示。

图4-5 张拉钢筋施加预应力阶段

2. 成桥阶段

通过喷射高性能复合砂浆,将预应力筋与梁体全面结合,形成组合截面,砂浆结硬后预应力筋与梁体变形协调,此时,将体外预应力加固的组合体系转化为有黏结预应力加固体系,砂浆产生的自重仍由原梁截面承担。

喷完砂浆后成桥阶段的受力图如图4-6所示。

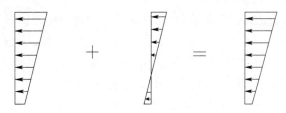

图4-6 喷完砂浆后成桥阶段

3. 运营阶段

车辆荷载等活载由加固后的组合截面承担,桥梁受力同普通受弯梁基本相同,但原梁裂缝及复合砂浆裂缝的开展具有特殊性。

加固后活载作用的运营阶段受力图如图4-7所示。

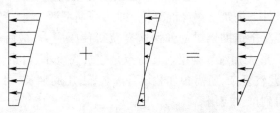

图4-7 加固后活载作用的运营阶段

第2节 横向张拉环氧涂层钢筋有黏结预应力加固技术

重庆交通学院(现重庆交通大学)周志祥于1994年提出了横张预应力梁的创新性概念,改纵向张拉预应力为横向张拉,旨在通过较小的横张力达到同等预应力效果。基于横张预应力梁相关理论,考虑桥梁加固的效果以及加固成本的问题,结合有黏结预应力加固技术以及竖向紧固力筋法原理,哈尔滨工业大学张树仁教授提出了横向张拉环氧涂层钢筋有黏结预应力加固技术,极大地简化了体外预应力加固时钢筋的锚固及转向装置的构造和张拉工序。

相比于传统的预应力技术,横向张拉环氧涂层钢筋有黏结预应力技术具有三个典型的特点:第一,改传统的预留孔道为预留明槽,节省了波纹管、定位钢筋和灌浆用水泥等材料及相应的工序;第二,改传统的专用锚具锚固为黏结力自锚,节省了锚具、锚下局部加强钢筋及预应力钢束的张拉操作长度;第三,改传统的沿力筋纵向张拉工艺为沿垂直于力筋的横向张拉工艺,所需张拉力也仅为常规纵张力的1/7~1/5即可达到同等的预应力效果,减小了预应力损失,提高了张拉效率和张拉操作的安全度。该项预应力技术有望集现有的先张法与后张法、有黏结与无黏结、体内束与体外束预应力技术的优点于一体,以简化施工工艺、节省材料、提高工效、易于保证质量等优势取胜。

一、基本原理

预应力技术最早应用于混凝土始于1886年,美国的P. H. Jackson申请了混凝土拱内张紧拉杆作楼板的专利。自此,人们对预应力混凝土技术进行了深入的探索。目前,常用的预应力混凝土的实现方法可归纳如下:

(1)先张法。先张法是先制作张拉台座,利用千斤顶将预应力钢筋张拉并锚固于张拉台座上,再浇筑构件混凝土,待混凝土达到一定强度后将预应力钢筋从张拉台座上剪断,混凝土构件依靠预应力钢筋的弹性回缩而获得预压应力。先张法工艺简单、施工方便,但需专用预制场和吊装预制构件就位的设备,通常适用于批量生产的中、小型构件。

(2)后张法。先浇筑混凝土构件,待混凝土达到一定强度时利用千斤顶张拉预应力钢筋,预应力钢筋混凝土构件在张拉预应力钢筋的同时受到预压,待张拉到预定吨位时,将预应力钢筋在构件端部锚固。常规的后张法预应力混凝土优点是布筋灵活,能够适应现浇或预制的大、中型构件,已经广泛应用于桥梁工程中;缺点是工序繁多,工艺复杂,施工控制必须贯彻到每个施工环节。

(3)预弯复合梁法。预弯复合梁是对一根屈服强度较高且具有一定预拱度的I字形钢梁在施加竖向荷载的条件下浇筑下翼缘混凝土(即第一期混凝土),待混凝土达到预定强度后,卸除荷载,第一期混凝土借助钢梁的弹性恢复获得预压应力,最后浇筑上翼缘和腹板混凝土(即第二期混凝土)形成预弯复合梁。其特点是建筑高度小、自重轻、跨越能力较大。但由于其用钢量巨大,工艺较复杂,所需预加载设备庞大,占用周期长,目前尚未在钢产量有限的大多数国家和地区得到推广应用。

综上所述,已有的各种预应力技术均各在某一(些)方面有其独特的优势,而在另一些方面则存在明显的不足。为全面兼顾良好的使用性能、材料的经济性以及施工便利程度,横张预应力梁的概念应运而生:将预弯预应力钢筋混凝土梁通过预加载条件下二次浇筑混凝土来建立预应力,转变为以梁底为反力承压面,沿垂直于力筋的竖向张拉预应力钢束来建立预应力。横张力仅需纵张力的1/7~1/5即可达到同等预应力效果,能将必须多次重复进行的纵向张拉简化为一次性横向张拉,避免了由分批张拉产生弹性压缩引起的预应力损失,避免了梁端张拉所需的操作空间。

基于横张预应力梁的原理,桥梁专业人士将其引入到旧桥加固领域中,提出了"横向张拉预应力加固技术",其基本原理是采用横向预应力张拉时,张拉方向与补强预应力钢筋的受力方向基本垂直,通过横向张拉使补强预应力钢筋产生变形,在纵向和横向同时产生预应力,从而实现主动加固。通过施加预应力,可人为地控制和调整结构的受力,使得加固方式更加灵活。一般情况下,在竖向荷载作用下,桥梁支座部位的主梁构件上缘受拉,桥梁跨中部位主梁构件下缘受拉,而通过施加预应力,可使构件受力状态与竖向荷载作用下恰好相反,减轻构件负荷,以达到加固的效果。

但是,目前应用于旧桥加固领域的方法主要是无黏结预应力体系,且主要依靠主梁底面竖向施加预应力来达到加固的效果。补强预应力拉杆外露在桥梁结构外部,拉杆的锈蚀、梁下支撑的位移等现象都会影响到补强效果,特别是采用横向收紧张拉法施工时,撑棍的变形、锁紧螺栓在行车振动作用下可能发生的松动等,都会使拉杆中的预应力值发生损失,从而降低补强效果。同时,此方法无法解决斜截面抗剪承载能力不足的问题。

基于上述理论的优缺点,兼顾加固成本的问题,哈尔滨工业大学张树仁教授提出了"横向张拉环氧涂层钢筋有黏结预应力加固技术",即以具有防腐保护的环氧涂层钢筋替代高强钢绞线作预应力筋或普通热轧钢筋,将补强钢筋锚固在加固梁体上,利用横向张拉预应力技术对加固梁体提供预压力,然后浇筑复合砂浆,形成有黏结的预应力加固体系。横向张拉环氧涂层钢筋有黏结预应力正截面与斜截面加固示意图分别如图4-8、图4-9所示。

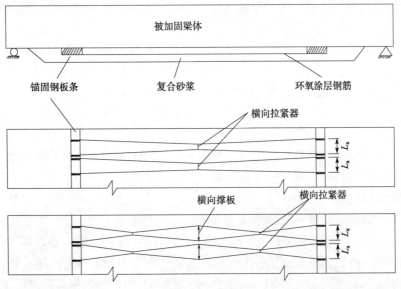

图4-8 横向张拉环氧涂层钢筋有黏结预应力正截面加固示意图

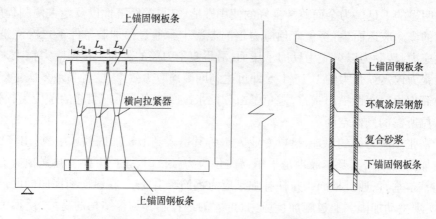

图4-9 横向张拉环氧涂层钢筋有黏结预应力斜截面加固示意图

与传统的桥梁加固技术相比,横向张拉环氧涂层钢筋有黏结预应力加固技术具有诸多先天的优势:

(1)通过施加预应力,可调整原结构内力状态和应力水平,实现对原结构受拉钢筋的卸荷,甚至可以完全代替原有钢筋;同时恢复构件的变形,提高构件刚度。

(2)该方法可使补强材料主动受力,减少补强材料的应力滞后现象,充分发挥补强材料的补强效果,提高加固效果。

(3)能够实现主动加固,技术手段更加灵活,能够更好地适应工程现场加固的特殊要求。

(4)采用先锚固后张拉的方式,张拉方向与补强材料的受力方向垂直,横向张拉控制力小,预应力损失小(主要为构件变形和材料的应力松弛),成本低;横向预应力张拉技术无需复杂的机械设备,只需简易的辅助工具即可完成;所需空间小,操作简便,特别适合中小构件的现场加固,且成本低廉。

(5)依靠喷注的复合砂浆,将补强钢筋与被加固梁体融为一体,以复合砂浆的高黏结强度为被加固梁体与补强钢筋共同工作的基础,以复合砂浆的抗拉性能控制梁体的抗裂性,避免补强钢筋锈蚀。

横向张拉环氧涂层钢筋有黏结预应力加固技术是有黏结预应力加固设计思想的重大突破,将以加固工作原理科学、加固效果显著、加固施工方便、材料利用效率高和加固成本低的综合优势,成为桥梁加固最具有竞争力的方案。

二、关键技术

横向张拉环氧涂层钢筋有黏结预应力加固技术,具有诸多优点,其关键技术分别体现在环氧涂层钢筋、横向拉紧器、高性能复合砂浆以及锚固钢板条等方面。

1. 环氧涂层钢筋

横向张拉环氧涂层钢筋有黏结预应力加固技术的核心内容是:采用具有防腐保护的环氧涂层钢筋,替代高强钢绞线做预应力筋,再喷复合砂浆。环氧涂层钢筋是在工厂生产条件下,采用静电喷涂方法,将环氧树脂粉末喷涂在普通热轧钢筋的表面生产的一种具有涂层的钢筋。涂层厚度一般在0.15~0.30mm,主要施工步骤为:将普通钢筋表面进行除锈、打毛等处理后加热到230℃以上,再将带电的环氧树脂粉末喷射到钢筋表面,经过一定养护固化后形成一层完整、连续、包裹住整个钢筋表面的环氧树脂薄膜保护层。

环氧树脂涂层以其不与酸、碱等反应,具有极高的化学稳定性、延性大、干缩小、与金属表面具有极佳黏着性的特点,在钢筋表面形成了阻隔水分、氧、氯化物或侵蚀性介质的物理屏障。同时,还因其具有阻隔钢筋与外界电流接触的功能而被认为是化学电离子防腐屏障。适用于处在潮湿环境或侵蚀性介质中的工业与民用房屋、一般构筑物及道路、桥梁、港口、码头等钢筋混凝土结构中。

环氧涂层钢筋的母材可采用普通热轧钢筋(HRB355 或 HRB400),力学参数按照《公路钢筋混凝土及预应力混凝土桥涵设计规范》(JTG D62—2004)中关于母材的相关规定选取,原因如下:

(1)用于桥梁加固的预应力钢筋的预应力损失相对较小,为采用强度相对较低的普通热轧钢筋(HRB355 或 HRB400)作预应力钢筋提供了可能。

(2)采用普通热轧钢筋(HRB355 或 HRB400)作预应力筋的优点是:普通热轧钢筋具有很好的可焊性,可以采用焊接连接与锚固;普通热轧钢筋具有较好的可塑性,可以有效地防止材料产生脆性破坏。

但由于热轧钢筋表面经环氧树脂涂层处理后,钢筋表面变得平整光滑,从而削弱了钢筋与混凝土间黏结作用,环氧涂层钢筋的黏结锚固刚度减小,滑移加大,所以在环氧涂层钢筋的使用过程中要增大黏结锚固长度。

规范规定:涂层钢筋和混凝土之间的黏结强度,应取无涂层钢筋黏结强度的 80%;涂层钢筋的锚固长度应取不少于有关设计规范规定的相同等级和规格的无涂层钢筋锚固长度的 1.25 倍;涂层钢筋的绑扎搭接长度,对受拉钢筋,应取为不少于有关设计规范规定的相同等级和规格的无涂层钢筋锚固长度的 1.5 倍且不少于 375mm;对受压钢筋应取为不少于有关设计规范规定的相同等级和规格的无涂层钢筋锚固长度的 1.0 倍且不少于 250mm。

同时,环氧涂层钢筋在运输、安装过程中要特别注意钢筋涂层的保护,涂层钢筋包装应分捆进行,其分捆应与原材料进厂时一致,但每捆涂层钢筋重量不应超过 2t。涂层钢筋的吊装应采用对涂层无损伤的绑带及多支点吊装系统进行,并防止钢筋与吊索之间及钢筋与钢筋之间因碰撞、摩擦等造成的涂层损坏。涂层钢筋在搬运、堆放等过程中,应在接触区域设置垫片;当成捆堆放时,涂料层钢筋与地面之间、涂层钢筋与捆之间应用垫木隔开,且成捆堆放的层数不得超过五层。另外,在施工现场的模板工程、钢筋工程、混凝土工程等分项工程施工中,均应根据具体工艺采取有效措施,使钢筋涂层不受损坏。对在施工操作中造成的少量涂层破损,必须及时予以修补。

横向张拉环氧涂层钢筋有黏结预应力正截面加固时,钢筋直径常采用 $\phi 12 \sim 16mm$,钢筋的横向间距 L_a 应按照正截面抗弯承载能力的要求确定,一般在 $100 \sim 200mm$ 的范围内选取。环氧涂层钢筋的两端焊接在固定于底板两端的锚固钢板条上,在钢筋的中部位置,对相邻两根钢筋施加横向拉紧力,将钢筋拉紧后并固定成折线,用卡紧器固定。对于较长的钢筋应根据施加预应力的需要,在相邻两根钢筋之间设置若干横向撑板将钢筋分段,在每段钢筋的中部位置,将钢筋横向拉紧并固定成多段折线形。

横向张拉环氧涂层钢筋有黏结预应力斜截面加固时,在靠近支点的第一个横隔梁区段范围内,在腹板的两侧设置竖向环氧涂层钢筋。钢筋直径常采用 $\phi 12 \sim 16mm$,钢筋的横向间

距 L_a 应按照斜截面抗剪承载能力的要求确定,一般在 200~400mm 的范围内选取。环氧涂层钢筋的两端焊接在固定于腹板上的锚固钢板条上,在钢筋的中部位置,对相邻两根钢筋施加横向拉紧力,将钢筋拉紧后并固定成折线,用卡紧器固定。

2. 横向拉紧器

为了较方便地提供横向张拉力,使后加环氧涂层钢筋产生预加力,必须采用横向张拉设备进行施工。为了增加施工的便利性,哈尔滨工业大学张树仁教授自行设计了横向拉紧器,其大样图如图 4-10 所示。

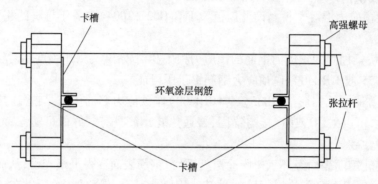

图 4-10 横向拉紧器大样图

3. 高性能复合砂浆

横向张拉环氧涂层钢筋有黏结预应力加固技术的工作基础是依靠喷注的复合砂浆。与常规的有黏结预应力加固技术相比,可降低对后喷的复合砂浆的抗裂性要求(甚至可以允许加固后的梁体构件出现小于 0.2mm 的裂缝),可避免由于高性能复合砂浆的高昂价格而限制有黏结预应力加固技术的推广。

目前国内生产的复合砂浆的种类很多,尚无统一的国家标准。张树仁教授建议用于横向张拉环氧涂层钢筋有黏结预应力加固技术的复合砂浆,至少应满足表 4-1 的规定。当对梁底受拉区正截面抗弯加固时,可采用三级复合砂浆;当对腹板侧面进行斜截面抗剪加固时,可采用四级复合砂浆。复合砂浆的抗压和抗拉强度设计值按生产厂家提供的数值采用。复合砂浆的抗压和抗拉强度设计值为其标准值除以材料强度分项系数。复合砂浆的材料强度分项系数参照《公路钢筋混凝土及预应力混凝土桥涵设计规范》(JTG D62—2004)的规定选取。

横向张拉环氧涂层钢筋有黏结预应力加固技术采用的复合砂浆主要性能要求 表 4-1

砂浆性能分级	抗压强度标准值(MPa)	抗拉强度标准值(MPa)	黏结面抗剪强度标准值(MPa)	标准碳化深度(mm)	氯离子渗透性(C)
三级	≥30	≥4	≥2	≤10	1000~2000
四级	≥30	≥3	≥1.5	≤15	1000~2000

注:1. 抗压强度采用 GB 18445—2012 的标准试验测定;
    2. 抗拉强度采用劈裂试验测定;
    3. 黏结面抗剪强度采用纯剪试验测定;
    4. 碳化深度采用 GB/T 50082—2009 标准试验测定;
    5. 氯离子渗透性采用 ASTMC 1202-97 标准试验测定;
    6. 上述强度标准值应具有 95% 的保证率。

复合砂浆的保护层厚度（砂浆表面至钢筋表面的距离）应根据材料抗碳化性能、抗化学腐蚀能力和耐久性的要求，一般取 10~15mm。同时，复合砂浆与钢筋布置情况有关，一般为 30~40mm。将复合砂浆喷注后，将环氧涂层钢筋与被加固梁体黏结成一体，构成有黏结预应力加固体系。

4. 锚固钢板条

对于环氧涂层钢筋，可以采用焊接连接锚固。将钢筋的两端焊接在固定于被加固梁体上的锚固钢板条上，采用横向拉紧变形法进行张拉。焊接锚固环氧涂层钢筋的锚固钢板条是进行施加和维持预加力的关键部位，必须精心设计，钢板条的厚度应不小于5mm。采用植筋（或膨胀螺栓）与胶结（或焊接）相结合的方式将其固定在被加固梁体上。为了减少复合砂浆的喷注厚度，可将设置锚固钢板条的原梁混凝土保护层凿除，凿除面用复合砂浆抹平，再与锚固钢板条连接。

三、施工工艺

横向环氧涂层钢筋的张拉控制应力，应接近于结构自重荷载作用下原梁钢筋应力水平，一般取张拉控制应力为其抗拉强度标准值的 50%~60%。施工时的张拉控制应力可以依靠调整张拉前后钢筋的长度的比例关系来测量与标定，其数值可按式(4-1)计算，控制原理如图4-11 所示。

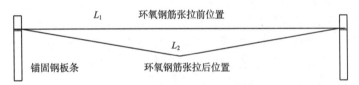

图 4-11 横向张拉环氧涂层钢筋控制原理示意图

$$\sigma_{\text{con}} = \frac{L_2 - L_1}{L_1} E_p \leqslant (0.5 \sim 0.6) f_{pk} \tag{4-1}$$

式中：L_1——横向张拉前两焊接锚固点间钢筋长度；

L_2——横向张拉后两焊接锚固点间钢筋长度；

E_p——环氧涂层钢筋的弹性模量。

1. 一般规定

根据规范规定，采用横向张拉环氧涂层钢筋有黏结预应力加固被加固梁体时，必须首先满足下列规定，以保证施工的安全性以及加固效果：

(1)横向张拉环氧涂层钢筋有黏结预应力加固施工应满足现行《公路桥涵施工技术规范》(JTG/T F50—2011)的相关规定。

(2)横向张拉设备可以采用常规张拉设备，传力部件应进行专门设计，并满足预应力张拉设备的安全储备及操作规程。

(3)横向拉紧器中螺杆的安全系数不宜小于1.25。

2. 施工流程

横向张拉环氧涂层钢筋有黏结预应力加固技术的施工流程为：被加固梁体的表面裂缝处理与表层混凝土处理，锚固钢板条的固定，布置环氧涂层补强钢筋，横向张拉环氧涂层补强钢筋,喷注复合砂浆。

(1)被加固梁体的表面裂缝处理:对于被加固梁体存在裂缝的情况,应采用裂缝修补胶对裂缝进行表面封闭处理。首先对裂缝缝口表面处理,应使工作面平整、干燥、无油污,处理范围沿裂缝走向宽30~50mm。然后利用裂缝修补胶涂刷。表面封缝材料固化后应均匀、平整,不出现裂缝,无脱落。

(2)被加固梁体表层混凝土处理:在被加固梁体上布置锚固钢板条以及补强环氧涂层钢筋的区域,应先凿除表层松散混凝土使之露出新鲜混凝土,将混凝土碎渣清理干净,并对露出的原梁钢筋进行除锈。

(3)锚固钢板条的固定:锚固钢板条主要采用植筋(或膨胀螺栓)与胶结(或焊接)相结合的方式将其固定在被加固梁体上。为了减少复合砂浆的喷注厚度,可将设置锚固钢板条的原梁混凝土保护层凿除,凿除面用复合砂浆抹平,再与锚固钢板条连接。锚固钢板条的平面尺寸和植筋的数量应根据后加预应力的要求确定,必要时可根据试验结果确定。

(4)布置环氧涂层补强钢筋:根据承载力计算出环氧涂层钢筋的面积以及钢筋规格,确定环氧涂层补强钢筋的数量,结合构造要求,将其直直,两端焊接在锚固钢板条上。

(5)横向张拉环氧涂层补强钢筋:横向张拉环氧涂层钢筋有黏结预应力加固时,环氧涂层钢筋的两端焊接在固定于被加固梁体上的锚固钢板条上。在钢筋的中部位置,利用横向拉紧器对相邻两根钢筋施加横向拉紧力,将钢筋拉紧后固定成折线,用卡紧器固定。对于较长的钢筋应根据施加预应力的需要,在相邻两根钢筋之间设置若干横向撑板将钢筋分段,在每段钢筋的中部位置,将钢筋横向拉紧并固定成多段折线形。注意环氧涂层钢筋应按照设计长度下料,下料后应准确标定其自由长度。同时注意在横向张拉的过程中,要时刻检测环氧涂层钢筋长度的变化,以进行预加力的控制。

(6)喷注复合砂浆:复合砂浆的保护层厚度(砂浆表面至钢筋表面的距离)应根据材料抗碳化性能、抗化学腐蚀能力和耐久性的要求确定,一般取10~15mm。同时,复合砂浆与钢筋布置情况有关,一般为30~40mm。复合砂浆喷注后,将环氧涂层钢筋与被加固梁体黏结成一体,构成有黏结预应力加固体系。同时根据加固部位的抗裂性要求和工作条件,选择复合砂浆的等级和施工方法:对于正截面抗弯加固,复合砂浆可选择三级复合砂浆,采用喷射法进行施工;对于斜截面抗剪加固,复合砂浆可选择四级复合砂浆,采用抹压法进行施工。复合砂浆初凝后,要注意覆盖湿布,洒水养护48h。

3. 注意事项

横向张拉环氧涂层钢筋有黏结预应力加固技术,应注意如下事宜:

(1)运输过程中要防止环氧涂层钢筋相互碰撞而损坏,必须保持清洁,定期进行外观检查;仓储保管时不得直接堆放在地面上,必须下垫砧木并采取防雨布覆盖等措施。

(2)环氧涂层钢筋应采用切断机或砂轮锯切割,不得使用电弧切割。

(3)在控制张拉力和伸长量的同时,应对旧桥控制截面和关键截面的应变、主梁挠度以及裂缝发展情况进行监控。

(4)横向张拉环氧涂层钢筋有黏结预应力加固的施工精度要求总体上与常规的预应力混凝土构件相同。

(5)施工期间要做好防雨措施。

(6)张拉前应严格检查张拉设备及传力部件的可靠性。

第3节 高性能抗拉复合砂浆(HTCM)试验研究

高性能抗拉复合砂浆(HTCM)是一种用可再分散乳胶粉(聚合物)改性的水泥基结构补强材料,其主要成分为水泥、矿物掺合料、石英砂、可再分散乳胶粉。可再分散乳胶粉作为第二黏结剂,与水泥基胶凝材料共同作用,改变砂浆的内部受力结构,大幅提升砂浆的抗拉性能和黏结强度。复合砂浆的主要特点包括:

(1)HTCM 砂浆具有较高的抗压强度和抗折强度,特别是其抗折强度约为普通砂浆的3倍;抗折强度间接反映抗拉强度,表明其具有较高的抗拉强度,即具有较高的抗裂能力;HTCM 是一种理想的加固补强材料,可用于构件受拉和受剪区的修补。

(2)HTCM 砂浆密实性能好,抗化学腐蚀能力强,抗碳化能力强,抗氯离子渗透能力强,即提高了钢筋的抗锈蚀能力,用 HTCM 砂浆作构件保护层的结构耐久性大大提高。

(3)HTCM 砂浆的黏结强度高,采用高压喷射的方法利用其高黏结性能保证新旧混凝土的结合面具有很高的黏结强度,从而保证了加固后的结构整体受力性能,而 HTCM 砂浆的高黏结性能是保证两者共同工作的基础。

(4)由于该砂浆中掺有聚合物,利用聚合物的改性特性,使改良后的砂浆具有一定的塑性性能,从而使加固后的结构具有一定的塑性性能,能够承受动荷载的反复作用,提高了结构的耐疲劳性能,对于承受车辆荷载的桥梁结构来说是一种理想的补强材料。

一、物理性能

通过对高性能复合砂浆的作用机理分析,分别进行了工作性能试验、收缩试验以及耐久性试验,来阐述其物理性能。

1. 作用机理分析

高性能复合砂浆作为一种新型材料,其作用机理较为复杂,包括成膜过程、框架体系以及性能互补等。

(1)成膜过程:在聚合物砂浆加水后的硬化过程中,可再分散乳胶粉形成不溶于水的连续膜将固体颗粒黏结在一起(图4-12)。该薄膜具有较高的拉应力。

(2)框架体系:砂浆中形成了由无机与有机黏结剂构成的框架体系,即水泥水硬性材料构成的刚脆硬性骨架,以及由可再分散乳胶粉在间隙与固体表面所成薄膜构成的柔韧性连接体系,这种连接就像很多细小的弹簧连接在刚性的骨架上,使得砂浆的自身强度得以增强,即内聚力得以提高。

(3)性能互补:由于聚合物的柔性,形变能力远高于水泥等形成的刚性结构,砂浆的可变形能力得以提高,分散应力的作用得到大幅度提高,从而提高了砂浆的抗裂能力。在聚合物改性砂浆中,两种胶结材料体系即水泥和可再分散胶粉之间的搭配是十分理想的。二者的组合形成了极佳的性能互补,这是一种胶结材料无法单独完成的。同时形成的聚合物膜又起到另一种关键的桥架作用,即增加了对所接触材料的黏结性。

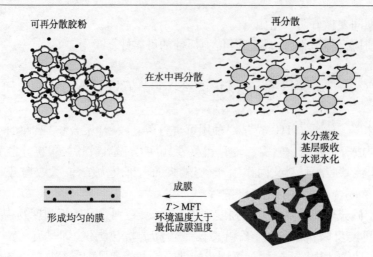

图4-12 可再分散胶粉在聚合物改性砂浆中的成膜过程示意图

2. 工作性能试验

新拌砂浆工作性能的好坏直接决定了其施工难易和顺利与否。试验参照标准《水泥基渗透结晶型防水材料》(GB/T 18445—2012)的有关规定进行,在试验室条件下,按施工时的用水量(即加入砂浆重量17%的水)与砂浆充分搅拌,制成新拌砂浆,测试其性能,结果见表4-2。

砂浆工作性能试验结果　　　　　　　　　　　　　　　　　　　　表4-2

砂浆品种	初凝时间(min)	终凝时间(min)	可工作时间(min)	表观密度(kg/m³)
HTCM砂浆	136	189	87	2210
普通砂浆	278	367	53	2176

砂浆工作性能分析:

(1)HTCM砂浆的初、终凝时间比普通砂浆时间大幅提前,初凝时间为136min,而普通砂浆为278min。

(2)复合砂浆初、终凝时间差较短,初、终凝满足喷射施工工艺要求(喷射施工结束后,硬化时间短,利于流水施工,减少硬化过程中外界的不利影响)。

(3)新拌砂浆的工作时间较长(87min),在喷射施工中砂浆的黏聚性明显改善,同时砂浆的喷射施工工作性(和易性、保水性、可泵送性、可泵时间、极低的回弹损失率、较高的密实度等)有大幅提高。

3. 收缩试验

试验标准采用《水泥胶砂干缩试验方法》(JC/T 603—2004),试验条件:相对湿度95% +温度20℃±1℃7d湿养护,之后转入相对湿度50% +温度20℃±1℃21d的养护条件。砂浆收缩试验结果见表4-3。

砂浆收缩试验结果　　　　　　　　　　　　　　　　　　　　表4-3

试验内容	3d 收缩率×1/10000	7d 收缩率×1/10000	14d 收缩率×1/10000	28d 收缩率×1/10000
普通砂浆	-3	-10	-22	-35
HTCM砂浆	2	1	-4	-8

收缩试验结果分析如下:

(1)复合砂浆的收缩性能对于桥梁加固时砂浆与原有混凝土基面的协同受力具有重要意义,因为原有混凝土基面收缩变形大部分已经完成,若复合砂浆的收缩变形远大于混凝土的收缩变形,则必然在新旧界面处形成应变差,从而形成不利的内应力,容易引起裂缝的产生。

(2)试验养护制度与现场条件有一定的相似性,现场一般能保证7d的湿养护。

(3)高性能复合砂浆收缩变形性能大幅改善,远远小于普通砂浆,接近普通混凝土收缩变形特性,利于与混凝土基面协同受力。

4. 耐久性试验

在目前桥梁加固方案中,由于加固结构层一般较薄,同时桥梁混凝土原有基面通常有一些缺陷(如裂缝、钢筋保护层碳化严重等),往往对结构的耐久性指标提出要求,抗氯离子渗透、抗碳化性能试验可以从数值上预测材料的相关耐久性指标。砂浆耐久性试验结果见表4-4。

砂浆耐久性试验结果 表4-4

检验项目		砂浆抗氯离子渗透性能、砂浆抗碳化性能检验结果
序 号	项 目	
1	砂浆抗氯离子检验结果	试件6h通过电量为112.5C
2	砂浆碳化28d检验结果	2.1mm

(1)检验依据:《混凝土抗氯离子渗透性的电量法评价标准》(ASTMC 1202-97),《普通混凝土长期性能和耐久性能试验方法》(GB/T 50082—2009)。

(2)试验结果:根据ASTMC 1202-97标准判定:砂浆氯离子渗透性能为"很低";根据GB/T 50082—2009普通混凝土长期性能和耐久性能试验方法,砂浆在标准条件下碳化28d的碳化深度平均值为2.1mm。

耐久性机理分析:

(1)抗氯离子渗透:在混凝土构件表面喷射的一层聚合物砂浆可以使老混凝土的碳化基本上停止,这是因为砂浆中的聚合物随着水的消耗(蒸发和水泥水化)形成了聚合物膜,它与水泥浆体形成连续相,阻断了与外界空气的通道,大大地减少了气体或液体的渗透。

(2)抗碳化:聚合物膜越过微裂缝,起到了桥架和填充作用,提高了水化物与骨料之间的黏结力和砂浆的密实度,限制了砂浆裂缝的扩展和产生,裂缝常在聚合物膜较多处消失,所以聚合物砂浆的黏结强度、抗裂性、抗渗性、抗氯离子渗透能力均得到极大改善与提高。这样,聚合物砂浆有效地防止了二氧化碳使老混凝土结构的进一步碳化。

(3)耐久性防护:HTCM砂浆的碳化仅为2.1mm,对老混凝土结构的防护极为有利。采用HTCM聚合物砂浆作为老混凝土结构防碳化层是非常有效的措施,而且它对于处于弱盐、弱碱、弱酸及氯离子渗透等侵蚀环境下的混凝土防护非常有效。

二、力学性能

力学性能包括抗压强度、抗折强度以及黏结强度。

1. 抗压强度与抗折强度

（1）试验目的：使砂浆的黏结强度、耐久性能、相关力学性能、施工难易程度满足桥梁修复加固对材料参数的需要。

（2）试验依据：《陶瓷墙地砖胶粘剂》(JC/T 547—2005)、《水泥基渗透结晶型防水材料》(GB/T 18445—2012)、《水泥胶砂干缩试验方法》(JC/T 603—2004)、《混凝土抗氯离子渗透性的电量法评价标准》(ASTMC 1202—97)、《普通混凝土长期性能和耐久性能试验方法》(GB/T 50082—2009)。

HTCM 砂浆与普通砂浆力学性能见表 4-5。

HTCM 砂浆与普通砂浆力学性能（单位：MPa） 表 4-5

砂浆品种	抗压强度				抗折强度				劈裂抗拉强度	
	3d	7d	14d	28d	3d	7d	14d	28d	7d	28d
HTCM 砂浆	12.1	18.2	27.3	36.8	3.3	4.5	6.6	9.3	4.7	6.1
普通砂浆	—	12.3	—	24.7	—	3.1	—	5.5	2.5	3.4

试验结果对比分析如下：

（1）通过聚合物改性后的砂浆性能有很大改变。与相同配比的普通砂浆相比，通过聚合物改性后的砂浆的抗压强度和抗折强度都有所增加，其中抗折强度增加更为明显，抗压强度提高 1.49 倍，抗折强度提高 1.66 倍，压折比由 4.4 下降为 4。这表明通过聚合物改性后的砂浆在强度增加的同时，韧性也有所改善。

（2）应该指出，对于桥梁有黏结预应力加固工程而言，后加复合砂浆抗压强度不起控制作用，其数值不宜过高。事实上，胶结材料的较高抗压强度表明其含有过多的水泥，将产生更高的水化热会增加干缩，不利于与原有混凝土基面的长期稳定结合。试验测得的复合砂浆抗压强度 36.8MPa 与一般桥梁结构混凝土常用强度等级 C30~C40 相近，有利于与原有混凝土基面的协同受力。所以，在加固设计中将复合砂浆成品的抗压强度标准值（即设计强度等级）定为 35MPa 是适宜的。

（3）复合砂浆的抗裂性能和抗拉强度在加固实体中的表现往往与砂浆的劈裂抗拉强度密切相关，因而劈裂抗拉强度是砂浆力学性能的一项重要指标，试验结果表明，复合砂浆的 28d 劈裂抗拉强度为 6.1MPa，远高于普通砂浆强度，在加固设计中将复合砂浆成品的劈裂抗拉强度标准值定为 5.5MPa。立方体抗压强度试验如图 4-13 所示。

图 4-13 立方体抗压强度试验

2. 黏结强度

黏结强度试验又分为黏结抗剪与黏结抗拉两种试验(图4-14、图4-15),黏结强度见表4-6。

图4-14 黏结抗拉试验

 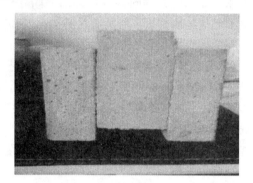

图4-15 黏结抗剪试验

HTCM砂浆黏结强度(单位:MPa)　　　　　　　　　表4-6

砂浆品种	黏结抗拉强度				黏结剪切强度		备注
	3d	7d	14d	28d	7d	28d	
HTCM砂浆	1.02	1.23	1.67	1.85	1.16	1.65	无
	1.21	1.44	1.72	1.96	1.22	1.73	有
普通砂浆	0.23	0.36	0.55	0.67	0.32	0.55	无
	0.35	0.55	0.73	0.81	0.52	0.78	有

注:备注中"无"代表没用界面砂浆,"有"代表用界面砂浆(界面砂浆的基本配比同HTCM,只是其中的聚合物含量大大提高)。

试验结果对比分析如下:

(1)在聚合物砂浆材料和原有混凝土基面之间胶结良好是加固修补成功的基础。

(2)聚合物砂浆材料与混凝土黏结面的黏结抗拉(或黏结抗剪)强度应力最能体现出黏结质量情况。

(3)高性能复合砂浆的黏结剪切强度比普通砂浆黏结剪切强度有大幅度提高,其黏结剪切强度达到普通砂浆的3倍左右,说明聚合物改性大幅提高了砂浆与混凝土基面的黏结强度和黏结状态。

(4)采用砂浆的试件黏结剪切强度值也有一定比例的提高(普通砂浆黏结剪切强度增

加40%以上，HTCM砂浆剪切强度提高近5%）。

(5)试验表明HTCM砂浆在桥梁加固时与原混凝土基面的黏结是安全可靠的。

三、施工工艺

1. 喷注工艺

根据试验情况，建议施工顺序如下：

(1)打磨凿毛加固区表面层，清洗干净。

(2)在原梁体设置剪力键。

(3)在原梁体设置锚固端，设置锚固端应该注意两个问题：一是该锚固端的较大水平张拉力将会改变弯剪区域的破坏模式，降低弯剪区域的极限抗剪承载力，因此需要对原弯剪区域进行细致分析，必要时对弯剪区域进行加固处理（建议粘贴水平横向钢板，试验证明该方法效果明显）；二是锚固钢板与梁的锚固处理，此处需要对剪力键进行抗剪切与抗弯计算。同时要确保锚固钢板本身具有足够的强度和刚度，特别是要保证刚度。

(4)为增强加固构件表面和砂浆的附着强度，在施工部位混凝土的表面充分洒水湿润。

(5)砂浆施工时，应该尽可能采用喷射施工方法。条件不具备时可以采用多次抹压的方法，每次不超过1cm，同时必须在前次抹灰尚未完全固化之前进行下一次抹灰。

(6)喷注时应有两支喷枪分别从两头向中间喷射，采用分层喷射，每次喷注厚度为6~8mm，每次喷射应在砂浆初凝后、终凝前进行，两次间隔的时间一般为1h左右，对于锚固区和厚度大于3mm的区域喷射时应该加大间隔时间，尤其要避开砂浆水化热的峰值。

2. 养护方法

(1)喷射前先用高压水冲洗，湿润受喷面，目的是保证新加补强材料与结构的黏结。

(2)砂浆施工后，砂浆养护时间应该保持2~4d的湿润状态。

(3)喷注完成后要进行砂浆的养生，一般的养生时间为7d，在养生期间要按时洒水，保持砂浆表面湿润直至砂浆最终硬化达到设计强度。

3. 关键技术

在喷射砂浆阶段主要的技术问题是水化热。由于砂浆中含有高强度等级水泥，因此在施工过程中，由于水泥水化热引起的温度应力及收缩作用超过了砂浆的抗拉强度，或更确切地说，温度及收缩变化引起的拉应变超过了砂浆的极限拉应变，砂浆是一种流动性材料，随时间的增长逐渐硬化，在此期间砂浆的变形性能将发生根本的变化，且龄期越早变化越大。早期砂浆的强度极限拉伸变形都很低，而此时砂浆内部温度较高，一方面由于砂浆本身的传热性能差，结构内部热量不易散发，形成内外温差，导致砂浆发生应变；另一方面结构物的约束会阻止这种应变，产生温度应力，一旦温度应力超过砂浆所能承受的极限抗拉强度就会产生温度裂缝，而且还会因水化热使温升过高导致砂浆的后期强度明显损失。鉴于此，在喷注砂浆时一定要做好温控措施，拉大喷注的时间间隔，增加喷注的层数从而避开水化热的峰值时间都是有效的施工措施。

由下向上喷射砂浆时，下垂脱落和回弹量过大是两大问题。下垂是喷层过厚或过湿造成的。当喷射砂浆的自重大于黏结强度时，就容易出现下垂或脱落，所以喷射砂浆应分层喷射，厚度以不脱落、回弹量小为准。

第4节　有黏结预应力加固钢筋混凝土梁试验研究

本次研究采用室内小梁进行试验。小梁试验模拟桥梁加固的实际受力情况,探讨了带载加固下不同一期荷载、不同原梁配筋率对后加补强材料极限应力、结构极限承载力及变形的影响,验证理论计算公式及有限元分析结果,并依据试验结果对理论公式进行适当修正。

一、试验准备情况

主要从试验梁设计、试验梁制作以及试验加载系统三方面对试验准备情况加以介绍。

1. 试验梁设计

共设计制作6片矩形梁和3片T形梁,均为抗弯受力。

(1)矩形截面试验梁设计

①结构尺寸。

试验梁跨度为4m,截面高度为500mm,宽度为200mm,梁的高跨比 $h/l = 500/4000 = 1/8 < 1/5$,满足浅梁的尺寸要求(图4-16)。

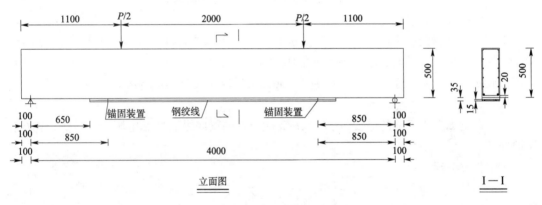

图4-16　矩形试验梁基本尺寸(尺寸单位:mm)

②截面配筋。

矩形试验梁设计成两种配筋率,分别是 $\rho = 0.67\%$, $\rho = 1.005\%$。试验梁的配筋按"强剪弱弯"的原则设计,以确保加固后的构件发生正截面破坏。$\rho = 0.67\%$ 的加固梁在梁底通长布置 $2\phi20$ 的纵向受力钢筋;$\rho = 1.005\%$ 的加固梁在梁底通长布置 $3\phi20$ 的纵向受力钢筋;箍筋采用单肢 $\phi8$,间距为靠近支点75mm,跨中150mm,混凝土设计强度等级为C30。

③测试截面。

为了量测纵向主钢筋的应变,在 $L/4$、$L/2$ 截面处的梁底纵筋处贴电阻应变片,并作防水保护处理。

④试验梁分组。

矩形截面试验梁共6片,共分两组,编号如下:

第一组 $\rho = 0.67\%$:矩形抗弯1-1(JXKW1-1)、矩形抗弯1-2(JXKW1-2)、矩形抗弯1-3(JXKW1-3);其中矩形抗弯1-1为对比梁,不进行加固直接加载至破坏。

第二组 $\rho = 1.005\%$：矩形抗弯 2-1(JXKW2-1)、矩形抗弯 2-2(JXKW2-2)、矩形抗弯 2-3(JXKW2-3)；其中矩形抗弯 2-1 为对比梁，不进行加固直接加载至破坏。

(2)工字形截面试验梁设计

①结构尺寸。

试验梁跨度为 4m，截面高度为 500mm，宽度为 200mm，梁的高跨比 $h/l = 500/4000 = 1/8 < 1/5$，满足浅梁的尺寸要求(图 4-17)。

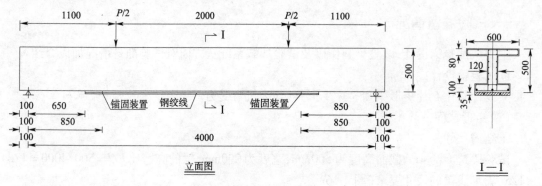

图 4-17　工字形试验梁基本尺寸(尺寸单位:mm)

②截面配筋。

工字形试验梁配筋率取 $\rho = 1.07\%$。试验梁的配筋按"强剪弱弯"的原则设计，以确保加固后的构件发生正截面破坏。该类型加固梁在梁底通长布置 $3\phi20$ 的纵向受力钢筋；箍筋采用单肢 $\phi8$，间距为靠近支点 75mm，跨中 150mm，混凝土设计强度等级为 C30。

③测试截面。

为了量测纵向主钢筋的应变，在 $L/4$、$L/2$ 截面处的梁底纵筋处贴电阻应变片，并作防水保护处理。

④试验梁分组。

工字形截面试验梁共 3 片，共一组，编号分别为：工字形抗弯 3-1(GZXKW-1)、工字形抗弯 3-2(GZXKW3-2)、工字形抗弯 3-3(GZXKW3-3)；其中工字形抗弯 3-1 为对比梁，不进行加固直接加载至破坏。试验梁设计参数见表 4-7

试验梁设计参数汇总　　　　　表 4-7

	梁编号	梁底受拉钢筋	配筋率	加固配筋	实际跨长(m)	备注
矩形	JXKW1-1	$2\phi20$		—	4000	对比梁
	JXKW1-2	$2\phi20$	$\rho = 0.67\%$	$2\phi^j 8.6$	4000	二次受力带载加固(5t)
	JXKW1-3	$2\phi20$		$2\phi^j 8.6$	4000	二次受力卸载加固(6t)
	JXKW2-1	$3\phi20$		—	4000	对比梁
	JXKW2-2	$3\phi20$	$\rho = 1.005\%$	$2\phi^j 8.6$	4000	二次受力带载加固(7t)
	JXKW2-3	$3\phi20$		$2\phi^j 8.6$	4000	二次受力卸载加固(7t)
工字形	GZXKW3-1	$3\phi16$		—	4000	对比梁
	GZXKW3-2	$3\phi16$	$\rho = 1.07\%$	$2\phi^j 8.6$	4000	无损伤加固加固
	GZXKW3-3	$3\phi16$		$2\phi^j 8.6$	4000	二次受力带载加固(8t)

2. 试验梁制作

(1) 试验梁材料

①混凝土材料：采用商品混凝土，设计强度等级为 C30；但由于进行实际制作时的差异性，各试验梁的实际强度指标如表 4-8 所示。

各试验梁的实际混凝土强度 (单位：MPa)　　　表 4-8

梁号	1-1	1-2	1-3	2-1	2-2	2-3	3-1	3-2	3-3
f_{cu}	33.1	33.4	33.7	35.2	35.1	34.8	36.1	36.2	36.2
$f_c(=0.88\times0.76f_{cu})$	22.1	22.3	22.5	23.5	23.5	23.3	24.1	24.2	24.2
f_{ck} 原设计值	20.1	20.1	20.1	20.1	20.1	20.1	20.1	20.1	20.1

②钢材：预应力钢材采用钢绞线，非预应力钢筋采用 HRB335 钢，各钢材的主要力学指标如表 4-9 所示。

HRB335ϕ^j8.6 钢材特性试验数据　　　表 4-9

ϕ20	f_{sk}(MPa)	f_u(MPa)	ϕ16	f_{sk}(MPa)	f_u(MPa)	ϕ^j8.6	破断力(t)
试件 1	378	525	试件 1	378	500	试件 1	5.8
试件 2	366	530	试件 2	380	490	试件 2	5.9
试件 3	370	537	试件 3	375	495	试件 3	5.8
均值	371	530	均值	378	495	均值	5.83

③复合砂浆：高性能抗拉复合砂浆（HTCM）各设计参数取值规定为，轴心抗压强度标准值 $f_{ck,m}=23$MPa，轴心抗压强度设计值 $f_{cd,m}=15.7$MPa，抗拉强度标准值 $f_{tk,m}=7.7$MPa，抗拉强度标准值 $f_{td,m}=5.3$MPa，弹性模量 $E=30000$MPa，重度 $\gamma=20$kN/m^3。

(2) 试验梁预制及养护

试验梁的混凝土设计强度等级为 C30。试验梁采用木模制作，混凝土浇筑后加盖草袋，洒水养护时间不少于 5d，然后放置在试验室内自然养护（室温不低于 15℃）14d 以上。预制好的试验梁见图 4-18。

(3) 带载加固

本试验采用带载加固，即在施加并维持一定的一期荷载作用情况下，对原梁进行正截面补强加固，实际加载过程中，由于采用的不是重物加载，所有的模拟带载加固的过程中，因预应力张拉必然有梁体的变形发生，所以在预应力张拉过程中，采用适当放松千斤顶的方法来模拟一期恒载，但是在整个张拉过程中，应力环读数保持不变。

图 4-18　预制好的试验梁

①一期荷载选择。

参照一般 20m T 形梁实际的恒载内力与车辆荷载的比例关系，并考虑到试验梁的实际尺寸与配筋情况，本试验采用的一期荷载控制在加固后试验梁极限破坏荷载的 40% 以内。

一期荷载的选择还应综合考虑正截面裂缝与纵向主筋应力情况。本试验控制一期荷载作用下的正截面裂缝宽度为 0.05~0.15mm，纵向主筋的应力为 $(0.3\sim0.4)f_{sky}$（式中 f_{sky} 为纵向主筋的抗拉强度极限值)。

②带载加固施工。

JXKW1-2、JXKW1-3、XKW2-2、JXKW2-3、GZXKW3-2、GZXKW3-3采用有黏结预应力加固体系对正截面进行加固,其施工要点是:

a. 设计位置处,将拟加的纵向竖向预应力筋锚固在梁的两端,张拉预应力采用自制螺杆,在张拉螺杆与锚垫板之间放置压力传感器,通过压力传感器可以读出预应力的张拉吨位;采用张拉螺杆张拉的好处是可以很准确地达到想要张拉的张拉力,同时锚具回缩值很小。

b. 预应力束穿好后,采用张拉螺杆张拉,通过压力传感器严格控制张拉力,同时在张拉纵向预应力束的过程中要适当放松竖向加载的两个千斤顶,从而确保张拉的纵向预应力施加到梁体上,一般取张拉控制应力 $\sigma_{con} = 0.5 f_{pkv}$ (f_{pkv} 为竖向预应力钢筋抗拉强度极限值)。

c. 对梁底混凝土表面进行凿毛处理;然后涂抹30mm厚的高性能抗拉复合砂浆。

d. 高性能抗拉复合砂浆初凝后,覆盖湿毛巾,洒水养护48h。

另外,在上述施工过程中(图4-19~图4-23)特别注意观察所加一期荷载的稳定性。

图4-19 纵向预应力穿束

图4-20 张拉螺杆张拉纵向预应力

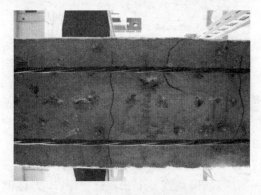

图4-21 梁底混凝土凿毛处理

图4-22 抹高性能抗拉复合砂浆

3. 试验加载系统

试验采用两点对称加载方案。试验加载系统由混凝土支墩和横跨试验梁的地锚反力架组成。试验梁架设在两个中心距离为4m(即试验梁跨度)的混凝土支墩上(中间设有橡胶支座)。在距支墩中心2m处(即试验梁跨径1/4处)设置横向地锚反力架。在地锚反力架横梁和试验梁顶面之间设置千斤顶和30t稳压应力环。利用手动钢杠杆顶升千斤顶,通过稳压应力环测量和标定所施加荷载的数值。试验加载系统如图4-24所示。

实践表明,千斤顶具有良好的稳压性能,在持压24h内,所施加荷载变化幅度很小,可以满足带载加固试验所需的稳压要求。

图4-23 有黏结预应力梁砂浆养护

图4-24 试验加载系统

二、正截面抗弯试验

1. 试验梁受力变形行为

(1)基本试验现象

①对比梁试验现象。

对比梁为普通钢筋混凝土梁,试验过程中梁的受力依次经历了弹性工作阶段、带裂缝工作阶段和钢筋屈服阶段,破坏情况与适筋梁类似,此不赘述(图4-25、图4-26)。

图4-25 JXKW1-1 破坏情况

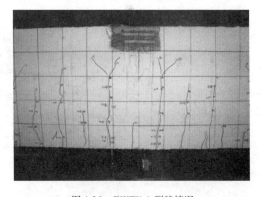

图4-26 JXKW1-1 裂缝情况

②加固梁试验现象。

同普通对比梁类似,试验过程中梁的受力依次也经历了弹性工作阶段、带裂缝工作阶段和钢筋屈服阶段。不同的是加固梁的开裂荷载延迟发生,砂浆和预应力的存在限制了原梁裂缝的发展。

在二次加载过程中在后加砂浆层开裂之前原梁裂缝基本不开展。随着荷载的增加,后加补强砂浆层开裂,开裂的位置基本与原梁一期荷载裂缝相吻合。

在9片小梁试验中都可以发现即使原梁裂缝没有封闭的情况下,一般预压卸载后裂缝宽度在0.08mm左右;都有同样一个规律,即只有后加补强砂浆层先开裂到一定程度后,原梁既有裂缝才缓慢开展。一般而言原梁的开裂弯矩在 20～30kN·m，而加固梁的开裂弯矩提高到 60～90kN·m（此时砂浆开裂）。

(2)截面应变分布

根据跨中截面荷载与纵向应变曲线结果得知，纵向应变沿截面高度方向呈直线分布，截面应变基本符合平截面假设。

2. 抗弯极限承载力

(1)特征弯矩

各试验梁的开裂弯矩、屈服弯矩、极限破坏弯矩等特征弯矩值统计见表4-10。

试验梁特征弯矩统计表　　　　　　　　　　　　　表4-10

梁号	开裂弯矩 M_{cr}(kN·m)	屈服弯矩 M_{dy}(kN·m)	极限破坏弯矩 M_{du}(kN·m)	M_{dy}/M_{du}
1-1	20	100	140	0.71
1-2	90	150	180	0.83
1-3	70	140	180	0.78
2-1	30	140	190	0.74
2-2	100	200	230	0.87
2-3	80	200	240	0.83
3-1	30	160	180	0.89
3-2	100	180	200	0.90
3-3	90	210	200	1.05

(2)预应力筋应力增量

预应力筋应力增量见表4-11。

应力增量数据对比　　　　　　　　　　　　　表4-11

梁　号	钢绞线张拉应力(MPa)	钢绞线极限应力(MPa)	增长比值(%)
1-2	707	1187	69
1-3	707	1414	100
2-2	707	1272	80
2-3	707	1095	55
3-2	707	1117	58
3-3	707	1095	55

(3)试验结果分析

①极限承载力对比见表4-12。

极限承载力数据对比(单位:kN·m)　　　　　　　　　表4-12

梁号	理论强度（试验前）	理论强度（试验后）（材料性质）	理论强度（试验后）（材料性质+钢绞线建议取值）	有限元模拟值	试验实测值
1-1	93.08	102.76	102.76	115.35	140
1-2	125.55	139.42	133.90	146.63	180

续上表

梁号	理论强度（试验前）	理论强度（试验后）（材料性质）	理论强度（试验后）（材料性质+钢绞线建议取值）	有限元模拟值	试验实测值
1-3	125.55	139.42	133.90	151.80	180
2-1	135.51	149.53	149.53	153.43	190
2-2	170.03	184.08	178.90	183.10	230
2-3	170.03	184.08	178.90	187.50	240
3-1	92.58	104.59	104.59	149.72	180
3-2	131.78	143.99	136.97	150.00	200
3-3	131.78	143.99	136.97	150.00	200

②应力增量对比见表4-13。

应力增量数据对比 表4-13

梁号	钢绞线张拉应力(MPa)	钢绞线极限应力(MPa)	增长比值(%)
1-2	707	1187	69
1-3	707	1414	100
2-2	707	1272	80
2-3	707	1095	55
3-2	707	1117	58
3-3	707	1095	55

③分析。

试验结果与理论分析及模拟计算总体上相符合，试验实测值平均提高幅度达20%，极限可达60%，因此，可以认为有黏结预应力加固方法可以较大幅度提高正截面的极限承载力。试验结果表明在极限状态下应力增量明显，应力增量基本上为张拉控制应力的15%，因此对理论公式中预应力筋极限应力增量的设计取值建议：

a.适当降低预应力筋的张拉控制应力水平。

b.应力增量可以方便取 $\sigma_{pu} = \sigma_{pe} + \Delta\sigma \leq f_{pd}, \Delta\sigma = 0.15\sigma_{pe}$。

3. 挠曲变形及裂缝

(1)挠曲变形对比见表4-14。

挠曲变形数据对比(单位：mm) 表4-14

梁号	试验实测值	梁号	试验实测值	梁号	试验实测值
1-1	4.0	2-1	41	3-1	23.8
1-2	3.0	2-2	28.4	3-2	22.3
1-3	3.8	2-3	24	3-3	22.6

(2)受力裂缝对比见表4-15。

裂缝宽度数据对比（单位：mm）　　　　　　　　　　　　　表 4-15

梁号	加固梁裂缝	原梁裂缝	梁号	加固梁裂缝	原梁裂缝	梁号	加固梁裂缝	原梁裂缝
1-1	—	1.80	2-1	—	2.50	3-1	1.20	—
1-2	1.80	0.90	2-2	1.2	0.60	3-2	1.30	—
1-3	1.28	0.80	2-3	1.3	0.64	3-3	1.30	—

（3）试验结果分析

①加固砂浆层的砂浆抗拉强度可以较大幅度影响加固梁的整体开裂弯矩，所以加固后梁的弹性阶段大大延长，说明后加预应力与后加补强砂浆对原梁的裂缝开展具有较强的约束作用。

②后加补强砂浆对原梁的开裂有牵制作用，在二次加载过程中在后加砂浆层开裂之前，原梁裂缝基本不开展，随着荷载的增加，后加补强砂浆层开裂，开裂的位置基本与原梁一期荷载裂缝相吻合。极限破坏时，后加补强砂浆的裂缝宽度要大于原梁的裂缝宽度，但是对加固梁的极限承载能力没有影响。

③加固梁在到达屈服弯矩之前，原梁裂缝发展非常缓慢，过了屈服弯矩之后，原梁裂缝开展迅速。

4. 刚度分析

（1）静力刚度

定义跨中弯矩—挠度曲线的斜率为名义刚度 k，该曲线上每一点的斜率可以反映出某一时刻试验梁的静力刚度，其中 k_1 为加固前刚度，k_2 为加固后刚度，k 为对比梁刚度。各试验梁名义刚度统计值见表 4-16。

各试验梁名义刚度统计表　　　　　　　　　　　表 4-16

试验梁	对比刚度 k(kN·m/mm)	名义刚度 k_1(kN·m/mm)	名义刚度 k_2(kN·m/mm)	刚度提高比例
1-1	8.62	—	—	—
1-2	—	8.44	9.87	17%
1-3	—	9.12	12.04	31%
2-1	14.1	—	—	—
2-2	—	11.24	14.44	28.5%
2-3	—	11.4	12.7	11.5%
3-1	10.8	—	—	—
3-2	—	—	10	—
3-3	—	9.03	11.89	31.7%

试验数据表明，有黏结预应力加固技术可以较大幅度提高原梁的静力刚度。

（2）动力刚度

动力刚度试验梁跨度为 4m，截面高度为 300mm，宽度为 200mm，编号为动力梁 4-1 和动力梁 4-2，分别对动力试验梁进行静荷载测试及动力参数测试，根据跨中弯矩—挠度曲线计算静力刚度，根据试验梁基频分析动力刚度。

动力 4-1 梁为普通非加固对比梁，试验结果显示其名义静力刚度 $k = 2.55$kN·m/mm。

完好梁4-1的理论计算一阶频率为22Hz,测试完好梁4-1一阶竖向基频为24Hz,预压后(带裂缝)梁4-1的一阶基频为20Hz。动力4-2梁为加固梁,试验结果显示其名义静力刚度$k=3.06\text{kN}\cdot\text{m/mm}$。测试完好梁4-2一阶竖向基频为25.5Hz。

对比动力刚度4-1与4-2梁的静力动力试验结果可知：

①从静力刚度上看,4-1梁的静力名义刚度为$k=2.55\text{ kN}\cdot\text{m/mm}$,4-2梁的静力名义刚度为$k=3.06\text{ kN}\cdot\text{m/mm}$,提高幅度为20%。从静力挠度上讲,静力刚度的提高直接意味相应静力挠度的降低。

②从动力刚度上讲,测试完好梁4-1一阶竖向基频为24Hz,预压后预压梁4-1的一阶基频为20Hz。完好梁4-2一阶竖向基频为25.5Hz。从完好梁对比可知,动力刚度提高幅度为$(25.5-24)/24=6.25\%$。

③对比预压梁4-1与完好梁4-2的动力刚度结果看,动力刚度提高幅度为$(25.5-20)/20=27.5\%$。

以上结果说明了两个重要问题：

①对应钢筋混凝土梁而言,动力刚度与静力刚度是两个不同的概念,两者在概念上、数值上是不等效的。动力刚度对梁体裂缝敏感,而静力刚度对梁体裂缝敏感性不如动力刚度。

②在实际桥梁的加固计算中,必须严格区分动力刚度、静力刚度。同时要根据原梁的裂缝情况使用对应的静力刚度、动力刚度。

(3)静动力刚度提高原因分析

①预应力的作用。预应力的作用体现在两个方面：一是预应力的施加对原梁体的力学性能有所改变,这部分改变量是假设原梁体是线弹性材料进行计算的;二是预应力的作用使原梁的裂缝闭合,裂缝闭合效应始终是正值,原梁裂缝开裂越明显,该部分效应越大。

②3cm砂浆层的作用。显然3cm砂浆层不仅仅从截面上对原梁的刚度提高较大,同时3cm砂浆层的存在也大大限制了原梁裂缝的极限开展。

③加固后钢绞线的作用。后加钢绞线相当于加大受拉钢筋面积,对梁的刚度提高也起到较大作用。

(4)刚度修正方法

①静力刚度。

对各试验梁的实测名义刚度及理论计算值进行对比分析,可以得到挠度计算的刚度取值(依试验统计),建议在修正后的挠度计算公式中取$B_0=0.95E_cJ_{cr2}$,此处J_{cr2}为按加固后开裂截面计算的截面惯性矩(表4-17)。

试验梁静力刚度统计分析表 表4-17

试验梁	名义刚度(加固后) (kN·m/mm)	理论计算值E_cJ_{cr2} (kN·m/mm)	比　值	比值均值	建议取值$0.95E_cJ_{cr2}$ (kN·m/mm)
1-2	8.4(9.87)	10.04	0.98	1.02	9.54
1-3	9.1(12.0)	10.04	1.20	1.02	9.54
2-2	11.2(14.4)	13.4	1.07	1.02	12.7
2-3	11.4(12.7)	13.4	0.95	1.02	12.7

续上表

试验梁	名义刚度(加固后) (kN·m/mm)	理论计算值 $E_c J_{cr2}$ (kN·m/mm)	比 值	比值均值	建议取值 $0.95 E_c J_{cr2}$ (kN·m/mm)
3-2	—(10.0)	11.47	0.88	1.02	10.9
3-3	9.0(11.9)	11.47	1.04	1.02	10.9

②动力刚度。

在动力刚度计算方面,基频可以采用计算公式 $f_1 = 0.8 \times \dfrac{\pi}{2l^2}\sqrt{E_c J_{02}/m}$(其中调整系数0.8为根据试验结果修正得到),即基频计算时应该采用全截面的惯性矩,这一点同静力刚度计算时采用开裂截面的截面惯性矩不同。

三、正截面疲劳试验

1. 试验方案设计

(1)试验梁制作

所制作试验梁跨度为4m,截面高度为300mm,宽度为200mm,混凝土设计强度等级为C30。试验梁采用木模制作,混凝土浇筑后加盖草袋,洒水养护时间不少于5d,然后放置在试验室内自然养护(室温不低于15℃)14d以上。在试验梁施加一期荷载的同时,进行混凝土试块强度测试,各试验梁混凝土实测抗压强度、钢筋、钢绞线力学性能汇总见表4-18~表4-21。

试件参数 表4-18

	梁编号	梁底受拉钢筋	配筋率	加固配筋	实际跨长(m)	备注
疲劳	5-1	2φ20	$\rho = 1.11\%$		4	对比梁
	5-2	2φ20		2φ^j8.6	4	疲劳试验梁
	5-3	2φ20		2φ^j8.6	4	疲劳试验梁(备份)

试验梁实际混凝土的强度(单位:MPa) 表4-19

梁号	5-1	5-2	5-3
f_{cu}	36.5	35.2	36.9
$f_c (= 0.88 \times 0.76 f_{cu})$	24.4	23.7	24.6
f_{ck} 原设计值	20.1	20.1	20.1

HRB335 钢材材性试验数据 表4-20

φ20	试件1	试件2	试件3	均值
f_{sk}(MPa)	378	366	370	371
f_u	525	530	537	530

$\phi^j 8.6$ 材性试验数据 表4-21

$\phi^j 8.6$	试件1	试件2	试件3	均值(t)
破断力	5.8	5.9	5.8	5.83

(2) 加载系统及试验方案

试验采用单点加载方案,试验加载系统由混凝土支墩和横跨试验梁的地锚反力架组成(图4-27)。在试验梁中点施加疲劳荷载,疲劳荷载由偏心锤的惯性力产生。惯性力的大小可以通过调整电流的大小进行控制,即控制电机的转速。由于疲劳对比梁5-1的极限荷载为6t·m,加固后梁的极限承载力大约在6.5t·m,因此本次疲劳试验控制跨中疲劳弯矩在极限荷载的0~35%之间,即0~2.0kN·m之间,加载次数为200万次。

在本次抗弯加固试验中,参照一般20m T梁实际的恒载内力与车辆荷载的比例关系并考虑到试验梁的实际尺寸与配筋情况,本试验采用的一期荷载控制在加固后试验梁极限破坏荷载的40%以内。因此参照该标准课题组认为用35%的极限承载力来模拟正常使用阶段的活载比较接近真实情况。

实际疲劳加载时,在加载梁跨中布置加速度传感器、动挠度计,分别测试梁振动频率及动挠度。试验数据采集采用动态应变测试系统采集。

图4-27 疲劳试验加载系统

2. 试验现象及结果

(1) 对比梁5-1荷载试验

本次试验中,试验梁5-1为疲劳对比梁,在疲劳试验前进行一次加载破坏,最终对比试验梁5-1的极限弯矩为65kN·m。

(2) 加固梁5-2疲劳试验

加固梁5-2为疲劳试验梁,梁5-2未进行预压直接进行有黏结预应力加固。加固完成并达到后补强砂浆养生周期后进行疲劳试验。疲劳试验的力控制在极限弯矩的0~0.4倍,在完成20万次、40万次、60万次、80万次、100万次、120万次、140万次、160万次、180万次、200万次后分别停机检查加固梁的疲劳破坏特征,经过观察,在达到上述疲劳次数后,后补强砂浆未发生黏结层裂缝脱落现象。

在疲劳试验开始初期,由于疲劳荷载上限值超过开裂荷载,所以在试验初期,有开裂现象,但是裂缝细微,在随后的疲劳试验荷载作用下,初期裂缝并没有明显开展现象。在20万次测得的名义残余挠度为0.2mm,在60万次测得的名义残余挠度为0.25mm,在100万次测得的名义残余挠度为0.28mm,在180万次测得的名义残余挠度为0.3mm。所谓名义残余挠度是指:加载到N万次后停机测量跨中挠度与刚安上激振设备的初始挠度的差值。

(3) 疲劳试验后承载力试验

在完成疲劳试验后,将试验梁5-2进行加载破坏。试验结果表明,该试验梁的最终极限弯矩并未降低,反而还有部分增加的趋势。同时,最终破坏的形态裂缝特征没有出现异常。

3. 试验结果分析

(1) 加固层砂浆与原有梁体底面的黏结是有黏结预应力加固梁的薄弱环节。在静力荷载试验中,没有发生剥落破坏;在疲劳试验过程中,也没有发生疲劳剥落破坏;同样在疲劳试验后,再次对疲劳梁进行静力加载破坏,也没有发生黏结层的剥落破坏。上述试验现象表明只要按照本书提供的施工工艺(分层涂抹并在梁底部设置足够剪力钉)并确保养生环境与养生时间,有黏结预应力加固薄弱层的黏结性能是有保证的。同时也说明,有黏结预应力加固的钢筋混凝土梁在疲劳荷载作用下,加固层与原梁可以较好地共同工作。

(2)对比梁疲劳试验后进行静力加载,与未进行过疲劳试验的加固原梁极限承载力相比,疲劳试验后的加固梁的极限承载力没有降低,甚至还有增加的趋势。

(3)从残余挠度与加载次数的对应关系可以看出:首先在疲劳荷载作用下加固梁有很小的残余变形。其次,该残余变形随疲劳试验次数有所发展,但是发展很缓慢。

(4)加固层砂浆与原有梁体底面黏结层的正截面疲劳验算时,可以借用普通钢筋混凝土梁正截面疲劳验算公式,即原梁受拉边缘处

$$\Delta\sigma_{t,1} - \sigma_{pc} + \sigma_m \leq 0.7 f_{tk} \tag{4-2}$$

式中:$\Delta\sigma_{t,1}$——在可变荷载频遇值弯矩作用下,原梁受拉边缘的拉应力(应力幅);

σ_m——在后加补强砂浆自重弯矩标准值作用下,原梁受拉边缘的拉应力;

σ_{pc}——原梁受拉边缘处的有效预压应力;

f_{tk}——原梁混凝土或灌缝胶体的抗拉强度标准值。不考虑后加砂浆层对原梁混凝土的牵制作用,试验中发现后加补强砂浆对原梁混凝土的牵制作用较小。

第5节 有黏结预应力加固技术工程实例

分别选择位于吉林省的两座桥梁,即长白口岸大桥与通化市红旗大桥,来阐述有黏结预应力加固技术在桥梁工程中的应用。

一、实例1:长白口岸大桥

以长白口岸大桥为例,通过试验桥工程应用以及试验桥荷载试验,证明有黏结预应力加固技术应用在桥梁加固工程中是可行的,加固后桥梁的承载能力提高明显。

1. 桥梁基本概况

长白口岸大桥位于长白县长白镇,跨越鸭绿江,是我国与朝鲜民主主义人民共和国两江道惠山市相连接的国境桥,建于1985年9月,目前由中朝双方共同管理。该桥全长168.12m(正交桥梁,我方管段共计4孔,全长84.06m),桥梁净宽7.0m+2×1.0m人行道(桥梁全宽9.5m),上部结构为钢筋混凝土T形简支梁(两边孔跨径为14m钢筋混凝土简支T梁,其余6孔为20m钢筋混凝土简支T梁,每孔横向布置6片T梁),下部结构为重力式墩台、扩大基础。原设计荷载标准为:中方为汽车—15,挂车—80;朝方为货—13。长白口岸大桥对促进中朝两国经济文化交流、增进中朝两国人民友谊发挥着重要作用。

2. 主要病害分析

吉林省交通运输厅及长白县人民政府委托吉林省交通科学研究所分别于2003年、2008年和2010年对该桥进行了承载能力鉴定及技术状况评价,历次检测鉴定结论基本一致:

(1)主梁混凝土强度满足设计要求,墩身、墩帽混凝土强度满足设计要求。

(2)静荷载试验表明,结构极限承载力及极限状态下的裂缝、挠度值满足原设计的汽车—15,挂车—80的标准要求,但富余不大。

(3)结构动力性能:桥梁结构的一阶竖向自振频率为3.93Hz,小于由车辆荷载产生的强迫振动频率,因此在一般车辆荷载作用下,结构不会产生共振现象。在受迫振动下结构阻尼比较小,不利于桥梁强迫振动的迅速衰减,汽车荷载冲击系数处于正常范围内。

(4)主梁在支点附近存在斜裂缝,在跨中附近出现竖向受弯裂缝,部分裂缝宽度超过正常使用状态的极限值,可能与超载运行有关,墩帽出现多条竖向裂缝,缝宽小于限定值。

(5)钢筋混凝土简支T梁支座存在锈蚀,但基本可以发挥正常功能。

(6)根据桥梁养护规范的相应条款,结合本桥的技术现状及各项实测指标,经加权后的综合评分为38.4,据此可以确定本桥目前的总体状况评定等级为四类。

3. 加固设计方案

随着中朝两国边境贸易的发展,通过长白口岸大桥的车流量和重型超限车辆近年来呈不断上升趋势,桥梁状况已不满足目前的交通需求。桥梁的主要病害为混凝土桥面磨损严重,桥面接缝不平整,主梁存在超宽裂缝,桥面人行道受车辆撞击损坏严重(横向错台最大已达14cm)等。为确保运营安全,长白县人民政府决定对该桥进行加固维修,委托吉林省交通科学研究所进行加固维修设计。

根据桥梁技术现状及检测鉴定结论,初拟长白口岸大桥三个桥梁加固维修方案:方案一,原桥主梁加固;方案二,两侧加宽、原桥主梁加固;方案三,新建货运专用桥梁,原桥降低标准利用。综合技术、经济及国境桥梁的特殊情况,决定采用方案一对桥梁进行加固维修:桥梁不加宽,基本不中断正常口岸交通;采用有黏结预应力技术对上部主梁进行正截面抗弯承载力加固补强,采用高性能复合砂浆增大支点附近腹板厚度对上部主梁进行斜截面抗剪承载力加固补强;采用粘贴钢板对中横隔梁进行加固,增强桥梁结构整体性;下部结构完全利用,钢支座除锈、油漆;对主梁、桥墩墩帽、桥墩墩身裂缝进行修补(封闭处理),对混凝土表面进行修饰;对桥面混凝土进行表层处置,更换人行道梁、人行道板及栏杆,采用大理石及白钢等材料对人行道进行美化。本加固维修方案的优点是最大限度利用现有结构,提高了桥梁承载标准,工程造价低,施工期短,对口岸正常交通影响小。

本桥原设计荷载标准:中方为汽车—15、挂车—80,朝方为货—13。加固维修后桥梁承载力拟达到公路—Ⅱ级荷载标准。

(1)主梁正截面抗弯加固

正截面抗弯加固采用增设锚固于被加固梁体上的小直径预应力钢绞线,然后喷注高性能抗拉复合砂浆(HTCM)的有黏结预应力加固体系。加固设计计算主要依据交通运输部联合科技攻关项目《有粘结预应力加固设计理论及施工技术研究》(2010年完成鉴定,获国际先进水平评价)的有关成果及技术结论。

在梁底水平增设3根$\phi^s15.2$的普通预应力钢绞线。预应力钢绞线先锚固在固定于被加固梁体上的支承钢板上,采用配套单根小型液压千斤顶进行张拉,单根钢筋的张拉力为116kN(即11.6t)。预应力筋张拉、锚固在梁底及腹板两侧,布置在原梁钢筋骨架的高度范围内。在整个钢绞线区域内喷注高性能抗拉复合砂浆(HTCM),构成有黏结预应力正截面加固体系。在张拉过程中,通过油表读数全程监控张拉力。

有黏结预应力加固体系的特点是对后加补强材料施加一定的预应力,从根本上解决了桥梁带载加固后补强材料应变(应力)滞后的先天不足,提高了后加补强材料的利用效率;后喷注的高性能抗拉复合砂浆(HTCM)具有较高的抗拉强度和抗混凝土碳化、抗化学腐蚀能力，可以保护钢筋免于锈蚀，提高结构的耐久性。

有关理论分析及试验研究表明，采用有黏结预应力技术加固中等跨径钢筋混凝土梁，一般可提高主梁抗弯极限承载力约20%。

(2) 主梁斜截面抗剪加固

由于原桥支点腹板宽度为18cm，腹板宽度不大，与按照公路—Ⅱ级荷载标准计算的剪力所要求的截面最小尺寸相比富余不大，需要加大截面宽度。

本设计在靠近边支点的第一个横隔梁区段范围内，在腹板两侧呈梅花形植筋(抗剪构造钢筋，间距50cm)，然后在构造钢筋间挂设钢筋网，之后在腹板两侧喷注30mm厚的高性能抗拉复合砂浆(HTCM)，与腹板黏结为一体，通过增大腹板厚度提高主梁的抗剪能力。

(3) 横隔梁粘贴钢板加固

全桥各跨除端横隔梁外的所有中横梁均进行加固处理，在横梁下缘范围两侧粘贴钢板，通过高强螺栓及高强结构胶对钢板进行固定并与原横隔梁连接为整体，加固后的横隔梁不但自身抗弯刚度大大增强，还将进一步加强各主梁间的横向连接及传力，确保桥梁结构的整体性。

(4) 附属及其他工程维修要点

① 人行道维修及美化：人行道有多处损坏，特别是第三、四孔横向变位较大，本次设计对原人行道板、人行道梁及人行道支撑梁均进行更换，加强人行道梁及支撑梁与主梁的连接，采用大理石材料对人行道进行镶面、采用白钢栏杆替换原栏杆达到对人行道的整体美化。

② 桥面维修：桥面维修的目标是为确保桥面平整，减小由于车辆振动对桥梁的不利影响。由于不中断口岸交通，为降低对正常行车的干扰，本次设计首先清除桥面表层混凝土(1cm)，然后修补裂缝及坑槽，最后在桥面上加铺1cm厚混凝土快速修补表面材料，伸缩缝暂不处理。

③ 混凝土裂缝修补：混凝土裂缝的存在既影响了结构外观质量，又必将降低结构的长期耐久性能及结构刚度，如不及早修补，将削弱结构的承载能力，影响结构正常使用。为消除混凝土裂缝对上部主梁及下部墩台结构耐久性及承载能力的不利影响，本次设计对存在裂缝的上部主梁、下部墩台盖梁、墩台身等混凝土表面进行处理，对桥梁已产生的裂缝采取化学灌浆处理等处理方法，以防有害物质侵入混凝土，造成预应力钢筋的锈蚀。另外对结构混凝土表面进行清洁及涂装。

4. 施工工艺要点

(1) 主要工序

① 全桥下部搭设满堂支架、人行道构件预制。

② 修补主梁及墩台混凝土裂缝、钢构件加工。

③ 安装及张拉预应力加固钢筋，喷射高性能抗拉砂浆进行主梁正截面及斜截面加固。

④ 粘贴钢板进行横梁加固。

⑤ 人行道拆除，安装预制件。

⑥ 桥面修补、栏杆更换、人行道美化及支座除锈油漆、结构混凝土表面涂装。

⑦ 成桥荷载试验。

(2)有黏结预应力加固主梁正截面

①首先在要安装支承钢板的位置敲掉适当混凝土至露出梁体钢筋;同时对要加固的梁底的混凝土表面进行清洗,去除油污杂物。

②支承钢板的安装、锚固与焊接:按设计位置钻孔,用膨胀螺栓固定支承钢板并与原梁体的纵向主钢筋进行焊接;然后对包住梁体的钢板对接处焊接,高强螺栓的安装应符合植筋工艺。

③梁底预应力钢筋的安装、锚固与张拉:本桥每片梁底部布置3根$\phi^s15.2$的预应力钢绞线,采用YM15-1型夹片式锚具,采用小型千斤顶从一端进行张拉;张拉控制应力取抗拉强度标准值的45%,即830MPa,采用双控技术控制;钢绞线采用二次张拉,每孔桥6片主梁相同位置的钢绞线应同时张拉;张拉时锚具螺栓可能影响到千斤顶的作业空间,实际张拉时建议采用偏转张拉的工艺,偏转角度约15°即可;另外需要说明的是,在设计时已经考虑到偏转张拉预应力损失。

④喷注的高性能抗拉复合砂浆(HTCM)每层喷射厚度不超过30mm;若喷射厚度大于30mm应分层喷射,且间隔大于2h(根据喷注时温度可以适当延长);喷射后应保持表面湿润,进行喷雾养护48h后即可完全硬化;最后进行外层喷保护漆层。

(3)粘贴钢板加固横隔梁

横隔梁粘贴钢板加固施工必须在主梁预应力钢绞线张拉完成后进行,采用压力注胶法的工艺流程:混凝土表面裂缝处理→混凝土表面清理及钢板位置放样→混凝土粘合面表面处理→钢结构粘合面表面处理→混凝土上打孔植筋→钢板上配套打孔及安装→配制建筑结构胶→预留注胶孔及封边→压力注胶工艺施工→常温固化→切除锚固螺栓头→钢板防腐处理。

①混凝土表面裂缝处理:在进行粘贴钢板前,先进行裂缝封闭或灌封工作,处理完成且达到养护时间后,再清理粘贴钢板的混凝土区域。

②混凝土表面清理:清理粘贴钢板的混凝土区域,去除油污等异物,根据设计图纸的要求并结合现场测量定位,在需粘贴钢板加固处的混凝土表面放出钢板位置大样,凿除需要粘贴钢板区域的混凝土表面6~8mm厚的表层砂浆,使坚实的混凝土石外露,并形成平整的粗糙面,表面不平处应用尖凿轻凿整平,再用钢丝轮清除表面浮浆,剔除表层疏松物,最后用无油压缩空气吹除表面粉尘或清水冲洗干净,待完全干燥后用脱脂棉沾丙酮擦拭表面。

③混凝土粘合面表面处理:用斩斧在粘合面上依次轻斩混凝土表面,斩斧纹路应与受力方向垂直,除去表层0.2~0.3cm以露出砂石新面,并除去粉粒(用无油压缩空气吹除或用毛刷扫除表面粉粒);用无油棉丝蘸丙酮擦拭混凝土粘合面,除去油污;保持混凝土粘合面干燥清洁状态。

④钢板粘合面表面处理:钢板粘合面必须进行除锈和粗糙处理;钢板粘合面可用喷砂或平砂轮打磨除锈,直至出现金属光泽。钢板粘合面有一定粗糙度,打磨纹路应与钢板受力方向垂直。

⑤在混凝土表面打孔植筋。

⑥钢板上配套打孔:根据设计图纸进行钢板下料,并根据混凝土上实际的钻孔位置对所要粘贴的钢板进行配套打孔,打孔完成后,焊接钢板接缝(应在钢板安装前完成,严禁钢板安

装后再进行钢板焊接)实现钢板的接长,然后在混凝土和钢板之间垫入 3mm 厚的垫片,将钢板套在螺栓上调整水平和固定,完成钢板安装。

⑦配制 JN 建筑结构胶:JN 建筑结构胶为 A、B 两组分环氧树脂类,需在使用时于现场临时配制。建议使用前进行现场试配试验,并根据施工工艺、气温条件、所需操作时间等对 B 剂(固化剂)的用量作适当调整。一般情况下配胶比可为 A:B = 100:30。

⑧预留注胶孔及封边:在钢板上为注入座预留孔洞位置,并将密封材料密封注入座的周边,用密封材料密封钢板及锚固螺栓的周边,同时按加固方案的要求安置排气管。

⑨压力注胶工艺:选择晴朗、干燥天气操作;压注黏结剂前首先将主剂和固化剂充分混合,然后倒入压力罐内;压力罐出胶口和设置在钢板上的注入口用透明塑料软管连接,接口处绑扎密实,通过给压力罐施加低压,将罐内黏结剂压入钢板与混凝土板之间的空隙中;涂胶饱满程度检查:待注胶的注入座四角透气管均开始流胶时,封闭这些透气管,并取下透明胶管,用封堵管封堵注入座,开始下一注入座位置的灌胶。

⑩固化及检验:JN 建筑结构胶在常温接触压力下固化,施工后应立即固定,固化期间避免扰动;固化温度降低,固化时间应相应延长;在注胶过程中及完成后,及时用小锤敲打钢板,检查黏结剂的饱满程度,如发现不饱满,则应重新灌胶,黏结剂的饱满度不小于整个灌胶面积的 95%;粘钢的同时可制备 5 个钢—混凝土双剪试件,进行黏结抗剪强度试验;粗略的钢—混凝土黏结检验可在施工时进行,同条件粘一小块钢板于混凝土面上,完全固化后进行破坏试验,合格的破坏面应在混凝土上。钢板与混凝土之间的黏结强度设计值为 1.21MPa。

⑪切除锚固螺栓头:螺栓头的切除必须采用冷切工艺,不得采用氧割或气割,不得敲击螺栓头,以保证钢板粘贴质量不受影响;螺栓头的切除必须在钢板粘贴检查合格后进行。

⑫钢板防腐处理:粘贴加固的钢板应按照设计的要求进行防腐处理,对于常规的情况可在钢板表面粉刷水泥砂浆保护。如钢板面积较大,为了有利于砂浆黏结,可粘一层钢丝网或点粘一层豆石,并在抹灰时粉刷一道混凝土界面剂。水泥砂浆的厚度:对于梁不应小于 20mm,对于板不应小于 15mm。对于常规的钢板防腐,可采用以下防腐处理工艺:

a. 钢板外露部分在涂漆前必须除锈,用丙酮擦去油污,并保持干燥。

b. 防锈涂料可采用特防三涂,涂刷特防胶前,钢板必须除锈,呈金属光泽。由丙酮除油污,进行严格清洁处理后,才可进行涂刷。后涂必须在前涂固化后才能进行。

(4)混凝土植筋工艺

①钻孔:根据设计图的配筋位置及数量,错开原结构钢筋位置,标注出植筋位置;用钢筋探测仪检查植筋部位的原混凝土钢筋位置,以确定钻孔位置;用冲击钻钻孔,螺栓的钻孔直径参照相关的性能指标,标尺设定为成孔深度;初钻时要慢,待钻头定位稳定后,再全速钻进;钻孔时应尽量减少钻孔时的振动,防止造成崩边等破坏,但必须用凿毛器将孔壁凿毛;成孔尽量垂直于植筋结构平面,钻孔中若遇到钢筋(螺栓)是主筋时必须改孔。

②清孔、吹孔:植筋孔钻到设计深度后,用刷子刷落孔壁灰渣;将气筒导管插入孔底,来回打气吹出灰渣;成孔后,必须等孔内干燥再用上述方法清孔,并保持孔内干净、干燥至注胶前;按上述工序需进行刷孔及吹孔各三遍,直至孔内清洁干燥为止。

③注胶:注胶前,须详细阅读植筋(螺栓)胶使用说明书,掌握其正确的使用方法,查看胶的有效期,过期的坚决不能使用;当环境、条件(温度、湿度)不满足时,应停止施工;检查植筋

(螺栓)孔是否干净、干燥;当上述条件满足后,把植筋胶放入胶枪中,接上混合管(必要时接上延长管);每支胶最先挤出的胶体颜色不均匀的部分(约10cm)应弃之,见到颜色一致的胶体后再将混合管插入孔底,从孔底向外注入黏结剂,注满孔洞的2/3,保证植筋(螺栓)后饱满。

④植入钢筋(螺栓或钢筋):将加工好并除锈后的钢筋(螺栓)轻砸击至孔底,钢筋(螺栓)插入要缓慢,防止黏结剂在钢筋(螺栓)的快速挤压下喷出,造成钢筋(螺栓)与胶体之间不能完全紧密结合;钢筋(螺栓)插到孔底后,调整好外露部分位置,用绑丝或其他方法固定好钢筋(螺栓),应用钢板条模板定位钢筋;由下向上进行植筋(螺栓)施工时,应先将内装结构胶的胶袋或玻璃管埋入植筋(螺栓)孔中,再用电钻将钢筋(螺栓)植入,通过钢筋(螺栓)的挤压将胶袋或玻璃管破碎,并使流出的植筋胶将孔洞填满,将钢筋(螺栓)紧密包裹。

⑤固化养护:在强力植筋胶完全固化前不能振动钢筋。强力植筋胶在常温下就可完成固化,50h后便可进行下道工序施工。

⑥抗拔试验:在植筋施工前,要对钢筋及植筋胶进行现场拉拔试验,确定钢筋及植筋胶是否符合设计要求。方法是:制作与要植筋部位混凝土构件相同强度等级的混凝土试件,按植筋步骤,植入3组钢筋,待植筋胶完全固化后,进行拉拔试验。试验用专用的钢筋测力计,当加力达到 II 级钢筋屈服强度($450N/mm^2$)时,出现颈缩现象,继而拉断。测试时测力计施加于卡具的力应符合 FC ≥ FYK(FC:测力计施加的力,N/mm^2;FYK:钢筋的屈服强度,N/mm^2)。试验证明:植筋用的植筋胶强度大于钢筋的屈服强度,植筋的破坏是钢筋的屈服破坏,不是胶的黏结破坏,这表明钢筋和植筋胶都是合格的。

(5)结构混凝土表面修补

①裂缝表面封闭。

裂缝宽度小于0.15mm(不包括0.15mm)的裂缝,采用环氧胶泥封闭处理的方法。表面封闭施工应按以下工艺流程进行:

a.扩缝:为了得到较好的封闭效果,先将细小的裂缝凿成"V"形槽,"V"形槽顶宽20mm,槽深15mm(如裂缝深度超过15mm,则将"V"形槽直接凿到裂缝底),槽面应尽量平整。

b.清渣、吹风:用钢丝刷清除槽内及其周边的松脱物,凿去浮渣,再用高压空气将"V"形槽吹干净,使槽内混凝土面无灰尘,若槽中有油污,则用丙酮清洗。

c.涂刷环氧胶液:为了提高环氧胶泥与混凝土之间的黏结力,在封闭裂缝之前,用毛刷蘸上配制好的补缝环氧胶液,沿"V"形槽口内均匀涂刷一层环氧胶液。在垂直方向可静力灌注,使部分环氧胶液灌入裂缝中。

d.环氧胶泥封闭:待环氧胶液半干时,用配制好的环氧胶泥封缝并压实抹干。

②裂缝压力灌浆。

裂缝宽度大于或等于0.15mm的裂缝,应采用压力灌浆法进行修补。压力灌浆是以一定的压力,将环氧砂浆灌至裂缝深部,达到恢复结构的整体性、耐久性及防水性能的目的。压力灌浆施工应按以下工艺流程进行:

a.裂缝处理:用刮刀、扁铲沿裂缝将黏附在混凝土表面上的灰浆、尘土铲去,并沿缝开凿"V"形槽,继而用高压空气吹干净,若有油污则用丙酮清洗。

b. 粘压浆嘴：将浆嘴粘贴面用砂纸擦亮，清洗干净，并检查开关是否完好，然后在裂缝表面每隔20cm左右骑缝粘贴压浆嘴。缝窄应密，缝宽可稀，但每条裂缝至少要有一个进浆孔和一个排气孔。

c. 封闭裂缝：用环氧胶泥将压浆嘴及裂缝表面封闭密实，使其形成一个封闭性的空缝。

d. 密封检查：为保证密闭空缝的密闭性及承受灌浆压力作用，应检查封缝的密封效果。检查办法：待封缝的环氧胶泥固化后，沿缝涂一层肥皂水，并从压浆嘴向缝中通入压缩空气；若无冒泡现象，表示密闭效果良好，否则应予修补。

e. 压力灌浆：将环氧砂浆倒入压浆罐，盖好盖子，用扳手拧紧螺栓，不得漏气。打开空气压缩机送气阀，待压浆罐内压力达到要求时（一般压力为0.25~0.35MPa），打开出浆阀门进行灌浆。压浆的次序是先低后高，由低位压浆嘴向高位压浆嘴依次进行压浆，要使相邻的高位压浆嘴流出浆液，表明两嘴间的裂缝已被浆液充满，方能关闭此压浆嘴。依次压浆，直到把裂缝压满并持压一段时间后，方可对下一条裂缝压浆。

f. 压浆后的封口处理：压浆完成后，关上压浆嘴的阀门，待缝内浆液初凝而不外流时，可拆下压浆嘴，清除其上的浆液，以备重复使用。待浆液固化后，再用环氧胶泥将压浆口封闭，并抹平。

g. 压浆质量检查：压浆密实情况，可用超声波法测定灌浆前后声波速度的变化，并结合进浆量确定灌浆的密实程度，也可采用向缝中通入压缩空气或压力水检验。如没有达到预期效果，还需钻孔埋管进行补灌。

③混凝土表面喷涂：剔凿、修整局部劣化的混凝土表面，如空鼓、松动和剥落等，用压力水冲净混凝土表面，且使旧混凝土水分饱和；混凝土表面喷涂西卡—903或硅烷类阻锈剂，应连续喷涂，使被涂表面饱和并溢流；混凝土表面温度应在5~45℃之间；涂刷混凝土表面漆料（硅烷类或环氧类涂料）两遍。

(6) 钢结构施工要求

①焊缝强度：所有钢结构焊接的焊缝厚度均应与母材等强度要求相符。主要受力构件要求采用双面焊接。

②钢结构加工要求：钢板下料时的容许偏差为±1mm；钢板切割时的容许偏差为±2mm；采用自动或半自动切割时的尺寸容许偏差为±1.5mm，切割面垂直度不得大于钢板厚度的5%，且不应大于2mm。

③钢构件的主体焊接应尽可能在厂内或室内进行，焊接前应进行钢板预热。

④焊缝检验：对所有焊缝均应进行100%超声波探伤。

现场施工照片如图4-28所示。

二、实例2：通化市红旗大桥

以通化市红旗大桥为例，通过试验桥工程应用以及试验桥荷载试验，证明有黏结预应力加固技术应用在桥梁加固工程中是可行的，加固后桥梁的承载能力提高明显。

1. 桥梁基本概况

通化市红旗大桥横跨浑江，始建于1965年，是通化市浑江流域重要交通枢纽。桥梁全长332m，桥面净空：净—13m+2×2.25m人行道，设计荷载：汽—13、拖—60、人群—3.5kN/m²。

上部构造为17孔装配式钢筋混凝土简支梁桥,单孔跨径19.46m,下部为三柱式墩身,混凝土扩大基础。桥梁每孔由9片T梁构成,采用铰接方式,主梁间距160cm,梁高120cm,悬臂端部厚度为8cm,腹板厚为18cm。沿桥纵向设置八道横隔梁加强横向联系,以提高结构整体性,高度90cm,间距为270cm,厚度为15cm。桥梁纵、横向布置如图4-29、图4-30所示。试验桥全貌如图4-31所示。

图4-28 现场施工照片

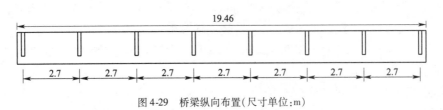

图4-29 桥梁纵向布置(尺寸单位:m)

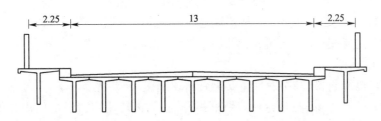

图4-30 桥梁横向布置(尺寸单位:m)

2. 主要病害分析

该桥自建成已投入使用40余年,2009年进行提载加固前,对桥梁的技术状况进行了详

图4-31 试验桥全貌

细的检测与分析。

（1）桥梁外观检查结论

①主梁梁体未见明显裂缝，部分横隔梁各断面发现可见裂缝。混凝土表面无空洞、漏筋等明显质量缺陷，但主梁腹板、翼缘底面及横隔梁梁体表面多处有碱蚀现象。其中1号、2号、3号梁之间横隔梁呈现有规律的裂缝，其余各主梁之间未见明显裂缝。经分析，由于2号梁横向分布系数最大，1号、2号、3号梁之间横隔梁也承担较大结构变形，而这种早期的横隔梁尺寸较小、构造亦不太合理，该裂缝为结构受力性裂缝。

②分别选定3片梁进行了碳化深度测定。根据对各个测孔的测量，发现主梁混凝土的碳化深度达到3.0mm，混凝土碳化情况正常。

③采用回弹法测定主梁混凝土强度41MPa，表明混凝土有足够强度。

④支座无脱落、错位现象，处于正常工作状态。盖梁表面有部分碱蚀现象。梁端与桥墩的相对位置及支座摆放正确，桥墩无可见裂缝。

⑤桥面铺装有破损，桥面的平整度较差。桥面线形比较顺畅，排水设施、两侧栏杆等均有损伤。伸缩缝工作状况较差，已经影响到正常行车。

（2）静载试验结论

①采用总重300kN的加载车辆进行加载试验，跨中弯矩的加载荷载系数接近于1.03。

②从挠度角度分析：2～5号梁在二级荷载作用下的挠度校验系数分别为0.51、0.60、0.72、0.78，满足公路旧桥检测规范规定的钢筋混凝土梁的挠度校验系数在0.6～0.85之间；其中跨中最大实测挠度值为6.2mm（2号梁），可推出在设计活载作用下，该桥主梁跨中截面最大挠度小于规范规定的容许限值$L/600 = 19000/600 = 31.7$mm，也小于$L/1600 = 19000/1600 = 11.9$mm；量测的残余变形值与总变形值的比值最大为0.145，满足《大跨径混凝土桥梁的试验方法》中规定的$\alpha \leqslant 0.2$。这说明该桥结构的弹性工作效率高，与设计理论的假设条件更加接近；由以上分析可以得出红旗大桥的整体刚度、整体变形满足设计要求（城—B荷载），工作性能较好。

③从应变角度分析：通过应变理论值与实测值对比分析可得出，2号、4号、5号梁的应变校验系数为0.67、1.05、0.75。显然，2号、5号梁满足规范规定的钢筋混凝土梁的应变校验系数范围0.60～0.85，4号梁大于规范规定的上限值。由以上分析可以得出，2号、5号主梁跨中持久状况正常使用应力状态满足城—B荷载要求，4号梁跨中持久状况正常使用应力状态不满足要求。

④从裂缝角度分析：试验中发现主梁梁底出现细微裂缝，尤其2号、3号梁明显；裂缝宽度小于规范规定的0.2mm，与理论计算结果相符，满足正常使用阶段的使用要求；结构的承载力影响不大；第二跨右侧有两片梁梁底局部粘有原施工时遗留的黏土底模，影响结构外观；该桥橡胶支座变形老化较为严重；桥面系基本完好，桥面平整，无明显坑槽；下部墩台混凝土质量较好，地基承载力潜力较大。

(3)桥梁处置意见

①1号、2号、3号梁之间横隔梁呈现有规律的裂缝,该裂缝为结构受力性裂缝,必须尽快进行加固补强,确保梁体之间的受力横向形成一个整体。

②从应变角度分析(正常使用极限状态)可知,4号梁大于规范规定的上限值,必须尽快进行加固补强。

③针对红旗桥的实际情况,采用合适有效的加固工艺对该桥进行补强加固,跨中正截面经过加固后截面所能承担的最大的承载力完全可以满足城—B的要求。而且红旗桥下部墩柱结构完好,实测主梁混凝土强度足够,这为上部结构加固提供了良好的基础。

④从极限承载力分析可知:跨中正截面抗弯极限承载力不满足城—B级荷载的要求,应进行加固补强(本次维护工程的重点)。

⑤必须对该桥相关的耐久性处理,特别是1号、2号、3号梁之间由于横隔梁有规律的裂缝导致桥梁渗水而引起的混凝土表面损伤。

⑥建议对桥头跳车及伸缩缝进行有效处理。

⑦建议对桥面栏杆进行改造。

3. 加固设计方案

(1)加固设计基本原则

根据红旗大桥改造工程要求,按城市—B级荷载标准对该桥进行加固补强设计:按城市—B级荷载标准要求,对主梁的正截面抗弯承载力和斜截面抗剪承载力进行加固补强;沿跨长方向,对第3、第6道横隔梁进行加固补强,由于本桥沿20m跨长范围内有8道横隔梁,数量较多,且部分横隔梁较完好,故只对横向受力起作用的第3、第6道横隔梁进行加固补强;正截面抗弯加固采用增设锚固于被加固梁体上的小直径预应力钢绞线,斜截面抗剪加固采用增设锚固于被加固梁体上的小直径普通钢筋(横向张拉提供预应力),然后喷注高性能抗拉复合砂浆(HTCM)的有黏结预应力加固体系。

(2)设计采用的依据与规范

①《通化红旗大桥相关桥梁竣工图》(通化市市政工程管理处提供)。

②《公路工程技术标准》(JTG B01—2014)。

③《公路桥涵设计通用规范》(JTG D60—2015)。

④《公路钢筋混凝土及预应力混凝土桥涵设计规范》(JTG D62—2004)。

⑤《公路桥涵地基与基础设计规范》(JTG D63—2007)。

⑥《公路桥梁加固设计规范》(JTG/T J22—2008)。

⑦《公路工程设计准则》(1956年)。

(3)正截面抗弯加固

东侧第1孔(1孔):在梁底水平增设3根$\phi^s15.24$的普通预应力钢绞线。预应力钢绞线先锚固在固定于被加固梁体上的支承钢板上,采用配套单根小型液压千斤顶进行张拉,单根钢筋的张拉力为116kN(即11.6t)。预应力筋张拉、锚固在梁底及腹板两侧布置原梁钢筋骨架的高度范围内。在整个钢绞线区域内喷注高性能抗拉复合砂浆(HTCM),构成有黏结预应力正截面加固体系。在张拉过程中,通过油表读数全程监控张拉力。加固梁纵、横断面如图4-32、图4-33所示。

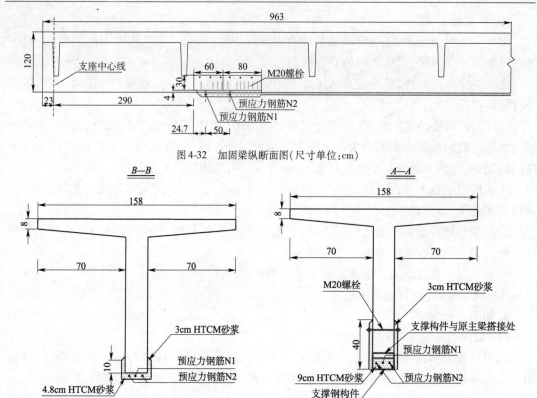

图 4-32 加固梁纵断面图(尺寸单位:cm)

图 4-33 加固梁横断面图(尺寸单位:cm)
a)跨中;b)锚固端

其余孔(16 孔):在梁底水平增设 3 根 $\phi^s15.24$ 的环氧喷涂预应力钢绞线。钢绞线先锚固在固定于被加固梁体上的支承钢板上,采用配套单根小型液压千斤顶进行张拉,单根钢筋的张拉力为 116kN(即 11.6t)。预应力筋张拉、锚固在梁底及腹板两侧布置原梁钢筋骨架的高度范围内。仅在锚固处喷注高性能抗拉复合砂浆(HTCM)。在张拉过程中,通过油表读取全程监控张拉力数值。

(4)斜截面抗剪加固

在靠边支点的第一个横隔梁区段范围内,在腹板两侧增设竖向预应力筋,竖向预应力筋采用直径 10mm 的 HRB335 钢筋,间距为 150mm。预应力筋的两端焊接在固定于腹板上的锚固钢板条上(钢板条的厚度 10mm)。在预应力筋中部,对相邻两根预应力筋施加横向拉紧力,将预应力筋拉紧呈折线形,然后在腹板两侧喷注 30mm 厚的高性能抗拉复合砂浆(HTCM),将预应力筋与腹板黏结为一体,构成有黏结预应力斜截面加固系统。在张拉过程中,对预应力钢筋粘贴应力片,全程监控张拉力。

本桥梁正截面(东侧第 1 孔)、斜截面加固采用有黏结预应力加固方法,有黏结预应力加固体系的特点是对后加补强材料施加一定的预应力,从根本上解决了桥梁带载加固后补强材料应变(应力)滞后的先天不足,提高了后加补强材料的利用效率;后喷注的高性能抗拉复合砂浆(HTCM)具有较高的抗拉强度、抗混凝土碳化及抗化学腐蚀能力,可以保护钢筋免于锈蚀,提高结构的耐久性。

对本桥而言,后喷注的高性能抗拉复合砂浆(HTCM)还有更重要的意义。由于原桥支点腹板宽度为18cm,腹板宽度不大,不满足按照城市—B级荷载计算的剪力所要求的截面最小尺寸,需要加大截面宽度,因此,本桥斜截面采用的加固方法可以起到双倍的效应。

4. 施工工艺要点

(1)正截面加固

①首先在要安装支承钢板的位置敲掉适当混凝土至露出梁体钢筋;同时对要加固的梁底的混凝土表面进行清洗,去除油污杂物。

②支承钢板安装、锚固与焊接:按设计位置钻孔,用膨胀螺栓固定支承钢板并与原梁体的纵向主钢筋进行焊接;再对包住梁体的钢板对接处焊接,高强螺栓的安装应符合植筋工艺。

③梁底预应力钢筋的安装、锚固与张拉:本桥每片梁底部布置3根$\phi^s15.24$的预应力钢绞线,采用YM15-1型夹片式锚具,采用小型千斤顶从一端进行张拉;张拉控制应力取抗拉强度标准值的45%,即830MPa,采用双控技术控制;钢绞线采用二次张拉;张拉时锚具螺栓可能影响到千斤顶的作业空间,实际张拉时建议采用偏转张拉的工艺,偏转角度约15°即可。设计时,已经考虑到偏转张拉预应力损失。

④喷注高性能抗拉复合砂浆(HTCM),每层喷射厚度不超过30mm;若喷射厚度大于30mm应分层喷射,且间隔大于2h(根据喷注时温度可以适当延长);喷射后应保持表面湿润,喷雾养护48h以上即可完全硬化;最后进行外层喷保护漆层;需要说明的是,钢锚箱材质为Q345,表面喷砂处理,对应的摩擦面的抗滑移系数为0.55。施工工艺照片如图4-34~图4-38所示。

图4-34 正截面加固后梁底

图4-35 正截面加固后梁底锚固及横梁加固(体外环氧钢绞线)

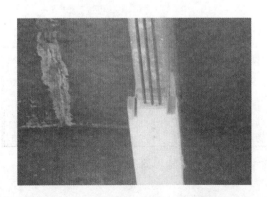

图4-36 正截面加固采用的环氧钢绞线

图4-37 正截面加固后梁底(有黏结钢绞线)

(2)斜截面加固

①对原梁表面进行清洗,去除油污杂物等。

②安装锚固钢板和焊接:避开原梁体钢筋,与原梁采用粘贴和锚固相结合的方式。

③普通钢筋的横向张拉:在张拉过程中全程张拉力监控。

④喷注高性能抗拉复合砂浆(HTCM),每层喷射厚度不超过30mm;若喷射厚度大于30mm应分层喷射,且间隔大于2h;喷射后应保持表面湿润,喷雾养护48h以上即可完全硬化;最后进行外层喷保护漆层。钢锚箱材质为Q345,表面喷砂处理,对应的摩擦面的抗滑移系数为0.55。

斜截面加固支点截面如图4-39所示。

图4-38 加固后横隔梁(粘贴钢板加固)

图4-39 斜截面加固支点截面(有黏结预应力)

(3)植筋

具体标准参照《公路桥梁加固设计规范》(JTG/T J22—2008)。需要说明的是 M20 螺栓材料为10.9级,对应螺栓预拉力设计值为155kN;钻孔时要细致小心不要损害原主梁主筋。

5.加固效果评价

(1)试验加载效率

跨中截面在试验荷载作用下的最大内力值,与设计荷载(城—B级汽车荷载)作用下的控制截面的理论内力值的比值,为试验加载效率。经计算红旗大桥在两列偏载作用下,2号梁跨中弯矩最大。因而本次静载试验以2号梁跨中截面最大正弯矩为控制加载效率。红旗大桥试验加载频率见表4-22。

红旗大桥试验加载效率   表4-22

梁号	设计活载内力 S_s		试验活载内力 S		加载效率 η_q	
	最大跨中弯矩(kN·m)	最大支点剪力(kN)	最大跨中弯矩(kN·m)	最大支点剪力(kN)	弯矩	剪力
2	508.31	114.41	522.99	124.20	1.03	1.09

由上表可知荷载试验加荷效率均接近于1.0,满足基本荷载试验 $\eta \geqslant 0.85$ 的试验要求。

(2)控制截面挠度(变形)数据分析

本次试验对2号、3号、4号、5号梁跨中截面挠度进行了测试,见表4-23。

理论挠度与试验挠度对照表 表 4-23

梁号		2 号	3 号	4 号	5 号
理论值 （mm）	Ⅰ级加载	5.3	4.5	3.7	2.6
	Ⅱ级加载	11.0	9.3	7.6	5.8
实测值 （mm）	Ⅰ级加载	2.1	2.2	2.2	2.1
	Ⅱ级加载	4.3	4.0	3.8	3.7
	残余变形	0.1	0.1	0	0
校验系数	Ⅰ级加载	0.41	0.48	0.59	0.82
	Ⅱ级加载	0.39	0.43	0.50	0.64

由以上挠度理论值与实测值对比分析可得出：2~5 号梁在二级荷载作用下的挠度校验系数分别为 0.39、0.43、0.50、0.64，满足公路旧桥检测规范规定的钢筋混凝土梁的挠度校验系数应在 0.6~0.85 以下。

其中，跨中最大实测挠度值为 4.8mm（2 号梁），由此可推出在设计活载作用下，该桥主梁跨中截面的最大挠度小于规范规定的容许限值 $L/600 = 19000/600 = 31.7$mm。

量测的残余变形值与量测的总变形值的比值很小，满足《大跨径混凝土桥梁的试验方法》中规定的 $\alpha \leq 0.2$。这说明该桥结构的弹性工作效率高，与设计理论的假设条件更加接近。

由以上分析可以得出红旗大桥的整体刚度、整体变形满足设计要求（城 B 荷载），工作性能较好。

（3）应变数据分析

利用振弦式应变计，重点对 2 号梁梁底应变进行了测量（表 4-24、表 4-25）。

理论应变与试验应变对照表 表 4-24

梁号		2 号	3 号	4 号	5 号
理论值 （$\mu\varepsilon$）	Ⅰ级加载	149	127	104	81
	Ⅱ级加载	298	254	209	162
实测值 （$\mu\varepsilon$）	Ⅰ级加载	97	37（不采用）	96	56.5
	Ⅱ级加载	198.5	97（不采用）	219	121.5
校验系数	Ⅰ级加载	0.65	—	0.92	0.70
	Ⅱ级加载	0.67	—	1.05	0.75

理论应变与试验应变对照表（2 号梁） 表 4-25

试 验 值	理论计算值（$\mu\varepsilon$）	荷载试验值（$\mu\varepsilon$）	校验系数（试验/理论）
第 1 次	150	67.5	0.34
	150	64.5	0.43
第 2 次	150	61.5	0.41
	150	58.5	0.39

对应变理论值与实测值对比分析可得出：2 号梁的应变校验系数在 0.4 左右，满足规范要求（规范规定为 0.7~0.85 以下），表明主梁跨中持久状况正常使用应力状态满足城—B

荷载要求。

(4)裂缝观察结果

通过对红旗大桥的理论分析,该桥在一期恒载作用下已发生开裂,裂缝宽度为0.093 mm,但是在现场未观察到裂缝。通过对加固后2号梁(跨中弯矩最大)的观察,在试验车荷载作用下,有极细微裂缝产生,但裂缝宽度极小(远小于Ⅱ类环境裂缝限值0.1 mm),满足加固后B类构件的规范要求。由以上分析可以得出,各试验梁在试验荷载作用下构件裂缝宽度满足要求。

6. 极限承载力复核计算

(1)内力计算

①跨中弯矩(城—B级荷载):

恒载弯矩标准值 $M_{GK} = 751.5$ kN·m

汽车荷载弯矩标准值 $M_{Q1K} = 732.7$ kN·m

人群荷载弯矩标准值 $M_{Q2K} = 80.9$ kN·m

弯矩组合设计值

$$M_d = 1.2 \times M_{GK} + 1.4 \times M_{Q1K} + 0.8 \times 1.2 \times M_{Q2K}$$
$$= 1.2 \times 751.5 + 1.4 \times 1.2 \times 732.7 + 0.8 \times 1.2 \times 80.9 = 2210 (\text{kN·m})$$

②跨中弯矩(城—A级荷载):

恒载弯矩标准值 $M_{GK} = 751.5$ kN·m

汽车荷载弯矩标准值 $M_{Q1K} = 834.8$ kN·m

人群荷载弯矩标准值 $M_{Q2K} = 80.9$ kN·m

弯矩组合设计值

$$M_d = 1.2 \times M_{GK} + 1.4 \times 1.2 \times M_{Q1K} + 0.8 \times 1.2 \times M_{Q2K}$$
$$= 1.2 \times 751.5 + 1.4 \times 1.2 \times 834.8 + 0.8 \times 1.2 \times 80.9 = 2381 (\text{kN·m})$$

③结构重要性系数 $\gamma_0 = 1.0$。

(2)跨中截面承载力校核

原梁承载力校核按《公路钢筋混凝土及预应力混凝土桥涵设计规范》(JTG D62—2004)有关规定计算。综合分析现场检测和原梁设计资料,混凝土强度等级取C25,$f_{cd} = 11.5$ MPa,$f_{td} = 1.23$ MPa;钢筋 $f_{sd} = 230$ MPa,$\xi_b = 0.59$,钢筋基本无腐蚀,$\alpha_s = 1.0$。

按承载力计算的基本方程简化为:

$$x = \frac{f_{sd}A_s}{f_{cd}b_f'} = \frac{230 \times 8545}{11.5 \times 1580} = 108 \text{mm} < 110 \text{mm} < \xi_b h_{01} = 0.59 \times 1086.4 = 640.98 \text{mm}$$

$$\xi = \frac{108}{1086.4} = 0.01$$

在目前截面配筋率下的截面极限承载力:

$$M_{du} = 11.5 \times 1580 \times 108 \times \left(1086.4 - \frac{108}{2}\right) = 2025.9 \times 10^6 \text{N·mm} = 2025.968 (\text{kN·m})$$

$$< \gamma_0 M_d = \begin{cases} 1.0 \times 2210 = 2210 \text{kN·m} & \text{城—B级荷载} \\ 1.0 \times 2381 = 2381 \text{kN·m} & \text{城—A级荷载} \end{cases}$$

(3)加固提载后跨中截面承载力

经分析计算,加固后截面所能承担的最大承载力:

$$M_{\text{du-max}} = f_{\text{cd}} b(\xi_b h_{01}) \left[h_0 - \frac{\xi_b h_{01}}{2} \right] + f_{\text{cd}} (b'_f - b) h'_f \left[h_0 - \frac{h'_f}{2} \right] = 2842 \text{kN} \cdot \text{m}$$

(4)计算结论

①原桥跨中正截面抗弯极限承载力不满足城—B级荷载的要求,相差8.4%。

②原桥跨中正截面抗弯极限承载力不满足城—A级荷载的要求,相差15.0%。

③原桥跨中正截面经过加固后截面所能承担的最大承载力可达到2842kN·m,比城—B荷载作用下的设计荷载大28%,比城—A荷载作用下的设计荷载大20%。

第5章 预应力复合纤维材料加固技术

预应力碳纤维布加固钢筋混凝土结构技术是将碳纤维布粘贴到结构表面,对碳纤维布预先施加预应力,通过胶黏剂将碳纤维布粘贴到混凝土构件的结构表面,结成一体,以起到加固修复混凝土构件的加固方法。预应力加固技术有区别于其他方法的优势,例如:与一般加固技术相比,可以较大提高结构的开裂荷载、屈服荷载和极限承载力,提高构件的刚度,减小构件变形,有效抑制裂缝的形成开展,明显改善结构的工作性能。近年来,预应力碳纤维布加固混凝土构件技术得到了广泛的应用。

第1节 预应力复合纤维材料加固特点

复合材料是由两种或两种以上性质不同而性能互补的材料组成,它具有比各组成材料更加优越的综合性能。在复合材料中,所有组成材料之间相互依赖,处于不可分割的状态,但同时又发挥着各自的作用。在土木工程领域里,常用的复合纤维材料包括:碳纤维增强复合材料(CFRP)、玻璃纤维增强复合材料(GFRP)、芳纶纤维增强复合材料(AFRP)以及高分子聚合纤维增强复合材料等。这些高性能纤维复合材料均具有显著的特性,即高强度、自重轻、抗腐蚀能力强以及易于实现结构的智能化等。

(1)高强度:纤维增强复合材料的强度主要取决于增强纤维的强度和性能。大多数增强纤维都具有非常高的抗拉强度,以碳纤维为例,普遍都在4000MPa以上,已经远远高于金属材料的抗拉强度。尽管如此,高强度纤维的抗拉强度的潜力还非常巨大,据估计,碳纤维的理论强度是180000MPa,芳纶纤维的理论强度是30000MPa。因此,只要不断地改进制作工艺,减少纤维结构的缺陷,现有的高强度纤维的强度还可以大幅度提高。相反,现有的高强度钢材基本接近材料的极限,强度提高的空间不大。

(2)自重轻:纤维增强复合材料的密度只有钢材的1/6左右,因而具有比钢材大得多的比强度和比模量。比强度是材料的强度与密度之比,比模量是材料的弹性模量与密度之比。材料具有较高的比强度和比模量,对结构的轻质高强具有非常重要的意义。对运载火箭、宇宙飞船等结构而言,其自重每减少1kg就意味着运载能力、飞行能力的大幅度提高。同样,对土木工程结构而言,材料的比强度和比模量也具有非常重要的作用。以悬索桥的主缆为例,用高强度钢材制作的主缆,理论上极限跨度不能超过3000m,当跨度超过3000m以后,钢索主缆的承重效率非常低,仅能承受自身的重量。

(3)抗腐蚀能力强、耐久性好:FRP是一种非金属材料,本身不存在锈蚀问题,对于水利工程、桥梁、码头等在潮湿环境或其他侵蚀环境中工作的结构构件,FRP非常适合作为钢筋的替代材料。

(4)易于实现结构的智能化:FRP的智能特性可以通过在FRP的生产过程中将光纤传

感器埋置于纤维和树脂之中,利用光纤传感器实现受力情况的实时监测;也可以充分利用碳粉或碳纤维自身的导电性,用其受力过程中电阻的变化来获得构件的应力和应变信息;在不导电的FRP的生产过程中甚至可以在纤维表面喷洒碳粉或与碳纤维进行混杂。

(5) 其他特性:FRP 的种类很多,也有多种不同的性能,例如 CFRP 具有很好的疲劳强度、GFRP 具有无磁性和电绝缘性、AFRP 具有较好的韧性和耐候性。因此,可以根据不同的使用目的,选择或设计不同的 FRP 材料,具有很高的灵活性。当然,FRP 材料也存在一些缺点,如脆性大、断裂应变较小、各向异性、抗剪强度低、抗挤压刚度差等。

与普通预应力混凝土技术相比,预应力复合纤维材料混凝土技术有着明显的优点:

(1) 预应力复合纤维材料加固技术对锈蚀不敏感。锈蚀是钢筋混凝土结构一个很严重的缺陷,预应力混凝土虽然由于控制裂缝使抗锈蚀性能要好于普通混凝土,但由于部分预应力的广泛应用,相当部分的预应力混凝土是带裂缝工作的,而且预应力混凝土中钢筋应力很大,应力腐蚀较一般钢筋混凝土结构严重。与钢材相反,复合纤维材料耐腐蚀性能很好,极适用于预应力混凝土。

(2) 复合纤维材料的弹性模量一般低于用于预应力的高强钢材,这对普通的加固技术来说是很大的缺陷,对预应力复合纤维材料加固来说却是优点。在高应力与低模量的情况下,由混凝土弹性压缩和徐变引起的预应力损失要小于普通预应力混凝土。

(3) 复合纤维材料的疲劳强度很大,大于钢材,这样可以很好地提高整个预应力构件的疲劳承载力。

(4) 由于预应力构件的受拉部分在承受使用荷载时的应力增长要远远小于非预应力构件,所以黏结长度内环氧树脂所需要传递的剪力也小于一般的非预应力构件,相应地环氧树脂的剪切变形也小于非预应力构件,从而不容易发生黏结破坏。另外预应力复合纤维材料对裂缝的抑止作用也可有效地防止由于弯曲裂缝扩展引起的界面剥离破坏。

正因为有上述优点,许多学者及工程师都认为预应力复合纤维材料混凝土有着广阔的应用前景,纷纷在这个领域展开了研究。

作为一种新兴结构加固技术——预应力复合纤维材料加固混凝土结构技术用于桥梁工程加固,有如下诸多优势:

(1) 几乎不增加结构自重和截面尺寸。由于复合纤维材料的单位体积重量仅为钢材的25%左右,制成布状后其厚度仅为0.111~0.167mm,如制成板状其厚度也仅为1.4mm左右,因而几乎不增加结构的自重和改变截面外形,这是传统加固方法所无法比拟的。

(2) 由于复合纤维材料很薄,所以几乎不会改变桥下的净空高度。

(3) 具有良好的适应性,复合纤维材料可广泛用于各种结构类型、各种结构形状和各种结构部位。复合纤维材料不仅可用于建筑物加固,而且同样可应用于桥梁、隧道、涵洞等结构的加固;复合纤维材料具有很好的柔韧性,对圆形、曲面的结构也可采用此种方法;尤其是布状片材可以适应各种结构的外形进行粘贴和裹缠,成型很方便。

(4) 施工方便。由于其自重较轻,可操作性强,操作空间要求较宽松,不必像粘贴钢板技术那样复杂,对运营中的桥梁加固修复将会带来较大的社会经济效益。尤其对于箱梁构造而言,当箱梁内部的作业空间受到限制时,其可操作性很好,可以节省庞大的支架费用,也具有一定的安全性和隐蔽性,并且能在不影响或少影响交通的情况下进行加固施工,同时克服了钢板黏结加固法施工中粘贴钢板受运输长度的限制、钢板锈蚀引起钢板与混凝土梁之间粘贴层损坏等不足。

（5）通过环氧树脂系列材料与结构有效黏结，不需要对原结构打孔和埋设锚固螺栓，因而对原结构不会造成新的损伤。

（6）作为一种复合材料，具有优良的耐化学腐蚀性，复合纤维材料和结构胶不受恶劣环境影响，大大减少了防腐、维修费用，对内部的混凝土结构也起到了保护作用。

（7）根据受力分析可以进行多层粘贴来补强，其方向性也可灵活掌握，给加固修复工作带来方便。

（8）加固费用低。有国外专家针对 CFRP 布粘贴加固既有混凝土梁进行理论和试验研究，结果表明，用 CFRP 布代替钢板加固混凝土梁可节约资金 25% 左右。

从复合纤维材料的特性来看，它除了具有高强、轻质、耐腐蚀等优点外，还存在一些不利于结构加固的因素。

（1）延性不足，这几乎是复合纤维材料最大的一个缺陷。无论是布材、板材或筋材，都是由许多极细的单丝纤维组成的，纤维之间依靠环氧树脂传递剪力来共同工作，由于纤维与环氧树脂在截面上分布是不均匀的，这就注定了应力在材料的截面上分布也不均匀。而缺乏延性使得单丝的复合纤维材料达到极限强度后即断裂，所有的复合纤维丝无法同时发挥强度。另外，纤维的一个重要特性是纤维丝的强度变化与缺陷沿纤维长度的分布，纤维丝强度并不是唯一的特定值，而是有相当的离散性，这也使得纤维丝无法同时达到最大应力。因此，材料的整体强度要远远低于单丝纤维，同时离散性相当大。复合纤维材料应用到结构上，其材料上的延性不足就表现为构件的延性不足。构件变形过大时会引起复合纤维材料的脆性断裂从而导致结构的脆性破坏。对于需要较大变形或对抗震要求比较高的结构来说，这一点是非常不利的，应充分重视。

（2）耐火性与耐高温性能差。环氧树脂的耐高温性能较差，一般的环氧树脂在 100℃ 时力学性能会受到较大影响，只有特殊的环氧树脂可以在 200℃ 的高温下正常工作。

（3）弹性模量与强度的比值过低。复合纤维材料的强度非常高，一般都达到 3000MPa 以上，而其弹性模量相对来说却低得多，常用的一般只有 230GPa 左右，高弹性模量的也不过 380~640GPa。要发挥较大的强度，复合纤维材料需要相当的变形。当与钢筋共同工作时，钢筋完全发挥强度时复合纤维材料才发挥出不到 20% 的强度，难以抑制结构变形与裂缝的发展。如果采用大量的复合纤维材料来控制结构的变形和裂缝，其高强度的优势及经济效益又不复存在。以往的研究工作也表明，外贴复合纤维材料加固受弯构件时，被加固构件的性能提高主要在强度方面，刚度尤其是早期刚度的提高相当小，对于刚度要求加固的结构来说是相当不适用的。

（4）环氧树脂层传递的剪力有限。环氧树脂的剪切强度一定，超过剪切强度后界面传递的剪应力不再增大，而剪切变形不断增长，呈现软化现象。超过极限剪应变后界面即产生界面微裂缝，随着微裂缝的不断扩展，界面最后发生剥离破坏，所以粘贴复合纤维材料加固有其限度，过量粘贴会导致界面无法传递足够的剪应力而使得复合纤维材料的强度无法得到充分利用，并且在构件承受较大荷载时容易出现黏结破坏。

上述缺陷在一定程度上限制了复合纤维材料在加固领域中的应用，尤其是后两点，因为

第5章 预应力复合纤维材料加固技术

结构往往不仅要求强度加固,还需要刚度加固,而复合纤维材料特性决定了普通的工艺无法进行经济效益较好的刚度加固。即使通过粘贴大量复合纤维材料来提高结构刚度,由于环氧树脂的材料特性以及弯曲与剪切裂缝处的应力集中,也容易造成复合纤维材料与混凝土之间的截面剥离而黏结破坏,降低被加固结构的使用可靠性。另外,由于复合纤维材料的强度很高,现有的复合纤维材料加固技术往往不能使其强度得到充分发挥,这也制约着复合纤维材料的加固领域中的进一步应用和发展。

应用复合纤维材料加固混凝土结构的上述不足说明,复合纤维材料的特性和现有的复合纤维材料加固技术无法满足结构对加固的要求,需要从材料与加固技术两个方面来加以改善。从加固技术方面来看,首先对复合纤维材料施加预应力再外贴到结构上,对结构进行加固,能克服复合纤维材料在材料特性上的缺陷,有效地对结构同时进行强度与刚度加固,并能充分发挥复合纤维材料的高强性能,防止发生黏结破坏,从而使得复合纤维材料能更广泛地应用于桥梁结构加固领域。

国内外很多研究机构对这项技术进行了大量研究,并取得了较多的成果。预应力复合纤维材料加固技术应用前景非常乐观,在国内加固市场的潜力是巨大的,是一种值得研究和推广的加固技术。

与粘贴钢板加固技术相比,这种加固技术的另一个最显著的优点是:复合纤维材料是一种耐腐蚀的材料,加固效果更耐久。尽管有的复合纤维材料的价格相对较高,但对于一个具体的加固工程来说,在很多情况下,综合而言还是较经济的,因为这种方法能够显著地节省劳动力,施工时间短,施工设备简单。有关研究人员对具有相同条件的工程进行了对比,从经济性来说,粘贴复合纤维材料加固技术更经济。

有关学者研究发现,预应力复合纤维材料加固与普通复合纤维材料加固一样,并不是粘贴用量越大越好,粘贴层数达到一定的数量后,对构件的承载力提高有限,材料用量与承载力提高不成正比。通过大量粘贴复合纤维材料来大幅度提高受弯构件的承载力有困难,并且复合纤维材料用量过大,易发生超筋破坏,破坏呈脆性,用量过多也不经济。如果构件受拉区粘贴过量的复合纤维材料,超过复合纤维材料经济最大用量,则构件截面的最终破坏将开始于受压区混凝土,无法充分发挥复合纤维材料的高强性能,构件就已破坏,而且是脆性破坏。

复合纤维材料有很好的抗拉性能,由于它本身较软,仅能作为受拉材料承受受弯构件受拉区的拉应力,对提高构件受压区混凝土的强度几乎起不到任何作用。一般钢筋混凝土受弯构件,在确定截面尺寸、配筋及材料的情况下,其正截面极限承载力是一定的,在受拉钢筋数量不足的情况下,粘贴复合纤维材料可以提高构件的承载力。在截面尺寸受到限制的情况下,在受拉区粘贴复合纤维材料对提高构件正截面强度的幅度是有限的。

不同加固方法之间的对比,见表5-1。

不同加固方法之间的对比 表5-1

加固方法	粘贴钢板加固	普通复合纤维材料加固	预应力复合纤维材料加固
对原构件的影响	略增加原结构自重和尺寸,可能损伤原结构钢筋	基本不增加结构自重和结构尺寸,不会损伤原结构	基本不增加结构自重和结构尺寸,不会损伤原结构
减小构件变形或封闭裂缝	不能减少原构件变形,不能封闭裂缝	不能减少原构件变形,不能封闭裂缝	能减少原构件变形,能减少或封闭裂缝

续上表

加固方法	粘贴钢板加固	普通复合纤维材料加固	预应力复合纤维材料加固
施工条件	需要机械辅助,不适合曲面拐角加固	施工便利,无湿作业,对环境影响小	施工便利,无湿作业,对环境影响小
施工工期	较短	短	短
需要劳动力	较多	少	少
施工质量控制	不易发现加固缺陷,发现问题不方便补救	易于发现加固缺陷,发现问题方便补救	易于发现加固缺陷,发现问题方便补救
钻孔、锚栓及对结构影响	需进行锚栓钻孔,可能损伤原结构钢筋,略增加原结构尺寸,结构厚度增加几厘米(含锚栓端部)	无需钻孔,不会损伤原结构,基本不增加结构尺寸,复合纤维板厚度仅为钢板厚度的1/3,且无需锚栓	每条复合纤维板需种植20颗左右的锚栓,对原结构损伤小,结构厚度增加几厘米(含锚栓端部)
对原结构重量影响	略增加原结构重量	复合纤维板重量仅为钢板的1/15	由于锚具的影响,重量增加比普通复合纤维板稍高
后期维护	钢材和锚栓可能锈蚀,需要定期防腐处理	无需防腐处理	仅预应力复合纤维板锚固端部需要防腐处理,防腐处理工作量小

第2节 预应力复合纤维板材加固体系

预应力复合纤维材料加固技术有很多优点,这是毋庸置疑的。与普通复合纤维材料加固技术相比,构件经预应力复合纤维材料加固后可以极大提高结构的开裂荷载、屈服荷载和极限承载力,提高构件的刚度,减小变形,有效抑制裂缝的形成开展,明显改善结构的工作性能,进一步发挥复合纤维材料的高强性能。本节仅以预应力碳纤维板为例进行介绍。

一、基本概况介绍

与直接粘贴碳纤维加固相比,预应力碳纤维板锚固体系既有效地利用了碳纤维的高强度,节约碳纤维用量,降低工程总造价,又能抑制构件的变形和裂缝的发展,其优势非常明显。

1. 基本组成

预应力碳纤维板锚固体系主要由碳纤维板锚具、碳纤维板、碳纤维专用环氧胶和张拉装置四部分构成(图5-1)。碳纤维专用环氧胶的相关参数符合《纤维片材加固修复结构用粘接树脂》(JG/T 166—2016)的要求。预应力张拉施工完成后应及时对两端的碳纤维板锚具进行封锚,并对碳纤维板进行必要的防护处理。

第5章 预应力复合纤维材料加固技术

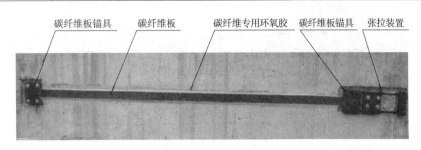

图 5-1 基本组成

(1) 碳纤维板性能

与钢材相比,碳纤维复合材料具有高强、轻质、抗腐蚀等显著特点,是一种理想的结构加固材料(图 5-2)。

(2) 碳纤维板锚具

碳纤维板锚具是由两端锚具及碳纤维板组成的(图 5-3)。施工时,通过两端锚具的有效夹持向碳纤维板施加预应力。

(3) 碳纤维板张拉机具

张拉机具由小型千斤顶和高压油泵(建议采用小型的手动泵)组成。CFP50-12 型碳纤维板用千斤顶性能指标:公称顶压力为 63kN,外形尺寸为 $\phi 52 \times 100$。碳纤维板张拉图如图 5-4 所示。

图 5-2 碳纤维板样品

2. 加固原理

对需要加固的梁,采用涂覆有环氧胶的碳纤维进行预应力张拉,修复梁的变形和闭合裂纹,而后将碳纤维板粘贴、锚固在梁上,提高梁的承载能力。基本原理如图 5-5 所示。

图 5-3 碳纤维板锚具结构示意图

3. 产品特点

(1) 锚具结构紧凑,锚固效率高,预应力的施加简单可靠,适用于结构加固修复工程。

(2) 可有效提高结构承载能力与抗裂性能,减小结构变形,提高使用阶段工作性能,并能有效抑制碳纤维板与混凝土间的剥离。

(3) 对碳纤维材料强度的利用程度远远高于非预应力碳纤维加固,有效解决了非预应力碳纤维加固无法发挥材料高强性能的缺陷。

图 5-4 碳纤维板张拉图

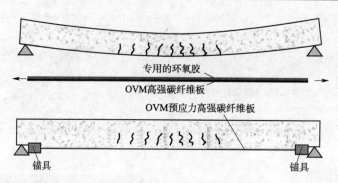

图5-5 碳纤维板预应力加固体系基本原理

二、主要施工方法

参考北京卡本工程技术研究所有限公司提供的资料,对于粘贴预应力复合纤维材料,应依据如下施工方法。

1. 适用范围

适用于如下情况:混凝土构造物的板及梁的补修、补强;壁和板周边的开口处补强;木造建筑物的梁等的补修;桥板、桥墩、桁架的补强;隧道、电缆管线的补修、补强。

2. 施工准备

(1)主要机具:角磨机、夹具(握裹式锚具:规格型号表示为M15P-N,使用挤压机将挤压套压结在碳纤维板上,预埋在混凝土内,按需要排布,混凝土凝固到设计强度后,再进行张拉)、张拉单元、锚板、液压系统(手动液压机或液压油缸)(锚具加工所用钢板采用15mm厚A3钢,锚固螺栓采用M8高强螺栓,张拉螺杆采用8.8钢制M24螺杆。千斤顶最大功率30t,行程210mm)。

(2)辅助机具:手吹风、搅拌器、手锤、墨斗、墨水、线坠、水平尺、盒尺、石笔、丙酮、膨胀锚栓、化学锚栓等。

(3)主要材料:碳纤维板、碳纤维板配套树脂。

(4)作业条件:施工前先清理施工区域内的障碍物,清除施工面浮土及污渍;根据图纸要求,放出粘贴碳纤维板位置线;夜间施工时,应合理安排工序,防止出现质量问题,施工场地应根据需要安装照明设施,在危险地段应设置明显标志。

3. 施工工艺

其具体的施工工序为:清理障碍物→放线、验线→清理混凝土结构面→安装顶部预制锚栓→制作固定端锚具和张拉端锚具→安装固定端锚具和张拉端锚具→配制粘钢胶→粘贴碳纤维板→张拉碳纤维板→安装盖帽→成品保护→报验。

(1)障碍物清理:根据现场实际情况予以清理,总原则是以方便施工为宜;现场质检员核查清理状态,合格后进行下一步工序。

(2)放线、验线:放出碳纤维板粘贴位置线点;现场技术员(工长)复核放线无误后,方可开始施工。

(3)清理粘碳纤维板混凝土结构面:根据施工放样确定的固定锚具和张拉端锚具位置,凿除相应区域梁体表面混凝土,厚度为1.5cm(即锚具钢板厚度),以保证粘贴锚具表面与梁

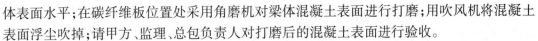

体表面水平；在碳纤维板位置处采用角磨机对梁体混凝土表面进行打磨；用吹风机将混凝土表面浮尘吹掉；请甲方、监理、总包负责人对打磨后的混凝土表面进行验收。

（4）安装顶部预制锚栓：用钢筋定位仪确定钢筋位置，当钻孔与钢筋位置发生冲突时适当调整孔位，钻孔时应垂直梁体，钻孔深度为15cm；植筋胶采用专用注射器进行灌注，灌注量为孔深的2/3，并保证在植入螺栓后有少许胶体溢出，注入胶体后应立即单向旋转插入螺栓，直至达到设计深度，确保螺杆顶端在同一平面上，并校正螺栓的垂直度；胶体完全固化前，不得触动或振动已植螺栓，以免影响其黏结性能；清洁孔壁及螺栓，将吹风机喷嘴深入成孔底部并吹入洁净无油的空气，向外拉出喷嘴，反复3次；将硬毛刷插入孔中，往返旋转清刷3次；再将吹风机喷嘴深入成孔底部吹气，反复3次；对要植入螺栓上的油污应进行清理；植螺栓前用丙酮擦拭孔壁、孔底和螺栓。

（5）固定端锚具和张拉端锚具的制作：固定端锚具和张拉端锚具采用工厂自动、半自动切割和焊接方法，切割边缘表面光滑，无毛刺、咬口等现象；锚具黏合面采用平砂轮打磨直至露出金属光泽，打磨纹路应与钢板受力方向垂直，锚具黏结面应有一定的粗糙度；锚具螺栓孔位确定与制作，将螺杆位置印到事先准备好的胶合板上，胶合板应与锚具底板大小相同，并在板上编号并标注方向；根据印在胶合板上螺杆的位置，用开孔器钻直径为22mm的孔；将开好孔的胶合板套入螺杆上，若不能套入则不断修正孔，直至能顺畅地将板套入螺杆；复测胶合板的中线，应与碳板轴线基本重合；将锚具送到铁件加工车间，依照胶合板上孔的位置在锚具底板上开孔。

（6）固定端锚具和张拉端锚具的安装与锚固：锚具与T梁混凝土间采用碳板胶粘贴，将配好的胶体正面涂抹在清洁的混凝土和锚具黏结面上，涂胶应自上而下进行；锚具黏结面上的抹胶应中间厚两边薄，中间涂抹胶的厚度为5mm左右，将锚具预留孔平稳对准螺栓并迅速拧紧螺帽，使锚具与混凝土紧密黏合，清理挤出的多余胶体。

（7）配制粘钢胶：严格按照配套树脂的主剂、固化剂所规定的比例称量准确，装入容器，用搅拌器搅拌均匀，一次调和量不应过多，以在可使用时间内用完为准。

（8）粘贴碳纤维板：将上述混匀的胶料均匀地涂抹于混凝土表面和碳板表面，不得混入气泡；一般胶层厚1～3mm，中间厚，两边薄；然后进行粘贴并加压，使胶从四周溢出；粘贴后用手捶沿粘贴表面轻轻敲击，如无空洞声则表明黏结密实，否则应取下碳板重新补胶进行粘贴。

（9）张拉碳纤维板：在张拉端安装千斤顶，确保千斤顶中线与碳纤维板中线重合；先给碳纤维板施加10%的应力，使碳纤维板绷直，然后再将力归零，记录张拉端夹具的位置，并再次检查各部件的位置；再以20%和60%应力给碳纤维板施加预应力，每一级张拉结束后用扳手拧紧螺母，每一级之间持荷5min，记录张拉端夹具的位置，比较实测值与计算值之间的偏差；当预应力施加到100%，即张拉力为220kN时，计算最终碳纤维板张拉伸长值，并持荷5min；张拉结束后用双螺母固定死张拉螺杆，卸除千斤顶；切除过长的张拉螺杆，螺母后端留3cm。

（10）安装盖帽：将锚具表面涂上一层防锈油脂，安装盖帽。

（11）成品保护：用碳板胶填补锚具四周的缝隙；用碳板胶在碳纤维板表面抹5mm厚、150mm宽的保护层；在梁外侧和金属盖帽表面滚涂丙烯酸弹性涂料。

(12)报验:全部完成后,报请监理或总包验收;然后填写隐检资料,分项/分部工程质量报验认可单,请总包负责人、监理签字;整理所有工程必需的资料移交给总包单位,保证整个工程资料的完整性。

4. 质量标准

(1)主控项目

①施工总有效黏结面积不应小于总黏结面积的95%。对于直径在10mm以上30mm以下的空鼓,每平方米少于10个可认为合格;若每平方米在10个以上,则认为不合格,需进行补修;对于直径在30mm以上的空鼓,只要出现,即认为不合格,需进行补修。

②胶层中央应呈拱起状,平均厚度不应小于2mm。

③当平行粘贴多条碳纤维板时,两条板带之间的空隙不应小于5mm。

(2)一般项目

碳纤维板的粘贴位置与设计要求的位置相比,中心线偏差不大于10mm,长度偏差不大于15mm。

三、安全技术措施

对于粘贴预应力复合纤维材料,应遵循如下安全技术措施。

1. 安全注意事项

(1)配套树脂的甲、乙两组分应密封储存,远离火源,避免阳光直接照射。

(2)操作人员应穿工作服,戴好防护口罩。

(3)施工场所应配备各种必要的灭火器,以备救护。

2. 安全防护措施

(1)对于危险处,在边缘设置两道护身栏杆,并应于夜间设红色标志灯。

(2)各施工用架严格按照脚手架安全技术防护标准和规范搭设。

3. 现场临时用电措施

(1)建立现场临时配电线路必须按规范架设,架空线必须采用绝缘导线,不得采用塑胶软线,不得成束架空敷设,不得沿地明敷暗设。

(2)施工现场内所有电箱的内部设置必须符合有关规定,箱内电器必须可靠、完好,其选型要符合有关规定,开关电器应标明用途。电闸箱内电器系统统一式样、统一配制,箱体统一刷涂桔黄色,并按规定设置围栏的防护棚。流动箱与上一级电闸箱采用外插联接方式。

(3)独立的配电系统必须按标准采用三相五线制的接零保护系统,非独立系统可根据现场的实际情况采取相应接零或接地保护方式。各种电气设备和电力施工机械的金属外壳、金属支架和底座必须按规定采取可靠的接零或接地保护。

4. 消防管理措施

(1)目的是为加强本工程场内的消防工作,确保施工期间无火灾、火险事故,保障施工生产能正常进行,保护国家和人民生命财产安全。

(2)现场安置消防水桶、铁锹、钩子、铲子等消用具。

(3)建立各级消防责任制,制定消防制度,并监督严格执行。

(4)建立明火申请用火证制度,施工现场禁止吸烟,控制火源。

5. 施工质量安全要求

(1)在施工过程中,坚决执行《建筑安装工程安全技术操作规程》,并严格遵守现场规章制度,非电工不得擅自接电,接电时必须请电工操作。

(2)电源电器由专人负责,严密注意电箱机械是否漏电。

第3节 预应力复合纤维材料加固空心板梁桥

自20世纪70年代以来,我国修建了大量空心板梁桥,其构造简单、建筑高度低、可工厂预制、施工方便的优点使空心板梁桥具有广泛的适用性,在中小跨径的桥梁中占有很大的比重。从空心板梁桥开始在我国修建起,在40多年的使用过程中其构造不断改进,并在20世纪70年代开始了设计图的标准化,由于它具有良好的适用性,很快得到了大量使用。交通部于1993年颁布了空心板标准图,跨径也有所突破,最大可达到30m,尤其是在建筑高度受到限制的条件下,空心板能够很好地适应要求,具有良好的经济优势。但同时大量服役中的空心板梁桥出现病害,暴露出了设计缺陷。对此许多学者针对设计、施工、运营、材料等因素进行了病害原因分析及防治研究,并于2008年颁布了新的空心板标准图,此次改进主要针对企口铰的构造,将原来的小铰缝形式改成了大铰缝,增大了铰缝高度,并增大了铰缝内剪力式加强钢筋的直径,增加了横向连接钢筋,以提高板梁间的横向联系能力,但改进后的空心板梁桥并没有彻底克服病害问题,在运营过程中仍然会发生铰缝病害,对桥梁的安全性和耐久性造成严重危害。

铰缝是空心板梁桥能够实现结构整体受力的关键构件,由于先天原因使其成为整个结构体系中最为薄弱的构件,在运营过程中难以避免病害,导致既有空心板梁桥的通行能力面临巨大挑战。大量空心板梁桥带病工作,不仅存在安全隐患,而且大大增加了养护维修成本。针对铰缝病害,已经有很多学者及相关部门进行了加固研究与实践,但从实践效果看,并没有彻底解决问题。因此对空心板梁桥铰缝病害的防治技术进行研究十分重要。

现行空心板设计方法是假设各板通过铰缝铰接实现横向连接,计算各板横向分布系数,以此来进行空心板截面和配筋设计。多年的实践证明,基于此设计方法进行设计的空心板梁桥病害频发。大量分析认为对铰缝纯铰接的假设和计算横向分布时采用的正弦荷载的计算方法造成了与实际受力的误差,而通过有限元软件的分析计算发现铰缝受力非常复杂,仅对铰缝进行抗剪验算是不能够保证铰缝受力安全的。而空心板标准图的改进也只增大了铰缝高度,铰缝的设计方法和验算内容并没有相应改进,然而铰缝高度变化不仅仅提高了铰缝的施工质量和抗剪面积,其受力状态也发生了质变,大铰缝实际处于双向受弯和受剪状态,甚至受弯对铰缝的影响比受剪的影响还要大,这与现行的设计方法是不符的。而上述分析是基于铰缝的"理想状态",实际施工中,由于铰缝施工空间受限,钢筋焊接、混凝土振捣质量都会受到影响,新旧混凝土黏结面黏结强度不高,降低了开裂荷载,使铰缝更加脆弱,加剧病害发生。

近年来,有学者提出用横向预应力加固方法实现提高空心板梁桥铰缝抗剪能力、提高结构横向整体性能、增强铰缝的荷载横向传递功能的目的,避免单板受力情况发生。恢复铰缝的横向传递荷载的能力、提高空间板梁桥各板的横向联系才是从病害根本出发解决问题的关键,而通过横向体外预应力的设置,在梁底增加一组横向力,使得板梁同铰缝间压力增大,即使铰缝混凝土内部破损情况严重,仍然可以增大铰缝处混凝土间的摩擦力,横向预应力产生的横向反拱效应可以适当地抵消跨中截面由自重、车辆等荷载引起的横向弯矩,在荷载横向分配更合理的基础上,对整个板梁桥的竖向变形都有较好的影响,能够有效地增强板间横向联系,恢复其整体性能。

一、常见病害机理分析

对于空心板梁桥病害的讨论可以分为病害机理分析和加固设计研究。空心板梁桥铰缝病害最常见的形式有铰缝渗水,铺装层纵向开裂、破碎、塌陷,铰缝横纵向开裂、破碎。由于铰缝在整体结构中的特殊性和重要性,一旦出现病害,对全桥各构件都会产生危害,影响结构耐久性和安全性。

(1)铰缝渗水。铰缝渗水大多是伴随着裂缝的产生而发生,也有由于桥面防水层质量不过关以及桥面排水设施不畅通导致雨水缓慢渗入引起的。渗水现象一方面是铰缝开裂的反映,另一方面会对结构产生进一步的影响,水分及其他有害物质的侵入会导致结构冻害、钢筋锈蚀、混凝土碳化、氯离子侵蚀等病害,加速铰缝开裂,影响结构耐久性。

(2)铺装层纵向裂缝。铰缝开裂后,铺装层承担横向传递荷载的作用,受到竖向剪力与横向弯曲作用。在车辆荷载作用下铰缝裂缝加剧,导致铺装层沿铰缝开裂破坏更加严重,开裂高度到达梁顶,最终导致混凝土铺装层纵向开裂、破碎、塌陷,板梁间横向传递荷载能力大大降低。

(3)铰缝失效导致单板受力。单板受力是铰缝病害发展的最终结果,当铰缝发生严重开裂、破碎、脱落后,板间将完全丧失横向传递荷载能力。单板受力发生时,板梁可能受到超过其设计荷载的作用,导致结构性裂缝出现,各主梁挠度差变大,梁底不齐。

如此多发的病害得到了业内学者的广泛重视,经过大量分析研究发现这些病害的原因并不只是桥梁建设服役中的某一个环节的问题,按照桥梁建设服役的时间历程总结空心板梁桥病害的原因如下:

(1)设计阶段。现行空心板梁桥设计方法依照前苏联学者乌里茨基于20世纪60年代提出的"铰接板法"计算各板的横向分布影响线,进而进行截面设计和配筋设计。铰接板法对各主梁横向连接做了两个假设:第一,铰缝受到的纵向剪力及法向力同竖向剪力相比影响极小,同时,由于构造原因,铰缝刚度较小,可近似看作铰接;第二,借助横向挠度分布规律确定荷载横向分布原理,计算横向分布系数时,将荷载假定为正弦分布荷载。设计过程中只对铰缝进行抗剪验算,铰接板法的假设和现行设计方法都会造成误差,使铰缝在使用过程中产生病害。尤其是大铰缝形式受力更为复杂,与铰接板假设的受力形式存在很大差别。

(2)施工阶段。铰缝是在板梁架设完毕后现浇施工的,由于施工空间小,铰缝混凝土振捣受限,铰缝混凝土质量难以保证,铰缝内钢筋绑扎、焊接困难,连接效果较差。铰缝混凝土和板梁混凝土之间新老混凝土黏结面的黏结强度与施工质量有直接关系,为了提高新旧混凝土黏结面黏结强度,铰缝混凝土浇筑前须对板梁侧边进行凿毛处理,并且清除浮灰,侧面进行洒水浸湿,如果这一步工序质量得不到保证,铰缝和板梁的黏结强度将大大减弱。实际承受荷载时,黏结面通常先于铰缝混凝土开裂,导致结构过早出现病害。铰缝收缩及施工阶段养护不当也可能导致铰缝过早开裂。桥面铺装不仅能够作为直接承受车辆荷载、雨水侵蚀等作用的磨损层,对于空心板梁桥来说也起着提高桥梁整体刚度等作用。施工时预制板梁预拱度控制不准,通过改变铺装层厚度调整高程施工误差,会造成铺装层厚度不足,降低桥梁整体刚度。

(3)运营阶段。公路运输超载现象屡禁不止,当超载车辆荷载超过规范规定的设计活载时,结构受力将超过其设计值,加速铰缝破坏。另一方面,桥面系排水、防水性能不好时,当铰缝混凝土出现微裂缝后,水分和有害物质的侵入会加速裂缝发展。

针对铰缝病害的研究成果虽然已经有了很多,但铰缝病害仍未得到彻底的解决。各种工程常用的治理方法都没有长久的效果,大多治标不治本,桥面补强、铰缝灌注等加固措施并没有从根本上解决铰缝的受力问题,在车辆荷载的长期作用下铰缝病害会再次出现,维修养护成本高;粘贴钢板法作为一种被动加固方法,并不能主动限制板梁间的变形,铺装仍会出现纵向裂缝,在车辆荷载反复作用下,容易导致锚固粘贴疲劳破坏,且钢板的防腐养护不容易保证,所以粘贴钢板法也不能长期有效地控制铰缝病害;而体外横向预应力加固法是主动加固方法,但是目前针对此方法的研究大多停留在方法有效性上,并没有对铰缝受力特点进行准确的分析并提出确定的加固原则和横向预应力设计方法,所以仍需对此方法进行深入研究,以实现对铰缝病害可靠的加固改善,长期有效地控制病害发展,提高桥梁的使用性能和安全性。

二、横向预应力复合纤维材料加固空心板梁桥

横向预应力加固方法的主要作用是提高完好铰缝下缘抗拉能力,恢复破损铰缝的横向传递荷载能力,在铰缝修复较好的情况下减小或消除铰缝内横向正拉应力,以减小主拉应力大小使铰缝不被主拉应力拉裂。从加固效果分析可知,横向预应力的施加可以有效提高铰缝在损伤的情况下桥梁的整体性能,有效恢复桥梁的横向分布能力,铰缝修复较好时可以有效控制铰缝开裂,在合理的横向预应力设计下可以实现不发生铰缝开裂,保证桥梁的整体性能。

1. 横向预应力复合纤维材料布置方式

由上文中对铰缝中横向正应力分布的计算分析可知,铰缝内横向正应力沿桥梁纵向分布较为集中,在单个车轮荷载作用下所产生的横向正应力在荷载沿纵向3m范围内就衰减了近一半,当车轮作用在桥面不同位置时,横向正应力峰值位置不断变化,且沿纵向集中在较窄的范围内,所以横向预应力应该沿纵向较密布置,使横向预压力能够在铰缝内沿纵向连续分布,根据预应力有效作用范围确定具体间距。

以下对横向预应力对铰缝产生的横向正应力分布规律进行讨论,分别对上文中5片梁有限元模型施加1束、3束、5束横向预应力,分别为$L/2$布置1束,$L/3$、$L/2$、$2L/3$布置3束,$L/3$、$2L/3$、$5L/12$、$7L/12$和$L/2$布置5束,预应力大小总量相同,确定横向预应力对铰缝内产生的横向预压力分布范围,如图5-6所示。

研究发现,只布置1束时横向预压应力在1号铰缝即边铰缝非常集中,在预应力作用左右各1m宽范围内,预压应力就衰减一半以上,沿横向衰减速度也很快,1号铰缝最大预压

应力为 2.56MPa，2 号铰缝最大预压应力为 1.48MPa，2 号铰缝横向预压力相对较为均匀；布置 3 束横向预应力时铰缝内横向预压应力分布趋于均匀，且沿横向衰减减缓，1 号铰缝最大压应力为 1.06MPa，2 号铰缝最大横向压应力为 0.89MPa；布置 5 束横向预应力时铰缝内横向预压应力分布最为均匀，且沿横向衰减缓慢，1 号铰缝最大压应力为 1.01MPa，2 号铰缝最大横向压应力为 0.95MPa。可见在同一跨度范围内布置不同数量横向预应力，但作用大小总和相同时，横向预应力数量越多，即间距越小，对铰缝产生的横向预压应力分布越均匀，沿横向和纵向衰减速度也越慢。

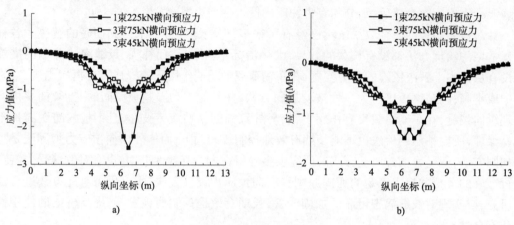

图 5-6 不同横向预应力布置对铰缝产生的横向预压应力分布
a) 1 号铰缝下缘预压应力；b) 2 号铰缝下缘预压应力

当布置每束作用大小相同为 45kN，间距相同均为 1m 时，预应力数量不同时对铰缝产生预压应力对比如图 5-7 所示，其中横向预应力均以跨中对称布置，布置 13 束时最靠边的一束距梁端为 0.5m，预应力数量达到最大。

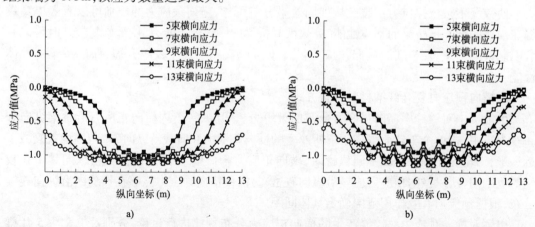

图 5-7 不同数量横向预应力对铰缝产生的横向预压应力分布
a) 1 号铰缝下缘预压应力；b) 2 号铰缝下缘预压应力

铰缝横向预压应力按 0.8 倍峰值定义预压应力有效分布宽度时，不同数量横向预应力作用效果计算结果如表 5-2 和图 5-8～图 5-10 所示。其中各项横向比值均为作用效应与 1 号铰缝作用效应的比值。

不同数量横向预应力作用效果对比　　　　　　表 5-2

布置数量	5 束		7 束		9 束		11 束		13 束	
铰缝编号	1号	2号	1号	2号	1号	2号	1号	2号	1号	2号
最大横向预压应力(MPa)	1.01	0.95	1.07	1.06	1.10	1.12	1.12	1.14	1.12	1.15
最小横向预压应力(MPa)	0	0	0.01	0.01	0.03	0.06	0.14	0.23	0.53	0.65
有效分布宽度(m)	3.7	3.4	5.5	5.1	7.3	7.1	9.1	7.7	10.7	9.2
应力峰值横向比值	0.94		0.99		1.02		1.02		1.03	

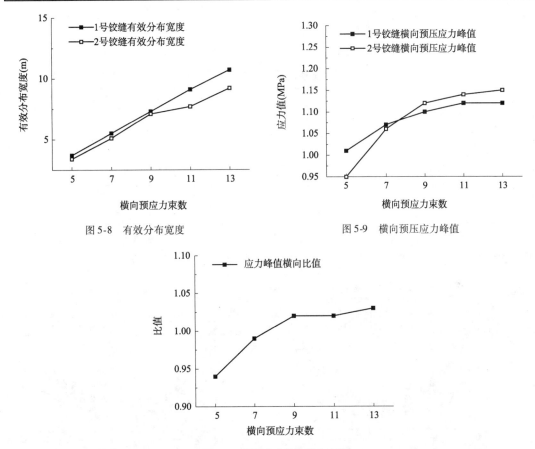

图 5-8　有效分布宽度　　　　　　　　　图 5-9　横向预压应力峰值

图 5-10　预压应力峰值横向比值

从计算结果可以看出,铰缝横向预压应力有效分布宽度与横向预应力束数量基本呈线性关系,即在间距一定时,横向预应力束越多,铰缝横向预压应力有效分布宽度越大。铰缝预压应力峰值及其横向比值也随横向预应力束数增加而增大,2号铰缝横向预压应力峰值增长比1号铰缝快。综上所述,横向预应力束数越多,其作用效果沿横向和纵向越均匀。

为了对横向预应力作用效果有更加准确的把握,对不同桥宽不同跨径分别进行对比讨论。不同桥宽的对比如图 5-11、图 5-12 和表 5-3 所示。

根据对比结果,桥越宽各铰缝内横向预压应力峰值横向衰减越快。原因之一是随着桥宽增大,横向反拱释放的横向预压应力越多;而边铰缝预压应力横、纵向分布均基本不变,各铰缝内横向预应力有效分布宽度也基本不变。

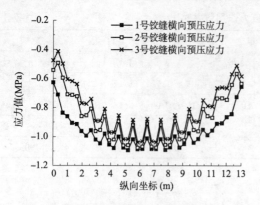

图 5-11　7 块板施加 13 束横向预应力

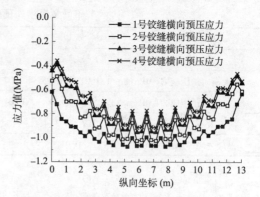

图 5-12　9 块板施加 13 束横向预应力

不同桥宽横向预应力作用效果对比　　　　　　　　　　表 5-3

桥宽	5 块板		7 块板			9 块板			
铰缝编号	1 号	2 号	1 号	2 号	3 号	1 号	2 号	3 号	4 号
最大横向预压应力(MPa)	1.12	1.15	1.09	1.08	1.04	1.07	1.03	0.95	0.91
最小横向预压应力(MPa)	0.53	0.65	0.63	0.49	0.41	0.62	0.49	0.39	0.36
有效分布宽度(m)	10.7	9.2	10.9	9.1	7.4	11.1	9.2	7.5	7.4
应力峰值横向比值	—	1.03	—	0.99	0.95	—	0.96	0.89	0.85
有效宽度横向比值	—	0.86	—	0.83	0.68	—	0.83	0.68	0.67

对跨径因素进行对比时,为了使变量单一,保持梁高不变,对 9 块板不同跨径桥梁进行横向预应力满跨布置,横向预应力间距为 1m,计算结果如图 5-13、图 5-14 和表 5-4 所示。

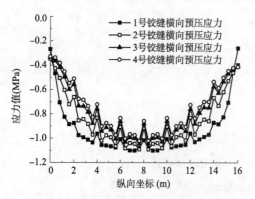

图 5-13　16m 跨径满跨布置横向预应力

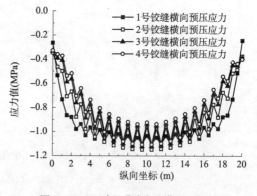

图 5-14　20m 跨径满跨布置横向预应力

不同桥梁跨径横向预应力作用效果对比　　　　　　　　表 5-4

桥梁跨径	13m				16m				20m			
铰缝编号	1 号	2 号	3 号	4 号	1 号	2 号	3 号	4 号	1 号	2 号	3 号	4 号
最大横向预压应力(MPa)	1.07	1.03	0.95	0.91	1.10	1.09	1.05	1.02	1.10	1.14	1.12	1.11
最小横向预压应力(MPa)	0.62	0.49	0.39	0.36	0.26	0.35	0.34	0.33	0.24	0.35	0.33	0.33
有效分布宽度(m)	11.1	9.2	7.5	7.4	12.8	11.2	9.2	9.0	16.0	13.3	13	11.2
应力峰值横向比值	—	0.96	0.89	0.85	—	0.99	0.95	0.93	—	1.04	1.02	1.01
有效宽度横向比值	—	0.83	0.68	0.67	—	0.88	0.72	0.70	—	0.83	0.81	0.70

通过对跨径因素的影响进行分析可知,跨径越大,横向预应力对铰缝预压应力的横向衰减越缓慢,而预压应力峰值基本不变。美国 PCI 桥梁设计规范中,对空心板梁桥横向预应力的计算公式也仅把跨径因素作为修正系数,可见跨径因素并不是横向预应力设计的关键因素。

综上所述,横向预应力布置束数越多、间距越小,铰缝预压应力分布越均匀;桥宽越大,铰缝预压应力横向衰减越快;跨径越大,铰缝预压应力横向衰减越慢。而铰缝内预压应力峰值在横向预应力束达到一定密度时,基本不受以上因素影响。考虑实际桥梁尺寸,采用 1m 间距满跨布置横向预应力束能够使实际桥梁全桥铰缝受到均匀的横向预压应力,所以实际应用横向预应力加固空心板梁桥时,横向预应力应该较密布置。结合施工方便性与锚具局部应力集中现象,建议实际设计时横向预应力间距取 1m,以相等间距满跨布置;由于荷载靠近支座时横向正应力较小,支座附近可适当增大横向预应力间距。

2. 横向预应力复合纤维材料选择

早期有黏结体外预应力通过张拉后喷射高性能复合砂浆等抗拉强度较高的浆体,将预应力与梁体黏为一体,起到防腐以及传递预应力束中应力增量的作用,与预应力一起承受荷载作用,对梁底喷注的砂浆有较高强度要求。

近年来随着预应力碳纤维锚固技术的成熟,碳纤维板材可以用到体外预应力加固上来。碳纤维具有高强、防腐、优异的耐疲劳性等特性,其顺纤维抗拉强度可达到 2500MPa 以上,弹性模量可达到 1.7×10^5 MPa 以上,主要成分是非金属复合材料,电化学活性非常低,抗腐蚀性非常好,不需要像普通预应力钢绞线那样做防腐处理,同时其温度膨胀系数低,能够使张拉后产生的预应力稳定地对结构产生作用。碳纤维板还具有优异的抗疲劳性能:活载作用时,粘贴在梁底的碳纤维板会产生应力增量,如此反复作用,碳纤维板的应力不断变化,这就需要碳纤维板具有优异的抗疲劳性能。可以通过环氧胶将张拉后的碳纤维板粘贴到梁体上,方便地实现有黏结预应力的施加。碳纤维板预应力锚固体系主要由碳纤维板、环氧黏结剂、碳纤维板用锚具和碳纤维板张拉装置四部分构成。预应力碳纤维板锚固体系如图 5-1 ~ 图 5-4 所示,由固定端和张拉端组成,不要采用大型张拉机械,施工非常方便。

3. 横向预应力大小估算方法

由于横向预应力大小由横向预应力束沿纵向布置数量及间距决定,所以在计算横向预应力大小之前需要首先确定横向预应力施加位置。

(1)梁格法

为了快速估算出加固所需横向预应力大小,可以建立简单的梁格模型对横梁应力及内力进行计算,估算消除铰缝下缘横向正应力所需要横向预应力的大小。梁格法将整体空心板每一区段的刚度集中在最邻近的梁格内。根据第二章对铰缝在荷载作用下应力分布规律的讨论,整体结构在横向可以简化为弹性支承连续梁,而各等效支座的刚度与每片梁的抗弯刚度和抗扭刚度都有关,将其横向模型单独分离出来的计算较为复杂,较为简单的算法是在整体结构梁格模型中计算横梁下缘最大拉应力,根据横梁中最大拉应力的大小来确定横向预应力大小。由于铰缝构造的特殊性横梁截面无法准确模拟,横梁在铰缝位置处截面发生突变,但是大铰缝构造铰缝高度几乎与梁高相等。假设横梁高度等于主梁高度,实际上横梁高度达到一定大小后横梁弯矩几乎不随高度变化而变化。

横梁间距以横向预应力布置间距为准,在确定横向预应力束布置位置后,在每一束横向预应力束位置布置一道横梁。实际上采用梁格法估算横向预应力大小是通过控制"横梁整体"应力水平来控制"横梁局部"——铰缝的应力水平。

以上文加固效果分析中的5片梁模型为例进行计算说明,采用 MIDAS/CIVIL 有限元软件建立梁格模型,横梁截面采用由主梁顶板与底板组成的无腹板箱形截面,横梁间距为1m,支座处为0.5m,横梁截面如图5-15所示。

用梁格模型计算发现横梁完全符合上文中横向弹性连续梁的假设,说明采用梁格模型计算是满足整体结构受力特点的。铰缝连同主梁腹板在横向受力上等同于"横隔梁",对横向弯矩分布影响不大,所以横梁沿其跨径方向统一采用图5-15所示截面来计算横梁最大弯矩,以横梁弯矩为控制内力进行横向预应力大小设计依据,而铰缝所处位置实际为横梁局部,铰缝处应力较大是由于局部构造的原因,所以,依据横梁最大弯矩设计横向预应力是合理的。

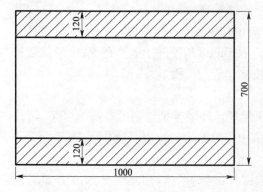

图5-15 梁格模型横梁截面(尺寸单位:mm)

为了方便比较,荷载工况采用中梁 $L/3$、$5L/12$、$L/2$ 对称施加 $5 \times 5t$ 集中力,与上文中加固模型荷载工况完全相同,计算得到荷载作用截面处横向最大弯矩和应力值如表5-5所示。

梁格模型横梁内力及应力计算结果　　　　表5-5

横梁位置	$L/3$	$5L/12$	$L/2$	$7L/12$	$2L/3$
最大弯矩(kN·m)	21.5	25.8	26.9	25.8	21.5
最大应力(MPa)	0.37	0.44	0.46	0.44	0.37

将横梁按照偏心受压构件设计所需横向预应力大小,横梁截面特性:面积 A 为 $0.24m^2$,抗弯惯性矩 I 为 $0.0205m^4$。设使横梁下缘应力为0需要的横向预应力大小为 N,须满足下式:

$$\frac{N}{A} + \frac{N \cdot y_0}{I} \cdot y = 0.46 \qquad (5-1)$$

解式(5-1)得,$N = 45.35kN$。此时横向预应力对中梁梁顶产生的应力值为:

$$\frac{N \cdot y_0}{I} \cdot y - \frac{N}{A} = 0.08(MPa)$$

为了验证上述方法的合理性与正确性,在实体单元模型中按照计算得到的横向预应力大小在荷载对应位置施加5束45kN横向预应力,铰缝下缘及梁顶横向正应力见图5-16、图5-17。

利用实体单元模型验证梁格法计算得到,2号铰缝下缘在施加横向预应力后应力基本为0,由于荷载作用和预应力作用在横向都具有较强的局部性,所以在远离荷载和横向预应力区域的铰缝下缘还有微小的拉应力;梁顶上缘计算结果中,除了边梁受到横向预应力施加后的扭转作用使横向正应力达到0.16MPa,其余位置横向正应力都与梁格法预期值相当吻合。

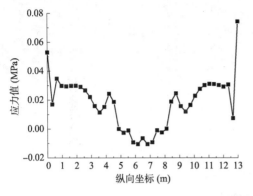
图 5-16 施加横向预应力后 2 号铰缝下缘横向正应力

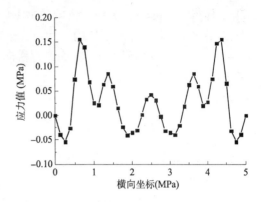
图 5-17 横向预应力对梁顶产生的横向正应力

可以看出,在铰缝损伤的情况下施加与此模型相同的荷载和横向预应力后加固效果良好,且在此横向预应力基础上加固效果不随预应力的增大而增大,这是因为横向预应力大于45kN 后,在荷载作用下铰缝下缘开始受压,45kN 横向预应力为使铰缝下缘横向正应力为0的临界值。为了更好地验证梁格法的可靠性,在加固模型上分别施加 5 束 50kN、45kN 和35kN 的横向预应力进行加固效果对比,横向预应力达到 45kN 后加固效果几乎不变,横向预应力为 35kN 时加固效果略有下降,说明使铰缝下缘不受拉的临界横向预应力在 35kN 和45kN 之间,证明了梁格法计算结果的合理性与正确性。不同横向预应力加固效果对比见图5-18。$5\times5t$ 荷载梁底横向正应力横向分布如图 5-19 所示。

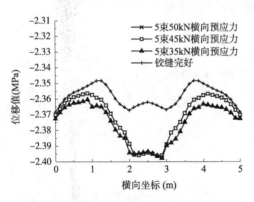
图 5-18 不同横向预应力加固效果对比

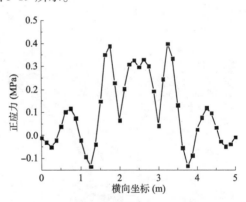
图 5-19 $5\times5t$ 荷载梁底横向正应力横向分布

在确定了梁格法良好的实用性后,可以确定梁格法对各种不同铰缝高度的空心板梁桥都具有适用性。但是需要指出的是,计算横梁截面的选择须根据铰缝高度确定:接近梁高的大铰缝结构在简化横梁截面时应选择由顶、底板组成的无腹板箱梁形式;而小铰缝结构采用梁格法计算时横梁截面建议选择与顶板厚度相同的矩形截面。在进行横向预应力设计时,须考虑施加横向预应力后铰缝底部至梁底分离区也会受压,横向预应力大小须根据分离区宽度及由于浇筑铰缝及运营过程中分离区的实际封堵状况进行合理调整,小铰缝横向预应力设计与大铰缝结构相比较复杂,但原理方法相同。

(2)实体单元模型计算法

采用实体单元模型计算横向预应力大小是最为直接、准确的方法,但是与梁格法相比较繁琐,具体步骤为:首先在铰缝完好的模型上施加最不利设计荷载,计算主梁下缘最大横向正应力;然后将主梁按照偏心受压构件计算铰缝下缘横向正拉应力抵消所需要的预应力大小。

中梁施加 5×5t 荷载时,梁底最大横向拉应力为 0.41MPa,比梁格法计算结果略小,证明了梁格法计算结果是可靠的。对实际结构进行横向预应力设计时,应考虑活载冲击系数等因素对横向预应力计算值进行适当放大。

(3)铺装层影响

由于实际加固时会对损坏的铺装层进行修复,考虑铺装层对横向预应力设计的影响。分别施加 5cm 铺装层和 10cm 铺装层后,5×5t 荷载作用下梁底横向正应力计算值如表 5-6 所示。铺装层可以提高结构整体承载能力,降低梁底横向正应力。

考虑不同铺装层厚度时梁底横向正应力(单位:MPa)　　表 5-6

计算方法	无铺装	5cm 铺装	10cm 铺装
梁格法	0.46	0.42	0.40
实体单元法	0.41	0.36	0.33

对考虑铺装层后的结构施加 5 束 45kN 横向预应力。荷载作用下 2 号铰缝下缘的横向正应力如图 5-20 所示。考虑不同铺装层厚度时横向预应力对梁顶产生的横向正应力如图 5-21 所示。无铺装时梁顶最大拉应力为 0.16MPa,考虑 5cm 铺装层厚度时梁顶最大拉应力为 0.14MPa,考虑 10cm 铺装层厚度时梁顶最大拉应力为 0.12MPa。梁顶最大拉应力出现位置均为边梁,且不是铰缝位置,而是边梁梁顶。分析其原因,可能是由于边梁只有一边与相邻主梁连接,另外一边没有约束,导致扭矩无法平衡而产生较大的横向拉应力。

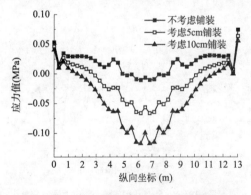

图 5-20　考虑不同铺装层厚度时铰缝下缘横向正应力　　图 5-21　考虑不同铺装层厚度时梁顶横向正应力

按照偏压构件对考虑不同铺装层厚度时横向预应力对梁顶产生的横向正应力进行计算,见式(5-2):

$$\sigma_{顶} = \frac{N \cdot y_0}{I} \cdot y - \frac{N}{A} \tag{5-2}$$

式中:N——横向预应力大小;

y_0——横梁形心高度;

y——梁顶距形心轴距离;

I——横梁抗弯刚度;

A——横梁截面面积。

考虑不同铺装层厚度的横梁截面特性及梁顶横向正应力如表5-7所示。

考虑不同铺装层厚度的横梁截面特性及梁顶横向正应力表　　　表5-7

截面特性	截面高度（m）	形心高度（m）	截面面积（m²）	抗弯刚度（m⁴）	偏压构件法梁顶横向正应力（MPa）	实体单元法梁顶横向正应力（MPa）
不考虑铺装	0.7	0.35	0.24	0.0205	0.08	0.16
考虑5cm铺装	0.75	0.4145	0.29	0.0263	0.08	0.14
考虑10cm铺装	0.8	0.4673	0.34	0.0319	0.09	0.12

对比按照偏压构件计算得到的梁顶横向正应力和由实体单元模型计算得到的梁顶横向正应力，发现随着铺装层厚度增大，按照偏压构件计算得到的梁顶横向正应力与实体单元模型计算结果越来越接近，可见一定厚度的铺装层可以减小边梁梁顶由于扭转而增大的横向正应力。

（4）横向预应力大小实用设计建议

实际设计时，可针对现行规范规定的车辆荷载，利用横向预应力使铰缝下缘不受拉的约束条件，将按照偏压构件计算方法计算得到的横向预应力值作为最小设计值。而最大设计值则以梁顶横向拉应力不超过混凝土设计抗拉强度为准，将考虑边梁扭转效应得到的横向预应力值作为横向预应力最大设计值。

保守地假设边梁扭矩全部作用于边梁附近的横梁，边梁扭矩相当于横向受力时边梁附近的弯矩，将此边梁扭矩产生的横向弯矩叠加到计算梁顶横向正应力的式中即可得到考虑边梁受扭时的边梁梁顶最大横向正应力，见式(5-3)。计算结果如表5-8所示。

$$\sigma_{顶} = \frac{N \cdot y_0}{I} \cdot y - \frac{N}{A} + \frac{M_T}{I} \cdot y \tag{5-3}$$

式中：M_T——横向预应力对边梁产生的扭矩。

考虑最大扭矩梁顶横向正应力　　　表5-8

截面	无铺装	5cm铺装	10cm铺装
主梁截面扭转中心高度（m）	0.3335	0.3737	0.4111
扭矩大小（kN·m）	15.0	16.8	18.5
梁顶横向正应力（MPa）	0.34	0.30	0.28

从计算结果可以看出，考虑铺装作用，对计算最大扭矩作用下梁顶横向正应力值也有一定程度的改善。实际进行加固设计时可将按照考虑最大扭矩作用计算得到的梁顶横向正应力小于混凝土设计抗拉强度为指标，作为最大横向预应力设计值。以最小设计值到最大设计值为合理区间，参考加固对象实际交通情况，选取最佳横向预应力设计值。实际设计时须考虑由于分批张拉等原因造成的预应力损失，根据实际张拉流程对横向预应力设计值进行适当调整。

4. 横向预应力复合纤维材料加固施工工艺

为了使加固效果更好，应在施加横向预应力前首先对严重损伤的铺装层和铰缝混凝土进行修复，可以通过灌胶、灌浆等措施对铰缝进行修复，破损严重无法通过胶结进行处理时，须连同铺装层一起凿除重新浇筑。由于横向预应力会对梁顶上缘产生一定拉应力，所以修复混凝土铺装层时须在梁顶布置横向受拉钢筋或在梁顶适当布置横向预应力筋，在铰缝及混凝土铺装层强度达到要求时方可张拉横向预应力。张拉横向预应力的流程为:前期准备→安装锚栓→制作锚具→抹找平胶→抹环氧胶→安装锚具→张拉锚具→后期处理,张拉横向预应力时应该分批对称张拉。

第4节 预应力复合纤维材料加固技术工程实例

一、实例1:T形简支梁桥的纵向加固

以海南省海口市新埠大桥为例,分别从桥梁基本情况、主要病害分析、加固设计方案、施工工艺要点以及加固效果评价等方面,阐述预应力复合纤维材料加固技术在T形简支梁桥的应用情况。

1. 桥梁基本概况

新埠大桥位于新埠大道上,是连接市区与新埠岛的重要通道,该桥由海口市城市建设局建设,于1987年建成通车,大桥横跨南渡江支流,桥梁距离河流出海口约为3.6km。桥梁全长260m = 13 × 20m,桥面铺装为混凝土路面,上部结构为13跨钢筋混凝土简支T梁,桥面宽16m = 3.5m(人行道) + 9.0m(行车道) + 3.5m(人行道),梁高1.3m,翼板宽1.6m。腹板厚0.18m。每跨横向布设9片T梁,下部结构为柱式桥墩,支座为板式橡胶支座。桥梁整体图及布置图如图5-22~图5-25所示。

图5-22 桥梁整体图

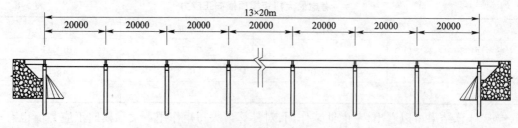

图5-23 桥型布置图(尺寸单位:mm)

2. 主要病害分析

某工程检测中心于2012年底对该桥进行检测及荷载试验,由外观检测结果判断该桥技术状况评定等级为D类,由荷载试验结果判断该桥承载能力满足设计荷载要求。管养单位根据该检测结果在桥梁两头均设置了桥梁限高架,避免超载车辆的通行进一步恶化桥梁技术状况。

据检测报告得知,T梁腹板、底板存在裂缝,裂缝宽度0.05~0.15mm。横梁状况良好。动载试验表明梁体刚度满足要求,但安全储备不多。为了提高桥梁安全储备和耐久性,保证结构安全,在梁板板底张拉预应力碳纤维板进行结构补强。2012年新埠大桥外观检查结果见表5-9。

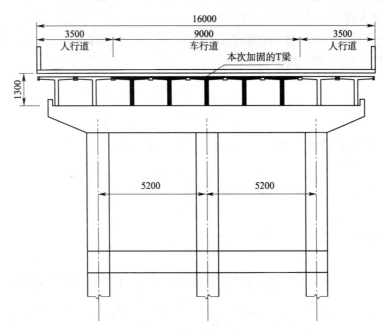

图 5-24 桥梁断面图(尺寸单位:mm)

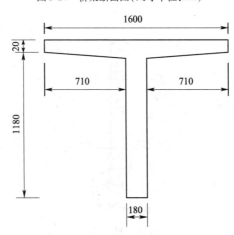

图 5-25 T梁截面图(尺寸单位:cm)

2012 年外埠大桥外观检查结果　　　　表 5-9

检测部位	外观检测结果
桥面系	伸缩缝填塞;桥面泄水孔被杂物阻塞,影响排水速度;桥面铺装墩顶处有横缝等病害
上部结构	T梁腹板有竖向裂缝,底板有横向裂缝且部分裂缝延伸至腹板,裂缝宽度均小于《城市桥梁养护技术规范》(CJJ 99—2003)中钢筋混凝土恒载裂缝最大限值 0.2mm;T梁横隔板均无裂缝,湿接缝处有析白但均未发现纵向裂缝,表明桥梁横向连接完好
下部结构	4号、5号、11号墩墩身有竖向裂缝,裂缝长度范围为 17~68cm,裂缝宽度范围为 0.05~1.3mm,参照《城市桥梁养护技术规范》(CJJ 99—2003)中墩台在恒载状态下裂缝最大限值小于 0.35mm,4号墩、5号墩均有一条裂缝超出规范限值,11号墩有 4条竖向裂缝超出规范限值

3. 加固设计方案

受交通需求,海口市桥梁管理有限公司委托海口市市政工程设计研究院对该桥进行了耐久性加固设计。加固方案如图5-26所示。

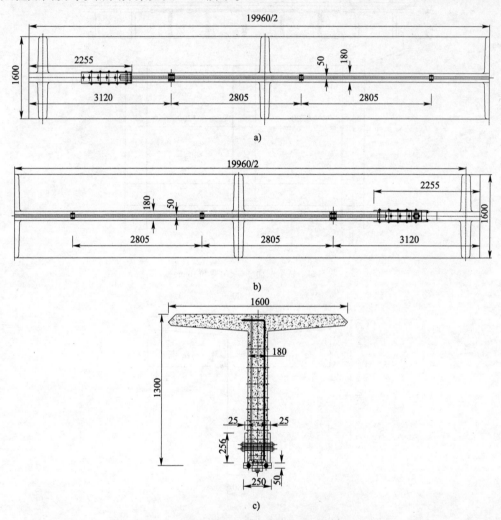

图 5-26 加固方案(尺寸单位:mm)
a)锚固端底面;b)张拉端底面;c)横断面

桥梁上部结构组合为13×20m钢筋混凝土简支T梁,横桥向布设9片T梁,其中车行道5片,两边人行道各2片。为了节约投资,本次仅加固车辆荷载作用的车行道下的5片梁。在板底纵向粘贴张拉1条预应力碳纤维板,碳板尺寸为15540mm×50mm×3.0mm,极限抗拉应力应不小于2400kN,极限抗拉力为360kN。本项目张拉应力为1000MPa,张拉力150kN。

4. 施工工艺要点

工程规模:65根15.54m预应力碳板,每根T梁在梁底粘贴1条,共1010m。施工难点:一是梁体为18cm的窄T梁,为了安装预应力碳板,设计和加工了一些钢构件进行辅助安装;二是桥梁有十跨位于江上,无法搭设满堂脚手架进行安装,通过施工工艺的巧妙设计,最终实现了预应力碳板的顺利安装。项目于 2015 年 6 月开始施工,目前已完工,且使用状况良好,具体施工照片如图 5-27 所示。

图 5-27 现场施工照片

5. 加固效果评价

(1)静载试验

①第一跨(0号台~1号墩)。

a. 不同工况下,混凝土测点的应变实测值均小于理论值,应变校验系数介于0.40~0.80之间,均小于1.0,相对残余应变率均小于20%,通过对比混凝土及碳纤维板的应变数据,可知预应力碳纤维板能够合理有效参与结构受力。

b. 跨中截面测点的变形实测值均小于理论值,变形校验系数均小于1.0,相对残余变形率均小于20%,对比加固前试验结果,可知加固后跨中截面变形小于加固前变形。

c. 结构荷载横向传递合理。

由此表明,该跨上部结构实际工作状况好于理论状况。

②第五跨(4~5号墩)。

a. 不同工况下,混凝土测点的应变实测值均小于理论值,应变校验系数介于0.54~0.74之间,均小于1.0,相对残余应变率均小于20%,通过对比混凝土及碳纤维板的应变数据,可知预应力碳纤维板能够合理有效参与结构受力。

b. 跨中截面测点的变形实测值均小于理论值,变形校验系数均小于1.0,相对残余变形率均小于20%。

c. 结构荷载横向传递合理。

由此表明,该跨上部结构实际工作状况好于理论状况。

③第六跨(5~6号墩)。

a. 不同工况下,混凝土测点的应变实测值均小于理论值,应变校验系数介于0.53~0.76之间,均小于1.0,相对残余应变率均小于20%,通过对比混凝土及碳纤维板的应变数据,可知预应力碳纤维板能够合理有效参与结构受力。

b. 跨中截面测点的变形实测值均小于理论值,变形校验系数均小于1.0,相对残余变形率均小于20%。

c. 结构荷载横向传递合理。

由此表明,该跨上部结构实际工作状况好于理论状况。

④第七跨(6~7号墩)。

a. 不同工况下,混凝土测点的应变实测值均小于理论值,应变校验系数介于0.40~0.81之间,均小于1.0,相对残余应变率均小于20%,通过对比混凝土及碳纤维板的应变数据,可知预应力碳纤维板能够合理有效参与结构受力。

b. 跨中截面测点的变形实测值均小于理论值,变形校验系数均小于1.0,相对残余变形率均小于20%。

c. 结构荷载横向传递合理。

由此表明,该跨上部结构实际工作状况好于理论状况。

⑤第十三跨(12号墩~13号台)。

a. 不同工况下,混凝土测点的应变实测值均小于理论值,应变校验系数介于0.46~0.69之间,均小于1.0,相对残余应变率均小于20%,通过对比混凝土及碳纤维板的应变数据,可知预应力碳纤维板能够合理有效参与结构受力。

b. 跨中截面测点的变形实测值均小于理论值,变形校验系数均小于1.0,相对残余变形率均小于20%,对比加固前试验结果,可知加固后跨中截面变形小于加固前变形。

c. 结构荷载横向传递合理。

由此表明,该跨上部结构实际工作状况好于理论状况。

(2) 动载试验

① 脉动试验:第一跨、第五跨、第六跨、第七跨及第十三跨的前两阶实测频率均大于理论值,且各跨实测频率值均较接近,实测振型与理论振型吻合较好,对比第一跨和第十三跨加固前后频率实测值,加固后的频率略有增长,说明上部结构整体刚度满足要求。

② 强迫振动试验:跳车试验下跨中截面振幅较大(介于0.593~0.820),表明跳车会对桥梁结构产生较大的冲击效应,应确保道路平顺,避免在桥面出现跳车现象;第一跨、第五跨、第六跨、第七跨及第十三跨各试验工况的实测冲击系数(介于1.10~1.30)与同类型桥梁相比,桥跨结构的激振响应正常。

总之,该桥梁的加固效果较好。

二、实例2:空心板梁桥的横向加固

1. 桥梁基本概况

上文对横向预应力加固技术进行了讨论,本节对其实用性进行分析,加固设计模型选择我国高速公路中跨径为13m,桥面宽为11.25m的空心板梁桥,横向由10片板宽1m的空心板梁组成,设计荷载等级为公路—Ⅰ级。铰缝损伤模型采用开裂部分有抗压能力但无抗拉能力的模型,进行横向预应力设计时没有考虑铺装层作用。实桥模型横断面如图5-28所示。

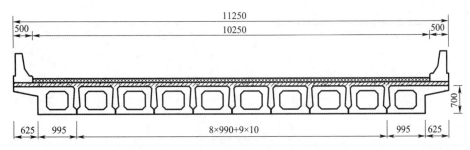

图5-28 实桥模型横断面(尺寸单位:mm)

进行横向预应力设计时采用《公路桥涵设计通用规范》(JTG D60—2015)第4.3条中的车辆荷载,按照规范中表4.3.1-4规定车道数为单向三车道,即沿桥面横向最多布置3台规范规定的车辆。

2. 横向预应力加固设计

(1) 横向预应力布置

根据上文分析结果,荷载作用下横向正应力和横向预应力对铰缝产生的横向压应力沿桥梁跨径方向分布均非常集中,且活载作用位置不固定,所以横向预应力采用满跨密布,采用100mm(宽度)×4mm(厚度)预应力碳纤维板作为横向预应力材料,以1m间距沿桥梁跨径满跨布置,支座附近间距为0.5m,横向预应力布置示意图如图5-29所示。

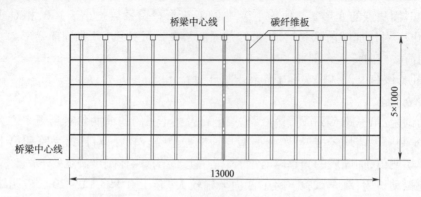

图 5-29　横向预应力布置示意图(尺寸单位:mm)

(2)横向预应力大小确定

首先根据设计荷载确定结构最不利工况,根据上文对铰缝横向受力特点的分析,结构沿横向服从弹性支承连续梁的受力特点,计算以下三个荷载工况,如图 5-30 所示,图中所示均为规范中车辆荷载后轴,单轮重 70kN,取铰缝横向受力最大的荷载工况为横向预应力设计参考工况。

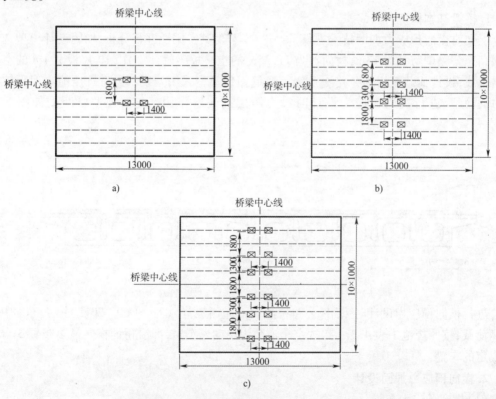

图 5-30　可能的最不利荷载工况(尺寸单位:mm)
a)一辆车后轴跨中对称布置;b)两辆车后轴跨中对称布置;c)三辆车后轴跨中对称布置

利用梁格法建立梁格模型计算各荷载工况对横梁产生的最大弯矩和最大应力结果如表 5-10 所示,由于横向受力特点符合弹性支承连续梁,所以满跨均布置荷载时"边梁"会对"中梁"产生卸载效应,故当一辆车后轴对称布置在跨中时,横梁弯矩为最大值。

第5章 预应力复合纤维材料加固技术

不同荷载工况作用下横梁最大弯矩与应力 表5-10

荷载工况	一辆车对称布置	两辆车对称布置	三辆车对称布置
横梁最大弯矩(kN·m)	42.1	35.8	20.4
横梁最大应力(MPa)	0.71	0.61	0.35

利用有限元方法验证梁格法结果,一辆车后轴对称布置在跨中时梁底横向正应力计算结果如图5-31所示,梁底最大横向正应力为0.65MPa,比梁格法计算结果略小。说明梁格法能够快速有效地计算空心板梁结构横向受力,能够真实反映结构整体横向受力特点。

按照偏压构件计算所需横向预应力大小,设使横梁下缘应力为0需要的横向预应力大小为N,须满足下式:

$$\frac{N}{A} + \frac{N \cdot y_0}{I} \cdot y = 0.71 \tag{5-4}$$

解式(5-4)得,$N = 70$kN。此时横向预应力对中梁梁顶产生的应力值为:

$$\frac{N \cdot y_0}{I} \cdot y - \frac{N}{A} = 0.12(\mathrm{MPa})$$

对模型施加横向预应力,每束70kN,无荷载作用时梁顶横向拉应力如图5-32所示。边梁由于预应力对其产生扭转作用,最大横向拉应力达到0.25MPa,其他位置横向正应力都很小,可见此应力水平的横向预应力对结构安全没有影响。

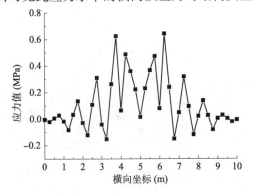

图5-31 跨中梁底横向正应力有限元结果

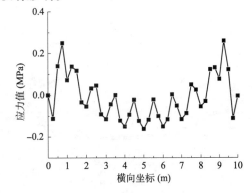

图5-32 施加横向预应力后梁顶横向正应力

3. 加固效果

针对实际的荷载等级完成横向预应力设计后,对铰缝破坏的模型施加此横向预应力,验证其加固效果,挠度改善如图5-33所示,横向预应力对铰缝破坏的模型梁顶产生的横向正应力如图5-34所示。

从加固效果来看,横向预应力对结构整体性能改善非常明显,在合理设计的横向预应力水平和布置方式下,各主梁挠度横向分布几乎和铰缝完好时相当,荷载作用位置局部刚度比铰缝完好时低是因为加固模型中铰缝开裂部分没有纵向受弯和竖向抗剪能力,由前文考虑裂缝面接触摩擦抗剪后局部刚度可以得到一定程度提升,实际加固效果更好。加固模型梁顶由横向预应力产生的横向拉应力最大值为0.24MPa,对结构没有破坏性影响。

在铰缝修复良好的情况下,铰缝全高度可以正常受力,施加横向预应力后应力会得到相当程度的改善,主要比较横向正应力改善情况,如图5-35所示。

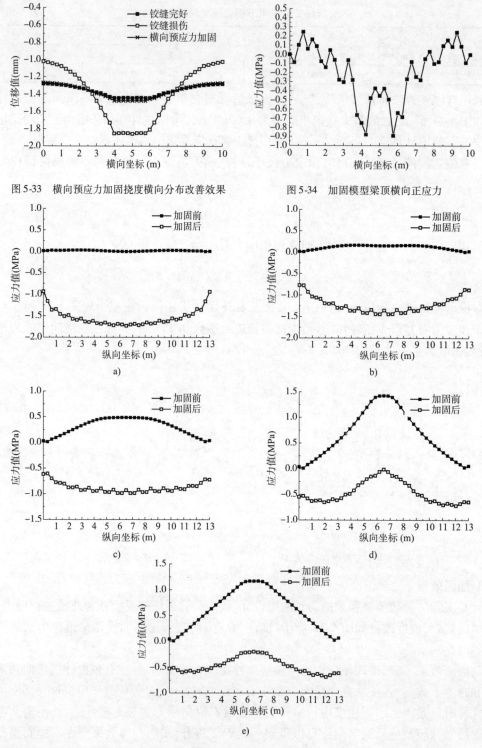

图 5-33　横向预应力加固挠度横向分布改善效果　　图 5-34　加固模型梁顶横向正应力

图 5-35　横向预应力加固铰缝下缘横向正应力改善

a)1 号铰缝下缘横向正应力改善;b)2 号铰缝下缘横向正应力改善;c)3 号铰缝下缘横向正应力改善;d)4 号铰缝下缘横向正应力改善;e)5 号铰缝下缘横向正应力改善

铰缝下缘横向正应力要比梁底横向正应力大,是因为铰缝底部与梁底存在一定分离区高度,构造原因导致铰缝下缘横向正应力更大,但是横向整体受力和结构整体横向刚度有关,所以采用梁格法设计横向预应力时横梁按截面4—4取,控制梁底横向正应力得到的横向预应力值可以改善结构整体横向受力,所以铰缝局部的横向正应力同样可以得到符合设计目的的改善效果,按梁格法计算结果设计的横向预应力使铰缝不再出现拉应力。

综上所述,横向预应力加固方法适用于实际空心板梁桥结构,且加固效果良好。本节针对实桥结构进行加固设计时未考虑铺装作用,根据铺装影响分析结果可知,混凝土铺装层对提高空心板梁整体刚度有相当程度的作用,且能改善位移及内力的横向分布,建议实际设计时在符合桥面高程要求的情况下尽可能在横向预应力加固时配合恢复足够厚的混凝土铺装。

三、其他工程实例

近年来,卡本复合材料(天津)有限公司生产的预应力复合纤维材料成功应用于多个桥梁加固工程案例,可为后续的桥梁加固提供一定的参考。

1. 洛三高速公路改扩建工程东上村2号大桥加固

(1)项目简介

洛三灵段改扩建工程项目起点位于连霍高速公路洛阳西任村互通立交,与连霍高速公路郑洛段改扩建工程终点相接,在豫陕交界处与连霍高速公路潼关至西安段相连。项目全长195.12km。沿线设有互通式立交9座,分离式立交41座,桥梁93座,天桥97座,隧道4座,涵洞、通道433道,估算投资125亿元,工期36个月,是河南省迄今为止一次性建设里程最长、投资规模最大、沿线地形最复杂、技术含量最高的山区高速公路改扩建项目。该项目采用单侧整体式加宽、单侧分离式加宽和双侧整体式加宽相结合的建设方案,改扩建标准为双向八车道高速公路,设计行车时速100km/h。项目竣工后,对于带动沿线经济发展,缓解连霍高速公路通行压力,提高河南省公路交通综合服务水平,增强交通区位优势,促进中原经济区建设都具有重要的现实意义。东上村2号桥,全长157.75m,为30m跨先简支后连续预应力箱梁,共5孔。

(2)加固方案

通过计算分析,最终确定在箱梁底部纵向粘贴张拉3条预应力碳纤维板,碳板尺寸为26500mm×100mm×1.2mm,极限抗拉应力≥2400kN,极限抗拉力为288kN。本项目张拉应力为800MPa,张拉力96kN,如图5-36所示。

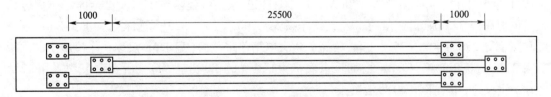

图5-36 加固方案(尺寸单位:mm)

(3)加固施工照片

工程规模:15根26.5m预应力碳板,每根小箱梁在梁底粘贴3条,共400m。施工难点:

梁底宽度仅1.2m,需要安装3条预应力碳板。项目于2015年10月开始施工,目前已完工,且使用状况良好,具体施工照片如图5-37所示。

图5-37 施工现场照片

2. 鸡石高速公路维修跨铁路桥预应力碳纤维板加固

(1)项目简介

鸡石高速公路是国道G323江西瑞金—韶关—云南临沧的一段,也是国道主干线GZ420(昆河)线和国道G213(昆磨)线的横向联接线。作为滇南地区的主要经济干线,鸡石高速公路东起个旧市鸡街镇,西至石屏线异龙镇,全长98.3km。公路北接昆河公路上昆明,西连玉元高速公路,东出文山进广西,把蒙自、个旧、建水、石屏连为一体。该项目于1999年12月开工建设,2004年11月建成通车。

到目前为止,鸡石高速公路已经运营约十年,全线未进行过大修。随着当地经济的发展,交通运输任务日趋繁重,特别是重载、超载车辆的增加,造成高速公路上部分桥梁的技术状况和服务水平均有所下降,桥梁构件出现了不同程度的病害和缺损。需要对其中的部分桥梁进行维修和加固。

K64+012跨铁路大桥作为预应力混凝土结构,存在较多横向裂缝。该桥上部结构形式为25m+40m+25m现浇箱梁+1跨20m空心板(上下行错孔布置)。定期检查时该桥被评为四类,之后进行了特检,特检结果为三类(根据特检报告,该桥为沿线唯一一座三类桥)。

该桥上跨蒙自至宝秀米轨铁路(交叉桩号K103+662.76,蒙宝铁路始建于1918年,1971年5月由寸轨改为米轨。2009年1月1日起,蒙宝线建水至宝秀段已全面停止货运),并同时跨越323国道,交角约30°,铁路净高5m,净宽5.5m,323国道净空大于4.5m。现浇箱梁部分25m+40m+25m一联,梁高2.0m,单箱单室截面(宽9.5m),逐孔张拉施工。顶板束2束,腹板束8束,40m跨增加4束底板束(距桥墩3m处锚固)。所有钢束均采用12×7ϕ5钢绞线,箱梁采用40号混凝土。

其主要病害如下:现浇箱梁40m跨底板横向裂缝较多,尤其是跨中附近,裂缝已贯通两侧腹板,最大裂缝宽度达0.2mm,腹板竖向裂缝最高处已延伸至1.3m处。另外,中跨距两侧桥墩2.3~2.4m处产生底板横缝和腹板斜缝。底板及腹板裂缝情况见图5-38。

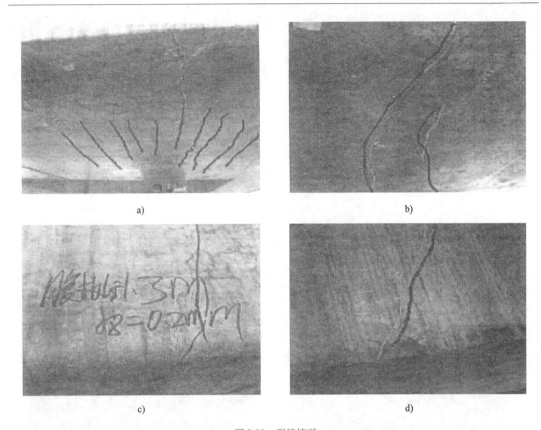

图 5-38 裂缝情况

a) 底板横向裂缝 1；b) 底板横向裂缝 2；c) 横缝贯通腹板（缝宽 0.2mm）；d) 中跨距桥墩 2.3m 斜裂缝

根据裂缝形态、分布情况及对原桥的验算结果进行分析，上部箱梁表现出预应力度不足现象，且承载能力富余度较小（富余 3.9%）。为提高上部箱梁的耐久性能和安全性能，有必要增加其预应力度。由于 25m 跨基本无病害，故不进行加固处理。本次主要是针对 40m 跨采用预应力碳纤维板加固。

采用预应力碳纤维板加固后，正常使用极限状态下，长期组合不出现拉应力；短期组合中跨最大拉应力为 1.18MPa，满足规范要求。承载能力极限状态下，中跨抗力富余度有所增加（富余 12.3%）。

(2) 加固方案

在梁底粘贴预应力碳纤维板，间距 30cm，横向布置 12 条。碳纤维板尺寸为 35000mm × 100mm × 2.0mm，极限抗拉应力 ≥2400kN，极限抗拉力为 480kN。本项目张拉应力为 1200MPa，张拉力为 240kN，如图 5-39 所示。

(3) 加固施工照片

工程规模：24 根 35m 预应力碳板，每片箱梁在梁底粘贴 12 条，共 840m。施工难点：桥梁跨度大，桥梁跨度 40m，单根预应力碳纤维板长度 35m；张拉力值大，单根张拉应力 1200MPa，张拉力值 24t。项目于 2015 年 9 月开始施工，目前已完工，且使用状况良好，具体施工照片如图 5-40 所示。

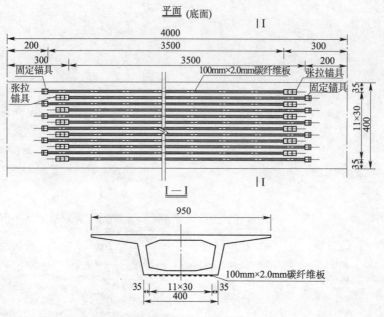

图 5-39 加固方案(尺寸单位:cm)

图 5-40 施工现场照片

3. 福建南平市朱熹路 1 号桥抢险维修项目

(1)项目简介

朱熹路 1 号桥毗邻马头山隧道和九越生态园,为预应力混凝土简支空心板桥,桥长 150.0m,跨径组成为 6×25.0m,桥宽 10.7m,由 8.4m(机动车道)+2.3m(人行道和栏杆)组成,上部结构由 7 片空心板组成,板高 1.20m,宽 1.39m。朱熹路 1 号桥为Ⅲ类、Ⅰ等养护的城市

第5章 预应力复合纤维材料加固技术

桥梁。

全桥累计14片主梁存在开裂现象,第二跨L2-2、L2-3、L2-5主梁跨中存在较多横向裂缝,全桥主梁累计存在67条裂缝,14条纵向裂缝,裂缝宽度最大测值0.34mm,共29条横向裂缝、2条纵向裂缝宽度超过限制(0.10mm)。针对第二跨开裂较严重的空心板梁(主要是横向裂缝),梁底裂缝病害处理完毕后,粘贴预应力碳纤维板,并张拉预应力。

(2)加固方案

在梁底粘贴预应力碳纤维板,每片梁布置2条。碳板尺寸为21900mm×100mm×1.4mm,极限抗拉应力≥2400kN,极限抗拉力为336kN。本项目张拉应力为1000MPa,张拉力为140kN。如图5-41所示。

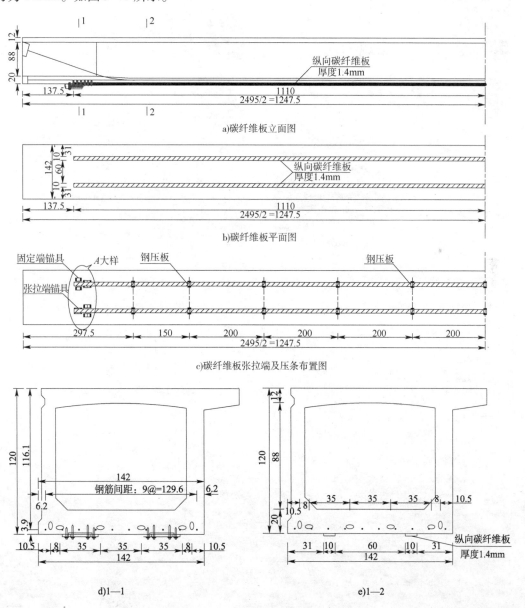

图5-41 加固方案(尺寸单位:mm)

(3) 加固施工照片

工程规模:14 条 21.9m 预应力碳板,每片空心板梁梁底粘贴 2 条,共 308m。项目于 2015 年 10 月开始施工,目前已完工,且使用状况良好,具体施工照片如图 5-42 所示。

图 5-42 施工现场照片

第6章 简支梁体外预应力加固技术

随着我国社会主义建设事业的发展,交通运输业也在发生巨大的变化。一些年代久远的桥梁已经无法满足现有承载能力的要求,统计表明,其中大多数桥梁为简支梁桥,而简支梁桥又是最为简单的桥型。因此,本章分别从简支梁体外预应力加固体系的基本组成、力学分析以及施工方法等方面进行阐述,同时论述了简支转连续法结合体外预应力的加固技术。

第1节 简支梁体外预应力加固体系基本组成

简支梁体外预应力加固技术的实质是以粗钢筋、钢绞线或高强钢丝等钢材作为施力工具,对桥梁上部结构施加体外预应力,以预加力产生的反弯矩抵消部分外荷载产生的内力,从而达到改善桥梁使用性能并提高其极限承载能力之目的。

一、简支梁体外预应力加固体系

预应力混凝土和钢筋混凝土简支梁桥,因为其受力形式明确、构造简单、可装配式施工等特点,是中小跨径桥梁中最广泛采用的一种结构形式。其中钢筋混凝土简支梁桥可用于跨径在 8~20m 的桥跨,当跨径超过 20m 时,一般均采用预应力混凝土简支梁桥,其跨径可达到 50m。

简支梁桥的病害多表现为受拉区的弯曲裂缝与支点附近的剪切裂缝。弯曲裂缝多为跨中梁底面出现若干条大致平行分布的横桥向裂缝,一般发生在桥梁 $L/4$ ~ $3L/4$ 区间内。横向裂缝贯穿梁底面,且会沿腹板向上延伸。剪切斜裂缝一般出现在剪力较大的支点截面附近,或者同时承受剪力和弯矩均较大的梁段,在梁的抗剪配筋薄弱处也可能出现斜裂缝。剪切斜裂缝多为对称分布,离跨中越远倾角越大,倾斜角在 15°~45°之间,裂缝宽度大致在梁高一半处达到最大。裂缝的延伸长度受该处梁段承担弯矩的影响,支点附近截面斜裂缝向下延伸长度不大,一般不与底面贯通。跨径内受弯矩影响较大的梁段,斜裂缝则可能向下延伸较大,与底面贯通,形成弯剪斜裂缝。

体外预应力加固因其施工便利、对原结构影响小、易于检测更换等优点,现已越来越广泛地应用于桥梁加固工程中。由于简支梁桥受力性能明确,其病害也多为跨中截面抗弯承载能力不足所致,因此虽然不同的主梁截面形式有着不同的加固特点,但总体而言,体外预应力加固简支梁桥主要采用的手段均为在梁底沿桥梁纵、横方向张拉或梁顶沿斜筋方向张拉。

1. 体外预应力束的布置方式

按照不同的桥梁结构形式与加固目的,常用的加固体系可分为四种,如图 6-1 所示。
图 6-1a)和图 6-1b)中体外预应力筋(束)由水平和倾斜布置的钢筋、钢绞线或钢丝束组

成,两者以滑块相连接,其中图6-1a)采用了梁顶锚固、梁顶张拉的方法,图6-1b)采用了腹板锚固、梁底张拉的方法。另外,斜向预应力筋也可由带楔形块的槽钢组成,如图6-1d)所示。当体外预应力筋(束)采用图6-1c)形式布置时,其转向点应设置U形转向滑块,滑块应固定在主梁的横隔板或横隔梁底面。

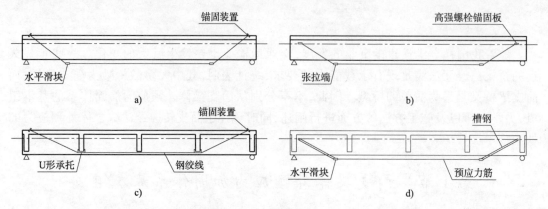

图6-1 简支梁桥常用体外预应力束布置方式示意图

上述四类加固体系,虽然锚固形式、张拉方式和所用材料有所不同,但在计算时均可采用统一的计算模型,只是在计算预应力损失时,应考虑各自的构造特点。

2. 体外预应力束的张拉方式

根据预应力施加方式的不同,以及桥梁的病害形式与现场施工环境的不同,简支梁桥体外预应力束的张拉方式主要包括:纵向张拉法、竖向张拉法和横向收紧张拉法。

(1)纵向张拉法

纵向张拉法是沿体外预应力的轴线施加拉力,而根据加固体系的不同,又可分为不同的形式,主要包括将斜筋的上端锚固在梁顶,在梁顶张拉;或者斜筋锚固在腹板上,在梁底张拉。对于水平筋和斜筋是由两根粗钢筋组成,斜筋与滑块固定在一起的加固体系,若斜筋锚固在梁顶,则可以在梁顶张拉斜筋,牵动水平筋受力,也可以张拉水平筋,牵动斜筋受力。若斜筋锚固在腹板上,则只可以张拉水平筋,牵动斜筋受力。对于水平筋与斜筋是由一根钢丝绳、钢丝束或钢绞线组成的加固体系,可用手动葫芦直接张拉水平筋,也可以在梁顶用千斤顶张拉斜筋。对于斜筋采用刚度较大的一根槽钢,水平筋采用钢丝绳、钢丝束或钢绞线的加固体系,则采用张拉水平筋的方式对梁体施加预应力。

(2)竖向张拉法

当现场施工条件不方便进行预应力束纵向张拉时,可以采用竖向张拉法。该方法是在梁肋两侧对称布置钢束,一般在梁端肋侧锚固,在钢束中部竖直向下张拉,在梁肋底部用小横梁固定预应力束。相较于纵向张拉,竖向张拉增大了张拉行程、减小了张拉力,也减小了张拉时的应力损失,同时可以对结构施加较高的预应力,能有效地改善旧桥原结构的开裂问题。

(3)横向收紧张拉法

对于I形或T形截面梁,其梁端间隙很小,会造成预应力纵向张拉的不便,于是加固时为了避免在梁端部位张拉,可以采用横向收紧张拉法。此法一般采用粗钢筋作为水平拉杆,并将拉杆对称梁中线安装。锚固钢板呈 U 形套在梁端的下翼缘上。作为水平拉杆的粗钢筋用撑杆分成若干段,在每段中点用拉紧螺栓将相邻的对称拉杆向内收紧,收紧过程中拉杆伸长产生预应力。但由于拉杆多为水平直线形,在梁端的向上弯起不多,因此这种加固方法只能有效地减小梁跨中弯矩,对减小梁端的剪力帮助不大。

二、简支梁体外预应力体系的基本组成

简支梁体外预应力加固体系的形式多样,从加固所用的主要材料来看,包括高强螺纹钢筋、预应力高强钢丝束、钢丝绳以及型钢等。其基本组成主要包括:水平筋、斜筋、上锚固点、滑块、U 形承托与水平筋固定支座。

1. 水平筋

水平筋亦称水平拉杆,多由高强螺纹粗钢筋、钢丝束或钢丝绳组成。其作用是在梁底部位施加纵向预应力,从而对梁体产生反向弯矩,以抵消部分自重及活载产生的正弯矩,提高梁的承载能力。

当水平筋采用高强粗钢筋时,在钢筋(杆)的两端做粗制螺纹,配以螺母加以锚固。当采用高强钢丝束时(此种情况通常不设斜筋),用锚头将其两端锚固在梁顶的端部。钢丝束的纵向线型由设在梁底两侧的箍筋加以固定。当采用钢丝绳时,可直接用锚固锁将两端固定在主梁的腹板上,张拉后用钢丝夹头锁住;亦可将钢丝绳的两端锚固在梁底的滑块上。

2. 斜筋

斜筋亦称为斜杆,多由高强粗钢筋或槽钢做成。斜杆的下端通过设置在梁底的滑块与水平筋连接,上端锚固于梁端顶部或梁端腹板处。斜筋(杆)的作用是提供梁端部位的负弯矩和预剪力,从而提高梁的承载能力。当采用钢丝束或钢丝绳时,可以不单独设斜筋,而将斜筋和水平筋一体相连。

3. 上锚固点

斜筋提供的预剪力和负弯矩的大小,与上锚固点的位置有关。上锚固点的位置需根据主梁的特点及施工的具体情况来选择,包括梁顶锚固、腹板锚固以及梁端锚固。

4. 滑块

滑块又称竖向支撑。当斜筋和水平筋非同一根钢筋时,用滑块将其连接为一体。滑块的主要作用是完成斜筋和水平筋之间力的传递、固定折点位置并将斜筋的竖向分力传于梁底,并与上锚固点的竖向力一起产生作用于梁端部的负弯矩和负剪力,从而提高梁的承载力。根据构造形式可将滑块分类为水平滑块和楔形滑块。

(1)水平滑块

水平滑块由连接斜筋、水平筋的活动滑块支撑座和固定在梁底的支撑钢垫板组成。

滑块或支撑座为钢铸件,亦可采用厚钢板焊接而成。支撑座上设有连接斜筋和水平筋的肋板。为了增强滑块的滑动能力,可在支撑座顶面粘贴一层四氟乙烯薄板。支撑钢垫板用环氧砂浆垫层粘贴于梁的底面,为了增加梁底的局部抗压强度,可在环氧砂浆垫层中设置钢丝网。支撑钢垫板的纵向尺寸,应大于活动滑块支撑座的纵向尺寸,以满足支撑座纵向滑块的需要。为了减少滑块的摩阻力,可在支撑钢垫板表面加一层不锈钢板。

水平滑块的主要功能是通过滑块的水平滑动调整斜筋与水平筋之间的内力分配比例，并使表面受力趋于均匀。当在梁底水平筋上施加预应力或外荷载使梁底发生弯曲时，均会使水平筋内力增加，此时滑块将向跨中方向滑动。而这种滑动的结果恰恰会使斜筋内力增加，水平筋内力减小，从而使两者受力趋于均匀。当在梁顶面张拉斜筋上端时，斜筋受力很大，此时滑块将向梁端方向滑动，并带动水平筋受力。直到斜筋和水平筋之间的内力达到某种平衡时，滑块停止滑动而处于平衡状态。

(2) 楔形滑块

当斜筋采用型钢时，可利用横隔梁的底面作为竖向支撑，通过与型钢下端固结的楔形滑块连接水平筋。楔形滑块一般用钢件焊接，亦可用混凝土浇制。为了减少滑块的摩擦力，可在滑块的斜面(滑动面)加一层四氟乙烯板或不锈钢板。楔形滑块的作用与水平滑块基本相同，但有如下两个特点：楔形滑块与斜杆做成一体，用钢件焊接或用混凝土浇筑而成；楔形滑块是沿着楔形体的斜面滑动的，因此其水平滑动量较水平滑块要小。

5. U 形承托

当采用型钢作为斜杆时，或以一根钢丝绳取代斜筋和水平筋时，通常利用距离梁端的第二个横隔板作为竖向支撑，并兼作水平筋和斜筋的转折点。在此种情况下，为减少横隔板底部的摩擦力，从而减小横隔板的弯曲作用，在横隔板的底部设置 U 形承托。U 形承托可用钢板弯制而成，套在横隔板的底面，并用环氧砂浆和锚固螺栓固定在横隔板上。

6. 水平筋固定支座

水平预应力筋固定支座采用 A3 钢板及钢管焊接而成，并用螺栓和环氧砂浆固定在梁的底面上。水平筋固定支座的作用是减小水平筋的自由长度，从而起到水平筋的减振作用。该装置对于跨径较大的体外索加固系统尤为重要。

第 2 节　简支梁体外预应力加固体系施工方法

简支梁体外预应力加固过程中，由于各种加固体系的构造形式不尽相同，所以其施工加固工艺也存在着一定的差异。但各种方法的工艺要点还是存在一定的共性，本节将根据国内桥梁加固的相关工程实践，对主要施工过程的工艺要点加以简述。

(1) 测定原主梁顶板、腹板钢筋位置

根据加固施工中需要新增的转向块、锚固块位置，参照桥梁设计竣工图，并辅以钢筋位置测定仪，确定可能对加固施工造成影响的原结构钢筋位置，并予以标注。在后续施工过程中，应对原结构的主筋进行保护，尽量避免破坏，当产生较严重冲突时，应对加固方案进行重新评估。

(2) 新增齿板、转向块、加劲肋板的放样施工

根据已测定的原结构钢筋位置，对新增构件进行实地放样，并做好明确的标注。施工过程中若需要在顶板开施工孔，应事先确定顶板纵、横向预应力钢束的位置，开孔应避开预应力束，施工孔内不得有预应力束穿过。新增构件位置处需要凿除原混凝土保护层，在露出新鲜混凝土表面后，应用钢刷对露出的原结构纵横向钢筋进行除锈，并用高压水冲洗凿毛面，保证新老混凝土的黏结质量。

(3) 种植钢筋

根据设计要求,当需要对新增构件种植新钢筋时,可在需要位置用电动冲击钻钻出盲孔(孔深不得穿透板壁厚度),而后用压缩空气法清除孔内浮尘,清孔过程中,应保证硬质排气管插入孔底,而后缓慢逐步拔出。种植钢筋的钻孔深度与孔径必须满足设计要求,一般孔深为 $10d$(d 为钢筋直径),孔径比 d 大 $4\sim6$ mm。

(4) 主梁锚固孔定位凿洞

当设计方案采用在原结构上进行锚固时,需在相应位置进行定位凿洞。此时,孔洞直径应略大于预应力束套管 $2\sim3$ cm,以便于埋设环氧砂浆进行固定。钻孔时可采用电动冲击钻,先以较细(如 8mm)的小钻头在孔位四周打孔一圈,然后再凿除中间部分的混凝土,这样可减轻凿除过程中对孔壁四周混凝土的破坏。钻孔凿好后,应进行表面处理,使孔壁清洁干燥,配置环氧树脂砂浆后,可采用斜面压降法或灌浆法埋设套管。体外预应力筋的锚固孔道在设计过程中应避免与主梁斜筋发生交叉,但若原结构钢筋施工过程中定位不准,则仍有可能发生原结构钢筋干扰的情况,此时,如遇箍筋,可直接割断让出管道空间,如遇到主筋,则应适当偏移孔道位置。

(5) 槽钢的加工

当采用槽钢作为斜筋或斜杠时,对各构件切割下料后,焊接前应事先进行放样试拼,确保尺寸准确无误后再进行焊接加工。并应注意锚固孔是否曾因故改动,否则,槽钢下端角度及有关尺寸必须进行调整,以免槽钢两端穿筋孔眼不在一条水平线上,引起水平钢筋弯曲。在实际操作过程中,构件制作和凿孔放样均有一定的误差,所以常将穿筋的孔眼放大为长圆孔,以留有一定的微调余量。

(6) 粗钢筋的加工

当采用粗钢筋作为预应力筋时,钢筋切割下料后,应用锉刀将割口锉圆。连接器和螺母严格按照设计尺寸和工艺制作,使用连接器连接钢筋时,应先在一端钢筋上做好一半连接器长度的标记,当连接器旋进到位后,再放入另一端钢筋。

(7) 预应力筋的张拉

现阶段预应力筋的张拉一般采用千斤顶和液压油泵配合,根据体外预应力所采用的预应力筋种类和张拉锚固工艺情况,选定张拉设备的型号。一般应保证预应力筋的张拉力在设备额定张拉力的 $50\%\sim80\%$ 之间为宜。张拉设备在张拉前必须配套标定,标定完成后用内插法计算出张拉各级油表读数。经过局部承压验算合格后,即可进行张拉作业,对夹片锚等不可拆卸锚具,张拉力可控制在 $1.03\sigma_{con}$。张拉顺序以从两侧边梁向中间张拉,以减少中梁的弹性压缩损失。

(8) 预应力筋的防护

预应力筋张拉完成后,应根据选用的预应力筋和锚具的类型,及时进行防护,预应力筋的防护主要有以下几种形式:钢绞线外套钢管或塑料管,张拉完成后内部灌入水泥浆防护,需要时在套管外刷防火涂料;体外预应力筋采用单根无黏结预应力筋,穿入钢管或塑料管后,在张拉前完成灌浆作业,由水泥浆将预应力筋定位;采用 PE 挤塑缆索多层防护,该工艺在施工时首先通过注塑机使 PE 呈半流体状态,再利用热注塑设备在预应力钢筋外包裹保护层。

一、施工放样及钢筋位置探测

体外索加固施工需对上锚固点、滑块垫板及跨中预应力钢筋固定支座的位置进行准确的放样定位。

1. 上锚固点放样

当斜筋上锚固点位于梁顶或梁端面时,放样比较简单。以单梁顶(端)面的纵轴线为基准,沿纵桥向量测锚固点距梁端的距离。当锚固点位于梁端时,应量取锚固点距梁底或梁顶面的垂直距离,再沿横桥向对称量取上锚固点的横向距离,标出锚固点的理论位置。

当锚固点设在梁腹板上时,腹板两侧不能通视,可采用按1:1比例尺用木板制作的放样架在腹板两侧分别放样。木板放样架上的定位孔直径应比真实孔径大10mm,以防在混凝土梁上打孔时将标记线打掉。

由于梁的顶板和腹板中均有钢筋存在,特别是受力钢筋,不应将其切断,可将锚固点位置作适当的调整以躲避这些钢筋。因此梁上的实际锚点位置与理论点位置会有差异,但应限制这种误差。一般情况下可允许上锚固点位置水平移动10cm,垂直移动3cm。当上锚固点位置偏差较大时,应按其实际位置重新进行校核计算。上锚固点的允许位置偏差可由斜筋的角度及滑块的位置加以调整。

2. 滑块垫板及固定支座位置放样

沿梁底从锚固实际中心(投影点)向跨中方向量取滑块垫板的中心位置及跨中位置,分别标记在梁底部的两侧,并将垫板的平面尺寸绘在梁底面上,同时标出有关螺栓的孔位。在垫板放样中可以不计梁的挠度影响。

3. 钢筋位置探测

在上锚固点、滑块及固定支座的垫板施工中需为锚固螺栓钻孔,在加固设计中仅根据原结构的设计图纸确定锚固及打孔位置是不够的。由于原桥施工中可能出现钢筋代换及钢筋施工位置偏差,都将为钻孔施工带来很大的麻烦。因此在放样施工中必须探测钢筋位置,这一工作可借助钢筋位置测定仪或混凝土保护层测定仪来完成。

二、环氧胶液及环氧水泥砂浆制备

环氧胶液及环氧砂浆主要用来粘贴锚固及支撑用的钢垫板。环氧胶液是以环氧树脂为基本原料的高强黏结剂。环氧树脂是浓缩状胶液,其本身单独存在并不具备黏结强度,只有在其中加入固化剂以后,才能形成黏结强度。

固化剂为胺类化学试剂,不同牌号的环氧树脂采用的固化剂略有不同。对于工程上用得最多的6101环氧树脂,采用的固化剂是乙二胺,其用量为环氧树脂质量的6%~9%。固化剂用量过少,固化速度慢,甚至不能形成强度。固化剂的用量过多,胶液活化时间短,固化速度快,并使胶液硬化后的脆性增加。

此外,为了改善环氧胶液的性质,还可适当地加入增塑剂和稀释剂。增塑剂一般采用二甲酸二丁酯,其用量为环氧树脂质量的15%左右。稀释剂一般采用丙酮。稀释剂不参与化学反应,只起稀释胶液的作用,其用量可根据施工所需的稀释程度确定,一般为环氧树脂质量的10%~20%。

环氧树脂的参考配方为:6101 环氧树脂(100g) + 邻苯二甲酸二丁酯(15g) + 丙酮(15g) + 乙二胺(8g)。各种化学物质的掺入顺序亦按上式进行,每一种化学药品加入后需搅拌均匀,再加入下一种。

环氧水泥砂浆是在环氧胶液中加适量的填料形成的。填料的用量一般按环氧胶液质量的5倍计算。其填料成分为325号水泥和干燥的中砂,其中水泥和砂的比例为1:2。按上述比例配制的环氧砂浆的强度可达40MPa以上,在常温下约需要3d。

三、上锚固点设置

上锚固点的设置包括梁顶锚固、梁端锚固与腹板锚固等。

1. 梁顶及梁端锚固

对于上锚固点设在梁顶面及梁端顶面的情况,需按设计的斜筋穿出位置,在桥面板或梁端顶面凿穿两个具有与斜筋角度相同的斜孔。首先应掀去(局部)桥面铺装层,将梁顶面混凝土保护层凿去,露出钢筋,再将锚固垫板下面的混凝土进行细凿。为了凿好斜孔,应按斜孔的设计角度做一个凿孔架,将凿岩机的钻杆放入凿孔架的槽内,使钻头中心对准理论锚固点。正式开凿之前还应在理论锚固点上用人工打一个与钻头大小相近的小坑,以避免开钻时由于钻头跳动而带来孔位偏差。当锚固孔快钻透时,由于钻杆上端紧靠混凝土表面,而下侧已经脱空,这段斜孔往往向下偏移,必须进行人工补凿,以保证斜孔的顺直。上锚孔凿完之后应将梁顶面混凝土清理干净,除去混凝土碎渣。先在开凿后的混凝土表面涂一层环氧胶液,再用环氧水泥砂浆铺平。最后将上锚固点设在梁顶时,应保证锚垫板的上表面与梁顶面平齐,或略低一点,以确保锚固点上有尽可能厚的混凝土保护层。当上锚固点设在梁端顶面时,亦应保证锚后有足够大的混凝土体封锚。

当上锚固点设在梁端底部时,可将锚固钢板热弯成U形,直接套在梁端的底部,拉筋焊在锚固钢板的两侧面上。安装U形钢板时要先凿除梁端混凝土保护层,露出梁端主筋,以环氧砂浆粘贴钢板并填塞梁端与锚固钢板之间的空隙。

2. 腹板锚固

腹板锚固包括三种方式,即锚栓孔打眼、钢销锚固孔施工以及摩阻—黏着式锚固的施工。

(1)锚栓孔打眼

当上锚点设在梁腹板上时,首先遇到的问题就是在腹板上打孔,上锚固点施工质量如何主要取决于打孔的质量。对于打孔质量主要有以下三方面的要求:孔位必须准确,除要求孔位放样准确,更要注意钻头跳动而引起的孔位偏差;孔眼必须顺直,特别是双向对打时,不能出现错台,否则将给穿锚固栓带来困难;尽量减少对孔周围混凝土的破坏,尽量减少对梁体混凝土的削弱。

打孔可采用ZIC-38型电锤施工,其最大钻孔直径为38mm。在C30混凝土中钻直径为26mm的钻孔,其钻进速度可达约3cm/s。钻孔施工时,若从一侧钻进穿透腹板,将在腹板的另一侧形成漏斗形孔口,所以,对于穿透腹板的螺栓孔,必须从两侧对打。在打孔开始时应用冲子在混凝土表面打出一个小坑,以免开钻时跳位。在钻孔过程中应保持孔位及方位,必要时可制作专门的打孔支架,以保证打孔质量。打孔工作亦可采用电动冲击钻完成。先在孔位四周用小直径钻头打一圈小孔,然后再凿除中间部分混凝土以减少对四周混凝土的损坏。

由于钻头顶端带有锥度,当从腹板两侧对钻时,在孔的对头部位将形成颈缩。此外,如果两侧对钻的方向有偏差,两个半截孔也会出现错台现象,因此必须进行修孔。修孔时可用同直径的长钻头从腹板的一侧穿向另一侧。

在钻孔过程中遇到钢筋时,必须把钢筋截断并取出才能继续钻进。由于主要受力钢筋在放样时已经避开,因此可能遇到的钢筋多为小直径的箍筋或水平防收缩钢筋,可在钢筋附近局部扩孔,并用小直径的电钻钻头将钢筋切断并剔出,这样做不会影响周围的混凝土。

(2) 钢销锚固孔施工

首先,应在腹板上设计位置钻孔,清孔后灌入环氧水泥砂浆并插入钢套管。待环氧水泥砂浆固化形成强度,钢套管固定后再穿入钢销,套上钢丝绳,并在钢销的两端旋紧防止钢丝绳滑落的挡板,以备张拉。

(3) 摩阻—黏着式锚固的施工

摩阻—黏着式锚固施工较钢销锚固要复杂一些,其主要难点在于定位及钻孔。按前述方法完成定位和钻孔之后,应将锚板下混凝土凿毛,以增加混凝土与环氧水泥砂浆间的黏着力和抗剪程度。凿毛时以凿去浮浆、全部见到混凝土新茬为原则。

在加环氧水泥砂浆之前应先进行锚板试安装,应以锚板上所有锚固螺栓都能顺利装上为准,否则必须修孔。试安装后的锚板应编号记录,实际安装时应对号入座。

锚固板正式安装之前需将混凝土表面刷干净(干刷即可),并对锚固板进行去污和除锈处理,在安装之前还应在锚固板和混凝土表面薄薄地刷一层环氧树脂胶液。在涂好胶液的锚固板上先摊铺一薄层环氧水泥砂浆,铺设钢丝网,再摊铺一层环氧水泥砂浆。在梁腹板混凝土表面亦可铺上一层环氧水泥砂浆,以增加黏结力。

将带有环氧水泥砂浆的锚固板就位,上螺栓并适当地拧紧。挤出的环氧水泥砂浆可回收再用。当环氧水泥砂浆黏结层硬化并达到 30MPa 强度时,再将高强螺栓拧到设计吨位。在螺栓施拧过程中,应分为两阶段进行,第一阶段可达到设计吨位的 70%。施拧螺母时应按照对称方式进行。

四、滑块及垫块施工

水平滑块多用 18~30mm 的钢板焊接而成,如用铸铁加工将更为经济。楔形滑块常用钢材制作并焊在型钢斜杆的下端,也可用钢筋混凝土直接浇筑在型钢斜杆的下端。对于后者亦需预留孔道以穿入水平预应力钢筋。

水平滑块的垫板由于受斜筋竖向分力的作用将一直处于受压状态,因此,水平滑块的垫板只需用环氧砂浆粘贴在梁的底面上。施工时应先将梁底混凝土凿去 2cm 左右,并在混凝土表面抹一层环氧胶液,再用环氧砂浆层找平,然后用临时吊架将支撑板粘贴在梁底。临时吊架由横担、托木及麻绳组成。当在水平滑块上设置四氟乙烯滑板时,可用环氧胶液将其预先粘贴在钢垫板底面或滑块的顶面上。

水平预应力钢筋的固定座可粘贴在跨中梁底位置上。由于粘贴面上受到固定支座的自重作用,加之梁在活载作用时的振动影响,为确保安全,固定座除用环氧水泥砂浆粘贴之外,还应在其底面或梁底马蹄形的上面设置锚固螺栓。当在梁底面设锚固螺栓时,需向上钻孔,施工操作难度较大。在此情况下可采用抬杠法操作,该方法需两人操作,一人开机并控制横桥方向电锤的垂直度,另一人扶机并控制顺桥向的垂直度。固定座垫板的粘贴方法同水平滑块支座垫板的方法。

当采用楔形滑块或用钢丝绳加固时,需在横隔板下缘设置 U 形承托板。U 形承托板用钢板热弯成型,然后用环氧砂浆或螺栓固定在横隔板下部。为防止钢丝绳横向滑动,在 U 形承托板的两端焊接防滑钢板。

五、预应力钢筋的安装及张拉

体外索加固中预应力钢筋的安装方法与其构造方式有关。在安装之前应先检查各种锚具与夹具是否能正常工作,特别是粗钢筋的螺杆和螺母的匹配情况,应逐个试拧,每个丝头均应达到在不加力的情况下以手拧动就可将螺母拧至全程。

对于水平筋和斜筋分别采用两根粗钢筋或斜杆为型钢的情况,应先将斜筋与水平滑块固定在一起,并将斜筋的上锚固点固定。用临时支架将滑块定位在其垫板(或 U 形承托)的位置上,然后再穿入水平筋。穿筋时应保证水平筋的两端均有相等的丝头长度,检查滑块位置并预留滑移量。手动上紧两水平筋的螺母,且应保证水平筋的中心与滑块锚空的对中,以防止在张拉锚固时拧紧螺母困难。

对于斜筋与水平筋由一根钢丝绳或钢丝束组成的情况,首先应安装定位 U 形箍筋系统。U 形箍筋采用直径为 12~16mm 的钢筋制作,端部设有穿丝的套环。首先按设计位置和顺序,将 U 形箍筋依次排好,并临时吊挂在梁下,将钢丝绳(束)的一端由锚固板穿入,再穿过各箍筋下的套环,由另一端锚固板穿出,收紧后用轧丝锚头临时锚固,以备张拉。

对于横向收紧水平筋产生预应力的体系,首先按斜筋的斜度要求将斜筋焊在梁端的 U 形锚板上,采用夹杆焊将水平筋(拉杆)焊在斜筋上。为减少垂度,每隔 2~2.5m 用木块将水平拉杆垫起,然后安装锁紧装置。先安放弯起点处的立柱,再按设计位置安装撑棍和收紧器,以备张拉。

体外预应力筋的张拉方法亦与其构造形式有关。就张拉位置而言,可以沿斜筋方向在梁顶张拉,亦可沿水平筋方向在梁底张拉。在一般情况下,由于张拉设备及操作人员的限制不可能所有的梁同时张拉,但对于同一根梁的两侧预应力钢筋应尽量做到同步张拉,以保证梁两侧的钢筋具有相等或相近的预应力状态。体外索的张拉程序与预应力混凝土梁相同,即初始张拉 10%,逐步加力至 105%,稳压 2min 后降至设计预拉力的 100%,然后进行锚固。

对有水平筋的情况,在张拉过程中还应注意调整跨中预应力筋固定座的位置,尽量不使固定座上的钢套管碰及预应力钢筋,以免影响实际张拉力。体外索的张拉方式主要包括:用千斤顶张拉、电热法张拉、手动葫芦张拉以及横向收紧张拉等。

1. 用千斤顶张拉

当梁底张拉水平筋时,只需一对 YC-60 型双作用千斤顶即可完成张拉工作。在张拉之前,应先对千斤顶及油泵进行校准和标定,以确保张拉吨位的精度。张拉时可用支架将千斤顶支撑或吊挂在梁底,通过连接件对钢筋施加预应力。当在梁顶或梁端张拉斜筋时,最好用四只千斤顶同时工作,这样可以减少单梁两侧钢筋中预加力的差异。

2. 电热法张拉

电热张拉法是通过电热设备对钢筋通电加热,使之热胀伸长到一定长度后拧紧梁端螺母,冷却后钢筋收缩即产生预应力。采用此法张拉时,对钢筋电热的温度及伸长值都应事先计算确定,以便张拉施工时进行吨位控制,该方法常用于张拉梁底水平筋。

3. 手动葫芦张拉

当水平筋和斜筋为同一根钢丝绳且两端锚固在梁的腹板上时,可采用手动葫芦张拉法。钢丝绳的自由端设在跨中,用手动葫芦张拉后,至少要用四个钢丝夹锁定以免发生滑丝,然后方可拆除葫芦。

张拉时钢丝绳自由端装上三部滑轮组,穿入手动葫芦并在三部滑轮组中安装电子秤,直接测定拉力并控制预加力的大小。预加力亦可在钢丝绳上安装钢索测力计加以控制。

4. 横向收紧张拉

在水平钢筋安装之后,旋紧收紧器使梁侧拉杆向中间收拢即施加预应力。首次张拉时,取设计拉力的80%～90%,保持12h后卸除,以调直拉杆并检查拉杆的焊接质量。正式张拉时,按设计收紧量对称分次收紧。设计预拉力数值可用收紧距离来控制。当达到设计收紧量后,安装锁紧螺栓并使收紧量超过设计值的1～2mm。用双螺母锁住并卸除收紧器即完成张拉工作。

在各种张拉方法中,设计预拉力可通过千斤顶读表、粘贴应变片、测定索的自振频率、测定螺母扳手的旋转力以及量测张拉索的变形量等方法测量。

六、防腐及善后处理

体外索加固体系中的主要构件如水平筋、斜筋、钢丝束(绳)、滑块(支撑座)、垫板及固定座等均应进行防腐处理。防腐处理应尽可能在张拉前完成,对于部分特殊情况条件不允许时可在张拉之后进行。

凡在工厂制作的杆件应先除锈并刷一层防锈漆,再涂一层红丹及两层防锈灰漆。每一道工序均应等前一道工序的涂料完全干了之后再进行。杆件的丝头部分应涂上黄油并套以塑料保护管,以避免在运输过程中损坏螺纹。支座及支座垫板的光洁度应达到设计要求。上述铁件在运送或储存中应有专人保管,避免受雨水浇淋。高强钢丝束或钢丝绳最好采用热压成型的外PE塑料保护套防腐。

上述施工操作完成之后,应将多余的钢筋头切除。切割工具最好采用砂轮锯。若用氧气焊或电焊切割时,要用湿布缠住预应力筋及其螺栓部位,且不断向其浇水,以防止其附近受热而影响到加固效果。

在张拉工作全部完成之后,应用水泥砂浆或环氧水泥砂浆填平锚固板和各种垫板的凹入部位,防止钢垫板锈蚀及锚固螺栓松动。当斜筋上端设在梁顶或梁端时,还应做好封锚混凝土,并恢复桥面铺装。上述工作完成之后,如果条件允许,可进行一次加固后的静、动载试验,以对比桥梁加固前后的工作状态。此后即可竣工通车。

第3节 简支转连续法与体外预应力加固技术

简支转连续法加固技术是改变结构体系加固法的一种。改变结构体系加固法是通过技术手段改变原结构的受力体系,降低控制截面内力,进而提高结构整体承载能力的一种加固方法。实际工程中,常用的改变结构体系加固方法有:将多孔简支梁改为连续梁,将单孔简支梁改为支撑梁,将中、下承式拱改变为拱—斜拉组合体系,将连续梁、连续刚构桥改变为矮塔斜拉桥,将带挂梁T形刚构桥改变为连续刚构桥,以及其他增设结构构造从而使原结构受力体系发生改变的方法。

一、简支转连续法加固设计要点

1. 简支转连续加固法的基本原理

简支转连续加固是将原两片简支梁伸缩缝处连接成整体,使原结构由简支体系转变为连续体系,并在连接处梁顶增设普通钢筋或预应力钢筋,以抵抗连续梁体系在荷载作用下的负弯矩效应。此种加固方法可以减小跨中正弯矩,提高结构的整体承载能力,同时减少了原结构的伸缩缝数量,桥面平顺性更好,在一定程度上改善了桥梁的动力性能,并提高了行车舒适性,在桥梁的使用性能的改善上也是大为有益的。简支转连续加固方法多用于多跨简支梁桥配筋不足或截面尺寸偏小,导致跨中截面抗弯承载能力不足以及挠度过大的情况。简支转连续加固法如图6-2所示。

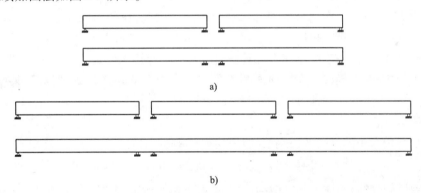

图6-2 简支转连续加固法示意图

a)两跨简支梁;b)三跨简支梁

简支转连续加固法的内力计算,其特点在于分阶段受力,结构的自重和原结构的早期恒载按简支体系计算内力,而运营阶段的作用(或荷载)以及加固过程中产生的后期恒载则要按照连续体系计算内力。由结构分析理论易知,在相同荷载作用下,因为支点位置附近的负弯矩影响,连续梁的跨中弯矩要比同等跨径的简支梁减小近30%,这样对于跨中截面的抗弯承载力,可以在不改变截面形式的情况下对其进行间接的补强。

2. 支座与伸缩缝对加固设计的影响

对于采用简支转连续施工方法的新建桥梁,目前大多采用单支座的方案,在简支状态时采用双临时支座,待体系转换完成后,将临时支座拆除,全部荷载转移到永久支座上,形成单支座多跨连续梁。但对于简支转连续法加固的旧桥,可偏于方便地采用双支座的支撑方案,特别是在原结构支座基本完好时,可不进行体系转换,使施工更为简便。

从结构受力角度来看,单支座和双支座对连续梁的内力分布影响不大。当采用双支座时,支点附近的负弯矩峰值会减小,这对结构受力是有利的,但同时带来的影响是跨中正弯矩的卸载效果也会相应降低,这就降低了加固的效率。但这些影响对于 20~30m 常用跨径的简支梁桥是非常有限的,因此从施工便利性出发,优先采用双支座方案是切实可行的。

对于某些原桥支座损坏严重或跨径较大而必须采用单支座方案的桥梁,可将原桥支座看作是施工过程中的临时支座,并同时在梁底施工永久支座,待体系转换完成后,拆除原有的支座,将全部荷载转移到新建永久支座上,形成单支座支撑的多跨连续梁。

简支转连续加固法将原结构的多跨简支体系转变为了少跨连续体系,在此过程中必须拆除部分的伸缩缝,但由于原结构的伸缩量并没有显著改变,所以有可能出现加固后桥梁整体伸缩量不足的情况。因此在加固过程中,对于保留的伸缩缝也要重新计算伸缩量,当原结构的伸缩缝不能满足加固后的伸缩量时,应更换伸缩缝。更换伸缩缝时应注意,位于伸缩缝两侧的后浇混凝土铺装,必须有一定的养护时间,待其达到设计强度后再进行伸缩缝的安装。

由于支座与伸缩缝的影响,简支转连续的跨数建议不超过 4 跨,最好为 2~3 跨一联,具体设置方式可根据支座与伸缩缝的计算结果确定。

二、墩顶连续段钢筋布置方案

简支梁桥经过加固施工转变为连续梁桥后,由于连续梁体系的受力特点,各中间支点处将承受负弯矩的作用,从而在截面顶部出现拉应力。因此,在加固设计过程中,需在墩顶截面顶部增设受力钢筋,抵抗拉应力防止接缝混凝土开裂。受力钢筋的数量在考虑活载和后期恒载的共同作用下,按连续梁体系计算获得的支点负弯矩来确定。

实际工程中,一般倾向于在墩顶连续段采用预应力筋的布置方案,但对于某些中、小跨径桥梁,考虑到施工的便利性,也有采用普通钢筋的布置方案。

1. 普通钢筋

用以承受负弯矩的纵向普通钢筋,应采用螺纹钢筋,钢筋直径不应小于 12mm;纵向钢筋的布设长度应超过连续梁墩顶负弯矩包络图的范围,并不小于梁高的 2 倍。受拉钢筋应与原梁的结构钢筋焊接,以保证牢固的连接。当与原结构钢筋连接困难时,也可以采用植筋技术或锚栓技术使其与原梁形成整体。

需要注意的是,采用普通钢筋作为负弯矩区受拉钢筋的方案,虽然构造简单、施工方便,但由于钢筋混凝土构件的受力特性,顶部受拉钢筋发挥作用时,连接处上缘混凝土开裂是难以避免的。特别是该裂缝位于结构顶面,易受雨水侵蚀,当裂缝宽度较大时,必将造成钢筋腐蚀,影响加固后结构的耐久性。因此,若采用普通钢筋作为负弯矩区受拉钢筋的布置方案,必须采取相应措施,控制裂缝发展,防止钢筋锈蚀,提高结构的耐久性。

控制连接段混凝土开裂,提高结构耐久性,目前主要采取的措施有:

(1)负弯矩区后加纵向钢筋的直径不宜过大,在满足配筋量的前提下,宜采用细而密的配筋方案,严格控制裂缝的开展宽度。必要时,可在截面顶部设置细密的钢筋网,以控制混凝土的收缩裂缝。

(2)在负弯矩区,采用掺入钢纤维或合成纤维的纤维混凝土,纤维混凝土自身具有良好的抗拉性能,能够提高混凝土层的抗裂性能。

(3)在负弯矩区,采用掺入防水材料的防水混凝土,依靠材料自身的裂缝修复能力,保护钢筋免于锈蚀。

(4)在负弯矩区,采用钢纤维自应力高性能混凝土,依靠混凝土膨胀性能提供一定的混凝土预压力,改善混凝土的抗裂性能。

2. 预应力筋

(1)后张法有黏结预应力筋方案

目前工程中最为常用的简支转连续加固法就是在中间支点的连续段布置后张法有黏结预应力钢绞线。由于后加混凝土层高度的限制,钢绞线整束的直径不宜过大,施工中宜采用小吨位预应力扁锚分散错位锚固,且纵向错位间距不宜小于1.5m。预应力束布设长度应超过连续梁墩顶负弯矩包络图范围,并不宜小于梁高的4倍。

施工过程中,首先预埋波纹管,形成预应力管道,待接缝混凝土达到设计强度后,进行预应力张拉,完成体系转换。预应力张拉完成后,应及时进行孔道灌浆,将预应力筋与梁体黏结为一体,并保护预应力钢筋免于锈蚀。

(2)后张法无黏结预应力筋方案

无黏结预应力筋布置方案采用具有防腐保护套的钢绞线施加预应力。施工过程中,首先按设计位置布置预应力束,待混凝土浇筑后,再进行预应力的张拉和锚固,形成无黏结的预应力体系。无黏结预应力筋方案不需要提前预埋波纹管制作预应力孔道,张拉后不需要灌浆,因此施工的便利性大大提高。而且因为有防腐护套的保护作用,结构的耐久性也将有明显的提高。

但需要注意,无黏结预应力体系必须采用混合配筋方案,在配置无黏结预应力筋的同时,还要配置一定数量的非预应力普通钢筋,以保证结构的塑性破坏性质。

三、后加桥面铺装混凝土补强方案

1. 材料要求

简支转连续法加固桥梁必须部分凿除梁端部的桥面铺装,当凿除面积大于原桥面积的1/2,或桥面铺装本身已破损时,则应该全部凿除。重新浇筑混凝土铺装层,不仅可以修复原有桥梁的桥面完整性,铺装混凝土参与结构受力能够提高加固效果,起到桥面补强的作用。

桥面铺装能够起到结构补强层作用的关键是新浇筑混凝土能够与原有结构形成整体,从而达到增加原结构截面有效高度和受压区面积的目的。为了达到辅助加固的目的,对于桥面铺装层的施工材料,有以下的要求:

(1)钢筋

桥面铺装补强层中通常要布设两类钢筋:一类是加强铺装混凝土与原结构的联结而设置的结合钢筋,该类钢筋一端埋于原结构中,一端伸入铺装混凝土中,因为锚固长度往往受限,所以该类钢筋多采用螺纹钢筋以增加握裹力,保证新老混凝土的有效结合;另一类是铺装混凝土中布设的构造钢筋,减小混凝土的收缩变形,该类钢筋处于截面受压区中,一般不参与受力,所以钢筋直径不宜过大,同时为了加强与混凝土的联结,也应优先选用螺纹钢筋。

(2)混凝土

桥面铺装补强层混凝土宜选用强度较高的混凝土,除应具有黏结力强、收缩小、抗裂性能高等特点,还应具有足够的韧性、抗冲击能力和抗渗性。在施工过程中,可在施工工艺上采取适当的措施,改善混凝土的使用性能。

①使用外加剂,如防水剂,可增加混凝土的密实性,提高抗渗性;掺入膨胀剂可使混凝土产生适度的膨胀,增强混凝土的密实性,或者补偿混凝土的收缩变形,减少干缩裂缝,提高抗裂防渗性能。

②纤维混凝土具有抗裂性好、韧性大、延伸率大、抗冲击力和抗渗能力高等特点,适用于利用桥面铺装层对结构进行补强的加固工程。纤维一般采用合成纤维或钢纤维。合成纤维具有耐酸碱、强度高、变形能力大、低导热和无吸水性等特点,施工时不易结团,分散均匀操作方便。钢纤维宜采用波形钢纤维,长径比在60~80之间,掺量比在0.5%~3%之间。但采用钢纤维时应注意纤维腐蚀、生锈引起的桥面污染,以及纤维暴露时对车辆轮胎的损害作用。

(3)界面剂

旧混凝土表面有吸水的特性,这会导致新旧混凝土界面不易黏结,影响铺装混凝土参与受力的程度。界面剂可以增强新旧混凝土之间的黏结力,可有效改善新老混凝土的黏结性能,它具有黏结力强、抗化学腐蚀、强度高、可用于潮湿表面等特点,适用于桥梁加固工程。

2. 基本构造

(1)原结构主梁表面应做成凹凸不小于4~6mm的粗糙面,清除混凝土表面浮浆,使骨料清晰外露,并将表面灰尘清洗干净,也可以在旧混凝土表面刷界面剂以加强新旧混凝土的黏结。

(2)桥面铺装补强层宜选用较高强度等级的混凝土,其强度等级不应低于C30及主梁混凝土强度等级,厚度不宜小于10cm。

(3)结合面应设置结合钢筋,结合钢筋应选用螺纹钢,直钢筋末端弯成直钩,纵向设置间距不应大于50cm,直径在8~20mm之间。钢筋埋入原结构主梁的深度须符合胶黏材料的要求,伸入新交铺装混凝土的直线长度不宜小于$5d$(d为钢筋直径),且应大于6cm。

(4)新浇混凝土铺装层与原结构混凝土龄期一般相差较大,为了减少新浇混凝土的收缩裂缝,铺装混凝土中必须设置构造钢筋,其间距应不大于20cm,直径在6~16mm之间。

3. 施工工艺

(1)新旧混凝土结合面处理

结合面的处理对保证新旧混凝土的整体受力、共同工作具有重要的作用。施工过程中,应凿除原结构表面浮浆,使集料外露,并彻底清扫干净。施工时不能损坏原结构的混凝土强度,不应有局部光滑结合面。对存在缺陷的部位,应进行修补:例如对于空洞,可首先凿除疏松部分混凝土,而后用强度高的细石子混凝土填筑密实;对于因为钢筋锈蚀导致的混凝土胀裂,应先剔除松动开裂的混凝土,再对钢筋表面进行除锈防护。

(2)植埋结合钢筋

①桥面板上钻孔:孔深与结合钢筋埋设深度相同,孔径比结合钢筋大2~3mm,孔位应避让原结构的预应力钢束和普通钢筋,以免钻孔对其造成损伤,并应使孔位间距在设计要求范

围之内。

②清理钻孔:先用硬鬃毛刷清理,再以高压干燥空气吹去孔底灰尘,注胶前应注意防止砂石、土粒和水进入孔内。

③灌胶:将植筋胶由孔底灌注至孔深约 3/4 处,待插入结合钢筋后,应使胶充满整个孔洞。

④插入结合钢筋:结合钢筋插入前应清除插入段的表面污物,必须插入孔底,孔口多余的胶应清除。

⑤在胶液干固之前,避免扰动结合钢筋,孔位附近也应避免有积水。

(3)浇筑铺装层混凝土

铺装层混凝土浇筑应按设计规定的程序进行。由于铺装层中钢筋较密,振捣必须充分到位。混凝土若厚度较薄应注意避免过振引起的集料沉底、砂浆上翻的现象。对钢纤维混凝土,宜采用平板式振捣器振捣密实,最后再用圆棒滚压表面,使钢纤维沉入内部。

由于铺装混凝土面积大,厚度薄,新旧混凝土存在龄期差,所以混凝土浇筑完成后应特别注意养护。养护工作需在混凝土浇筑完成后尽早开始,并延长养护时间,一般要求湿养护时间不少于 14d,并随季节、气候进行调整。

第 4 节　简支梁体外预应力加固技术工程实例

一、钢筋混凝土 T 形简支梁加固案例

1. 桥梁基本概况

抚州市上顿渡大桥(简称上顿渡大桥)在江西省抚州市临川区境内,位于省道抚远八线(抚州至八都公路)K0+128 桩号,系跨越抚河支流——宜黄河的大桥之一。

上顿渡大桥原设计荷载为汽车—13 级、拖车—60,桥面净宽为净—7+20.75m 人行道,上部构造为 11 孔 22.2m 无横隔板装配式配筋混凝土 T 梁,横向五根梁,固定支座为弧形钢板支座,活动支座为摆柱支座,桥两端 4 孔桥面纵坡均为 1.8%,中间 3 孔为平坡,下部构造桥墩为单排 4 根直径 80cm 钻孔灌注桩基础,双柱式钢筋混凝土墩身,桥台由 5 根断面为 30cm×30cm 的钢筋混凝土打入桩加盖梁组成,工程于 1967 年开工,1969 年 10 月建成通车。

上顿渡大桥自建成通车至加固前,已营运 28 年,近年来桥上交通量日益增加,且大吨位车辆不断增加,荷载越来越重,而原设计标准又偏低,多处发现病害,已难以满足日益发展的交通运输需要,1998 年经研究决定对上顿渡大桥进行加固提载。

2. 主要病害分析

(1)东西两岸桥台

①两桥台的台背和锥坡填土均有较大的沉陷,使盖梁与锥坡完全脱空,其脱空分别为 10.15cm 和 12.18cm,并有增大的趋势,盖梁底和桩头虽外露但相互之间连接头还牢固。

②两桥台的背墙均与 T 梁顶死,伸缩缝完全失效,严重渗水,支座向岸边倾斜度为 5°~10°,锈蚀斑斑,盖梁上砂、石子、泥土沉淀较多。背墙上出现横、纵裂缝数条,缝宽为 0.8~1.5mm。

③东、西两岸的砌石锥坡存在不同程度的挤裂涌起,尤其是两台下游锥坡顶部 2~3m 范围内勾缝砂浆脱落,片石松动,并有下滑的趋势。

④台背填土沉陷较大,引起严重跳车,致使背墙顶部和耳墙混凝土破损,钢筋露出。

(2)桥墩、盖梁及横系梁

受河水冲刷和外界环境影响,桥墩横系梁混凝土表面存在不同程度的剥落,1、2、4、5、7、9、10 号桥墩均有箍筋、主筋外露现象,部分已生锈。

(3)主梁

①两边孔每片 T 梁均与台背顶死,有 8 片 T 梁墙部破损非常严重、底部混凝土保护层脱落,主筋外露、生锈,每片 T 梁翼板及其根部出现宽为 0.5~0.8mm 裂缝,渗水现象严重。

②其余 9 跨中孔,T 梁翼板及其根部均存在不同程度裂缝和支座处破损。

③因桥面铺装损坏严重,相邻 T 梁横向连接较差,使连接处裂缝渗水。

(4)支座与伸缩缝

全桥所有支座破坏严重,钢板生锈,且均发生不同程度的倾斜。全桥伸缩缝严重破损,失去作用,梁与梁翼板之间完全被砂、石子、泥土阻死,有些梁与梁之间距离增大,杂物等垃圾落入盖梁上沉积,引起严重跳车。

(5)桥面铺装

全桥桥面铺装表面混凝土全部剥落,砾石外露,并有少许钢筋外露,特别是每条伸缩缝前后 1~2m 范围内破损严重,产生许多裂缝。

3. 加固前荷载试验

(1)试验目的和内容

为了在全面调查分析的基础上对大桥承载能力进行鉴定,便于进行加固设计,因此决定在加固前对大桥进行一次静载试验,对以下主要项目进行测试:测定桥梁荷载横向分布系数;测定 T 梁控制截面的内力影响线;测定桥梁墩台在荷载作用下的应力及变形情况。

(2)方案和测点布置

上顿渡大桥原设计荷载为汽车—13 级、拖车—60,与现行规范的汽车—15 级、挂车—80 相近,为便于按现行规范对上顿渡大桥的承载能力作出鉴定,试验时采用 80% 汽车—15 级荷载作为试验荷载,利用弯矩等效的原则选用四辆 VOLVO 车作为加载车。

①T 梁挠度测点。

a. 试验跨(第一跨)跨中($L/2$)梁底安放 5 只百分表(每片 T 梁下一个)。

b. 靠桥台一侧的梁端,从下游至上游的 1 至 3 号 T 梁底部,安放 3 只百分表测位移。

②T 梁跨中断面每片 T 梁梁底面,剥落一根受力主钢筋,在其上粘贴应变片,测定钢筋在活载使用下的应力变化。

③混凝土应变片测点。

a. 跨中断面每片梁底布设一个测点。

b. 跨中断面每片 T 梁从梁底垂直向上高 40cm 处各布一测点。

c. 在试验孔的桥墩及盖梁上各布设一测点。

(3)静载试验结果与鉴定意见

①由实测的桥梁荷载横向分布系数可知,各片 T 梁内力分配较均匀,整体性能较好。

②跨中挠度检验系数 $\eta < 0.5$,说明该试验孔 T 梁刚度较大。

③T 梁底钢筋应力检验系数 $0.4 < \eta < 1$,在容许范围内,说明桥梁最大承载力在汽—15 左右。

④根据实测跨中钢筋应力影响线等分析,上顿渡大桥进行加固提载后,可满足汽—20 的荷载要求。

4. 加固提载设计

上顿渡大桥是抚州市临川区域内跨黄河的一座重要桥梁,交通十分繁忙,加固时不允许中断交通,若另搭施工便桥,必然增加工程造价,致使经费发生困难,经多方案比较后,决定采用基本上不中断交通的体外预应力钢筋加固提载法。

(1)体外预应力筋布置方式的确定

体外预应力筋的布置和张拉有三种方式,一是梁底水平设置的预应力筋;二是斜撑式预应力钢筋布置;三是组合式预应力钢筋布置方式。根据结构分析计算和加固前的静载试验,上顿渡大桥基本状况良好,承载能力为汽车—15 级左右,决定采用斜撑式体外预应力筋加固方式,即能明显提高跨中断面的抗弯能力,又能改善斜撑内断面的抗剪能力,预应力施工又很方便。体外预应力筋布置如图 6-3 所示。

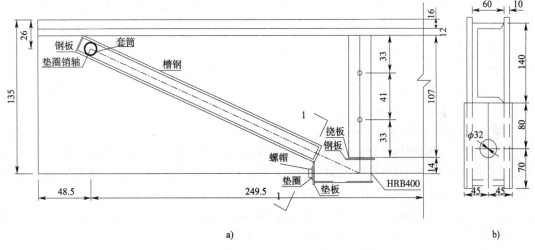

图 6-3 体外预应力筋布置图
a)纵断面图(尺寸单位:cm);b)Ⅰ—Ⅰ断面图(尺寸单位:mm)

(2)体外预应力筋计算

预应力筋的加固计算,即在分析加固前后 T 梁不同的结构受力状况下,计算出加固前 T 梁所能承受的荷载(弯矩和剪力),再按提载后荷载等级计算出弯矩和剪力(本桥加固提载等级为汽车—20、挂车—100),原则上上述提载后产生的弯矩和剪力由体外预应力筋承担。在体外预应力的计算中,有一个重要问题就是预应力损失的计算问题,除了和体内预应力混凝土相同的预应力损失计算因素以外,有一个需特别考虑的因素是,由于预应力筋布置在混凝土以外,温度影响比混凝土灵敏得多,同时混凝土梁和预应力筋相对而言,还有时间的滞后性。目前,此方面的实测数据和理论研究都较少,多数凭经验估计分析计算,须认真考虑。

5. 施工工艺要点

（1）主梁锚固孔定位凿洞：根据设计图布设的锚固孔中心定位凿孔，孔洞直径应大于套管直径2~3cm，以便于埋设环氧砂浆，凿孔工具可采用电动冲击钻，先以8mm直径的小钻头在孔位四周打一圈，然后再凿中间部分的混凝土，这样可避免孔壁四周混凝土遭到损坏；钻进时，不要一下子猛钻，应边钻边拉动钻头，清除散粒以免损坏钻头。体外预应力筋的锚固孔，在设计时必须避免与主梁斜筋原定位不准，仍有可能发生钢筋干扰情况，如遇到箍筋可直接用氧气或扁凿割断，如遇到主筋则适当偏移孔位。

（2）套管、垫圈、销轴应根据设计进行金属加工，但由于是旧桥加固提载，很自然各片T梁在制作时会有不同程度的尺寸误差，因此应及时对套管和锚固轴的长度进行相应调整。

（3）用环氧砂浆埋设套管，锚固孔凿好后应进行表面处理，使孔壁清洁干燥，清除浮松部分，配制环氧树脂砂浆，用斜面压降法或灌浆法埋设套管。

（4）根据设计图要求，加工斜向受拉槽钢时，对各部分切割下料，焊接前应事先放样。

（5）用砂轮切割机进行钢筋切割下料，并将割口毛边用锉刀锉圆，连接器和螺帽严格按设计要求的材料尺寸和工艺制作，连接器连接时先用钢筋的一端作好一半连接器长度的标记，将连接器放到标记部位，然后放进另端钢筋，如设计时采用冷拉四级钢筋为预应力钢筋时，需先加工螺丝端杆，按设计要求长度对焊钢筋，再通过冷拉工艺后才能使用。

（6）安装预应力构件时，把斜向槽钢套入锚固销，另一端用绳子拉起或支架撑住箱形部位，再穿入预应力钢筋，旋上垫圈、螺帽，然后人工将螺帽旋紧至下面横隔板下承托，以减小机械张拉的行程。

（7）张拉前设备准确就位，油泵接电、电机就位，由于张拉工作在桥下空中操作，须事先搭好操作脚手支架。如在船上搭架，须注意船只锚定稳固，油泵油管要有足够的长度。

（8）张拉预应力筋前，应事先在试验机上标定油压表与拉力的关系，以便准确控制张拉力。本桥预应力筋为悬空直线，中间无摩阻损失，因此，可采用单机一头张拉。张拉程序宜以从侧边梁开始向中间顺序进行，减少中梁的弹性压缩损失；张拉前应仔细再检查一遍槽钢下端箱体上的钢板孔臂是否和预应力钢筋相碰，螺帽和箱体盖板是否垂直，如不符合要求，必须进行调整，调整合格检查无误后，即用油泵控制压力表进行张拉到规定吨位，然后用特制的长扳手用力旋紧螺帽，以尽量减小螺帽压密损失。

（9）材料防护。预应力钢筋及其他一切外露钢材，须用钢丝刷除锈，涂两遍防锈漆，箱形槽钢内灌入水泥细石子混凝土至与预应力钢筋平齐。待预应力钢筋上的油漆干燥后，涂热沥青两遍，并用浸透沥青的粗麻袋条沿钢筋缠绕一遍，并用细铅丝固定，如此重复两次，形成三麻四油的防护保护层，然后再将聚苯乙烯的平圆保温大套用细铅丝固定，再缠绕一层麻袋布，形成防护保护层。

（10）在船只繁忙和桥下净空较低的河道，宜在桥梁边梁外的腹板上用红漆标志"严禁碰撞"等安全标志。

6. 加固效果评价

试验的目的是测定大桥加固后的承载能力是否已达到加固设计要求，主要测试主梁加固后的受力状况，为便于与加固前静载试验结果相比较，仍选择同一桥跨作为试验孔，试验内容和测点布置与加固前方案基本相同，只是增加了预应力钢筋的应变测试，主要有：测定桥梁荷载横向分布规律;测定在等效于汽车—20级静载作用下T梁的应变和挠度;测定在等效于汽车—20级静载作用下预应力加固钢筋的应变。测点布置主要根据:T梁跨中和支座处梁底处竖向位移;T梁跨中梁底主筋应变测试;T梁跨中断面混凝土应变测试;预应力加固钢筋应变测试。

根据静载试验,得到如下结论:

(1)在恒载+汽车—20级静载作用下,T梁底部钢筋应力最大为117MPa,小于160MPa,且比加固前的最大值168.4MPa小51.4MPa,说明T梁经加固后承载能力大大加强,达到并超过汽车—20级的承载能力要求。

(2)在恒载+汽车—20级荷载作用下,预应力加固钢筋应力最大为355.6MPa,小于560MPa,能够满足汽车—20级荷载要求。

(3)加载时各测点的读数稳定,卸载后各部位的应变或挠度恢复迅速,其相对残余变形值较小,表明该桥孔各部分(T梁、支座)均处于弹性工作状态,受力状态良好。

综上所述,上顿渡大桥通过加固改造后,其上部结构承载能力得到了较大的提高,能够满足汽车—20级荷载要求,达到了加固设计预期效果。

二、简支转连续法加固案例

1. 桥梁基本概况

该大桥为4×25m预应力混凝土简支梁桥,设计荷载为汽车—超20级,挂车—120,桥面宽为净11.0m+2×0.5m。

上部结构主梁截面形式为等高度箱形截面,每孔由四片箱梁组成。主梁截面尺寸为:梁高1.25m,顶板宽3m,底板宽1m,顶板为等厚度15cm,底板厚度15cm,仅在距支点1.6m处开始加厚且逐渐加厚至25cm,加厚区段长1.5m。腹板为斜腹板,厚度15cm,在距支点1.6m处逐渐加宽至25cm。为防止应力集中和便于脱模,在腹板与顶板交界处设置20cm×10cm的承托。横隔梁仅设在梁端处。主梁横断面构造如图6-4所示。

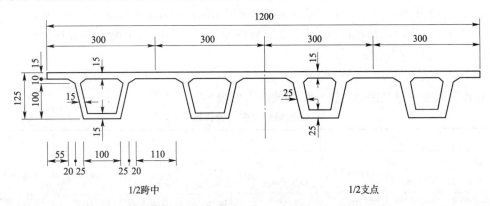

图6-4 主梁横断面构造(尺寸单位:cm)

预应力混凝土主梁采用C50混凝土。每片主梁均布置4束5ϕ^j15预应力钢束和1束6ϕ^j15预应力钢束。预应力钢束采用符合ASTM A416-92a的低松弛高强钢绞线,单根直径为15.24mm,截面积为140mm^2。锚具采用OVM型锚具及其配套设备,锚垫板等预埋钢板采用低碳钢。预应力管道用钢波纹管、扁管成形。

下部结构为柱式桥墩,桩基础。

由于近年交通量增加迅速,特别是大型、重型车与日俱增,致使桥梁承载力不能满足交通量的需求,交通安全受到严重影响。通过对原桥进行实桥检测,发现主梁跨中区段的腹板上存在竖向裂缝,缝宽0.15~0.3mm,梁底也存在沿钢筋分布方向的细小裂缝,均有继续发展的趋势。混凝土保护层碳化、剥落严重,导致钢筋部分锈蚀。用回弹法测定主梁混凝土强度,测得其强度等级由原来的C50降至C45。此外,主梁在汽车荷载作用下最大挠度达4.2cm,已超出容许变形0.2cm,桥梁伸缩缝或阻塞或破坏,引起跳车现象。鉴于问题的严重性和迫切性,决定对原桥进行维修加固,提高桥梁结构的承载能力。

2. 原结构复算

(1)计算模型的选择

混凝土梁式结构的检算主要依据在役旧桥的实测资料和有关数据,参照原设计文件、施工文件、监测资料及竣工文件,进行荷载作用下的理论检算,以此来说明旧桥的实际承载能力和安全状态。

该桥经过实桥检测,发现受力最不利的边主梁混凝土碳化严重,部分混凝土保护层剥落,剥落厚度最大达5cm,钢筋发生部分锈蚀。另外,实测该桥混凝土强度等级为C45,比设计值有所降低。检算时应根据桥梁现状,依据《公路桥梁承载能力检测评定规程》(JTG/T J21—2011)(以下简称"检算指南")中的相关规定进行相应折减。

由于简支梁结构简单,受力明确,故根据原设计方案及施工过程,取跨中、四分点、变化点截面(箱梁腹板和底板开始加厚处)和支点截面为控制截面,进行检算。简支梁为静定结构,所以内力组合仅考虑了组合Ⅰ和组合Ⅲ。

(2)计算结果分析

预应力混凝土梁从施加预应力开始到受荷破坏,须经受预加应力、使用荷载作用、裂缝出现和破坏等四个受力阶段,为保证主梁受力可靠并予以控制,应对控制截面进行各个阶段的检算。检算时,先进行破坏阶段的截面强度检算,再进行使用阶段的截面应力检算(包括混凝土法向应力、主应力、预应力钢束中的应力等),以确定结构是否满足要求,能否正常使用。

按照以上步骤对原桥进行检算,检算结果以受力最不利的边主梁为例进行说明。表中以压应力为正,拉应力为负。

①主梁承载力检算。

各控制截面的恒载内力见表6-1,活载内力见表6-2。

加固前恒载内力计算表 表6-1

荷载	跨中		四分点		变化点		支点
	M_{max} (kN·m)	Q_{max} (kN)	M_{max} (kN·m)	Q_{max} (kN)	M_{max} (kN·m)	Q_{max} (kN)	Q_{max} (kN)
一期恒载	1674	0	1255	139.3	416.5	241.5	287.6
二期恒载	635.4	0	476.4	52.69	157.2	91.82	105.9
总恒载	2309.4	0	1731.4	192.26	573.7	333.32	393.5

内力组合:按照《公路桥涵设计通用规范》(JTG D60—2015)第2.1.2条规定,根据可能同时出现的作用荷载选择了荷载组合Ⅰ和组合Ⅲ,再汇总恒载内力和活载内力值,根据《公

路钢筋混凝土及预应力混凝土桥涵设计规范》(JTG D62—2004)第4.1.2条规定进行内力组合及提高荷载系数,最后得到各控制截面的计算内力,见表6-3。

加固前活载内力计算表 表6-2

荷载	跨中		四分点		变化点		支点
	M_{max} (kN·m)	Q_{max} (kN)	M_{max} (kN·m)	Q_{max} (kN)	M_{max} (kN·m)	Q_{max} (kN)	Q_{max} (kN)
汽—超20	1627	123.5	1366	234.1	479.6	298.2	333.9
挂—120	1971	150.3	1551	254.9	533.4	333.4	359.5

加固前控制截面内力组合表 表6-3

内力组合		跨中		四分点		变化点		支点
		M_{max} (kN·m)	Q_{max} (kN)	M_{max} (kN·m)	Q_{max} (kN)	M_{max} (kN·m)	Q_{max} (kN)	Q_{max} (kN)
承载能力极限状态	组合Ⅰ	5200	172.8	4111	558.5	1401	817.6	967.9
	组合Ⅲ	4938	165.3	3860	521.4	1301	782.1	885
正常使用极限状态	组合Ⅰ	3936.4	123.5	3097.4	426.7	1053.3	631.52	727.4
	组合Ⅲ	4280.4	150.3	3282.4	447.5	1107.1	666.72	753

②截面承载力检算。

根据承载能力极限状态内力组合的结果,判定截面的受力类型,并进行截面强度检算。根据"检算指南",检算应基于桥梁现状,依据下式进行:

$$S_d(\gamma_g G; \gamma_q \sum Q) \leq \gamma_b R_d(\xi_c \frac{R_c}{\gamma_c}; \xi_s \frac{R_s}{\gamma_s}) Z_1 (1 - \xi_e)$$

由于梁高、混凝土强度等级、钢筋强度和面积等与原设计值相比,均发生改变,根据"检算指南",得到各折减系数分别为:$\xi_c = 0.93, \xi_s = 0.97, \xi_e = 0.02, Z_1 = 0.95$。

表6-4给出边梁的截面强度检算结果(截面抗力计算时已计入截面内普通钢筋的作用)。

主梁截面强度验算表(单位:kN·m) 表6-4

截面	跨中	四分点	变化点
受力性质	下拉受弯	下拉受弯	下拉受弯
最大弯矩	5200	4111	1401
截面抗力	5095	4020	3018
是否满足	否	否	是

通过对各个主要截面进行强度检算,发现从跨中到四分点之间的截面强度均不能满足要求,说明原桥在使用荷载下,其承载能力不能满足荷载标准的要求。

③应力检算。

根据"检算指南",正常使用极限状态应力计算公式改变如下式:

$$\sigma_d < Z_1 \sigma_L$$

取 $Z_1 = 0.95$。应力限值见表6-5。

检算应力限值(单位:MPa)　　　　　　　　　　　　　　　　　表6-5

荷载	法向压应力	法向拉应力	主压应力	主拉应力	钢筋应力
组合Ⅰ	16.625	2.28	19.95	2.28	−1148.55
组合Ⅲ	19.95	2.565	21.613	2.565	−1236.9

正常使用阶段混凝土法向应力及主应力检算,结果见表6-6和表6-7。

混凝土法向应力检算表(单位:MPa)　　　　　　　　　　　　表6-6

应力组合	跨中		四分点		变化点		支点截面	
	上缘	下缘	上缘	下缘	上缘	下缘	上缘	下缘
组合Ⅰ	7.3	−1.44	6.25	−0.080	3.33	5.21	1.44	5.7
组合Ⅲ	7.95	−1.81	6.49	0.286	3.46	5.63	1.44	6.03

混凝土主应力检算表(单位:MPa)　　　　　　　　　　　　　表6-7

应力	跨中		四分点		变化点		支点截面	
	组合Ⅰ	组合Ⅲ	组合Ⅰ	组合Ⅲ	组合Ⅰ	组合Ⅲ	组合Ⅰ	组合Ⅲ
Maxσ_{zl}	−1.44	−1.81	−0.243	−0.212	−0.484	−0.506	−0.382	−0.386
Maxσ_{za}	7.3	7.95	7.06	7.19	8.06	8.18	6.19	6.17

通过对主梁各截面上下缘混凝土法向应力检算,表明从跨中到四分点,截面下缘出现了拉应力,但由于该桥主梁按照部分预应力混凝土A类构件设计,应力并未达到限制值。混凝土最大压应力为7.95MPa,符合规定。各截面混凝土主应力值也符合要求。

正常使用阶段钢束应力检算:表6-8和表6-9给出受力最不利的1号钢束(离中性轴最远)在荷载组合Ⅰ、Ⅲ作用下的应力检算结果(将1号钢束30等分,由对称性,仅列出一般等分点的检算结果)。

加固前1号钢束荷载组合Ⅰ应力检算　　　　　　　　　　　　表6-8

点号	最大应力(MPa)	是否满足	点号	最大应力(MPa)	是否满足
1	−1161	否	9	−1160	否
2	−1148	是	10	−1162	否
3	−1144	是	11	−1165	否
4	−1141	是	12	−1163	否
5	−1150	否	13	−1167	否
6	−1155	否	14	−1169	否
7	−1159	否	15	−1172	否
8	−1163	否	16	−1174	否

加固前1号钢束荷载组合Ⅲ应力检算　　　　　　　　　　　　表6-9

点号	最大应力(MPa)	是否满足	点号	最大应力(MPa)	是否满足
1	−1161	是	4	−1143	是
2	−1148	是	5	−1152	是
3	−1145	是	6	−1158	是

续上表

点　　号	最大应力(MPa)	是否满足	点　　号	最大应力(MPa)	是否满足
7	-1162	是	12	-1169	是
8	-1167	是	13	-1174	是
9	-1164	是	14	-1177	是
10	-1168	是	15	-1180	是
11	-1171	是	16	-1183	是

对其他钢束进行检算,均有不满足规定的情况,此不赘述。结构变形和裂缝检算可按照"检算指南"中的方法进行,此处从略。

综上,通过对该桥在使用荷载作用下的各项检算,结果表明,混凝土截面应力均可达到要求,但是从 $L/4 \sim 3L/4$ 之间,截面承载力和钢束应力均不能满足要求,主梁挠度也超过规范限值,故而桥梁结构的承载能力不能满足现状荷载标准要求,产生了开裂等病害。

3. 桥梁现状评价

通过对该桥各孔主梁检查,发现在 $L/4 \sim 3L/4$ 范围内主梁腹板和底板均有裂缝,裂缝属于受力裂缝,有些裂缝宽度大于0.2mm,并且由于通过桥梁的交通量较大,裂缝有继续发展的趋势。混凝土碳化严重,部分混凝土保护层剥落,致使钢筋锈蚀。原桥桥面平整度也较差。桥面磨损严重,骨料外露,在伸缩缝附近有破损现象。桥梁伸缩缝破损严重,失去作用,梁与梁翼板之间完全被砂、石子、泥土阻死,引起严重跳车。此外,泄排水设施、支座等构件也存在不同程度的破损。可见,原桥的正常使用已经出现了问题,应及时进行维修加固,保证桥梁的安全使用。

4. 加固设计方案

对该桥进行改变结构体系加固,将原四跨简支梁改为四跨一联的连续梁,通过在墩顶两侧一定范围内的主梁上部布设局部预应力短束来实现连续,但需要拆除梁与梁间的伸缩缝,而剩余伸缩缝将因伸缩量不足需要更换,伸缩量需重新计算。体系转换后,结构受力情况也发生了改变,原简支梁只承受正弯矩,变为连续梁后,不仅跨内要承受正弯矩,而且在中间支点附近还要承受负弯矩,正是有了负弯矩的卸载作用,才使得跨中正弯矩显著减小,从而达到提高桥梁承载能力的目的。

(1)加固设计方案步骤

计算时,由于发生了体系转变,所以新建的护栏、桥面铺装及活载均由体系转变后的连续梁承担,需要重新计算它们产生的内力。同时还要考虑温度变化、支座沉降等因素产生的次内力,再按照规范要求进行内力组合,计算抵抗负弯矩所需要的钢筋数量,最后进行强度验算,确定桥梁的承载能力是否满足。本例采用桥梁专用平面杆系有限元程序进行结构计算分析,整个过程与一般简支变连续的计算过程类似。以下列出几个主要步骤(仅给出支点1、支点2、支点3处的左、右截面和边跨、中跨跨中截面的计算结果),注意,进行加固计算时,由于此时并未改变旧桥主梁截面的几何性质和物理性质,故有关数据仍应依据"检算指南"中的规定予以折减。

①计算原简支裸梁恒载。

各控制截面的一期恒载内力详见表6-1。

② 计算桥面铺装、护栏等二期恒载在连续梁上产生的内力。

体系转变后的四跨连续梁,其计算跨径分别为 24.52m、25m、25m、24.52m。

计算二期恒载内力时,将两侧护栏和桥面铺装层恒载均摊给四片主梁,每片主梁承担的恒载集度为 8.82kN/m。表 6-10 列出一期恒载及二期恒载在连续梁上的总内力。

体系转变后的总恒载内力　　　　　　　　　　　　　　表 6-10

截面	一期恒载		二期恒载	
	剪力(kN)	弯矩(kN·m)	剪力(kN)	弯矩(kN·m)
支点1左	15.3	−3.06	418	−838
支点1右	364	−3.06	8.81	1780
边跨跨中	−33.9	1990	400	−618
支点2左	435	−838	400	−618

③ 计算活载在连续梁上产生的内力。

鉴于本实例箱梁的具体构造特点,活载内力计算考虑横向分布,并采用刚接梁法计算。可将本桥作为四等跨常截面连续箱梁桥分析,按照等刚度原则,将各跨等效为等跨径的等截面简支梁来计算横向分布系数。由于中跨各主梁的荷载横向分布系数均大于边跨相应梁位的相应数值,为简化连续梁的活载内力计算,偏安全地全桥统一取用中跨主梁荷载横向分布系数。确定荷载横向分布系数后,就可采用专用程序在主梁活载内力影响线上动态加载,求得活载最大内力。活载内力计算结果见表 6-11 和表 6-12。

汽车超—20 内力　　　　　　　　　　　　　　表 6-11

截面	M_{max}		M_{min}		Q_{max}		Q_{min}	
	剪力(kN)	弯矩(kN·m)	剪力(kN)	弯矩(kN·m)	剪力(kN)	弯矩(kN·m)	剪力(kN)	弯矩(kN·m)
支点1左	0	0	92	−36.8	0	0	92	−9.13
支点1右	0	0	185	−36.8	272	0	25.1	0
边跨跨中	30.2	1130	−25.9	−330	75.7	928	−135	813
支点2左	−70.2	182	239	−1080	−8.79	172	322	−810
支点2右	−33.3	182	131	−1080	308	−799	−33.6	173
中跨跨中	61.9	947	26.6	−392	115	649	−118	742
支点3左	−45.3	311	233	946	45.3	311	311	−723
支点3右	−28	311	121	−946	303	−757	−45.3	311

挂车—120 内力　　　　　　　　　　　　　　表 6-12

截面	M_{max}		M_{min}		Q_{max}		Q_{min}	
	剪力(kN)	弯矩(kN·m)	剪力(kN)	弯矩(kN·m)	剪力(kN)	弯矩(kN·m)	剪力(kN)	弯矩(kN·m)
支点1左	0	0	120	−48.1	0	0	120	−11.9
支点1右	0	0	2.5	−48.1	397	0	−37.5	0
边跨跨中	−7.42	1790	−37.5	−460	123	1510	−215	1650
支点2左	10.6	259	321	−1180	−10.6	259	437	−649
支点2右	−50.1	259	60.1	−1180	425	−509	−50.1	259

续上表

截　面	M_{max}		M_{min}		Q_{max}		Q_{min}	
	剪力(kN)	弯矩(kN·m)	剪力(kN)	弯矩(kN·m)	剪力(kN)	弯矩(kN·m)	剪力(kN)	弯矩(kN·m)
中跨跨中	-44.5	1490	60.1	-426	164	1350	-164	1310
支点3左	-16.4	325	296	-995	-60.1	325	424	-581
支点3右	-60.1	325	50.2	-995	428	-547	-60.1	325

此外,由于将静定体系转变为超静定体系,温度变化、支座沉降等因素都会使结构产生二次力,所以同样需要对它们进行计算。采用桥面板升温5℃,边支座沉降1cm来计算结构的次内力。此不赘述。

④进行内力组合,计算负弯矩区段混凝土截面上缘增设的纵向受力钢筋的数量,并进行布置。

内力组合时,根据以上内力计算结果,选择荷载组合Ⅰ、Ⅱ、Ⅲ进行计算,组合方式为:

组合Ⅰ:恒载+汽车。

组合Ⅱ:恒载+汽车+温度影响力+基础变位影响力+混凝土收缩、徐变影响力。

组合Ⅲ:恒载+挂车。

布置预应力钢束时应考虑到负弯矩钢束不仅用来承担二期恒载、活载负弯矩及结构次内力,同时又是结构体系转换的有效手段。

表6-13~表6-15列出承载能力极限状态荷载组合Ⅰ、Ⅱ、Ⅲ的内力。

体系转变后承载能力极限状态荷载组合Ⅰ　　表6-13

截　面	内力性质	最大剪力	最小剪力	最大弯矩	最小弯矩
支点1左	剪力(kN)	147.1	18.38	18.38	147.1
	弯矩(kN·m)	-16.46	-3.675	-3.675	-55.18
支点1右	剪力(kN)	841.4	248.7	436.3	695.5
	弯矩(kN·m)	-3.785	-2.45	-3.675	-55.18
边跨跨中	剪力(kN)	75.46	-222.3	1.668	-70.25
	弯矩(kN·m)	3.090	3129	4019	1047
支点2左	剪力(kN)	933.7	379	381.5	798.1
	弯矩(kN·m)	-2267	-513.4	-500.2	-2558
支点2右	剪力(kN)	897.6	328.7	329	641.3
	弯矩(kN·m)	-2253	-511.5	-500.2	-2558
中跨跨中	剪力(kN)	171.5	-157.3	100.1	53.47
	弯矩(kN·m)	2776	2640	3565	830.1
支点3左	剪力(kN)	943	249.1	249.1	806.2
	弯矩(kN·m)	-1807	-25.27	-25.27	-2066
支点3右	剪力(kN)	930.8	257.8	280.3	648.7
	弯矩(kN·m)	-1854	-25.21	-25.27	-2066

体系转变后承载能力极限状态荷载组合 II 表 6-14

截面	内力性质	最大剪力	最小剪力	最大弯矩	最小弯矩
支点 1 左	剪力(kN)	147.1	18.38	18.38	147.1
	弯矩(kN·m)	-16.46	-3.675	-3.675	-55.18
支点 1 右	剪力(kN)	796.5	248.7	436.3	695.5
	弯矩(kN·m)	-3.47	-2.45	-3.675	-55.18
边跨跨中	剪力(kN)	91.87	-222.3	22.63	-70.25
	弯矩(kN·m)	3.051	3129	4022	1047
支点 2 左	剪力(kN)	933.7	315.9	318.2	798.1
	弯矩(kN·m)	-2267	-57.92	70.16	-2558
支点 2 右	剪力(kN)	897.6	282.8	283.1	641.3
	弯矩(kN·m)	-2253	-59.65	70.16	-2558
中跨跨中	剪力(kN)	171.5	-153.9	85.36	53.47
	弯矩(kN·m)	2776	2799	3695	830.1
支点 3 左	剪力(kN)	877.3	249.1	256.6	806.2
	弯矩(kN·m)	-1351	-25.27	292.5	-2066
支点 3 右	剪力(kN)	865.5	257.8	287.3	648.7
	弯矩(kN·m)	-1395	-25.21	292.5	-2066

体系转变后承载能力极限状态荷载组合 III 表 6-15

截面	内力性质	最大剪力	最小剪力	最大弯矩	最小弯矩
支点 1 左	剪力(kN)	155.2	18.38	18.38	155.2
	弯矩(kN·m)	-17.31	-3.675	-3.675	-58.31
支点 1 右	剪力(kN)	890.6	286	436.3	452.2
	弯矩(kN·m)	-3.749	-2.756	-3.675	-58.31
边跨跨中	剪力(kN)	104.5	-285	-49.82	-71.77
	弯矩(kN·m)	-3446	4331	4439	1285
支点 2 左	剪力(kN)	1022	379.7	379.7	892.1
	弯矩(kN·m)	-1754	-469.6	-469.6	-2346
支点 2 右	剪力(kN)	987.9	320.5	320.5	578.3
	弯矩(kN·m)	-1596	-469.6	-469.6	-2346
中跨跨中	剪力(kN)	196.3	-172.4	-38.37	74
	弯矩(kN·m)	3734	3045	3779	1133
支点 3 左	剪力(kN)	964.8	293.8	341.8	821.5
	弯矩(kN·m)	-1408	-198.6	-198.4	-1872
支点 3 右	剪力(kN)	969.2	293.7	293.7	545.6
	弯矩(kN·m)	-1370	-198.4	-198.4	-1872

⑤进行强度验算和应力验算,检验加固效果是否可靠。均可按照"检算指南"中的方法

进行计算。表6-16给出强度计算与验算结果。表6-17给出1号钢束荷载组合Ⅰ应力验算结果。其他钢束应力验算皆满足要求,各截面应力验算也满足要求。

加固后截面承载力验算结果(单位:kN·m)　　　　　表6-16

截面	类型	性质	计算弯矩	抗弯承载力	是否满足
支点1	上拉受弯	最大弯矩	−3.674	−2562	是
		最小弯矩	−55.18	−2562	是
边跨跨中	下拉受弯	最大弯矩	4897	5095	是
		最小弯矩	1232	5095	是
支点2	上拉受弯	最小弯矩	−2227	−6113	是
中跨跨中	下拉受弯	最大弯矩	4950	5095	是
		最小弯矩	949.4	5095	是
支点3	上拉受弯	最小弯矩	−1623	−6113	是

加固后1号钢束荷载组合Ⅰ应力检算　　　　　表6-17

点号	最大应力(MPa)	是否满足	点号	最大应力(MPa)	是否满足
1	−1146.7	是	13	−1070.7	是
2	−1114.4	是	14	−1066.9	是
3	−1107.7	是	15	−1063.1	是
4	−1093.5	是	16	−1058.3	是
5	−1089.7	是	17	−1040.3	是
6	−1085.9	是	18	−1043.1	是
7	−1081.1	是	19	−1050.7	是
8	−1075.4	是	20	−1047.9	是
9	−1068.8	是	21	−1050.7	是
10	−1065.0	是	22	−1046.0	是
11	−1065.0	是	23	−1042.2	是
12	−1066.9	是	24	−1042.2	是

验算结果表明,各个截面的承载力、应力和钢束应力均满足要求,裂缝和变形也在限值内。因而该加固方法能有效地提高桥梁的承载能力。

(2)加固设计方案比选

针对该桥现已查明的病害和存在的缺陷,对如何提高原桥的承载能力,提出了两种方案进行比选。

①方案一。

对原桥进行改变结构体系加固。通过在墩顶两侧一定范围内的主梁上部布设局部预应力短束,将原四跨简支梁改变为四跨一联的连续梁,从而减小跨中正弯矩,提高桥梁的承载能力。该方案内力计算简单明确,加固后,不但减小了原结构所承受的内力,加固效果显著,而且提高了行车的舒适性,同时对桥下净空及原桥景观均无影响。但是在加固后改变了结构体系,使主梁部分位置出现了负弯矩,需要进行配筋计算。加固过程中几乎要中断交通。

②方案二。

采用钢板粘贴加固法对原桥进行加固,该加固方案施工工艺简单,施工质量易于控制,工期也短,也较经济,并且不需改变原桥的结构体系,是一种简便的加固方法。但是黏结剂的质量及耐久性会影响加固效果,加固中接合面处理和钻埋螺栓孔对原结构有一定损伤,不能改善行车的舒适性,而且加固后对原桥景观有一定影响,加固可在不影响或少影响正常交通的情况下进行。

经过综合分析比较,方案一不但可以有效提高原桥的承载能力,而且改善了行车的舒适性。同时,方案一较方案二的加固效果持久,对原桥景观也无影响。考虑各方面的因素后,决定采用方案一对原桥进行加固。

5. 施工工艺要点

原桥维修加固的施工过程分为以下几个阶段,如图 6-5 所示。

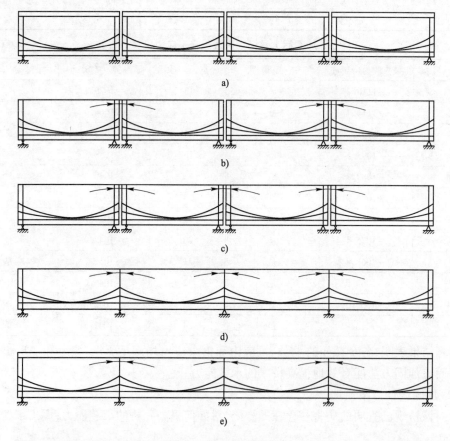

图 6-5 施工阶段示意图
a)原简支梁状态;b)第一施工阶段;c)第二施工阶段;d)第三施工阶段;e)第四施工阶段

(1)凿除原桥面铺装和简支梁端部上缘混凝土,拆除伸缩缝,并将梁顶凿毛。先将第一、二跨及三、四跨间隙用膨胀混凝土填塞密实,已备支点负弯矩区段下缘受压,达到设计强度后,张拉负弯矩区预应力钢束并压注水泥浆。

(2)浇筑第二、三跨连续段接头混凝土,达到设计强度后,张拉负弯矩区预应力筋并压注水泥浆。此阶段形成了七跨连续梁(四大跨三小跨)。

(3)拆除相邻简支梁之间的支座,主梁支承在新设的永久支座上,完成体系转换,形成四跨连续梁。

(4)重新安装伸缩缝,布置新铺桥面钢筋,浇筑整体桥面混凝土并养生至设计强度。桥面铺装混凝土宜采用补偿混凝土,可减少或不产生桥面混凝土收缩。从而减小或不产生新老混凝土之间的收缩差内力。

6. 加固后养护要点

(1)简支梁梁端之间的连接要可靠,防止连接点拱起,引起桥面破坏或钢筋锈蚀。

(2)新浇筑的桥面混凝土应养生至设计强度。

(3)伸缩缝应经常养护,同时保持桥面清洁,及时排除积水,保证桥面坚实、平整。

第7章 大跨径PC桥梁体外预应力加固技术

随着交通运输事业的飞速发展,不但车辆数量急剧增加,而且车辆载重也越来越大,有相当数量的桥梁由于设计荷载标准低、设计承载能力不能满足交通运输现状的要求,已经出现不同程度的病害,满足不了使用要求,需要降低标准使用或者进行维修加固处理。

第1节 大跨径PC桥梁常见病害及机理分析

大跨径PC箱梁桥一般采用三向预应力体系,各向预应力在不同程度上能提高混凝土的性能。但由于预应力混凝土连续箱梁自身的构造特点、设计理念的局限性、施工工艺及控制以及桥梁运营期间的实际荷载等因素的影响,使得结构在不同部位出现病害。

一、箱梁开裂

1. 裂缝类型

裂缝分类的方法很多,简单来讲就有"有害裂缝"和"无害裂缝"之分。当裂缝已影响到或可能发展到影响结构性能、使用功能或耐久性时称之为"有害裂缝"。大多数情况下,混凝土出现的可见裂缝对结构性能、使用功能不会有大的影响,只是影响到结构的外观,对这些裂缝统称为"无害裂缝",虽称之为无害裂缝,但反映出材料、配合比和施工或设计中存在的某些缺陷,也应予以关注和改进。箱梁出现的裂缝按成因进行分类,可分为温度裂缝、干缩裂缝、钢筋锈蚀裂缝、荷载裂缝、沉陷裂缝、冻胀裂缝、碱集料反应裂缝等。实际上可将上述裂缝分为三大类,即荷载裂缝、变形裂缝和其他裂缝。

(1)荷载裂缝

由施工和运营阶段的静荷载或动荷载所引起的裂缝。

①弯曲裂缝:对受弯构件和压弯构件来说,当弯矩最大截面的受拉区混凝土的拉应力超过混凝土的极限抗拉强度时,将产生弯曲裂缝。随着荷载的增加,裂缝宽度增大、长度延伸、条数增多;这种裂缝通常出现在各类梁体正弯矩区且贯通底面,严重时将向上扩展到中性轴,甚至是翼缘板底部。在负弯矩区,截面底部的弯曲裂缝出现的比较少;对于节段式施工的箱梁,弯曲裂缝一般出现在节段施工接缝内或接缝附近,当裂缝扩展到顶板时,变成细小的微裂缝。

②剪切裂缝:出现在腹板上,沿轴线呈 $25°\sim45°$ 的角度开裂,随着荷载的增大,裂缝长度将不断增长并向受压区发展,裂缝条数不断增多并分岔,裂缝区域也逐渐由根部或端部向跨中方向扩大;在支座至 $L/8\sim L/4$ 跨径区段,剪切作用产生的应力与弯曲应力相叠加,在初始竖向开裂后,腹板中的斜裂缝角度变得越来越接近 $45°$。

③锚固处或锚头附近的裂缝:通常在锚固齿板后面的底板内产生的裂缝,并向腹板处扩展,裂缝与梁纵轴呈 $30°\sim40°$ 角;如果齿板背面设在靠近节段的接缝处,就会在此接缝内出现

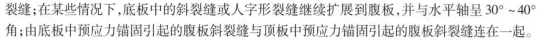

裂缝;在某些情况下,底板中的斜裂缝或人字形裂缝继续扩展到腹板,并与水平轴呈 30°~40° 角;由底板中预应力锚固引起的腹板斜裂缝与顶板中预应力锚固引起的腹板斜裂缝连在一起。

④底部预应力筋竖向曲率引起的裂缝:这种裂缝一般出现在底板中、底板与腹板衔接处,也可能出现在腹板中。

⑤预应力钢筋不顺直引起的裂缝和剥裂:箱梁节段接缝处的纵向管道,由于施工误差,导致管道在每一接缝处有折角或尖弯点,除增加预应力摩阻损失外,还会在底板底面产生裂缝,甚至有局部混凝土剥裂和崩碎的潜在危险。

(2)变形裂缝

由温度变化以及不均匀沉降所引起的裂缝称为变形裂缝。当出现温度变化以及不均匀沉降时,首先要求箱梁产生变形,当变形得不到满足才引起应力,当应力超过一定数值后引起裂缝。

①温度裂缝:温度裂缝包括由混凝土内外温差过大、混凝土表面急剧降温等因素引起的内约束裂缝和大体积混凝土释放的水化热导致混凝土内部温度升温高、升温快,从而使混凝土内外温差过大而引起的外约束裂缝;通常在厚腹板(与底板厚度相比)的箱梁中,薄的底板冷却得快,比腹板收缩快,导致底板受到约束而出现裂缝,反之,薄腹板也会在腹板中出现裂缝。

②干缩裂缝:混凝土干缩是由于水泥浆水分损失所造成的。硬化混凝土若表面水分散失过快,而内部湿度变化小,随着温度降低其表面产生体积收缩导致的裂缝就是干缩裂缝;干缩裂缝多纵横交错,呈龟裂状,多为表面性的较浅较细裂缝。

③塑态收缩裂缝:在新浇筑混凝土表面水分蒸发速度快于泌水补充时,混凝土就会收缩,由于干燥表层受内部混凝土约束,使变硬中的软弱塑态混凝土发生拉应力,在表面产生裂缝。

④塑态沉陷裂缝:在初始浇筑、振捣和修整后,混凝土仍有继续固结的趋势;在此期间,塑态混凝土受到钢筋、先前浇筑混凝土或模板等局部约束,可能在靠近约束处形成孔隙或裂缝;沉陷裂缝随钢筋直径的增大和混凝土坍落度的增加以及保护层厚度的减小而增多;沉陷开裂的程度可能由于振捣不充分或使用柔性较大的模板而增加。

(3)其他裂缝

①施工裂缝:箱梁在浇筑、起模、运输、堆放、拼接及吊装过程中,若施工工艺不合理、施工质量低劣,容易产生纵向的、横向的、水平的、表面的、深进的和贯穿的各种裂缝,特别是在薄壁箱梁结构中更容易出现。裂缝出现的部位和走向、裂缝宽度因原因而异,常见的有:由于混凝土保护层过厚,使承受负弯矩的受力筋保护层加厚,导致箱梁截面的有效高度减小,形成与受力钢筋垂直方向的裂缝;混凝土振捣不密实、不均匀,出现蜂窝、麻面、空洞,成为钢筋锈蚀或其他荷载裂缝产生的诱因;混凝土浇筑过快,混凝土流动性较低,在硬化前因混凝土沉实不足,硬化后沉实过大,容易在浇筑数小时后发生裂缝,即塑态收缩裂缝;混凝土搅拌、运输时间过长,使水分蒸发过多,引起混凝土坍落度过小,导致在混凝土表面出现不规则的收缩裂缝;混凝土初期养护时急剧干燥,使得混凝土与大气接触的表面出现不规则的收缩裂缝;用泵送混凝土施工时,为保证混凝土的流动性,增加水和水泥用量,或因其他原因加大了水灰比,导致混凝土凝结硬化时收缩量增加,使得混凝土表面出现不规则裂缝;箱梁混凝土分层或分段浇筑时,接头部位处理不好,易在新旧混凝土和施工缝之间产生裂缝,如混凝土分层浇筑时,后浇混凝土因停电、下雨等原因未能在前浇混凝土初凝前浇筑,引起层面之

间的水平裂缝；采用分段现浇时，如果先浇混凝土接触面凿毛，清洗不好，新旧混凝土之间黏结力小，或后浇混凝土养护不到位，导致混凝土收缩而引起裂缝；混凝土早期受冻，使构件表面出现裂纹，或局部剥落，或脱模后出现空鼓现象；施工时如果模板刚度不足，在浇筑混凝土时，由于侧向压力的作用使得模板变形，产生与模板变形一致的裂缝；施工时拆模过早，混凝土强度不足，使得构件在自重或施工荷载作用下产生裂缝。

②沿钢筋的纵向裂缝：这种裂缝是由于钢筋锈蚀导致体积膨胀而引起的。此种裂缝是混凝土构件损坏的征兆，最后将导致混凝土保护层完全脱落；也有由高的黏结应力造成的横向拉力引起的黏结裂缝，这种裂缝能延伸到混凝土表面，在钢筋较密的地方，使得混凝土保护层呈薄壳状；在预应力管道位置，当混凝土保护层太薄或纵向压力太大时，纵向裂缝就会沿预应力钢筋发生；此外，当预应力管道内压浆不密实时，在管道中的水冻胀也会产生纵向裂缝。

2. 箱梁常见裂缝

针对箱梁结构，常见裂缝可分为箱梁顶板裂缝、腹板裂缝以及施工缝。

(1) 箱梁顶板裂缝

裂缝沿纵向发展，在横桥向均匀分布且宽度较小，全桥范围内都有分布。从裂缝的性状来看，导致结构开裂的原因主要有以下几个：一方面，由于泊松效应，箱梁顶板在纵向预应力作用下产生横向拉应力，进而在汽车荷载作用下产生横向弯矩而开裂，虽然在顶板布置横向预应力，但由于施工工艺控制等影响，横向预应力张拉效果难以得到保证；另一方面，预应力位于顶板截面中性轴处，对抵抗横向弯矩作用不大。此外混凝土早期的收缩变形也是该类裂缝出现的一个诱因。

(2) 箱梁腹板裂缝

箱梁腹板在主梁四分点附近存在斜向裂缝，裂缝与梁体顶缘线成30°～50°角，有的裂缝甚至沿箱梁全高度延伸，宽度在0.5mm以上，通常中跨较边跨病害严重。箱梁腹板斜裂缝主要是由于结构抗剪能力不足引起的。在早期的桥梁设计中，对混凝土结构特性认识不足，取消了预应力弯起束，或结构构件尺寸偏小，是导致该类裂缝出现的根本原因之一。同时由于提高构件的抗剪强度的竖向预应力筋较短，且在张拉工艺控制等因素的影响下，导致预应力损失较大，使得竖向预应力张拉的效果达不到预期，这是导致该类裂缝出现的另一个主要原因。此外在《公路桥涵设计通用规范》(JTG D60—2004) 颁布之前，结构设计对日照温差荷载均按顶板升温5℃考虑，大量工程实践表明，这与实际情况存在较大的偏差，明显低估了实际温度梯度荷载的作用，导致设计分析箱梁主拉应力偏小。

(3) 箱梁施工缝

箱梁施工缝处腹板底板不同程度存在开裂现象，通常以底板裂缝为主，部分腹板裂缝与底板裂缝贯通。裂缝宽度因病害程度不一，箱梁内外均可见，多分布在中跨跨中附近。由于箱梁采用逐段悬浇的施工方法，受施工工艺和施工质量等因素的影响，新旧混凝土结合处易在施工阶段存在初始缺陷，并在后期运营荷载作用下开裂。同时由于预应力施加效果未能达到预期，导致构件局部预应力不足，使得合龙段开裂比较严重。

3. 裂缝成因分析

要查明引起混凝土箱梁开裂的原因是相当困难的，一般需要进行广泛的调查研究工作，并采用排除法来确定可能的因素。通常造成开裂的原因，主要有以下几点：一是抗弯和抗剪能力不足，二是未充分考虑温度应力，三是对预应力钢筋曲率引起的应力注意不够，四是施工方法的差错或不恰当,五是缺乏优良的施工工艺来满足对正常结构所需要的施工精度,六是材料的强度不足。将混凝土开裂归结为单一原因的情况是很少见的,上述每一种原因当单独考虑时一般只产生较小的、在容许限度以内的应力,但在施工和使用过程中往往会出现多种原因的应力叠加,当超过混凝土的抗拉能力后,就会出现裂缝。

对于箱梁出现的裂缝,设计人员应分析开裂的原因,以便确定合理的维修方案。裂缝封闭施工时,施工技术人员也应分析导致开裂的原因,以使裂缝封闭施工达到设计要求。裂缝产生的原因主要有材料、施工、使用环境、结构与外力等四方面。

(1)材料问题

原材料包括水泥、集料、拌和水以及外加剂。其中,造成裂缝的原因可能有:水泥的非正常凝结、水化热、非正常膨胀、水泥含碱量较高;集料质量低劣或使用了碱活性集料;拌和水含有氯化物;外加剂使用不当。另外,混凝土配合比设计不合理、混凝土的沉降与泌水以及混凝土的收缩也均有可能导致裂缝的产生。

(2)施工问题

施工过程包括模板制作、钢筋绑扎与混凝土浇筑。其中,模板变形、漏浆或者支撑下沉以及过早拆模均可能导致裂缝的出现。钢筋绑扎过程中可能导致裂缝的原因包括:钢筋被扰动或保护层厚度不足、预应力管道破裂造成过大摩阻而引起预应力损失、预应力管道的不慎偏移改变了偏心距产生附加摩擦力、张拉后局部应力过大等。另外,混凝土施工时可能导致裂缝的原因包括:拌和料拌和不均或拌和时间过长;运输时改变了配合比、浇筑顺序不合适、浇筑速度不当、振捣不足;浇筑混凝土之前或浇筑过程中偶然发生的形状偏差导致截面增大且自重增加,或相反使得有效截面减小;浇筑混凝土期间或浇筑以后,移动施工荷载或搬运模板引起的裂缝;初凝前受到振动或加载、初期养护时急骤干燥、初期冻害;温控设计不合适、浇筑前温度过高、通水冷却不及时、新浇混凝土气温骤降无保温措施等。

(3)使用环境

使用环境可划分为物理环境与化学环境,其中物理环境主要指温度与湿度,而化学环境则主要指侵蚀。产生裂缝的原因可能包括:环境温湿度的变化,构件两面的温湿度差,反复冻融;酸碱盐类的侵蚀、碳化引起的钢筋锈蚀、氯离子侵入使钢筋锈蚀等。

(4)结构与外力

结构设计不当、外荷超载以及支撑条件考虑不当等均可能导致裂缝的出现。具体可能的原因包括:断面及钢筋用量不足、受力钢筋直径过大,钢筋接头、锚固、构造筋等设计不当,低估了连续箱梁弯矩重分布产生的应力,低估了混凝土收缩、徐变及预应力松弛引起的预应力损失,预应力筋的验算不当;低估施工荷载和非结构性永久荷载,超过设计荷载的永久荷载及短期荷载(如车辆超载等);地基发生不均匀沉降以及冻害现象。

二、跨中下挠

对于大跨径混凝土梁式桥,跨中下挠是一个较普遍的现象,下挠度可达到相当大的数值,同时伴随梁体跨中段垂直裂缝或大量斜裂缝的出现,病害较严重。据公开的资料报道,黄石长江公路大桥跨中最大的下挠已达到33.5cm,相当于跨径的1/729;虎门大桥辅航道桥跨中最大下挠已达到22cm,相当于跨径的1/1227;佛山油金大桥主跨80m,下挠量为17.9cm。另外,三座桥的跨中都存在一些垂直裂缝及主拉应力斜裂缝。分析跨中下挠的原因主要有:

(1)对混凝土徐变的严重性和长期性认识不足。
(2)设计缺乏主动控制梁桥恒载下挠值的意识。
(3)片面强调缩短施工周期。
(4)存在施工质量缺陷。
(5)梁体开裂、刚度下降导致挠度加大。跨中下挠往往与垂直裂缝和斜裂缝一起发生,相互促进恶化;截面开裂会导致梁的刚度降低,增大跨中挠度,同时,挠度增大会进一步促进截面裂缝的发展。
(6)对用竖向预应力束取代弯起预应力束的设计理念认识不够清晰。

三、支座问题

支座是桥梁上、下部结构的联结和传力的节点且是受力非常集中的薄弱构件,应予十分重视。支座的布置必须满足自由变形的要求,如布置不当,比如使箱梁在横桥向的温度变形、荷载变形受到约束,会导致纵向开裂,这种现象在国内多座桥上尤其是宽桥上出现过。以上是针对直梁桥而言,对于弯梁桥而言,其支座的布置又需符合弯梁桥的布置规则。可以通过改善约束条件来预防混凝土的收缩裂缝,如果混凝土构件无约束,那么无论是收缩还是温差变形都不会导致裂缝,因此改善约束条件是消除收缩的重要途径之一。

该类桥梁的上述病害并非独立存在,导致桥梁梁体结构出现病害的原因是多方面的,旧的设计标准不满足新标准的荷载要求,施工中的施工误差或施工质量问题,长期超负荷运营,收缩、徐变等多种不利因素的组合,导致桥梁结构开裂、下挠,开裂后的梁体刚度降低、有效预应力降低,而刚度降低、预应力损失、超载等又导致病害进一步加剧,各种不良效应形成恶性循环。因而对于该类结构病害应及时发现和处理,避免给结构的安全运营带来隐患。

四、混凝土T构+挂孔桥梁的常见病害

除了上述箱梁开裂、跨中下挠以及支座问题等常见病害,大跨径预应力混凝土T构+挂孔桥梁还经常出现其他病害,包括:悬臂端下挠、挂孔T梁病害、牛腿病害以及T构与挂孔连接处病害等。

1. 悬臂端下挠

目前,国内混凝土T形刚构桥运营3~5年后出现很多病害,其中通病是跨中严重徐变下挠,跨度越大,徐变下挠越大。控制运营阶段的徐变下挠已成为急需解决的问题之一,下挠过大,将导致竖向位移加快,预应力损失过大,截面抗弯能力不足。

2. 挂孔T梁病害

T构挂孔一般采用预应力混凝土T梁的形式,横隔板采用中间挖空的形式,T梁之间采用湿接缝的构造,接缝及内角顶点易出现较多裂缝。挂梁在工厂预制、现场吊装后用湿接缝连接,由于预制不精确,横隔板湿接缝存在错台、折角等,接缝混凝土与预制横隔板相比是比较薄弱的部位,且在横隔板中,湿接缝处的断面最小,容易出现裂缝;横隔板内角的顶点处存在应力集中,容易出现裂缝;T梁腹板容易产生斜裂缝,其规律与一般T梁相同。

3. 牛腿病害以及T构与挂梁连接处病害

牛腿位置常常出现的病害是斜裂缝。该位置的斜裂缝通常是由于局部应力过大;或是由于悬臂梁的下挠变形和混凝土的收缩、徐变以及施工误差等原因所致。在T形刚构悬臂

端部与挂梁端部之间形成折角,造成桥面不平顺,产生车辆冲击作用,进而导致伸缩缝乃至端部的混凝土损坏。T构与挂梁连接处的桥面连续处易发生纵向开裂,开裂部位是T构与挂梁之间的现浇连接段,属于结构受力薄弱部位。

第2节 大跨径PC桥梁维修加固技术

针对众多混凝土桥梁出现的各种病害,交通运输部等各政府相关部门相继出台了一系列相关技术标准,如1988年交通部《公路旧桥承载能力鉴定办法(试行)》、1996年《公路养护技术规范》(JTJ 073—96)、2004年《公路桥涵养护规范》(JTG H11—2004)、2006年建设部、质监总局联合发布的《混凝土结构加固设计规范》(GB 50367—2006)、2008年交通部颁布的《公路桥梁加固设计规范》(JTG/T J22—2008)及《公路桥梁加固施工技术规范》(JTG/T J23—2008),对桥梁维修加固施工技术的研究和实施起到了巨大的指导作用。

通过对构件的维修和加固,改善桥梁结构的性能,以恢复或者提高现有桥梁的承载力、延长正常使用寿命。目前针对混凝土桥梁采用的加固技术主要有裂缝修补法、粘贴碳纤维复合材料加固法、粘贴钢板加固法、增设劲性骨架加固法、增设体外预应力加固法等。各维修加固技术措施简介如下。

一、裂缝修补

迄今为止,研究和开发裂缝修补技术所取得的成果表明,对因承载力不足而产生裂缝的结构、构件而言,开裂只是其承载力下降的一种表面征兆和构造性的反应,而非导致承载力下降的实质性原因,故不可能通过单纯的裂缝修补来恢复其承载力功能。基于这一共识,可以将修补裂缝的作用分为以下5类:

(1)抵御诱发钢筋锈蚀的介质侵入,延长结构实际使用寿命。
(2)通过对混凝土补强保持结构、构件的完整性。
(3)恢复结构的使用功能,提高其防水、防渗能力。
(4)消除裂缝对人们形成的心理压力。
(5)改善结构外观。

裂缝修补必须以桥梁的鉴定结论为依据,通过现场调查、检测和分析,对裂缝起因、属性和类别作出判断,并根据裂缝的发展程度、所处的位置与环境,对受检裂缝可能造成的危害作出鉴定。据此,才能有针对性地选择适用的修补方法进行修补处理。

当遇到对裂缝的注胶防治有补强要求时,应特别注意考察裂缝所处环境的潮湿程度,若湿度很大或者无法确定混凝土内部湿度时,必须选用耐潮湿型的改性环氧类修补液,并在注胶完全固化后钻取芯样,通过劈裂抗压试验检验修补效果。

常用的裂缝修补方法如下:

(1)表面封闭法:利用混凝土表层微细独立裂缝(裂缝宽度$w \leqslant 0.2$mm)或网状裂纹的毛细作用吸收低黏度且具有良好渗透性的修补胶液,封闭裂缝通道。对桥面和其他需要防渗的部位,尚应在混凝土表面粘贴纤维复合材料以增强封护作用。

(2)注射法以一定的压力将低黏度、高强度的裂缝修补胶液注入裂缝内,此方法适用于0.1mm$\leqslant w \leqslant 0.5$mm静止的独立裂缝、贯穿性裂缝以及蜂窝状局部缺陷的补强和封闭。注射前,应按产品说明书的规定,对裂缝周边进行密封。

(3)压力注浆法在一定时间内,以较高压力将修补裂缝用的注浆料压入裂缝内。此方法适用于处理大型混凝土结构贯穿性裂缝、大体积混凝土的蜂窝状严重缺陷以及深而蜿蜒的裂缝。

(4)填充密封法在构件表面沿裂缝走向骑缝凿出槽深和槽宽分别不小于20mm和15m的U形沟槽,然后用改性环氧树脂或弹性填缝材料充填,并粘贴纤维复合材以封闭其表面。此法适用于处理$w \geqslant 0.5mm$的活动裂缝和静止裂缝。填充完毕后,其表面应做防护层。

二、提高承载力

提高承载力的方法,常见的加固方法包括:粘贴钢板、粘贴复合纤维材料、增设体外预应力束以及增设劲性骨架等。

1. 粘贴钢板

采用环氧树脂系列黏结剂,将一定厚度、一定尺寸的钢板粘贴在结构物的受拉区域或者薄弱部位,使之与结构物形成整体,用以代替需要增设的补强钢筋。通过钢板与补强结构的共同作用,提高其刚度、抗剪强度,限制裂缝开展,改善钢筋及混凝土的应力状态,从而提高结构的承载能力。

用粘贴钢板来加固预应力混凝土连续梁桥,具有无破坏被加固的结构物表面、几乎不增加原结构物的尺寸、结构自重增加较少等较多优点,在国外已经得到广泛应用,国内也有不少成功的实例。当用于提高构件的抗弯能力时,应把钢板粘贴在梁体受拉翼缘的表面,使钢板与混凝土作为整体受力,以钢板与混凝土接缝处混凝土局部剪切强度控制设计。用于粘贴的钢板尺寸应尽可能薄而宽,厚度一般为4~6mm。薄钢板可以有足够的弹性适应构件的表面状况,合理的设计应控制在钢板发生屈服变形前混凝土不出现剪切破坏。为避免钢板在自由端脱落,端部可以用加紧螺栓固定,或者在钢板上按照一定的距离用螺栓固定,效果更有保证。

当粘贴钢板用以加固和增加梁体的抗剪强度时,钢板应粘贴在梁体的侧面,跨缝粘贴。用于粘贴的钢板可以是块状的,也可以是带状的。带状钢板沿垂直于裂缝的方向粘贴、斜度一般为45°~60°。梁的上下端应设置水平锚固板,以提高端部的锚固强度。钢板厚度一般为10~15mm。

2. 粘贴复合纤维材料

碳纤维布(CFRP)是目前桥梁结构维修加固最常用的纤维复合材料之一,具有应力应变量完全线弹性、不存在屈服点或塑性区等优异的力学性能,并具有高强、轻质、耐腐蚀、耐疲劳、现场施工方便等优点。试验研究表明,碳纤维布能够提高混凝土结构的抗剪承载力,其作用机理与箍筋类似,同时还能有效改善和增强构件的抗变形能力。将抗拉性能优良的碳纤维布,粘贴到梁体底面或者箱梁内壁,使其与原结构一起参与受力,提高桥梁结构的承载能力。

沿主拉应力方向,或者与裂缝垂直方向粘贴碳纤维布,两端分别设置锚固端,据此可以约束混凝土表面裂缝,防止裂缝再扩展,从而达到保持构件抗弯刚度,减少构件挠度,改善梁体受力状态的目的。

采用粘贴碳纤维布加固混凝土桥梁结构时,先将混凝土表面的劣化层(如浮浆、风化层等)用砂轮机进行清除和打磨,并将基面的错台、凸出等部位打磨平顺,转角部位进行倒角处理。粘贴部位如有裂缝,应先进行裂缝封闭处理后再进行碳纤维布粘贴加固。

基面处理,清洗并充分晾干后将按照规定比例配置好的底胶均匀涂刷至粘贴位置,待自然风干(指触干燥)后进行碳纤维布粘贴施工。在待粘贴范围划出各层位置,根据设计尺寸裁剪碳纤维布,并适当留有施工长度,如需接长,一般搭接长度不小于15cm。粘贴时应依设计位置由上而下、由左至右有序粘贴,并以滚筒压挤贴片,使碳纤维布与浸渍树脂充分结合,同时以压板去除气泡。粘贴完成后,应在其表面再均匀涂抹一层浸渍树脂,待自然风干后,在表面涂抹罩面胶或者采取其他防护处理措施进行表面防护。

3. 增设体外预应力束

增设体外预应力束加固是指运用预应力原理,在被加固梁体结构混凝土体外设置张拉锚固块、转向定位装置、布设体外预应力束等,通过体外预应力束的张拉力,对梁体受拉区施加适当的压力,以抵消部分拉应力,起到卸荷作用,从而大幅度提高桥梁的承载能力。

对于原构件截面偏小或需要增加其使用荷载,原构件需要改善其使用性能,原构件处于高应力、应变状态且难以直接卸除其结构上的荷载等情况,可采用体外预应力方法进行加固。采用外加预应力方法加固混凝土桥梁结构时,应根据被加固构件的受力性质、构造特点和现场条件,选择适用的预应力材料。

在加固时,主要考虑的问题有:施加预应力的方式、方法;预应力损失的估计和减少预应力损失的措施;预应力加固计算等。

预应力损失是影响预应力加固的适用范围和加固后工作状态的重要影响因素。预应力损失由加固材料本身和承受加固作用的结构两方面的变形而产生。主要的因素有:加固构件节点和传力构造变形;温度应变。在预应力加固中,由于温度应变,新浇筑混凝土的收缩、徐变等原因均会产生预应力损失,为减少预应力损失以保证加固效果,必须在加固过程中,预留构造措施,以便在使用过程中及时调整加固构件的工作应力数值。

预应力加固法具有许多优点,如加固效果好、工作可靠,可以减少或限制结构的裂缝和其他变形;对桥梁营运使用的影响较小,可以在不限制通行的条件下完成加固施工;在人力、物力和资金消耗方面也具有明显的经济性与合理性。既可以作为桥梁通过重车的临时加固措施,又可以作为永久性提高桥梁荷载等级的措施。

4. 增设劲性骨架

在墩台基础安全性能良好并具有足够承载能力的情况下,可以采取增设劲性骨架(纵梁)的加固方案,提高桥梁结构的刚度,达到提高承载力和抑制梁体下挠的目的。

在大跨度预应力混凝土连续梁桥维修、加固中,由于混凝土梁体自身刚度较大,若要有效提高结构刚度及承载力,需要增加一些纵梁构件,同时也会增加了梁体自重。因此,增设劲性骨架加固法常用于中小跨度桥梁的维修加固中。在大跨度桥梁中常结合其他各种加固手段,综合使用。增设劲性骨架加固法的关键在于劲性骨架钢基座安装,涉及的主要技术为植筋技术及锚栓技术。

三、大跨径PC连续梁桥维修加固技术要点

1. 箱梁纵向抗弯加固

由于预应力混凝土连续箱梁桥抗弯承载力不足常表现出跨中下挠过大、弯曲裂缝过大等病害,一般宜采用增设体外预应力束进行加固,以弥补原有的预应力失效,同时可结合粘

贴加固法。采用体外预应力结构提高箱梁正截面抗弯承载力,可同时改善腹板的抗剪能力,适当调整桥面高程,改善桥面线形,控制主跨跨中下挠的发展。

体外预应力结构是将预应力筋设置在混凝土结构截面的外部,依靠预加力产生的外弯矩抵消部分外荷载产生的内力,从而达到改善桥梁使用性能和提高结构承载力的目的。体外预应力体系由体外预应力束、孔道管(高密度聚乙烯 HDPE 或钢管等)、浆体(防腐油脂或水泥浆体)、锚固体系和转向块等部件组成,预应力筋和混凝土间的荷载传递通过端部锚固和转向块来实现。

体外预应力加固的主要优点有:能充分发挥加固材料的作用;在体外预应力作用下原梁的裂缝将全部闭合或部分闭合,能明显改善原梁的抗裂性能,提高结构的耐久性;体外预应力加固可在不中断交通的条件下进行,对桥梁的运营影响小,且加固设备简单、施工工期短、经济效益显著。体外预应力加固的关键在于合理选择体外预应力筋的布置和张拉方案,以及体外预应力筋的锚固和转向装置的构造设计,此外要注意体外预应力束的防腐处理。

锚固是体外预应力加固的关键,锚固块将体外预加力传给原箱梁,要求传力可靠。转向块从材料上可以分为钢制和混凝土制两种,或者由两种材料组合构成,目前较为常用的是钢筋混凝土材料制成的,从形式上分为横隔板式、肋式 2 种。横隔板式转向块主要特征是转向块与结构的顶板、底板紧密相连,自重较肋板式类型要大一些;肋式转向块主要特征是,较横隔板式体积小,自重轻。

2. 腹板加固

常见的腹板加固方法包括:增大截面加固法、粘贴钢板加固法、粘贴纤维加固法以及体外预应力加固法等。

(1)增大截面加固法

该法常采用腹板加厚的方法。对于腹板抗剪承载力不足,可在腹板内侧或外侧加厚腹板,绑扎钢筋网,浇筑混凝土,采用植筋技术来使得新旧混凝土有效的结合。腹板加厚可同时增配预应力下弯束,进一步提高斜截面的抗剪承载力。增大截面加固法应注意,在加大截面时自重也相应增加了,同时也增加了钢筋。

(2)粘贴钢板加固法

粘贴钢板加固法是普遍使用的方法,一般用于腹板、顶板、底板开裂后的加固和顶板梗腋处受力裂缝处的加固。这种方法是采用粘贴剂将钢板粘贴在结构物受拉区或薄弱部位,使之与结构物形成整体,钢板与原结构须可靠连接,并做防锈处理。通过钢板与补强结构的共同作用,提高其刚度,限制裂缝开展,改善钢筋及混凝土的应力状态,提高混凝土箱梁的承载力。

(3)粘贴纤维加固法

粘贴纤维加固腹板时不用在腹板上打孔,对于本来就开裂很严重的混凝土腹板是有利的。但粘贴的纤维对腹板的刚度不会提高,也不能有效抑制裂缝的产生,其作用只能是限制裂缝宽度。由于碳纤维所需的锚固长度较长,梗腋处的较宽裂缝离转角很近,碳纤维对其抑制效果不明显。

(4)体外预应力加固法

腹板抗剪不够时,可采用增加竖向预应力的方法进行加固。

3. 箱梁顶、底板横向加固

对于混凝土箱梁顶、底板粘贴钢板或碳纤维进行加固时。粘贴钢板或碳纤维按垂直桥面布置,梗腋与腹板一并粘贴钢板或碳纤维条。粘贴的钢板应采用植筋螺栓锚固,锚固螺栓按一定间距设置,钢板表面利用涂抹环氧树脂基液处理;粘贴碳纤维加固对于混凝土箱梁内部的狭小空间具有非常好的适应性。对于跨中底板出现纵向裂缝的横向加固,可有效阻止裂缝进一步开展并防止由于裂缝发展致使预应力束崩离的发生。

四、大跨径 PC T 构 + 挂孔桥梁的维修加固技术要点

针对大跨径 PC T 构 + 挂孔桥梁的常见病害,其加固技术要点应包括:箱梁纵向加固、箱梁横向顶板与底板加固、挂孔加固,以及牛腿加固。

1. 箱梁纵向加固

为改善主桥桥面线形,提高承载能力,增设纵向体外预应力束是箱梁纵向加固的有效措施。同时,加固方案实施以后增加了结构恒载,为保证主梁应力储备,也需要增加纵向预应力。

体外预应力加固尤其适合于各种原因引起的桥面端部或跨中挠度过大及有效预应力过小而导致的箱梁顶板开裂等情况。体外预应力加固设计的基本原则是:加固技术的实施不得影响桥梁结构的正常使用,加固体系应作为永久结构考虑,不得使既有结构局部受损,应力及变形过大,加固后的结构除应满足使用状态的要求外,还应进行极限承载力校核,防止结构发生超筋破坏,保证极限状态下体外预应力钢筋有足够的锚固强度。

2. 箱梁横向顶、底板加固

箱梁顶由于没有设置横向预应力,在其底面常常出现很多细密的纵向裂缝。为抑制裂缝的继续发展,提高箱梁横向抗弯承载能力,粘贴碳纤维布或钢板是常用的两个方案。

两个方案原理相同,都是在梁板底面粘贴加强材料,提高主梁横桥向抗弯承载能力,抑制裂缝的发展。粘贴纤维造价略高,但施工相对简单,工期较短,并且满贴加固方式能充分保证加固受力均匀,对于裂缝分布多而密的情况更为合适;粘贴钢板施工工期较长,仰面施工难度较大,还需在梁板底面钻孔植筋,由于主梁预应力筋和主钢筋布置较密,钻孔时易和箱梁预应力管道发生冲突,损伤原结构,另外锚贴钢板施工后期钢构件的防腐处理比较繁琐,增加后期养护费用。

3. 挂梁加固

由于 T 构 + 挂梁一般采用 T 梁的形式,其病害情况往往是由于 T 梁抗弯承载力和抗剪承载力不足、横隔板局部损坏或横向联系不足,其相应的措施可参考简支 T 梁桥的加固。

4. 牛腿加固

牛腿是悬臂梁的一个关键部位,它是否牢固可靠对桥梁能否维持安全通行起着决定性的作用。同时,牛腿又是悬臂梁的薄弱环节,牛腿处梁高突变且减小,截面凹折转角多,而要传递的集中力数值非常大,且频繁承受车辆冲击力作用,所以受力非常复杂。常用加固方案如下:

方案一:凿除原牛腿的低强度等级混凝土,改为浇筑高强度等级钢纤维混凝土。浇筑钢纤维混凝土时,在新老混凝土接合面上涂以环氧砂浆以加强其黏结。

方案二:为减小主梁牛腿处顶面局部拉应力,在主梁牛腿处采用粘贴钢板加固。

五、存在的问题

在桥梁加固技术和加固工程上都有了很大发展,但同时也存在一些亟待解决的问题。比如目前的研究及加固设计规范、施工规范基本都是针对单一加固方法的,但实际工程中,往往是同时采用几种方法的综合加固方案,因而在设计方案、计算分析及设计、施工上均应进行研究,两者不都是简单的叠加。

如何保证加固施工的质量?目前有些已经维修、加固的桥梁,在运营一段时间后,出现钢板脱空、碳纤维布剥落、已灌浆封闭的裂缝重新开裂、跨中继续出现下挠等问题。在目前桥梁加固仍处于摸索阶段的现状下,设计、施工、运营等各个环节都可能导致加固施工质量出现不确定性,应通过不断摸索、研究,制订更严谨的加固方案,确保加固施工质量。

第3节 大跨径PC连续梁桥体外预应力加固工程实例

随着我国公路和市政工程等基础设施的大规模建设,预应力混凝土连续梁桥得以迅速发展和广泛应用。目前,我国已建和在建的很大一部分桥梁为预应力混凝土连续梁桥,其中尤其以预应力混凝土连续箱梁桥的发展和应用最引人瞩目。预应力混凝土连续箱梁桥以其结构刚度大、行车平顺性好、伸缩缝少和养护简单等一系列优点,备受业主和设计、施工单位的青睐。预应力混凝土连续箱梁桥在受力上具有连续梁、预应力、箱梁几方面的特点。在结构重力和汽车荷载等恒、活载作用下,跨中截面承受正弯矩,中间支点截面承受负弯矩,作为超静定结构,温度变化、混凝土收缩、徐变、基础变位以及预加力等都会使桥梁结构产生次内力。预应力混凝土连续箱梁桥能够充分发挥高强度预应力钢材的作用,能提高构件的抗裂性和刚度。在构件的受拉区储备了预压应力,并从一开始就引起结构向上反拱,在使用荷载的作用下,后期变形较小,改善了结构的使用性能,又增加了结构的耐久性。同时,利用预应力工艺作为构件连接的手段已经成为现代先进的混凝土桥梁施工工艺之一,它可以将大跨径的结构分成节段预制,然后通过预应力筋连成整体。既可以把结构拼装成整体后进行架设,也可以进行悬臂拼装或悬臂浇筑,适应无支架施工。预应力混凝土连续箱梁桥采用箱形截面,与其他截面相比有诸多自身的优点,如截面抗扭刚度较大,有良好的稳定性,整体性好,底板和顶板都具有较大的混凝土面积,能有效抵抗作用在截面上的正负弯矩,并满足配筋的构造要求。预应力混凝土连续梁的桥型简洁美观,整体性和连续性好,行车舒适,并且施工工艺较为成熟。目前,对于公路桥梁,在40~150m中等跨径和大跨径范围内,预应力混凝土连续箱梁桥已成为最主要的桥梁结构形式之一。

一、广东省中山市中山神弯大桥加固案例

以广东省中山市中山神弯大桥为例,分别从桥梁基本概况、主要病害分析、维修加固方案、加固后结构验算分析、施工要点及注意事项等五个方面进行阐述,以此来介绍大跨径PC连续梁桥体外预应力加固技术的基本思路和方法。

第7章 大跨径PC桥梁体外预应力加固技术

1. 桥梁基本概况

广东省中山市中山神湾大桥是一座跨越西江,连接神湾镇与磨刀岛的公路桥。大桥全长399m,其中主桥长200m,为55m+90m+55m变截面预应力混凝土连续箱梁桥,采用悬臂浇筑法施工。该桥的设计荷载为"汽—20"、"挂—100"、人群荷载3.5kN/m²,设计纵坡为零,于1995年建成通车。

2. 主要病害分析

根据桥梁检测报告,大桥加固主要存在以下病害:

(1)主桥箱梁顶板上有较多的、不连续的纵向裂缝,大多数裂缝宽度在0.2mm以下,有少数裂缝宽度在0.2mm以上。

(2)2004年8月检测发现主桥跨中下挠比较严重,已成为全桥的最低点,相对于4号、5号墩,下挠值约为94mm。2008年4月检测发现主桥跨中又比2004年8月下挠了约6mm,有继续下挠的趋势。此外,主桥90m跨靠近合龙段的箱梁底板上有一些不规则的裂缝,裂缝宽度均在0.2mm以下;主桥箱梁腹板上未发现裂缝。

(3)箱梁底板有几处混凝土剥落、露筋。

主桥箱梁顶板纵向裂缝(缝宽0.05~0.25mm),属顶板局部弯曲裂缝,其原因是该桥箱梁顶板宽度较大,且未施加横向预应力,在重车作用下顶板横向受弯开裂,相对于2004年检查情况,裂缝长度、宽度没有明显的发展趋势。主桥箱梁跨中明显下挠,梁体局部存在混凝土剥落、钢筋外露锈蚀的情况。

3. 维修加固方案

根据检测报告中的病害描述,结合以往的同类桥加固设计经验,维修加固方案要点如下:

(1)按照业主对桥面布置要求,将桥面每侧加宽15cm。机动车道为2×3.5m,两侧各设置宽1.5m的非机动车道,两侧各增设宽1.15m的人行道。

(2)移除主桥箱梁内2根水管、光缆以及施工垃圾等以减轻箱梁负荷。

(3)主桥中跨箱梁内部采用可反复张拉的体外预应力束,箱梁顶板下缘粘贴碳纤维布进行加固,以承担新增荷载并限制箱梁继续下挠和顶板裂缝开展;在中跨跨中箱梁底部20m范围内粘贴碳纤维布限制跨中合龙段底部横向裂缝发展。

(4)拆除原防撞护栏及原有桥面铺装,重新浇筑混凝土桥面铺装。拆除原防撞护栏时应注意保留原有翼缘板预埋钢筋,不得切割或损害,避免野蛮施工造成对原结构的损伤。重铺桥面时注意控制铺装层厚度,且维持其现有线形。

(5)对所有宽度大于等于0.15mm的混凝土裂缝进行灌浆处理,对宽度小于0.15mm的混凝土裂缝进行封闭处理。对桥台砌体裂缝,灌注水泥浆处理。

(6)凿除全桥所有露筋部分的剥落、疏松、腐蚀等劣化混凝土,对外露锈蚀钢筋进行除锈处理,对于锈蚀损失面积达到钢筋面积20%以上的主筋,必须将其完全凿出,进行除锈处理后,在其侧面焊接相同直径的接长钢筋,然后用环氧砂浆将结构修补平整。

(7)对蜂窝、麻面、崩角和洞孔等一些浅表面病害,先凿除其表面疏松部分混凝土,然后用丙乳砂浆修补;对孔洞及深度超过6cm的深层疏松区,用高强度丙乳细石混凝土修补。

(8)对支座钢板进行除锈,并做防锈处理。

新增体外预应力束布置图如图7-1所示。

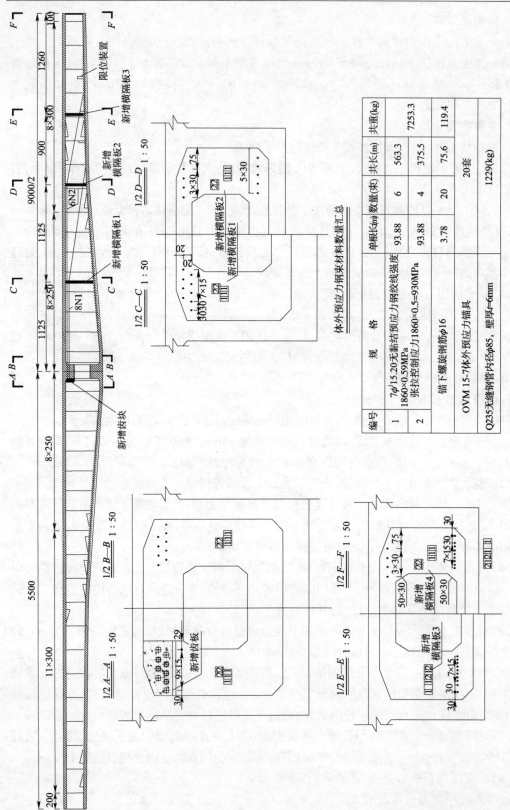

图 7-1 新增体外预应力束布置图（尺寸单位：cm）

4. 加固后的结构验算分析

(1) 主要计算参数

计算参数见表 7-1。

计算参数表　　　　　　　　表 7-1

设计荷载	活载	汽—20、挂—100，偏载系数：汽车取 1.2，挂车取 1.5，人群荷载 3.5kN/m²
	温度	整体升温30℃，整体降温20℃；非线性温度梯度按照英国 BS5400 规范取用，上 13.5℃，下 2.5℃，非线性分布；上 −8.4℃，下 −6.5℃，非线性分布
材料参数	预应力钢筋	预应力：$\phi^j 15.24$ 高强低松弛预应力钢绞线 $R_y^b = 1860\text{MPa}$，$E_y = 1.9 \times 10^5 \text{MPa}$，张拉控制应力；体内预应力 $\sigma^k = 0.75 R_y$，体外预应力 $\sigma^k = 0.5 R_y^b$
	普通钢筋	不考虑
	混凝土	根据江门市交通建设中心实验室有限公司提交的水泥混凝土圆柱体抗压强度试验报告，混凝土取芯试件最小抗压强度为 35.5MPa，因此根据 $M = C + 2$，混凝土标号取为 37.5 号（对应强度等级为 35.5MPa）。$E_c = 3.225 \times 10^4 \text{MPa}$，重度 26kN/m³。按照原《公路钢筋混凝土及预应力混凝土桥涵设计规范》（JTJ 023—1985）表 2.1.2 内插得抗压强度标准值 26.25MPa，抗拉强度标准值 2.475MPa
	桥面铺装	拆除原桥面 6cm 厚桥面铺装、防撞护栏、过水管线；两侧新建人行道，新铺 10cm 厚混凝土桥面，重度 26kN/m³

(2) 计算模型

本桥选用"桥梁博士"进行计算，全桥共 134 个单元，135 个节点。计算采用 kN·m 制，应力单位为 MPa。

(3) 计算工况

计算按实际施工阶段进行分析。使用阶段的效应，其中汽车为三车道，计入横向折减系数 0.78。温度影响力为整体温差和温度梯度的组合。

①组合Ⅰ：结构自重 + 预应力 + 混凝土收缩徐变 + 汽—20 + 人群。

②组合Ⅱ：结构自重 + 预应力 + 混凝土收缩徐变 + 汽—20 + 人群 + 温度影响力。

③组合Ⅲ：结构自重 + 预应力 + 混凝土收缩徐变 + 挂—100。

(4) 计算结果

①承载能力极限状态计算。

按原《公路钢筋混凝土及预应力混凝土桥涵设计规范》（JTJ 023—1985）第 4.1.2 条进行承载能力极限状态内力的荷载组合，按照箱梁的配束、配筋进行截面极限承载力验算，结果见表 7-2。

正截面抗弯极限承载力验算（单位：kN·m）　　　表 7-2

截面位置	组合Ⅰ	组合Ⅱ	组合Ⅲ	抗弯承载力
边跨跨中截面	26921	26921	20022	69647
中跨跨中截面	38768	48069	27645	95942
中墩墩顶截面	−379726	−379726	−322189	−428200

结果表明，各种组合下全桥截面的计算弯矩均小于其相应的截面抗弯承载力，满足规范要求。

②正常使用极限状态验算。

加固前后成桥应力状态见表7-3。

加固前后成桥应力状态（单位：MPa） 表7-3

应力位置	最小正应力		最大正应力	
	边跨	中跨	边跨	中跨
加固前应力	1.8	4.6	11.2	12.1
加固后应力	2.1	4.1	9.4	11.6

从表7-3中数据可以看出，加固后边跨的最大正应力，中跨的最小正应力、最大正应力都比加固前有所减小。

正常使用组合应力验算见表7-4。

正常使用组合应力验算（单位：MPa） 表7-4

组合	最小正应力			最大正应力			主压应力			主拉应力		
	边跨跨中	中跨跨中	限值	边跨跨中	中跨跨中	限值	边跨跨中	中跨跨中	限值	边跨跨中	中跨跨中	限值
组合Ⅰ	1.3	3.2	0	12.0	12.9	13.13	11.8	12.8	15.75	-1.9	-1.8	-1.98
组合Ⅱ	0.2	0.3	0	12.4	14.0	15.75	12.4	14.0	17.06	-2.0	-1.9	-2.23
组合Ⅲ	1.7	3.4	0	10.8	12.3	15.75	10.8	12.3	17.06	-1.5	-1.6	-2.23

注：体外束为中跨4+6束；主梁按全预应力混凝土构件控制。

从表7-4可以看出，边跨和中跨在组合Ⅰ、组合Ⅱ和组合Ⅲ作用下均能满足全预应力混凝土构件的应力要求。

③加固前后主桥长期下挠变形计算。

从表7-5中数据可以看出，桥梁的成桥挠度，边跨从加固前的-4.11mm上挠到加固后的16.6mm，上升了20.71mm；中跨从11.0mm下降到2.40mm，下挠了8.6mm。加固前的边跨，从成桥到1000d的位移为向上挠14.61mm，而加固后位移为向上挠4.9mm；加固前的中跨，从成桥到1000d的位移为向下挠7.29mm，而加固后位移为向下挠3.4mm。从分析中可看出加固所采用的措施能有效限制结构的挠曲变形，且桥梁挠度变化的趋势在减缓。

加固前后的挠度值（单位：mm） 表7-5

项目		边跨中点位移	中跨中点位移
加固前	成桥	-4.11	11.0
	成桥后1000d	10.5	3.71
加固后	成桥	16.6	2.40
	成桥后1000d	21.5	-1

注：负值表示向下挠，正值表示向上拱。

④加固前后对支撑反力的影响。

边支座支反力加固前后值见表7-6，边支座最大支反力较加固前增加了3.4%，中支座最大支反力较加固前增加了0.33%。支座支反力增加比例比较小，且桩基均按嵌岩桩设计，可认为支反力的变化对基础无影响。

第7章 大跨径 PC 桥梁体外预应力加固技术

边支座支反力加固前后值（单位:kN） 表 7-6

项　目	边支座反力	中支座反力
加固前（组合Ⅰ）	4410	30000
加固后（组合Ⅱ）	4560	30100
加固后引起的支反力变化	3.4%	0.33%

注：本表只考虑了支反力最大时的组合。

(5) 主要结论

①计算结果表明，主梁各截面在组合Ⅰ、Ⅱ、Ⅲ作用下的内力组合均小于结构抗弯极限承载力，满足规范要求。

②边跨和中跨在组合Ⅰ、Ⅱ和Ⅲ作用下均能满足全预应力混凝土构件的应力要求。

③对于成桥状态的应力，加固后边跨的最大正应力，中跨的最小正应力、最大正应力都比加固前有所减小。

④加固所采取的措施能有效限制结构的挠曲变形，且桥梁挠度变化的趋势在减缓。

⑤支座支反力增加比例小，且桩基均按嵌岩桩设计，可认为支座反力的变化对基础无影响。

5. 施工要点及注意事项

(1) 施工工序

在条件允许的情况下，在施工期间全幅封闭交通施工，若不能做到在施工期间全幅封闭，则必须保证在粘贴钢板和碳纤维布的胶液凝结硬化直至达到设计强度期间，以及在进行张拉体外预应力钢束工序时全幅封闭交通，其余施工期间要求半幅封闭施工。具体施工顺序如下：

①施工前测量桥面现有线形，用于铺装时控制线形。

②封闭半幅交通，移除主桥箱梁内水管、电缆及垃圾，修补裂缝及混凝土表面缺陷。

③凿除半幅桥面铺装及防撞护栏。

④主桥箱梁体外预应力施工。

⑤主桥箱梁顶板粘贴碳纤维布。

⑥浇筑施工一侧人行道各设施及半幅桥面铺装。

⑦达到养护要求后，开放此半幅交通，封闭另外半幅交通。

⑧凿除另外半幅桥面铺装及防撞护栏，然后浇筑施工人行道各设施及半幅桥面铺装。

(2) 施工要点及注意事项

①体外预应力。

a. 预应力材料的检验，其中包括质量证明书是否齐全、有无直径误差及表面锈蚀、包装是否完整，并抽样检验其力学性质，质量不合格应退货。

b. 张拉前，千斤顶、油泵、压力表应在监理工程师同意的单位检验并标定，以确定张拉力与表读数之间的关系曲线。

c. 预应力钢绞线下料长度为孔道长度加 1.6m。可采取在整平、清洁的场地上丈量尺寸，用无齿锯切料。

d. 用外径 33.5mm、壁厚 3.5mm 的钢管搭建一个张拉操作台，用来支撑千斤顶。

e.当横隔板和齿板的混凝土强度达到90%且混凝土龄期达到6d以上时,进行预应力束的张拉施工。张拉控制应力为911kN,张拉程序为0→初始力(20%控制力)→50%控制力(持荷5min)→911kN(持荷5min)→锚固。左右幅两束对称,两端同步均匀张拉。

f.张拉操作系统的安装程序:按设计要求编束→穿束→安装工作锚板(锚板与锚垫板同轴)→安装工作夹片→安装千斤顶→安装工具锚。

g.张拉顺序:张拉采用YCM-250B型千斤顶。张拉要求按顺序由下到上、左右对称、先外侧后内侧进行。

h.张拉钢绞线既要控制张拉力,同时又要控制伸长值,如实际伸长值与理论伸长值相差超过6%,应查明原因再进行张拉。

i.封锚灌浆:张拉完成后应尽快灌注防腐油脂,封端前截面应凿毛,充分湿润后,浇筑封端混凝土。钢绞线沿箱梁的端部应进行冷切割,预留1~2cm长度,可采用手砂轮将钢绞线切割。

②浇筑新增横隔板混凝土施工工艺。

施工顺序如下:横隔板位置放线→凿除清理接触处旧混凝土表面层→安装钢筋及预应力钢束套管→立模板→浇筑混凝土→拆除模板→混凝土养生。

a.将增设横隔板处原始混凝土接合面凿毛。

b.用红油漆标记植筋位置,并用钢筋探测仪进行钢筋探测,避免植筋与结构钢筋碰撞。

c.在标记位置钻孔,并在钻头上标记以控制钻孔深度。

d.用小型空压机对成孔鼓风,清理孔内杂物,完毕后先灌胶后植入锚固钢筋。

e.绑扎钢筋,结构钢筋与锚植钢筋焊接成整体。

f.立模,箱梁顶面以下20cm处的模板一面不封,留作混凝土灌入用。

g.混凝土粗集料用1~2cm碎石,混凝土坍落度控制在6~8cm,待下层混凝土浇筑完成后,再填塞顶层20cm节内混凝土,并人工抹平。

③新增齿板施工工艺。

a.将齿板与原箱梁混凝土的接合面凿毛。

b.用红油漆标记植筋位置,并用钢筋探测仪进行钢筋探测,避免植筋与结构钢筋碰撞。

c.在标记位置钻孔,并在钻头上标记以控制钻孔深度。

d.用小型空压机对成孔鼓风,清理孔内杂物,完毕后先灌胶后植入锚固钢筋。

e.绑扎钢筋,结构钢筋与锚植钢筋焊接成整体。

f.按设计尺寸立模并固定好模板。

g.混凝土粗集料用1~2cm碎石,混凝土坍落度控制在6~8cm。

二、某市长江大桥加固案例

以某市长江大桥为例,分别从桥梁基本概况、主要病害分析、加固方案设计施工试验研究,施工过程监控以及加固效果评价四个方面进行阐述,以此来介绍大跨径PC连续梁桥体外预应力加固技术的基本思路。

1.桥梁基本概况

某市长江大桥南岸引桥区段16号~19号墩的桥跨为跨径65.425m+126m+65.425m

三跨预应力混凝土连续箱梁,其下部结构采用钻孔灌注桩基础及重力式桥墩,上部结构截面为两幅分离的直腹式单箱单室箱梁,按桥梁中心线左右对称布置,两箱上翼缘相邻间隙为2cm。单幅箱梁顶宽13.19m,底宽6.5m,箱梁在横桥向底板保持水平,顶板设2%的单向横坡,由腹板不等高形成:箱梁中轴线处126m跨中梁高3.1m,17号、18号墩顶支点处梁高7.0m,两边跨梁高再渐变到3.1m;顶板厚度20~35cm,底板厚度25~75cm,梁下弦按照圆曲线设置,底板厚度的变化亦按照圆曲线设置;腹板厚度36~60cm。边跨端支点及126m跨中各设一道50cm横隔板,中支点17号及18号墩处各设一道120cm厚横隔板。每个横隔板中部设1个贯通的进人孔。

图7-2a)为1/2连续梁立面节段划分图,图7-2b)为17号、18号中墩墩顶断面图,图7-2c)为中跨跨中及边跨直线段断面。

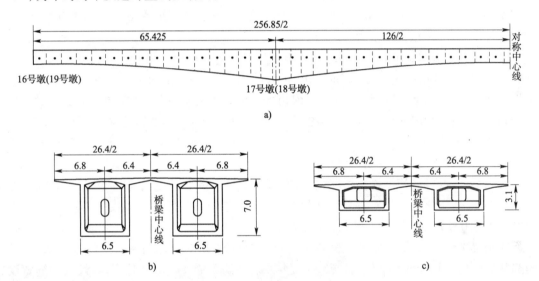

图7-2 上部结构箱梁布置图(尺寸单位:m)
a)连续梁立面阶段划分图;b)墩顶断面;c)跨中断面

箱梁采用纵、横向双向预应力体系。箱梁顶板、腹板和底板纵向束采用12-7ϕ5预应力钢绞线;顶板横向束采用24ϕ5预应力钢丝束;17号墩、18号墩附近0号~3号节段设置竖向预应力筋,采用冷拉Ⅳ级ϕ125竖向预应力粗钢筋。梁体混凝土强度为C50混凝土(相当于新规范的48级)。

桥面铺装层为厚6cm的C50防水混凝土。设计荷载:汽车—超20级。验算荷载为挂车—120、特挂—220,人行道荷载3.5kN/m^2。全部采用GPZ盆式橡胶支座,除18号墩为固定支座外,其余均为活动支座。

该桥于1995年竣工通车。原设计该桥最大交通量为6万辆/日,但竣工通车不久就超饱和运营,达到了8万辆/日;2005年初,由于附近其他桥梁封闭维修改造,许多过江车辆必须改道至该桥,使得该桥交通流量有较大增加,本已超负荷运营的该桥又不得不承受重荷,至2005年底,约14万辆/日。另外,由于城市交通管制方面的原因,该桥白天限制货车通行,货车主要在晚上22:00后集中过桥,超载情况严重。

2003年夏天,对全桥桥面进行翻修及黑色化改造,引桥16号~19号连续梁亦在桥面改造范围内,将原有的6cm水泥混凝土铺装层全部铲除,重新铺筑4.5cm厚C50细石钢纤维混凝土和4cm厚SMA-13改性沥青混凝土。

2005年底,对引桥16~19号墩跨连续梁进行检测评估工作,检测工作于2005年12月30日到2006年1月8日完成。2006年1月,根据检测结果,鉴于部分梁段裂缝情况较严重,为进一步了解该桥梁主体结构的实际受力状况与承载能力,更科学地评价现状结构的使用阶段应力、变形状况,同时也为结构评估及下一步维修设计提供可靠依据,对该联结构进行了动载试验。

2. 主要病害分析

(1)箱梁病害情况

①箱梁外表面缺陷:箱梁节段存在错台、跑模,以及部分模板未拆除;箱梁局部混凝土保护层偏小,混凝土表面可见钢筋锈蚀引起的黄斑及部分锈蚀钢筋;部分节段箱梁存在蜂窝、钢筋锈蚀和露筋;顶板有漏水现象。

②箱梁内部裂缝:中跨$L/4 \sim 3L/4$约50m范围内箱梁腹板裂缝较多,均为斜向裂缝,裂缝间距$0.15 \sim 0.3$m,缝宽多在0.2m以上,最大的达到2.2mm,且外侧腹板裂缝数量略多于内侧腹板;在边跨$L/4 \sim L/2$约20m范围内箱梁腹板裂缝较多,但斜裂缝的缝宽及数量均比中跨箱梁少,现场检测查到,左幅箱梁内部的裂缝共有793条,其中裂缝宽度大于0.2mm的裂缝有430条,占总裂缝数的54%;右幅箱梁内部的裂缝共有756条,其中裂缝宽度大于0.2mm的裂缝有242条,占总裂缝数的32%。

③箱梁外部裂缝:根据检测情况发现,左幅箱梁外部的裂缝共有133条,其中裂缝宽度大于0.2mm的裂缝有44条,占总裂缝数的33%;右幅箱梁外部的裂缝共有157条,其中裂缝宽度大于0.2mm的裂缝有64条,占总裂缝数的41%。

④箱梁裂缝分布情况:腹板外侧斜裂缝与内侧裂缝基本对应,且部分延伸至顶板,最长裂缝从下倒角一直延伸到上倒角,裂缝主要集中在中跨的$L/4 \sim 3L/4$范围内,最大裂缝宽度达1.5mm;腹板外侧还存在竖向裂缝;底板裂缝主要集中在主跨的$L/4 \sim 3L/4$范围内,横向裂缝最宽0.50mm,最长3.6m,纵向裂缝最宽0.22mm,最长1.24m;底板存在少量不连通的纵向裂缝;两侧65.425m边跨底板基本没有裂缝。

⑤箱梁桥面线形:根据2001年1月至2006年1月桥梁变形监测数据,现状桥面各跨纵坡与竣工时的纵坡有微小差别,桥墩存在沉降,2001—2003年期间,累计平均沉降量为3.64mm,2003—2005年桥墩沉降量在0~3.43mm之间,平均沉降1.08mm,沉降速率趋缓;现状桥面各跨上下游两侧跨中挠度略有不同;16~19号墩连续梁边跨挠度变化较小,中跨下挠较大,跨中最大挠度约110.05mm。

(2)箱梁病害成因分析

针对预应力连续箱梁结构存在的以上各问题,通过对原设计的复核检算和参照设计规范《公路钢筋混凝土及预应力混凝土桥涵设计规范》(JTG D62—2004)进行检算,结合加固前箱梁的全桥动力分析以及动载试验,初步分析箱梁病害产生的主要原因有以下几个方面:

①车辆超载。

原设计最大交通量为6万辆/日,但建成后通车不久就达到并超过设计最大交通量,病害检测前交通量约为14万辆/日。另根据城市交通管制规定,白天限制货车通行,货车主要在晚上22:00后集中过桥,超载情况严重。超载车辆导致梁体主应力及剪应力均增加,混凝土主拉应力过大,梁体开裂,根据对超载情况的模拟计算,这是产生目前病害的最主要原因。特别是在箱梁已经出现病害情况下,车辆超载将加速相关构件裂缝的产生和扩展,加快跨中的下挠。

②二期恒载超过设计值。

2003年对箱梁进行了桥面改造,桥面改造时发现实际桥面铺装厚度较原设计值有较大的超厚,成桥二期恒载较原设计有较大的增加。在此状态下进行的2003年桥面改造,因沥青铺装的需要又增加了铺装厚度,新增铺装厚度后满足原设计规范(JTJ 023—1985),但不满足新设计规范(JTG D62—2004)要求。该桥是按旧规范(JTJ 023—85)设计的,该规范在使用荷载、材料的受力允许值和结构收缩、徐变等方面与新规范均有差异。

在桥面铺装改造时,不可避免地要使用一些重型碾压设备,很可能产生振动,当振动荷载频率接近结构基频时,荷载会急剧放大,导致新的裂缝产生,并加剧裂缝的发展与跨中下挠。从梁体跨中下挠时程分析中亦可看出,在桥面铺装改造后跨中下挠明显加速。

③预应力损失。

梁体一旦开裂,空气中水分就容易进入混凝土内,导致钢筋及预应力钢束锈蚀,预应力钢束受损。

④其他原因。

产生箱梁病害的其他原因可能还有施工缺陷等。

3. 加固设计方案

(1)加固设计的原则

①由于引桥属于某长江大桥的组成部分,是国内南北方向非常重要的交通要道,在城市总体交通路网中也属于重要的环线,加固设计应尽可能减少维修对大桥交通的影响程度和影响时间长度,综合上述各点,以安全可靠、快速、经济合理为设计原则。

同时,考虑引桥箱梁设计及施工于20世纪90年代,采用的相应规范已进行修正,维修加固设计时将采用原规范进行设计,以保持与其他未经维修结构的荷载条件一致,并按2004年新规范对加固结构进行校验。进行的结构维修项目涉及的内容有:梁体整体受力及变形刚度问题、梁体局部受力问题、施工缺陷与支座问题。

②鉴于本桥的重要性和较大的社会影响,引桥箱梁维修加固设计考虑适当富余,以避免不久的将来进行二次维修。维修加固设计考虑兼顾强度和耐久性两方面,在解决箱梁主要病害的同时兼顾已有的次要病害,尽可能对施工时遗留的缺陷进行修复,对后期可能影响结构耐久性的构造不足进行补充,同时切实考虑施工的可行性以保证未来的施工质量。

③根据两岸地质条件分析,结合结构基础布置及线形监测结果,相关基础发生的不均匀沉降量较小,线形监测结果显示平均沉降约5mm,沉降速率趋缓,未来发生基础不均匀沉降的可能性也不大,维修加固设计可根据实测结果考虑桥墩基础沉降问题。

④由于引桥箱梁在城市交通方面的重要性,维修工程只能部分中断交通。因此,维修设计考虑按上下游同时施工以缩短施工时间,同时考虑到施工时荷载增加,对桥上交通进行限制,确保结构安全和交通畅通。

（2）加固设计总体方案

由于引桥箱梁病害情况较严重,且跨度大,单一加固手段可能难以达到理想的效果,总体加固方法为在箱梁内施加体外预应力,同时增设纵向劲性骨架、粘贴钢板及粘贴碳纤维布的综合加固法。

①修补缺陷。

对于箱梁结构表面的风化、剥落、钢筋露筋及破损,应视露筋部位和面积及严重程度,现场决定采用表面封涂修补法或浇筑涂层修补法,修补材料可采用混凝土胶黏剂或环氧树脂。

②灌浆封缝。

对于箱梁表面出现的非受力裂缝,需要进行灌浆封闭处理,以避免裂缝进一步扩展,影响箱梁结构耐久性。宽度<0.15mm 的裂缝,可直接进行封闭处理;裂缝宽度≥0.15mm者,做灌浆处理;裂缝比较密集区,除进行上述两种处理外,还需进行粘贴碳纤维或钢板处理。

③涂刷阻锈剂。

对于箱梁结构表面缺陷导致的露筋、钢筋锈蚀问题,在将外表缺陷修补后,在外露钢筋上,涂刷阻锈剂。

④粘贴碳纤维布。

碳纤维布具有优异的抗拉强度,能有效提高结构抗裂能力,有效抑制裂缝发展;碳纤维布能够提高混凝土结构的抗剪承载力,同时还能显著改善构件的变形性能,使其与原结构一起参与受力,提高桥梁结构的承载能力。沿主拉应力方向,或者与裂缝正交方向粘贴碳纤维布,两端分别设置锚固端,据此可以约束混凝土表面裂缝,防止裂缝继续扩展,从而间接提高构件抗弯刚度,减少构件挠度,改善梁体受力状态的目的。

在上下游17～18号墩126m中跨跨中78m区域箱梁底板底部粘贴两到三层碳纤维布（纵向）;在上下游16～17号墩边跨腹板裂缝较多的部位(即在距16号墩支点9.5～37.5m处约25m区域)内外侧粘贴一层或两层碳纤维布(竖向)。

⑤粘贴钢板。

采用黏结剂将钢板粘贴在混凝土结构的薄弱部位,使其与原结构形成整体,共同受力,增强结构承载能力,限制裂缝发展。不仅能保证混凝土和钢板作为一个新的整体,共同受力,而且能最充分地发挥粘钢的强度,封闭粘贴部位加固构件的裂缝,约束混凝土变形,从而有效地提高加固构件的刚度与抗裂性;同时可以任意地依据设计需要与可能而粘贴,有效地发挥粘钢构件的抗弯、抗压的性能,受力均匀,不会在混凝土中产生应力集中现象。通过钢板与补强结构的共同作用,提高其刚度、抗剪强度,限制裂缝开展,改善钢筋及混凝土的应力状态,从而提高结构的承载能力。当把钢板粘贴在梁体受拉翼缘的表面,可使钢板与混凝土作为整体受力,以提高构件的抗弯能力。当把钢板粘贴在梁体的侧面,跨缝粘贴,粘贴钢板可以加固和增加梁体的抗剪强度。

在上下游126m中跨(17～18号墩)腹板开裂严重的区域(即距支点20m处至跨中约36m范围,共计约72m)内侧粘贴一层钢板(纵向)、外侧粘贴两层钢板(纵、斜向);在上下游18～19号墩边跨腹板裂缝较为严重的部位(即在距19号墩支点9.5～37.5m处约28m区域)内侧粘贴一层钢板(纵向)、外侧粘贴两层钢板(纵、斜向)。

⑥增设体外预应力。

由于引桥连续梁主要有超载导致截面开裂、抗弯刚度不足、预应力损失、混凝土收缩、徐变等因素,从而产生跨中严重下挠的病害,采用体外预应力索是改善跨中下挠病害和阻止跨中继续下挠的有效方法。体外预应力体系主要由环氧涂层钢绞线、配套钢垫板及锚具、与梁体相连的锚固块、转向装置、减震装置及防腐材料等组成。根据计算分析,连续梁采用12-7ϕ5环氧涂层钢绞线体外索,两侧65.425m边跨每箱室各布置4束,固定端设在16号(19号)墩顶处,通过边跨、中跨跨中附近的转向架实现转向,并穿过17号、18号墩顶横隔板后在边跨内18号(17号)墩顶横隔板附近锚固;中跨126m每箱室共8束,8束均为与两侧边跨体外索为同一束。

⑦增设钢结构劲性骨架。

在采用体外预应力、底板粘贴碳纤维、腹板粘贴钢板的同时,采用增设与腹板平行的钢桁架劲性骨架将中跨腹板增强,以提高箱梁的整体动刚度,综合加固桥跨结构,阻止跨中继续下挠。

箱梁内劲性骨架为钢桁架,与中跨腹板纵向平行设于箱梁内部,腹板内侧。设计时考虑桁架承受活载产生的剪力,包括总高1.4~2.654m的变高度桁架及顶底基座。

(3)主要技术要求

①由于本桥在维修加固施工期间不中断既有交通,但其中的重要工序如碳纤维布、钢板、钢基座等黏结胶的固化、体外索的张拉等,必须进行交通管制,确保黏结胶在固化期不受扰动,以免影响黏结性能。

②维修加固工程的对象是发生了一定病害和变形的既有结构,维修设计的依据是原设计图、竣工图、历史维修观测记录、检测试验报告等,这些资料可能无法完全准确地反映目前结构的尺寸、病害等情况。因此,维修施工的现场复核、放样工作是十分重要和必要的,它直接影响到维修加固施工的顺利进行,关系到维修加固施工的质量和工期,应十分重视。

③体外预应力索长按基准温度为20℃设计,施工时要考虑温度的影响。注意先后张拉各索的相互影响,并及时补充张拉,保证各索受力均匀。

④粘贴碳纤维布、粘贴钢板、安装腹板劲性骨架钢结构均应在体外预应力张拉完成后进行;为充分发挥碳纤维布、钢板及劲性骨架的效用,在施工时应采取压载卸荷(邻跨压重、施工跨卸荷)措施。

⑤粘贴钢板及钢结构的施工过程涉及植筋工艺,对既有结构的钢筋、预应力管道的探测是十分必要的,施工前应进行认真探测并标明位置,并对植筋位置进行适当调整后再钻孔。植筋数量不宜过多,应考虑采用外加固定措施,确保粘贴效果。

⑥体外预应力锚固块下填补找平应采用干渣混凝土,以避免收缩裂缝的出现。

⑦各工艺在正式实施前,应进行综合试验,根据试验结果及时调整工艺细节,确保维修加固效果。

⑧在维修加固施工过程中,应对桥梁结构进行严密的检测及监控,尤其是应进行位移、应力、裂缝等多方面的施工监控,并要求对维修后的原裂缝情况进行3个月的连续监测,以确认维修效果。

⑨本次维修加固主要针对主要病害进行,对一般构造性病害仅进行了简单的处理;无论

是维修部位还是一般构造性病害部位,在后期均应进行定期观测,及时掌握维修效果和病害情况,以便采取相应处理措施,确保桥梁结构的安全。必须认识到,维修后的桥梁并非就万无一失了,应进行更为严格的维护管理,特别是对于超重车辆的交通管制,必须严格控制。

⑩箱梁综合加固法在施工中,需要合理制定施工组织设计,正确选择各加固措施实施的先后顺序,避免相互影响,甚至相互干扰和冲突,适得其反。

以下分章节叙述各主要维修加固措施在施工过程中的实施和质量控制,并对综合加固法的施工组织进行研究,探讨合理的综合加固法施工组织设计。

4.加固效果评价

荷载试验结果表明,在静力荷载作用下,桥梁结构工作状况处于弹性范围,桥梁实际强度、刚度和承载能力总体上满足设计及规范要求。动载试验各测试指标均满足设计及规范要求,桥梁结构性能良好,达到了修补加固的效果。

该桥的设计荷载等级为汽车超—20,由于桥梁在加固维修前所发现的病害产生的主要原因就是超载运营。建议维修加固后,对过桥车辆严格按照限定的荷载进行通行,控制重车通行密度,严禁超重车辆通过桥梁。

第4节 大跨径PC连续刚构桥体外预应力加固工程实例

以牡丹江三股线高架桥为例,分别从桥梁基本概况、主要病害分析、加固方案设计、施工试验研究、施工过程监控与加固效果评价六个方面进行阐述,以此介绍大跨径PC连续刚构桥体外预应力加固技术的基本思路和方法。

一、桥梁基本概况

三股线高架桥是绥满公路牡丹江—哈尔滨段高速公路横道河镇附近的一座大型桥梁。该桥为35m+60m+90m+60m+35m一联的预应力混凝土组合连续刚构桥,全长280m,处在2.2%的纵坡上。桥面宽为净10.5m+2×0.75m,总桥宽12m。桥梁设计荷载为汽车超—20,挂车—120,人群3.5kN/m。上部结构采用单箱室箱梁,箱梁采用C50混凝土,墩顶箱梁高度为5.0m,跨中高度2.0m,其间的梁高在纵桥向按二次抛物线变化。桥面铺装为10cm厚C30防水混凝土。箱梁内设置纵、横、竖三向预应力,其中,纵、横向预应力钢束均采用符合ASTMA 416-90A标准的270级ϕ^j15.24低松弛高强钢绞线,竖向预应力钢束采用75/100级高强精轧螺纹粗钢筋。本桥采用平衡悬臂浇筑法施工,全桥共有两个单T,每个单T以墩对称分成10块,墩顶零号块长度为7.0m,1~2号为现浇块,其余8块为悬浇块。下部结构为两个薄壁双柱式墩,其截面尺寸为1.2m×7.0m,纵向中心距4.8m。

桥型一般布置如图7-3所示。箱梁跨中及墩顶横断面如图7-4所示。箱梁纵向预应力布置如图7-5所示。

三股线高架桥于1995年由黑龙江省龙建路桥五处施工,原哈尔滨建筑工程学院参与了施工过程中的部分施工监控任务。1997年桥梁建成后,哈尔滨建筑工程学院又对桥梁进行了静动载试验。荷载试验的结果表明,桥梁完全符合设计要求,施工质量良好。

第7章 大跨径 PC 桥梁体外预应力加固技术

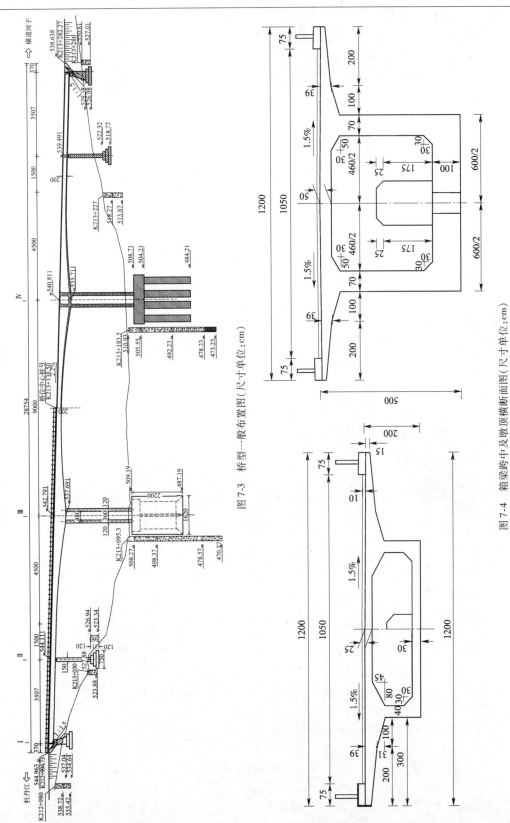

图 7-3 桥型一般布置图（尺寸单位：cm）

图 7-4 箱梁跨中及墩顶横断面图（尺寸单位：cm）

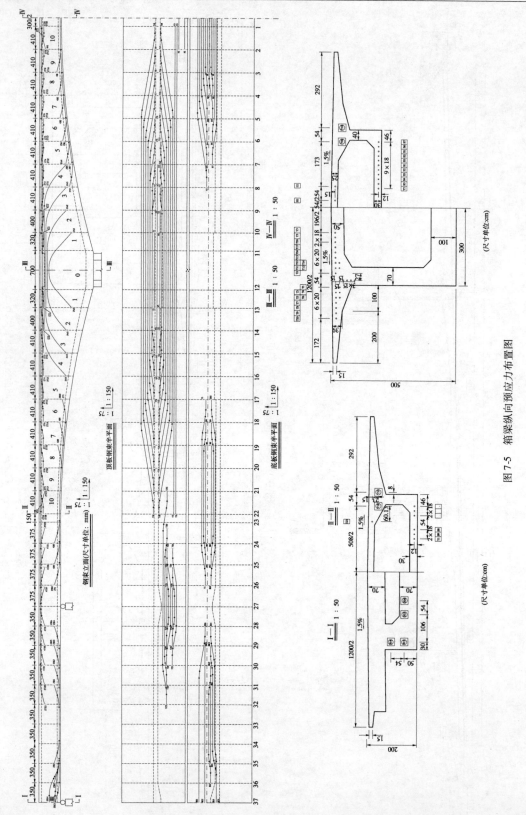

图 7-5 箱梁纵向预应力布置图

二、主要病害分析

对桥梁的主要受力部位,如墩顶、跨中、四分点处的主梁顶板、腹板及底板等部位进行全面细致的外观调查,对裂缝的分布、结构外形进行测量,从而对桥梁的现有状况进行全面的定量分析和描述。

1. 桥面铺装

原设计中桥面铺装层为 10cm 厚 C30 防水混凝土,经过 10 年使用,原桥面层已经多处出现大面积破损(图 7-6)。虽然桥梁养护部门对其进行过维修,并铺设了沥青混凝土面层,但经过检查发现沥青混凝土层与防水混凝土层结合不好,使桥面产生了较严重的局部破损,沥青混凝土成片剥落,导致桥面出现大小不一的坑槽,露出防水混凝土层。桥面不平整导致车振过大。由于桥面的破损,当重载车辆高速通过时,桥梁产生较大的振动,对结构的冲击作用明显。因此,建议对桥面铺装进行维修,并采取适当构造,保证面层与防水层之间的可靠连接。

图 7-6　桥面铺装层破损

2. 墩柱检查

该桥 2 号、3 号桥墩为实心钢筋混凝土柔性墩,2 号墩采用沉井基础,3 号墩为钻孔桩,其余各墩均采用扩大基础。从桥面高程看,全桥墩顶变形基本一致,未发现有突变现象,由此可以说明,各桥墩基础较好。经过对全桥桥墩外观检查,1 号、3 号、4 号中墩均未发现有明显的肉眼可见裂缝,没有发现墩身混凝土有任何剥落现象,目前使用状况良好,未发现任何病害。2 号桥墩处于山上溪流经过位置,由于冻胀的作用,桥墩角隅处混凝土发生了冻害现象,混凝土表面出现了开裂和脱落(图 7-7)。

图 7-7　2 号墩发生冻害现象

3. 箱内通风情况

在箱梁的内外侧腹板上均设有许多直径为5cm的通风孔,使得整个箱内空气流通情况良好,箱内外温度基本保持一致,避免了过大的温差。另外,无论是顶板、腹板还是底板,梁体混凝土干燥、整洁,无任何潮湿现象。

4. 腹板与底板开裂

通过墩柱上的爬梯进入箱内检查,箱外检查利用桥梁检测车进行。本次检查为全桥检查,包括了两个边跨、两个次边跨和一个中跨。

(1)腹板开裂

桥梁边跨腹板、次边跨及中跨在其四分点12.3m范围内(5~7号块),各跨的箱外腹板均出现了大量斜裂缝,裂缝宽度一般介于0.1~0.2mm之间,且大致沿45°方向,最大裂缝宽度0.5mm。这些裂缝表现为明显的主拉应力开裂的特征。

箱内腹板的开裂情况要比箱外严重得多。桥梁次边跨、中跨的箱梁从5号块开始到跨中范围内,都发生了大面积的腹板开裂现象(图7-8、图7-9)。裂缝大致与水平线呈45°方向,表现为明显的主拉应力开裂的特征。最大裂缝宽度达到1.5mm,已大大超过了规范对预应力混凝土B类构件的裂缝宽度要求(0.2mm)。而本桥是全预应力混凝土结构,不允许出现任何受力裂缝。

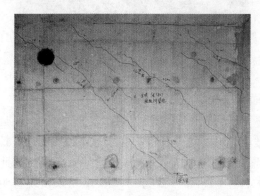
图7-8 箱外腹板斜裂缝

图7-9 箱内腹板斜裂缝

从图7-10所示主梁纵向预应力构造图中可以看出,箱梁腹板开始开裂的位置为5号块,是纵向预应力束开始取消下弯束的区域。由于没有下弯束提供的预剪力,这些位置的主拉应力将完全由竖向预应力承担。若竖向预应力没有起到相应的作用,腹板混凝土将因为承受过大的主拉应力而发生斜向开裂。

(2)底板开裂

图7-11为跨中附近底板下缘的开裂情况,具体表现为如下三方面:

①主跨跨中底板发生横向开裂。

在距离中跨合龙段两端各2m范围内,底板下缘出现了数道横向通缝。其中,合龙段内有三道横向裂缝,宽度均小于0.1mm(图7-12)。在合龙段两端约2m范围内各有三道裂缝,均已延伸到腹板内(图7-13)。裂缝宽度0.2~0.5mm,最大裂缝宽度达1.0mm,已延伸至腹板的上承托。这些裂缝均表现为明显的受弯开裂特征。

第7章 大跨径 PC 桥梁体外预应力加固技术

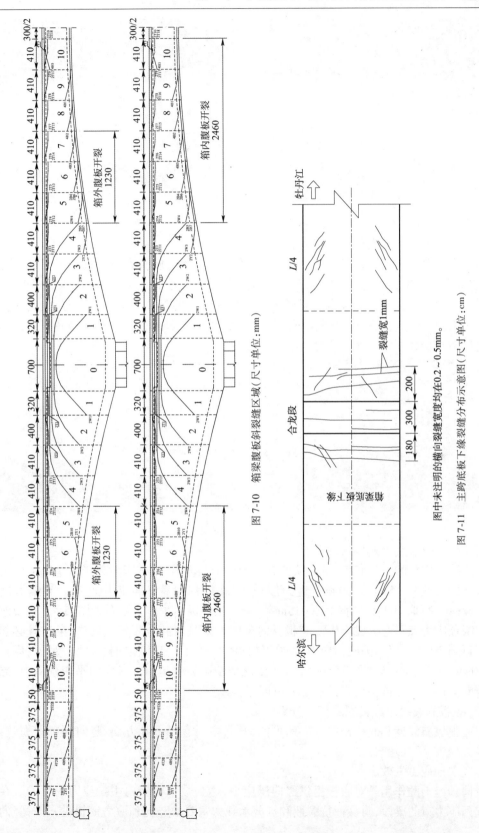

图 7-10 箱梁腹板斜裂缝区域（尺寸单位：mm）

图 7-11 主跨底板下缘裂缝分布示意图（尺寸单位：cm）

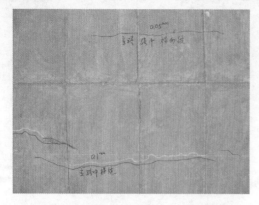
图7-12　中跨合龙段内底板下缘横向裂缝

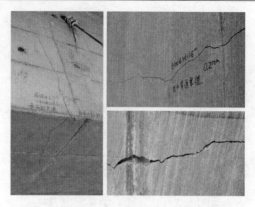
图7-13　中跨合龙段两侧底板下缘横向裂缝

②各跨合龙段两端发现横向裂缝。

两个次边跨和中跨的合龙段两端接缝处,均发现了贯通底板直至腹板一半高度的横向通缝,裂缝上宽下窄,宽度在 0.2~1.5mm 之间(图7-14),沿底板和腹板的厚度方向已完全贯穿通透。由于底板下缘最大横向裂缝出现在合龙段以外而非跨中,而且合龙段两端接缝处出现了横向通缝,说明跨中合龙段下缘虽然仍受拉,但已经不是弯矩最大位置。由此推断在合龙段两端接缝处已经处于非完全刚接的状态。

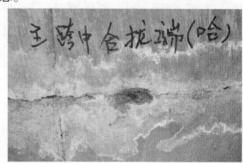
图7-14　合龙段端部接缝处开裂

③主跨四分点底板发生斜向开裂。

次边跨及中跨的主梁底板下缘,从四分点到跨中范围内,出现了对称于跨中断面的大致与梁底板中心线呈45°方向的斜裂缝,且斜裂缝在横向对称于底板中心线。裂缝宽度在 0.1~0.2mm 之间,最大裂缝宽度为 0.5mm。分析底板纵向预应力束布置图,5~7 号块刚好处于底板预应力束平弯区域。由于底板纵向预应力束是弯起至腹板锚固,钢束布置必然经过平弯再到竖弯的过程,因此预应力方向的转向将在底板上产生横向拉应力。另外,底板厚度为 30cm,钢束中心至下缘距离仅 12cm。由此推断该裂缝是由于过大的平弯预应力导致,但该推断有待于荷载试验结果及理论分析证实。

(3)腹板斜裂缝及底板裂缝模拟分析

引起腹板斜裂缝和底板横向开裂的可能原因,主要有以下几方面:竖向预应力失效;纵向预应力损失;活载超载。

①竖向预应力失效。

竖向预应力的作用是对腹板提供竖向压应力,达到减小腹板内主拉应力的目的。在不设弯起预应力束的梁段,斜截面抗裂性和抗剪承载力主要由竖向预应力筋提供,若对竖向预应力效应考虑过大,势必导致腹板内产生较大的主拉应力,引起腹板开裂。

该桥设计在 45cm 宽的腹板上设置一根 $\phi32$ 的竖向预应力筋,纵向间距为 80cm。由于竖向预应力筋较短,对锚具变形损失反应敏感;同时由于车辆荷载冲击作用,可能引起的螺帽松动和垫板压陷,这些都会造成锚具变形损失的增加和永存应力不足,使主拉应力加大,最终导致斜裂缝的出现。此外,由于车辆超载和路面不平所引起的冲击力加大,都会促进斜裂缝的进一步扩展。

为分析这种影响,假定不考虑竖向预应力效应,计算腹板的主拉应力。结果表明,在使用荷载作用下,竖向预应力对各截面的正应力和主压应力基本没有影响,但对主拉应力影响较大。当不考虑竖向预应力效应时,各截面(尤其是 1~10 号块)的主拉应力均有较大幅度的增加。最大主拉应力发生在 1 号墩顶附近,为 -2.62MPa(原为 -2.34MPa),大于规范的限值 $0.8R_1^b = 0.8 \times 3.0 = 2.4\text{MPa}$。1~10 号块内的最大主拉应力为 -1.89MPa(-1.28MPa),比原来增大了近 50%,虽仍满足规范要求,但已接近允许值的上限。由此说明,竖向预应力效应对腹板的主拉应力影响较大,竖向预应力失效将导致腹板产生较大的主拉应力。

② 纵向预应力损失。

一般来说,大跨度预应力混凝土桥梁发生下挠和腹板开裂现象与预应力大量损失有关,但要定量确定损失的大小是很困难的。从本桥的外观检查结果看,纵向预应力束的锚固区并没有产生开裂现象,工作状态完好;沿纵向预应力束管道并未发现锈胀裂缝或其他裂缝。另外,在墩顶至 4 号块范围内并未发现腹板斜裂缝和顶板横向裂缝,说明纵向预应力效应并未得到降低。因此,本桥纵向预应力发生大量损失的可能性较小,故本计算将预应力损失限定在 20% 以下。

假定预应力损失 10%~20%,计算结构在使用阶段荷载组合 Ⅱ 作用下各截面正应力和最大主应力。结果表明,在假设预应力发生损失的情况下,在使用阶段荷载组合 Ⅱ 作用下,边跨跨中附近截面下缘、1 号墩墩顶截面上缘、次边跨合龙段附近截面下缘、2 号墩墩顶截面上缘、中跨合龙段下缘均出现了拉应力。最大值出现在中跨合龙段下缘,为 -2.07MPa,小于混凝土抗拉设计强度 2.45MPa。

各控制截面的最小主拉应力发生在 1 号墩顶附近,为 -2.50MPa,略大于规范的限值 $0.8R_1^b = 0.8 \times 3.0 = 2.4\text{MPa}$。1~10 号块内的最大主拉应力为 -1.10MPa,满足规范要求。中跨合龙段内最大主拉应力为 -2.07MPa,满足规范要求。

综上所述,预应力损失对截面的正应力和主拉应力有一定的影响。但预应力损失小于 20% 时,截面的正应力和主拉应力并没有超过混凝土的应力限值,不会直接导致截面开裂。因此,不能将截面开裂完全归结于预应力损失。

③ 活载超载。

根据桥上通行的车辆荷载的实际考察,发现普遍存在着超载的现象,最大车辆重量达到 150t 左右,超过规范活载加重车的 2.5 倍以上。为分析车辆超载对桥梁结构的影响,假定活载超出设计荷载 1.0 倍,由此进行主梁的应力计算。

结果表明,在活载内力增大 1 倍的情况下,在使用阶段荷载组合 Ⅱ 作用下,边跨跨中附近截面下缘、1 号墩墩顶截面上缘、次边跨直线段截面下缘、2 号墩墩顶截面上缘、6~10 号块截面下缘、各合龙段下缘均出现了较大的拉应力。最大值出现在中跨合龙段下缘,为 -3.06MPa。最大压应力出现在中跨跨中截面上缘,为 12.6MPa,小于规范的限值 $0.5R_a^b = 0.5 \times 35 = 17.5\text{MPa}$。

各控制截面的最大主压应力为12.6MPa,小于规范的限值$0.6R_a^b = 0.6 \times 35 = 21.0$MPa。最大主拉应力发生在1号墩顶附近,为$-3.19$MPa,大于规范的限值$0.8R_1^b = 0.8 \times 3.0 = 2.4$MPa。1~10号块内的最大主拉应力为$-2.20$MPa,满足规范要求。中跨合龙段内最大主拉应力为$-3.06$MPa,不满足规范要求。

由此说明,活载效应对截面的正应力和主拉应力的影响很大。若超载严重,截面将因受弯产生横向开裂和腹板主拉应力开裂。

④中跨四分点底板下缘斜裂缝分析。

对梁体进行检查时,发现中跨箱梁外部底板出现斜向裂缝,方向与底板纵向中心线大致呈45°,且斜裂缝主要集中在$L/4$处的底板。分析纵向预应力钢束布置图发现,底板斜裂缝的分布区域(5~7号块)恰好是底板预应力束平弯的区域。由于底板纵向预应力束是弯起至腹板锚固,钢束布置需要经过平弯再到竖弯的过程,平弯时将在底板上产生横向拉应力,由此推断底板下缘斜向裂缝是由预应力平弯所致。

为证实该推断,采用ANSYS建模进行空间分析,以Link8单元模拟底板预应力束。结果显示,在5~7号块范围即底板束平弯区域主拉应力值较大(介于2.06~3.45MPa之间),且均对称于底板纵向中线分布;而在5~7号块的底板预应力束的锚固点主拉应力值介于4.04~6.23MPa,已经超过混凝土的抗拉强度。由此断定底板的斜向裂缝是由预应力平弯产生,而非活载作用引起。

⑤腹板及底板开裂原因综合分析。

综合以上对腹板及底板开裂的原因分析,可以看出,导致腹板和底板开裂主要有两方面的原因,一是竖向预应力失效,二是活载超载严重。竖向预应力效应对腹板的主拉应力影响较大,竖向预应力失效将导致腹板产生较大的主拉应力。活载效应对截面的正应力和主拉应力的影响很大,若超载严重,截面将因受弯产生横向开裂和腹板主拉应力开裂。预应力损失虽然对截面的正应力和主拉应力有一定的影响,但预应力损失小于20%时,截面的正应力和主拉应力并没有超过混凝土的应力限值,不会直接导致截面开裂。因此,不能将截面开裂完全归结于预应力损失。

5. 顶板纵向开裂

顶板承托附近发现纵向裂缝。中跨合龙段内沿横向有四道纵向裂缝,间距2m左右,其中外侧的两道裂缝(距离腹板约1.2m)一直延伸到墩顶位置,并穿过墩顶进入次边跨,一直到达次边跨的合龙段端部。

次边跨合龙段内未发现纵向裂缝。但从合龙段的端部开始,距离腹板约1.2m处,顶板出现两道对称于顶板中心的纵向裂缝,且一直延伸至悬臂根部。

分析顶板纵向预应力钢筋布置图,在主跨合龙段处有四束合龙束,其间距为2.16m,而次边跨的合龙段内没有合龙束。在合龙段以外的顶板纵向预应力束集中布置在腹板两侧1.3m范围内,在顶板中心横向2m范围内无纵向预应力束。主跨顶板合龙段处的四道纵向裂缝以及之外的两道纵向裂缝的位置,与合龙束及顶板纵向预应力束的布置吻合,因此推断顶板纵向裂缝是由纵向预应力束张拉引起(图7-15~图7-17)。但这有待于分析证实。

图7-15 中跨合龙段内顶板纵向裂缝

第7章 大跨径 PC 桥梁体外预应力加固技术

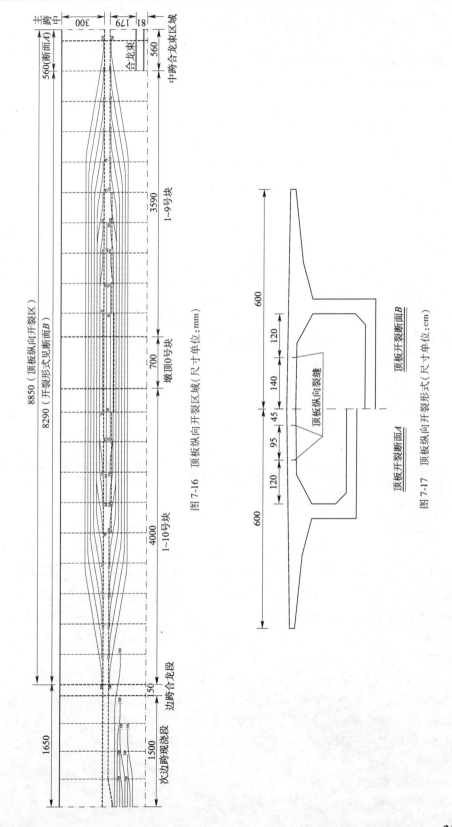

图 7-16 顶板纵向开裂区域（尺寸单位：mm）

图 7-17 顶板纵向开裂形式（尺寸单位：cm）

利用有限元分析程序对箱梁顶板应力以及纵向开裂进行分析。

(1)顶板应力验算

箱梁的顶板在横向是预应力混凝土结构。横向预应力采用 $3\phi^j15.24$ 钢绞线,每束张拉力为 540kN,纵向间距 80cm。横向预应力束与顶板平行,距离顶板 8cm(图 7-18)。利用 SAP2000 空间分析程序对箱梁的顶板进行横向内力分析,分别计算顶板在自重、二期恒载、汽车—超 20 车辆荷载、横向预应力等荷载作用下的内力。车辆荷载(图 7-19)按如下三种情况布置:

①车载 1:距翼板边缘 1.0m 布置一辆 550kN 车辆荷载。
②车载 2:对称于顶板中心布置两辆 550kN 车辆荷载,间距 1.3m。
③活载超载 1 倍。

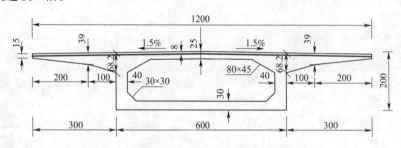

图 7-18 箱梁跨中横向预应力布置图(尺寸单位:cm)

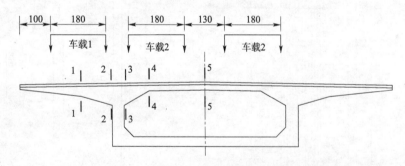

图 7-19 车辆荷载布置图(尺寸单位:cm)

结果表明,对于悬臂板,截面上缘的最小压应力为 1.09MPa,下缘由于横向预应力的作用出现了 -0.22MPa 的拉应力。对于顶板,在最不利组合作用下,其根部截面由于横向预应力的作用出现了 -0.35MPa 的拉应力,其余位置均未出现拉应力;顶板中心下缘最小压应力为 0.63MPa,4 号截面下缘最小压应力为 3.37MPa,因此,在设计荷载作用下,顶板承受正弯矩区段具有足够压应力储备。

当活载超载 1 倍时,对于悬臂板,截面上缘的最小压应力为 0.907MPa,下缘由于横向预应力的作用出现了 -0.176MPa 的拉应力。对于顶板,其根部截面下缘由于横向预应力的作用出现了 -0.428MPa 的拉应力,变截面上缘出现 -0.626MPa 的拉应力,顶板中心下缘出现 -0.54MPa 拉应力,但均小于规范限值。因此,即使活载超载 1 倍,顶板也不致于因拉应力过大而开裂。

(2)顶板纵向裂缝分析

由于顶板出现纵向裂缝(合龙段范围内 4 道,在合龙段以外 2 道),因此,在跨中距合龙段 1m 处横向跨缝布置 3 个应变片以验证是否为受力裂缝。在试验荷载作用下,校验系数均非常小,实测应变值远小于理论值。出现这种情况的主要原因是由于在合龙段范围内有强大的齿板,大大地增加了顶板的刚度,但更重要的是证明了顶板的纵向裂缝不完全是由活载产生的横向拉应力引起的。

采用大型通用有限元软件 ANSYS 对该梁段进行空间有限元分析。以 Link8 单元模拟顶板预应力束,在指定的试验荷载作用下,顶板下缘最大横向拉应力计算值仅为 0.66MPa,与试验结果基本吻合,由此说明该纵向裂缝不是直接由活载受力引起的。

分析纵向预应力钢束布置图发现,主跨顶板合龙段处的 4 道纵向裂缝以及之外的两道纵向裂缝的分布位置,与合龙束及顶板纵向预应力束的布置吻合,因此推断顶板纵向裂缝是由纵向预应力引起。通过 ANSYS 对顶板预应力束进行模拟,结果表明,在 4 束合龙束范围横向应力最大值达到 2.93MPa;其他位置的顶板在预应力束作用下,除顶板中心出现较小的拉应力外,承托位置产生的横向拉应力最大为 2.65MPa,该位置处于顶板预应力束的平弯段。上述横向拉应力均已超过 C50 混凝土的抗拉设计强度 2.45MPa,将导致混凝土开裂。因此,外观检查中,对于顶板裂缝是由顶板预应力引起的推断是正确的。

6. 横隔板开裂

墩顶横隔板在过人洞的角隅处沿竖向发生了开裂现象(图 7-20)。裂缝为贯通裂缝,贯穿整个横隔板的厚度方向,一直开裂至顶板,裂缝宽度约为 0.3mm。该裂缝的成因是在目前严重超载的情况下,由于横隔板的空间效应,产生了过大的横向应力,在角隅处应力集中,从而产生了竖向裂缝。

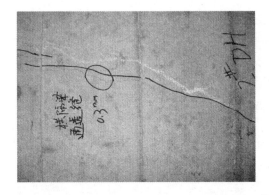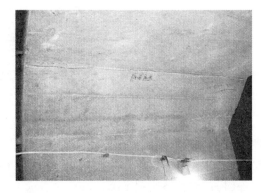

图 7-20 横隔梁贯通缝

7. 桥梁中跨下挠

2007 年 1 月,在对该桥进行外观调查时发现,桥梁中跨的跨中附近出现了较为明显的下挠现象(图 7-21),目测下挠约 10cm。下挠导致栏杆、桥面铺装、主梁呈波浪状起伏,加大了车辆对桥梁的冲击作用。

采用精密电子水准仪对三股线高架桥的纵向线形进行了测量。测量时以防撞墩内侧为准。由于没有桥面高程记录,无法确定结构体系完成时的桥面各点高程,但若认为各中墩墩顶处不发生变位,则可以墩顶处实测高程为准进行数据拟合,将拟合曲线与实测桥面线形对比,即可看出主梁的下挠情况。表 7-7 为各墩的实测高程及拟合值。拟合采用直线拟合,相关系数 $R^2=0.999989$,拟合程度较好。

图 7-21　主梁中跨发生下挠

各墩实测高程及拟合　　　　　　　　　　　　　　　　表 7-7

墩　号	位　置（m）	实测高程（m）	拟合高程（m）	差　值（m）
1 号墩（牡侧）	35	0.739	0.736979	-0.00202
2 号墩	95	2.0472	2.046248	-0.00095
3 号墩	185	4.0007	4.010152	0.009452
4 号墩（哈侧）	245	5.3259	5.319421	-0.00648

图 7-22 为实测高程与拟合曲线之间的差值曲线。从图中可以清楚地看出，除主跨跨中范围，其他位置桥面高程与拟合曲线非常接近，最大下挠发生在跨中 145.0m 位置，下挠值达 10.80cm。

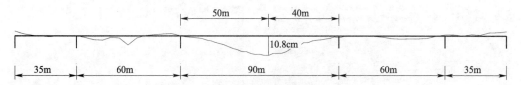

图 7-22　主梁挠度曲线图

导致结构发生下挠过大的原因主要有：主梁截面刚度下降、预应力大量损失、混凝土长期收缩、徐变等。通过上述分析，认为本桥的预应力束不可能发生大量的应力损失，本桥中跨跨中下挠过大，主要是由于结构整体刚度下降和混凝土长期收缩、徐变的作用。

(1)结构整体刚度下降

引起结构整体刚度下降的原因主要是腹板大面积开裂，以及中跨跨中出现了横向开裂。

①导致腹板开裂的原因。

a. 竖向预应力失效。

在使用荷载作用下，当不考虑竖向预应力效应时，各截面（尤其是 1~10 号块）的主拉应力均有较大幅度的增加。最大主拉应力发生在 1 号墩顶附近，为 -2.62MPa，大于规范的限值 2.4MPa。1~10 号块内的最大主拉应力为 -1.89MPa，已接近允许值的上限。说明竖向预应力效应对腹板的主拉应力影响较大，竖向预应力失效将导致腹板主拉应力开裂。

b. 合龙段两端连接刚度不足。

当合龙段接缝处连接不好时，将导致跨中弯矩向两侧转移，增大了合龙段两侧截面的负弯矩，使得拉应力增大，从而增大了截面上的主拉应力，加剧了腹板的开裂。另外，合龙段接缝处连接不好导致墩顶负弯矩的增大,改变了原设计的内力状态。

c. 活载超载。

本桥通行的车辆普遍存在着超载的现象。在活载内力增大1倍的情况下,在使用阶段荷载组合Ⅱ作用下,各控制截面的最小主拉应力发生在1号墩墩顶附近,为 -3.19MPa,大于规范的限值2.4MPa。1~10号块内的最大主拉应力为 -2.20MPa,已接近允许值的上限。中跨合龙段内最大主拉应力为 -3.06MPa,不满足规范要求。

由此说明,活载效应对截面的正应力和主拉应力的影响很大。若超载严重,截面将因受弯产生横向开裂和腹板主拉应力开裂。

② 导致跨中开裂原因。

a. 按照《公路钢筋混凝土及预应力混凝土桥涵设计规范》(JTJ 023—1985)对原结构进行验算时,在使用阶段荷载组合作用下,2号墩墩顶中心上缘、中跨跨中截面下缘分别出现了 -0.07MPa、-0.03MPa的拉应力,说明该桥设计时压应力储备较小。

b. 由于本桥超载严重,通过模拟计算,主要与活载超载有关。

在活载内力增大1倍的情况下,在使用阶段荷载组合Ⅱ作用下,边跨跨中附近截面下缘、1号墩墩顶截面上缘、次边跨直线段截面下缘、2号墩墩顶截面上缘、6~10号块截面下缘、各合龙段下缘均出现了较大的拉应力。最大值出现在中跨合龙段下缘,为 -3.06MPa,已超过了混凝土的抗拉设计强度2.45MPa,截面将产生受弯开裂。

③ 箱梁开裂对长期挠度的影响。

一旦出现结构开裂,结构下挠变化的机理将变得异常复杂,下挠现象也会迅速恶化。这是因为:混凝土的开裂引发预应力与混凝土收缩徐变的强烈耦合效应,即混凝土的开裂改变了断面应力状态和开裂断面形心,徐变规律和预应力对结构的效应也随之变化,内力重分布反过来又影响结构开裂;活载、温度的反复作用将使桥梁的裂缝宽度和长度不断扩展;由于开裂,结构的耐久性遭到破坏,结构材料的退化大大加快;结构严重开裂可以导致结构受力体系的变化,整体刚度受到削弱。

由此可见,箱梁的开裂对大跨径预应力混凝土箱梁桥的长期挠度有极重要的影响,但由于不确定性和影响因素的强烈耦合,研究难度极大,包括量化的影响机理及相应的计算方法的研究,都处于初级的阶段。

(2) 混凝土长期收缩徐变

大跨度预应力混凝土连续刚构桥的后期变形过大的问题已越来越突出,国内建成的许多大桥均出现了类似的问题。影响大跨度桥梁后期变形的因素有很多,除施工质量、设计问题和结构问题外,后期变形还与混凝土的材料性质以及由其决定的收缩、徐变特性有关。

混凝土收缩、徐变对结构的变形影响很大,结构的后期变形主要由混凝土徐变引起,其结果是加大了结构的自重挠度。不适当的计算参数、过早的张拉预应力钢束、掺加过多的外加剂以达到早强、预留拱度不足、施工线形不合设计要求等均可导致后期徐变变形与设计不符。但由于目前混凝土收缩、徐变理论尚不十分成熟,准确计算非常困难,常常是对其产生的影响估计不足。根据现有的徐变理论设置的成桥预拱度已被许多桥例证明是偏小的。

该桥设计时设置的成桥预拱度仅为20mm,从现在的很多国内桥例的实际变形来看,20mm的预拱度有些偏小,随着荷载的作用和结构后期变形的发展,结构的实际挠度超过了设置的预拱度,从而导致结构发生了明显的下挠现象。

但混凝土的徐变变形量是随着时间变化的。一般地,混凝土的收缩、徐变在初期发展特别快,而后逐渐减慢,在几年后即基本停止。尽管有的可持续十多年的时间,但后期的变形量已很微小。

三、加固设计方案

该桥加固设计的总体思想是:采用在箱内增设体外预应力筋的方法提高结构正截面抗弯承载力,加大安全储备,并减小主拉应力;采用粘贴钢板法对斜截面进行加固补强,减少主拉应力,控制裂缝发展,提高结构的耐久性。通过张拉体外预应力筋,适当调整桥面高程,改善桥面线形。

1. 体外预应力加固

对本桥来说,设置体外预应力基于如下几方面的考虑:

①减小腹板的主拉应力。

②减小跨中截面正弯矩及墩顶截面负弯矩。

③抵抗由于桥面板加厚、中跨跨中范围找平所增加的荷载。

④在体外预加力作用下,原梁的裂缝将全部或部分闭合,能明显改善原梁的抗裂性能,提高结构的耐久性。

⑤按照2004规范对原结构进行验算,很多截面均不能满足承载能力极限状态和正常使用极限状态的要求。为此,对原梁施加体外预应力以提高截面抗裂性和承载能力。

⑥体外预应力加固可在不中断交通的条件下进行,对桥梁的运营影响小。体外预应力加固所需设备简单、施工工期短、经济效益显著。

(1)体外预应力束布置形式

后加体外预应力筋数量,按使用荷载作用下截面受拉边缘保持较大压应力储备的全预应力构件受力要求确定,并考虑腹板、顶板、桥面系加固可能引起的结构自重增加的不利影响。

拟采用可调可换式体外预应力锚具,并采用具有多重防护功能的体外预应力钢索作为体外束。可调可换式体外预应力锚具可以进行换索,可以调整索力,能够适应以后桥梁的维护。体外索所用的光面钢绞线应为符合美国ASTMA416-90A标准的高强度、低松弛钢绞线,其标准抗拉强度为1860MPa,并具有良好的抗侵蚀能力,能够适应具有严重侵蚀性的恶劣环境。边跨采用9ϕ15.24钢索,配合相应的张拉、锚固锚具,共设6束。次边跨和中跨采用12ϕ15.24钢索,次边跨及中跨内各设置8束。体外束控制张拉应力为1116MPa,为设计强度的60%。由于增设的体外预应力筋数量较多,采用沿箱梁底板和顶板分散布置的方案(图7-23)。

(2)张拉锚固及转向装置

体外预应力束利用端横隔梁及墩顶横隔梁张拉锚固。当在桥台处的端横隔梁锚固时,需将原桥台背墙凿除。转向装置采用后加横隔板或齿块的形式。在体外束弯起的位置设置转向肋,其他位置则在底板设转向块。转向、锚固装置可采用钢结构,也可采用混凝土结构。采用混凝土结构时,新加转向肋、转向块需采用植筋技术锚固。为减少转向装置数量,体外预应力筋在顶、底板中的转向位置设在同一截面。

第7章 大跨径 PC 桥梁体外预应力加固技术

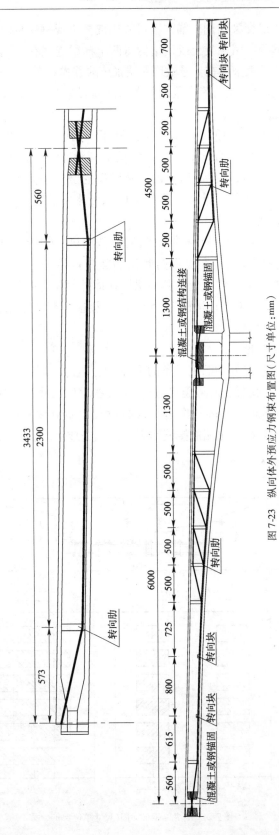

图 7-23 纵向体外预应力钢束布置图（尺寸单位：mm）

墩顶处体外预应力筋交叉锚固。锚固区可采用混凝土或钢结构。由于锚块受力较大,需将两个墩顶横梁之间的部分用混凝土或钢结构将两个横梁连接在一起,使两个锚块连为一个整体共同受力。边跨体外束采用在1号墩顶一端张拉的方式。次边跨及中跨的体外束采用两端张拉的方式。张拉完成后,主跨跨中截面上挠12.8mm,次边跨5.2mm,边跨0.8mm。

(3)采用自密实混凝土

为了加强后加转向装置与原梁的可靠连接,除了采用植筋技术将钢筋锚固外,确保混凝土的浇筑质量是问题的关键。墩顶锚固装置体积小,钢筋密集,施工空间狭小,混凝土无法振捣,采用一般的混凝土是很难控制质量的。新增设的墩顶锚固装置拟采用自密实混凝土浇筑新技术。自密实混凝土的设计强度等级为C60,自密实混凝土的配比设计由试验确定。

2. 腹板粘贴钢板加固

采用在腹板两侧粘贴竖向钢板条的形式,对斜截面进行加固补强。对出现严重斜裂缝的梁段,首先进行灌缝处理,然后在腹板两侧粘贴竖向钢板条。对于增设转向横隔板的梁段,先粘贴钢板,后浇筑横隔板混凝土。其他梁段在体外预应力张拉后粘贴钢板。钢板条采用A3钢,尺寸为100mm×10mm,间距为150mm,沿腹板全高度粘贴。粘贴完成后,涂两层红丹底漆和一层防锈漆保护。

3. 提高合龙段连接刚度

采用在合龙段两侧接缝处粘贴钢板条的形式,提高合龙端的连接刚度(图7-24)。首先用结构胶对合龙段两侧的腹板、底板裂缝进行灌浆,然后将尺寸为1200mm×600mm×30mm(中跨)及2700mm×600mm×30mm(次边跨)的钢板,用$\phi 30$锚栓锚固在底板及腹板的内、外侧。钢板间距为28cm,跨合龙端的接缝锚固。锚固完成后,清除钢板外表面油污和铁锈,涂两层红丹底漆和一层防锈漆。

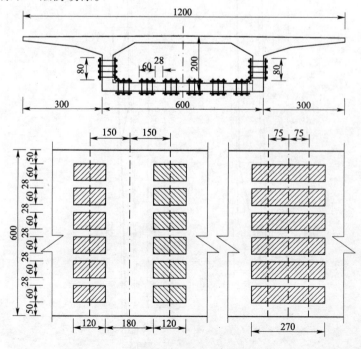

图7-24 合龙端钢板加固(尺寸单位:cm)

4. 跨中底板补强

拟采用在边跨、次边跨及中跨的跨中附近底板的底面粘贴高强复合纤维布的形式,对开裂的底板进行封闭;同时,提高截面的抗弯承载力。次边跨、中跨的复合纤维在粘贴完底板加固钢板后再粘贴。

选用 AFS-90 双向芳纶纤维布,抗拉强度为 2060MPa,弹性模量为 1.18×10^5 MPa,设计厚度 0.43mm,幅宽 500mm,单位质量 $623 g/m^2$。沿梁底全宽 6000mm 粘贴,其受力方向应沿桥梁长度方向,并延伸入腹板至少 500mm。

(1) 边跨各层的粘贴长度

第 1 层:在跨中左右各 12.0m 范围内粘贴,腹板内高度 500mm。

第 2 层:在跨中左右各 11.5m 范围内粘贴,腹板内高度 600mm。

第 3 层:在跨中左右各 11.0m 范围内粘贴,腹板内高度 700mm。

(2) 次边跨各层的粘贴长度

第 1 层:从距次边跨合龙段左端 10.5m 至距合龙段右端 12.5m 范围内粘贴,腹板内高度 500mm。

第 2 层:从距次边跨合龙段左端 10.0m 至距合龙段右端 12.0m 范围内粘贴,腹板内高度 600mm。

(3) 中跨各层的粘贴长度

第 1 层:在跨中左右各 15.0m 范围内粘贴,腹板内高度 500mm。

第 2 层:在跨中左右各 14.5m 范围内粘贴,腹板内高度 600mm。

5. 桥面铺装改造

通过增加桥面板厚度的方法提高原桥的承载力和整体刚度。增加桥面板厚度后,可以增加原有截面的有效高度,提高箱梁的抗弯能力,从而提高主梁的承载能力。

改造方法是将原桥面铺装彻底凿除,然后在原梁桥面板上铺设掺有水泥基结晶渗透防水材料(赛柏斯)的强度等级为 C50 以上的复合纤维混凝土铺装层。具体施工工艺如下:

(1) 凿除全部桥面铺装。

(2) 对露出的箱梁顶面做凿毛处理。凿去部分梁顶面混凝土约 2cm,并使表面粗糙,成齿状形,箍筋外露。对结合面进行适当的清扫、干燥等处理。

(3) 为使新旧混凝土有更好的黏结,在凿毛后的混凝土面上,涂抹一层环氧胶液胶结剂,并在原箱梁顶面梅花形设置间距为 20cm 的 $\phi 12$ 钢筋(钢筋长度 20cm,植入深度 >10cm),以加强新旧混凝土之间的黏接。

(4) 在补强层内铺设上下两层 10cm×10cm 的 $\phi 12$ 补强钢筋网。

(5) 浇筑掺有水泥基结晶渗透防水材料(赛柏斯)的强度等级为 C50 以上的复合纤维混凝土补强层,补强层厚度为 10cm。

6. 裂缝处理

对桥梁已产生的受力裂缝,包括腹板斜裂缝、顶板纵向裂缝、墩顶横隔梁裂缝、牛腿横隔梁裂缝等,均进行化学灌浆处理,以防裂缝进一步扩大及有害物质的侵入,造成受力钢筋的锈蚀,影响结构安全。箱梁内的裂缝可按如下原则处理。

①顶板纵向裂缝:属于张拉时引起的裂缝,可只进行灌浆封闭处理。

②腹板裂缝:属于受力裂缝,应进行灌浆封闭处理。

③墩顶横隔梁裂缝:属于受力裂缝,裂缝较宽,应进行灌浆处理,同时粘贴钢板加固,钢板厚度10mm。

④底板横向裂缝:属于受力裂缝,裂缝较宽,应进行灌浆处理。

⑤其他位置出现的细微裂缝,与结构受力关系不大,不影响结构安全,可不处理。

(1) 对宽度小于0.15mm的裂缝,采用封闭法修补,修补方法如下:

①处理裂缝表面,清除混凝土表面浮浆、灰尘。

②用凿子沿裂缝凿一道宽3cm、深2cm的V形槽,并用高压空气将裂缝吹干净。

③封胶:胶体材料为可采用工厂生产的结构胶或按如下比例配置的环氧树脂(6101号或624号):邻苯二甲酸二丁酯:乙二胺:水泥=100:16:10:300,胶体抗压强度要求大于混凝土的抗压强度。配制好后用刮刀沿裂缝的走向从低往高抹平。

(2) 对宽度大于0.15mm的裂缝采用注浆法修补,方法如下:

①将裂缝两侧各3cm范围混凝土表面清理干净。

②安装注浆嘴,注浆嘴间距20~40cm。

③用封闭胶将各个注浆嘴之间的裂缝密封起来,密封宽度6cm。

④封闭胶固化后用压缩空气检查密封效果,若有泄漏现象进行补刮。

⑤用注浆机向裂缝内注入灌缝胶。灌缝时灌浆压力控制在0.4MPa左右。压浆位置选择在最低压浆嘴上,当相邻注浆嘴出浆时关闭其转芯阀。按此顺序直到最高处注浆嘴出浆为止,然后持压3~5min即可。

7. 桥面系处理

由于中跨跨中下挠,导致桥面和防撞墩呈波浪形起伏,影响了桥梁的外观,给人以不安全感。因此,需要按照调整后的桥面高程,对人行道和栏杆做找平处理。

8. 墩柱抗冻融加固

2号桥墩处于山上溪流经过位置,由于冻胀的作用,桥墩根部角隅处的混凝土发生了冻害现象,混凝土表层出现了开裂和脱落,对结构的耐久性不利。为此,采取如下措施。

(1) 墩柱表层混凝土处理:凿除墩柱根部出现冻害的表层混凝土,用环氧树脂混凝土修补;若墩柱内钢筋有锈蚀,则应先对钢筋进行除锈。

(2) 溪流整治:在山坡上设置汇流渠,将山上的水流汇集于2、3号中墩之间;同时在2、3墩之间修筑引流渠,将汇集的水流排至山下,从而避免溪流与墩柱的直接接触。

9. 主梁变形长期观测站

桥梁经过加固改造后,设置主梁恒载变形长期观测站,以适当的时间间隔,采用精密水准仪或其他精密仪器,对中跨跨中的挠度进行跟踪观测。变形测量按如下原则进行:

(1) 变形观测应定人员、定仪器、定时、定点,基准统一,以便于对比分析。

(2) 跨中测点应选在高程相对固定的位置,如主梁翼缘板边缘,或主梁腹板的外侧;不宜在桥面系构件上设置观测点。

(3) 观测时,与观测点相邻的桥跨应没有通行车辆。

(4) 应详细记录每次观测的时间和观测时的环境温度。

10. 加固后全桥结构安全性验算

按JTG D60—2004规范计算。计算按如下原则进行:不考虑原竖向预应力筋效应;不考虑截面开裂及结构刚度降低的影响,不考虑合龙段连接刚度的降低;活载为公路—Ⅰ级,不考虑活载超载;考虑原桥面铺装重量对混凝土收缩徐变的影响;考虑桥面铺装补强层两阶段受力的特点;不考虑原梁体内预应力束的后期损失;不考虑加固后原结构刚度的改变。

(1)承载能力极限状态强度验算

计算截面抗力时,未计入普通钢筋及构造钢筋的影响。结果表明,加固后各截面完全满足抗弯承载能力极限状态的要求,并且具有一定的安全储备。

(2)正常使用极限状态应力验算

在标准组合作用下,截面最大法向压应力发生在中跨跨中附近截面上缘,为13.1MPa,小于规范允许值$0.5f_{ck}=0.5\times32.4=16.2$MPa。斜截面最大主压应力发生在中跨跨中截面上缘,为13.1MPa,小于规范限值$0.6f_{ck}=0.6\times32.4=19.4$MPa。

在短期效应组合作用下,在边跨跨中附近截面下缘产生了拉应力,但拉应力较小,最小值为-0.30MPa;其他截面均未产生拉应力。2号墩顶截面上缘最小压应力为0.02MPa,中跨跨中截面下缘最小压应力为2.36MPa。由此说明,在短期效应组合作用下,除边跨跨中附近截面为预应力混凝土A类构件外,其他截面的正截面抗裂性均满足全预应力混凝土的要求。

在短期效应组合作用下的最小主拉应力发生在1号墩顶附近截面,为-1.47MPa,小于规范限值$0.7f_{tk}=0.7\times2.65=1.855$MPa,斜截面抗裂性满足要求。其余截面的斜截面抗裂性均满足要求。

(3)加固前后斜截面主拉应力对比

通过有限元分析,对原结构(考虑竖向预应力作用)、设置体外预应力(不考虑原竖向预应力作用)、设置体外预应力(考虑原竖向预应力作用)的斜截面的主拉应力进行了详细对比,计算时按JTG D60—2004规范计算。结果表明,施加体外预应力后,即使不考虑原竖向预应力的作用,大部分斜截面的主拉应力水平也得到了显著的降低,或与原结构的应力水平基本相当。当考虑原竖向预应力作用时,各斜截面的主拉应力得到了较大幅度的降低。

(4)加固后补强层上缘应力计算

在标准组合作用下,补强层上缘最大法向压应力发生在中跨合龙段左侧,为4.22MPa,小于规范允许值$0.5f_{ck}=0.5\times32.4=16.2$MPa。

在短期效应组合作用下,各截面均未出现拉应力。1号墩及2号墩的墩顶位置最小压应力为1.18~2.56MPa,具有一定的压应力储备。由此说明,在短期效应组合作用下,补强层上缘截面的正截面抗裂性满足全预应力混凝土的要求。

四、施工试验研究

为确保体外预应力加固的效果,保证锚固及转向等关键技术环节的稳定可靠,在理论计算的基础上,在现场进行了体外索锚固转向系统的荷载试验。试验内容包括:边跨锚固端锚固钢横梁试验;钢制转向块试验;钢制转向横梁试验。所有试验模型均按实际的设计尺寸进行,构件的制作均与实际施工质量控制相一致。

1. 边跨锚固端锚固横梁试验

边跨锚固横梁采用厚度为20mm的Q345钢板,焊接成工字形截面,截面高500mm,宽度为150mm(图7-25)。端锚固横梁承受箱内所有体外束的锚固力。为保证横梁的安全性,避免在张拉时产生失稳现象,需要对其进行现场试验。

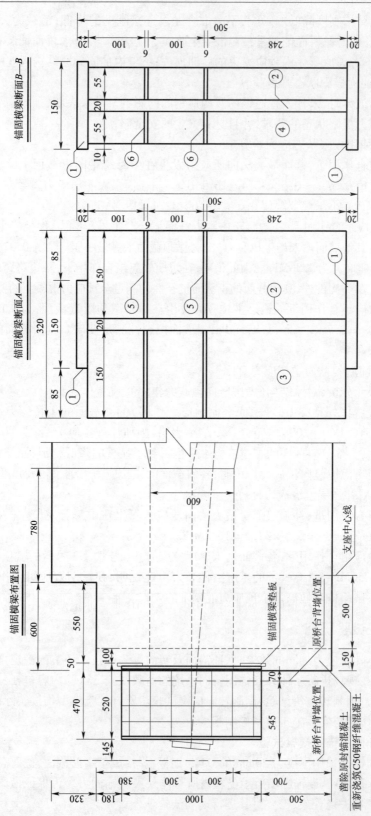

图 7-25 边跨锚固横梁构造图(尺寸单位:mm)

(1)试验装置

试验装置及测点布置如图 7-26 所示。

图 7-26　边跨锚固横梁加载系统

试验时,在施工现场采用 3 道锚固横梁(在千斤顶下方并列放置两道锚固横梁作为支撑结构)反向对置的方法,利用锚固横梁、次梁(每侧 2 道共 4 道)、连接钢筋(每侧 8 根共 16 根,两端通过次梁的预留孔锚固与次梁上)、250t 千斤顶(1 个)组成的加载系统对锚固横梁进行加载试验。

连接钢筋采用直径为 25mm 的精轧螺纹钢筋,抗拉标准强度 $f_{pk}=735$MPa,在正式加载之前,对其施加 50kN 的拉力,并拧紧其锚固螺栓。加载小横梁所用钢材为厚度 30mm 的 Q345 钢板,梁长 1500mm,截面高 200mm,宽 150mm,中间设置若干厚 10mm 的加劲肋(图 7-27、图 7-28)。

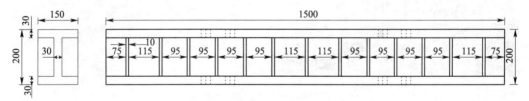

图 7-27　加载小横梁构造图(尺寸单位:mm)

(2)试验方法及测试内容

锚固横梁试验的试验荷载为体外束张拉吨位的 120%(即千斤顶加载吨位为 187.5 × 1.2 = 225t)。试验分 45t、90t、135t、180t、225t 共五级加载,并观测在各级荷载作用下锚固横梁的跨中截面应力(在跨中截面沿横向布置两个纵向应变测点)、锚固端及跨中竖向挠度以及腹板沿高度方向的横向位移的变化情况。应变测量采用江苏东华 3815N 静态数据采集系统(图 7-29)。

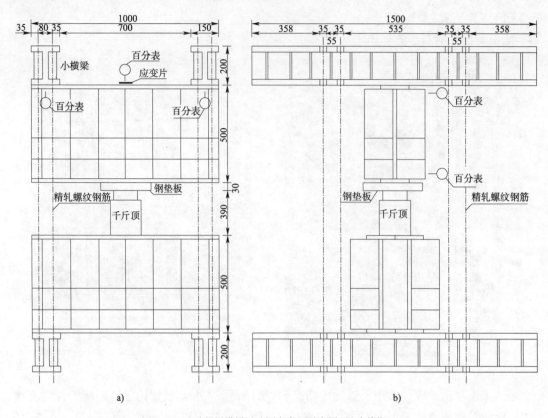

图 7-28 边跨锚固横梁试验测点布置示意图(尺寸单位:mm)
a)立面图;b)侧面图

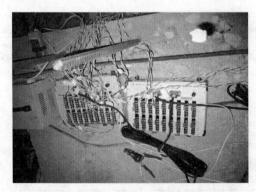 

图 7-29 应变数据采集系统

(3)试验结果分析

在 225t 的试验荷载作用下,锚固横梁的跨中最大应变为 852με,从而得出其应力为 170.4MPa,小于理论计算值 235.2MPa(由桥梁博士 V3.1 计算得出)和规范规定的相应厚度 Q345 钢板的容许拉应力 295MPa,且相对残余变形均很小,说明结构有足够的安全储备,强度满足设计要求,并且处于良好的弹性工作状态。

跨中最大挠度为 0.84mm,小于计算值 1.1mm,并小于钢结构受弯构件的挠度允许值 $L/400 = 850/400 = 2.125$mm。腹板稍有扭转,腹板上下边缘相对扭转值为 1.84mm,但其稳定性良好。跨中挠度测点最大相对残余变形为 1.5%,腹板挠度测点最大相对残余变形为 11.2%,均小于容许值 20%,说明结构刚度储备充足并进一步证明结构处于良好的弹性工作状态。

2. 钢制转向块试验

(1) 试验装置

在边跨体外束的中间转向位置采用了钢制转向块。转向块通过内外两块钢板锚固在箱梁混凝土底板上。试验在实桥箱内进行,试验加载装置及测点布置见图 7-30、图 7-31。利用主梁(1 道)、厚 3cm 钢板(4 块)、锚杆(8 根)、千斤顶(2 个)及压力传感器组成的加载系统(图 7-26),对转向块进行试验。主梁系锚固横梁试验采用的次梁同图 7-27 所示的锚杆,下端通过预先焊好的钢板锚固于转向块内,上端通过预留孔锚固在置于主梁上的钢板上。转向块试验采用螺旋千斤顶加载,为精确控制所施加的荷载,在千斤顶与主梁之间设置压力传感器。

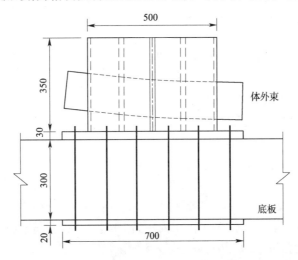

图 7-30　钢制转向块构造图(尺寸单位:mm)

图 7-31　钢制转向块试验装置

(2) 试验方法及测试内容

试验时,需要监测转向块的锚固、焊接及其应力、变形情况。由于钢制转向块的试验荷载较小(7t),因此该试验不采用分级加载。试验采用螺旋千斤顶加载,并通过压力传感器来精确控制荷载的施加。

在钢制转向块两侧最不利受力位置布置电阻应变片,应变数据采集系统见图 7-32、图 7-33。在锚固钢板的最大挠度处设置百分表。

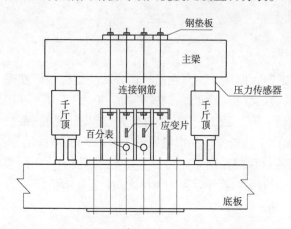

图 7-32 钢制转向块试验装置及测点立面布置示意图　　图 7-33 钢制转向块试验装置及测点平面布置示意图

(3)试验结果分析

试验表明,钢制转向块的应变(最大为 24με)及挠度(仅为 0.01mm)均很小,远小于钢结构的应力及挠度的允许值,因此说明该钢制转向块的结构强度、刚度均满足设计要求,且有足够的安全储备。

3. 钢制转向横梁试验

(1)试验装置

在次边跨及中跨的体外束转向位置采用了钢制转向横梁。转向横梁通过内外两块钢板锚固在箱梁混凝土腹板上。试验在实桥箱内进行,将千斤顶置于转向横梁下方体外索转向处加载,试验装置及测点布置如图 7-34、图 7-35 所示。

需要指出,由于在体外索转向处距梁底的空间有限不能摆放千斤顶,试验时将千斤顶向跨中移动 30cm(千斤顶直径),以便于试验加载。

图 7-34 钢制转向块试验装置

(2)试验方法及测试内容

试验时,采用两个千斤顶同时进行加载,加载位置与体外束的转向位置相差 30cm(向跨中偏)。加载吨位为 70t,分 20t、40t、50t、60t 和 70t 五级加载,观测在各级荷载作用下转向横梁跨中截面顶板上缘应变(沿顶板横向布置 6 个应变测点)和腹板沿高度方向的应变(在转向横梁腹板两侧沿竖向各布置 5 个应变测点),以及跨中、锚固端的变形情况,具体测点布置见图 7-34、图 7-36,应变数据采集系统见图 7-29。

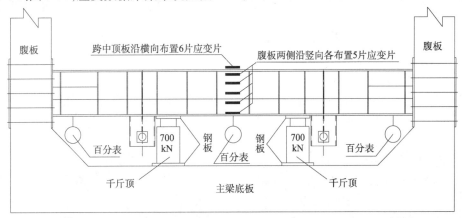

图 7-35 钢制转向横梁试验装置及测点布置示意图

a)

b)

图 7-36 钢制转向横梁试验测点布置
a)顶板及腹板应变测点布置;b)跨中及锚固端挠度测点布置

(3)试验结果分析

试验表明,跨中最大挠度为 6.56mm,略小于理论计算的 6.62mm,并且小于钢结构受弯

构件容许值 $L/400=4900/400=12.25\mathrm{mm}$,说明结构刚度储备充足,满足设计要求。

钢制转向横梁跨中最大应变为 $696\mu\varepsilon$,对应的应力为 139.2MPa,小于理论计算值 150MPa,并且小于相应厚度 Q345 钢板的容许拉应力 295MPa。另外,腹板沿高度方向应变基本呈线性变化,横梁跨中相对残余变形很小,说明结构有足够的安全储备,强度满足设计要求,并且处于良好的弹性工作状态。然而,由于锚固端存在刚体位移,导致支点处相对残余变形过大,高达 21.4%、-69.2%。

(4)转向横梁锚固端变形情况

转向横梁两端采用锚杆锚固在箱梁腹板上,锚杆穿过箱梁腹板,并用螺帽固定在腹板内外侧的钢板上,该钢板与腹板之间灌注结构胶。锚固端竖向刚体位移如图 7-37 所示。

图 7-37 锚固端竖向刚体位移

进行试验时,由于锚固端所灌胶未满 24h,胶体尚未凝固且没达到 100% 强度,因而转向横梁发生竖向的刚体位移,最大竖向挠度 8.74mm,并伴有轻微扭转,横向挠度为 0.65mm。但跟踪观测的结果表明,该挠度并没有随时间而发展。

考虑到结构胶的弹性模量较低,受力时变形较大,转向横梁锚固端的竖向剪力主要靠锚杆承受。在张拉之前,锚杆与腹板孔洞之间存在着空隙,该空隙在张拉后被压紧,因而锚固端将产生一定的塑性变形,由此导致横梁发生竖向的刚性位移。在张拉后,塑性变形已经消除,在以后的运营过程中将不再发生。因此,该刚性位移不会对转向横梁的受力造成不利影响。

五、施工过程监控

旧桥加固有别于新桥建设,尤其是对已经存在病害的桥梁。由于在施工过程中许多不确定因素的存在,以及原桥梁体混凝土质量的不均匀性等,施工过程存在着一定的危险性。所以,为保证桥梁加固施工过程中的安全性,需要对施工中的关键工序以及结构的应力、变形以及裂缝等方面进行监控,以达到预期加固设计的目的。

1. 张拉吨位分级

为保证张拉过程中的结构安全,并使主梁混凝土、转向、锚固体系的变形得以充分发展,张拉时需要分级张拉。具体分四级进行张拉,即分别为 30%、60%、80% 与 100%。每级张拉吨位的持续时间不小于 10min,待监测人员测量完有关数据并确认结构安全后,才可进行下一级吨位的张拉。

2. 张拉终止条件控制

张拉过程中,若出现下列情况之一,则应停止张拉:边跨张拉端锚固横梁、中跨的转向横梁的纵、横向变形呈现非线性变化,或者其变形有突然变化;锚固横梁、转向横梁、转向块的锚固钢板处混凝土出现开裂现象;混凝土门式转向肋出现开裂现象。若出现上述情况,监控单位应会同建设单位、施工单位、监理单位分析发生的原因,并仔细分析监测数据,确认安全后才可进行施工。否则,应停止张拉,并采取适当措施,尽量保证张拉达到设计吨位。

3. 监控内容

(1)锚固、转向系统处混凝土裂缝监测

在张拉前,对锚固、转向系统处的混凝土外观进行检查,标出已有的裂缝位置、长度,然后选取几条主要裂缝,观察裂缝在张拉过程中的发展情况。

(2)锚固、转向系统的变形监测

利用百分表测量锚固、转向系统在张拉过程中的变形情况。

(3)箱梁变形监测

在张拉过程中,测量箱梁关键截面的变形情况,若发现实测值有突变或变形过大,则应该停止张拉,待查明原因后方可继续施工。在张拉前后测量全桥线形,以监测体外索的张拉对全桥线形的影响。

(4)体外索张拉伸长量监测

张拉过程中,分级张拉体外索的同时,分级监测体外索的张拉伸长量,并随时与理论计算值进行比较。若发现实测值与理论值不符,则应该停止张拉,待查明原因后确保万无一失后方可继续施工。

(5)体外索自振频率测量

待体外索张拉完成并安装完减振装置后,利用索力测试仪,测量索的自振频率。该自振频率将作为以后桥梁维护时体外索索力变化的初始值。

4. 监控结论

在张拉前后,对体外索锚固、转向系统处的混凝土外观均进行了仔细检查,未发现肉眼可见裂缝。需要指出,由于监测时该桥桥台背墙已浇筑完毕,且伸缩缝业已安装完成,因此无法对边跨锚固钢横梁实施监测。

(1)钢制转向横梁的变形监测

选取承受最大竖向反力的转向横梁进行变形监测(体外索 B4、Z4 由此转向),在支点及跨中布置 6 个百分表进行挠度及扭转的监控(图 7-38)。

监控结果表明,B4 张拉结束后转向横梁跨中最大挠度 1.83mm,小于试验值 6.56mm,这是由于试验时的荷载是在体外索实际的竖向分力基础上增大了 1.2 倍,且试验荷载所施加的位置比该索所处位置对转向横梁更不利,由此说明试验的安全系数较高,结构实际承载能力及稳定性均能满足设计及应用的要求。需要指出,虽然 B4 张拉结束后,该转向横梁变形很小,但在 B2 张拉后发现 B4、Z4 转向横梁锚固端发生竖向刚体位移及扭转(图 7-39、图 7-40)。

B4、Z4 转向横梁锚固端刚体位移及扭转具体数值列于表 7-8。结果显示,转向横梁最大竖向位移为 15mm,最小为 4mm,说明 B4、Z4 转向横梁锚固端均发生了刚体位移及扭转。

图 7-38　钢制转向横梁变形监测

图 7-39　转向横梁锚固端刚体位移及扭转

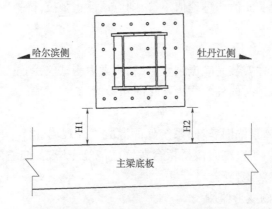

图 7-40　转向横梁锚固端刚体位移及扭转示意图

转向横梁锚固钢板扭转(单位:mm)　　　　　　　　　　　表 7-8

测点	哈侧次边跨		中跨转向横梁				牡侧次边跨	
	左侧	右侧	哈左侧	哈右侧	牡左侧	牡右侧	左侧	右侧
H1	4	13	13	15	4	4	10	13
H2	4	13	4	4	10	13	7	4

注:左侧、右侧根据前进方向定义,前进方向为哈尔滨—牡丹江。

为避免转向横梁锚固端变形发展过大导致失稳及预应力损失,在 B1、Z2、Z1 张拉时,对哈侧 B4 转向横梁变形随时间的发展进行了跟踪监测。结果表明,至全部体外索张拉结束,哈侧 B4 转向横梁锚固端最大竖向变形增量为 0.42mm，顺桥向最大变形增量为 0.98mm，数值变化很小，且已基本趋于稳定，不会对转向横梁锚固端的承载力带来不利影响。

此外，在监测过程中发现，哈尔滨侧 Z4 转向横梁右侧（左、右侧根据前进方向哈尔滨—牡丹江方向定义）锚固端所在腹板边缘混凝土由于锚固端的扭转剪切作用而出现局部表皮开脱落，深度约为 10mm，脱落面积约为 $0.02m^2$。由于安装误差，体外索在转向器转向处的表皮由于摩擦而破裂导致体外索外露，建议对体外索进行包裹封闭防止锈蚀（图 7-41、图 7-42）。

 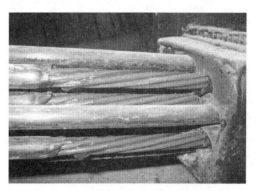

图 7-41　转向横梁锚固端局部混凝土表皮脱落　　　图 7-42　转向器处体外索局部表皮磨损

（2）箱梁变形监测

在张拉过程中，测量箱梁关键截面的变形情况，若发现实测值有突变或变形过大，则应该停止张拉，待查明原因后方可继续施工。在各跨的跨中截面，沿桥面横向设置了 5 个挠度测点。结果表明，在体外索张拉过程中，桥梁各跨跨中挠度无突变，且各跨跨中的各挠度测点值相对比较接近，说明体外索对称张拉的时间及张拉力控制较好。体外索全部张拉完毕，各跨跨中均有所上挠，上挠均值从哈尔滨至牡丹江方向依次为 1.0mm、1.2mm、12.0mm、3.8mm、2.0mm。另外，各跨跨中实测上挠值均小于理论计算值（由桥梁博士 V3.1 建模计算得出），中跨跨中（加固前原下挠处）实测上挠值最大为 12mm，小于理论计算值 13.4mm，从另一方面说明该桥加固后的实际刚度大于设计刚度，满足设计要求。

（3）体外索张拉伸长量测量

在张拉过程中，须实时监测各体外索的张拉伸长量，并随时与理论计算值进行比较，对体外索主要从张拉力以及伸长量两个方面进行双控。结果表明，体外索的实测伸长量与设计伸长量的比值均在 0.94～1 之间，总体上吻合较好，满足伸长量偏差控制在 6% 范围内的要求。

（4）体外索自振频率测量

体外索全部张拉完毕后，对所有的体外索的自振频率进行了测试。由索的拉力、长度与自振频率的关系可计算出体外索的理论自振频率。本次体外索自振频率测试采用东华 DH5922 动态数据采集系统（图 7-43）。

结果表明，体外索长度虽然各不相同，但相对于索自身长度而言相差很小（最大相差仅为 1.105m），因此体外索的长度的差异对各索的自振频率几乎无影响，实测自振频率均为 1.660Hz，边跨体外索的索力与设计索力的比值为 0.89，中跨体外索的索力与设计索力的比值为 0.88。需要指出，由于无法准确确定体外索的边界条件，因此，体外索自振频率的理论值只能用作参考。体外索的实测频率是在张拉吨位达到设计吨位后测出的，可以作为以后桥梁维护的初始值。

综上所述，在加固施工过程中，整个施工过程平稳、安全，没有发生异常现象。体外索的张拉吨位和伸长量满足设计要求；转向横梁的工作状态正常，与箱梁顶板、腹板、底板连接稳定可靠；在体外索作用下，桥梁各跨跨中挠度无突变，各跨挠度与理论值基本吻合。监控单位通过对体外索的张拉力和伸长量、转向横梁的变形、桥梁挠度等的监测，将其控制在允许的范围之内，确保了维修加固工程的质量和安全。

图7-43 体外索自振频率测试系统

六、加固效果评价

待加固工程结束后，分别从外观检查、静载试验、动载试验以及承载能力评定的角度对该桥梁的加固效果进行分析与评价。

1. 外观检查结果

（1）梁体箱内外混凝土干燥整洁，无潮湿现象；箱内通风良好，箱内外温度基本一致。

（2）桥面铺装工作状态良好，针对桥梁中跨发生较大挠度的情况，在对结构进行加固以后，将跨中明显下沉段的桥面铺装采用C50钢纤维防水混凝土加厚11cm，使下挠的桥面呈现水平状态。

（3）针对桥梁边跨腹板、次边跨及中跨在其四分点12.3m范围内（5~7号块），各跨箱外腹板出现的大量斜裂缝现象，加固施工采用了先灌缝处理，后外贴钢板进行加固措施并外贴钢板加固，检查未发现新的超宽裂缝。针对桥梁次边跨、中跨的箱梁内从5号块开始到跨中范围内，发生的大面积腹板开裂现象，采用了先灌缝处理，后外贴钢板进行加固措施。同时通过设置跨内转向肋，使体外索提供预剪力，实际上达到了增强腹板抗主拉应力能力的目的。

（4）对箱内边跨、次边跨及中跨的跨中合龙段底板裂缝，首先进行了灌浆处理，然后采用底面粘贴钢板的形式，对开裂的底板进行了封闭补强，同时提高了截面的抗弯承载力。

（5）针对顶板承托附近由于纵向预应力束张拉引起的纵向裂缝采取了封闭处理措施，运营后应对顶板裂缝进行间歇性观测。

（6）对墩顶横隔板在过人洞的角隅处沿竖向发生通透性的开裂进行常规的灌缝封闭处理；考虑到桥上活载较大的事实，在横向采用了粘贴钢板的方法，加大了横隔梁的横向刚度。

（7）根据对主桥梁体共计4个区段进行回弹试验，得到梁体混凝土强度换算值最小值为50.01MPa，最大值为51.48MPa，达到了桥梁主体结构设计强度等级C50的要求。

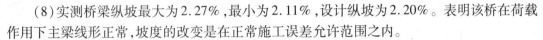

(8)实测桥梁纵坡最大为2.27%,最小为2.11%,设计纵坡为2.20%。表明该桥在荷载作用下主梁线形正常,坡度的改变是在正常施工误差允许范围之内。

2. 静载试验结果

(1)挠度结果分析

①主跨。

由主跨实测值与理论值的变化曲线可以看出,结构各测点的实测变形规律与理论计算值是一致的,在不同汽车分级加载中,控制截面实测应力与加载值呈线性关系。各截面在试验荷载作用下的相对残余变形很小,均小于20%。由此说明,主跨结构的整体变形及完整性满足设计要求,处于弹性工作状态。在试验荷载作用下,主跨各测点的挠度校验系数在0.52~0.67之间(规范常值范围0.6~0.85,最大值1.05),实测值均小于相应的理论值,其中跨中挠度校验系数为0.52,说明加固后主跨的刚度有所提高,该跨结构刚度满足要求,有一定的刚度储备。

②次边跨。

由次边跨实测值与理论值的变化曲线可以看出,结构各测点的实测变形规律与理论计算值是一致的,在不同汽车分级加载中,控制截面实测应力与加载值呈线性关系。各截面在试验荷载作用下的相对残余变形很小,均小于20%。由此说明,主跨结构的整体变形及完整性满足设计要求,处于弹性工作状态。在试验荷载作用下,次边跨各测点的挠度校验系数在0.91~1.27之间(常值为0.6~0.85,规范规定最大值为1.05),实测值部分大于相应的理论值,其中跨中挠度校验系数为1.12,加固前该跨跨中校验系数在1.4以上,说明加固后本跨的刚度有较大程度改善,但该跨结构实际刚度未达到"理想无损状态"要求,次边跨桥梁刚度储备量值不大,实际该跨结构运营中需要重点加强检查维养工作。

(2)应变结果分析

①1号、2号墩顶位置的混凝土应变校验系数在0.22~0.65之间(规范范围为0.7~0.9),实测值小于理论值,且各级加载量与实测值呈线性关系,说明在主梁墩顶位置截面弹性工作,加载最大值下控制截面未见新裂缝出现和旧裂缝发展,整体性较好。

②在次边跨合龙段的混凝土应变校验系数在0.17~0.59之间(规范常值为0.7~0.9),实测值小于理论值,箱梁上下游两侧的受力相差不大,与加固前该处箱梁断面相比整体性有提高,箱梁控制截面加载下未发现新裂缝及旧裂缝发展,整体性较好。

③在试验荷载作用下,中跨合龙段跨中底板的混凝土应变校验系数分别为0.56(上游侧)、0.67(下游侧),实测值小于理论值,且箱梁上下游两侧的受力相差不大;中跨合龙段接缝处顶板混凝土应变校验系数在0.16~0.63之间(规范常值范围为0.7~0.9),实测值均小于理论值,且上、下游及哈、牡侧接缝处两组应变值相差不大(5~10με),对比原检测报告有关数据,加固后该处箱梁断面相比整体性有显著提高,加固措施在该部位效果显著。

④在试验荷载作用下,次边跨5号块与中跨5号块腹板的最大主拉应力变化为1.15MPa、0.93MPa(加固前相应为2.72MPa、5.61MPa),与水平方向约呈30°。主拉应力小于混凝土的抗拉强度。由此看出,加固后次边跨及中跨的5号块处腹板主拉应力值有明显降低。说明通过粘贴腹板钢板,使腹板抵抗主拉应力能力明显提高;通过设置跨内体外预应力束转向肋,使体外索在相应的腹板截面弯起,提供预剪力,从而增强了腹板的抗主拉应力能力。克服了由于5号块以后取消了下弯,剪力主要由竖向预应力承受,当竖向预应力没有起到相应的作用

时,腹板有可能因主拉应力过大而开裂的缺陷。考虑到本桥加固后一些部位预压应力提高、恒载增加、新旧混凝土龄期不一致及锚固值筋过程本身对原梁体构成一定损伤及裂缝灌浆时裂缝末端难以贯注密实(该处应力集中)等因素,该桥运营后对加固前斜裂缝严重的区域应予必要的间歇性观察。

通过以上分析,可以确定加固后结构整体性较加固前提高明显,尤其是次边跨和中跨合龙段截面,通过对裂缝的灌注、粘贴钢板、体外预应力的张拉,绝大程度上消除了原来该部位桥梁病害对大桥承载能力(尤其正常使用极限状态承载能力)的降低,提高了当前桥梁的纵向整体性。

(3)钢束伸长量结果分析

本桥体外束加固属于小偏心体外束加固桥梁,我国目前尚无明确规范就体外预应力在桥梁运营阶段应力增量大小的有关规定,查阅参考欧美有关规范规定,应用体外束加固桥梁小偏心情况下一般不考虑活载下体外束应力增加(说明实际增加量值不大),这与本桥理论分析和实际检测的结果是一致的。本桥体外索工作状态与国内外学界在这个方面的研究成果和欧美规范的规定一致,故而认为本桥体外索工作状态符合验收规定。建议采用千斤顶法间歇性对体外所拉力进行抽查,并及时补张拉索(有必要的情况下)以免由于各种原因造成拉索松弛,降低拉索加固效果进而引发桥梁原有病害。

3. 动载试验结果

(1)竖向固有频率

有负荷作用下主跨与次边跨的结构自振频率1.65Hz,理论计算所得的全桥自振频率1.608Hz,加固前实测值1.56Hz,考虑到加固过程箱梁增加转向块等设备增加桥梁自重较多,一定程度上降低原病害结构复原后的频率(该桥新桥竣工实测频率为1.70),当前实测结果大于理论值,说明桥梁经加固后结构的实际整体刚度提高明显。

(2)结构阻尼

主跨的阻尼比在无负荷作用和有负荷作用下的阻尼比分别为0.0134及0.0203;次边跨的阻尼比在无负荷作用和有负荷作用下的阻尼比分别为0.0469及0.0206,均在桥梁常见阻尼比0.22%~5.73%范围内,这说明桥跨结构加固后的截面设计及质量分布尚合理,结构振动阻尼特性符合规范要求。

(3)冲击系数

不同车速下的冲击系数的实测结果表明,该桥的实测冲击系数与理论值1.073较为接近,且冲击系数随车速的增大而增大。实测冲击系数较大主要是由于测试时桥面存在破损,桥面平整度差所致,实际桥梁的活载冲击系数当于理论值接近,满足规范要求。

4. 承载能力评定

(1)设计荷载为汽超—20级、挂—120

设计理想状态下,经验算,加固后的结构在汽超—20级、挂—120使用阶段荷载组合作用下,1号、2号、3号、4号墩墩顶截面上缘、边跨跨中截面下缘分别出现了拉应力,但均小于部分预应力混凝土A类构件的限值;其他截面未出现拉应力;各截面的压应力均小于规范的允许值。各控制截面的最大主压应力、最大主拉应力均小于规范的限值,截面腹板具有足够的抗主拉应力的能力。当前桥梁结构达到正常使用极限状态承载能力标准。

(2)校验荷载为公路—Ⅰ级

各截面的抗弯强度均满足正常使用极限状态承载能力要求;在标准组合作用下截面的法向压应力满足规范要求;斜截面最大主压应力均满足规范要求;新设计规范(JTG D60—2004)在短期效应组合作用下,墩顶截面上缘基本满足全预应力混凝土的要求。

综上所述,该桥梁的加固效果较好。

第5节 大跨径PC T构+挂孔桥梁体外预应力加固工程实例

20世纪60年代起到90年代初,我国修建的大跨梁式桥中,带挂梁的预应力T形刚构桥是主要的桥型之一,其为带挂梁或铰的一种结构。悬臂拼装T形刚构桥以河南五陵卫河桥(1964年)为首创,悬臂浇筑T形刚构桥则以广西柳江大桥(1967年)为先导。预应力混凝土T形刚构桥最适宜采用平衡悬臂拼装或浇筑法施工,恒载弯矩类似于悬臂梁,适合于悬臂施工,节省支座,接缝剪力键可调节结构变形,对地基要求不高,但跨中的牛腿、伸缩缝易损坏,后期下挠较大、行车条件不好,适合于中等以上跨径桥梁。进入20世纪90年代,随着国内高速公路的迅猛发展,对行车平顺舒适要求高,T形刚构桥就很少采用了。

一、佳木斯松花江公路大桥加固案例

以佳木斯松花江公路大桥为例,分别从桥梁基本概况、主要病害分析、加固方案设计以及加固效果评价四个方面进行阐述,以此来介绍大跨径PC T构+挂孔桥梁体外预应力加固技术的基本思路。

1. 桥梁基本概况

佳木斯松花江公路大桥位于黑龙江省佳木斯市,为带挂孔的预应力混凝土T形刚构桥,由黑龙江省公路勘察设计院设计,黑龙江省公路桥梁工程公司施工。桥梁全长1396.2m,主桥跨径布置为55m+100m+5×120m+100m+55m;桥面横向布置为净14m车行道+2×1.5m人行道=17m,按四车道设计,设计荷载为汽车—超20、挂车—120级,人群荷载3.5kN/m^2;上部结构采用双箱单室箱形截面;下部结构为沉井基础,采用浮运钢壳沉井、吹沙筑岛、吸泥下沉等施工工艺。桥梁处于中国北方寒冷地区,上部结构在冬季-30℃条件下,采用暖棚综合养生悬臂浇筑而成,于1989年9月建成通车。

(1)上部结构构造

预应力混凝土T形刚构桥的跨中设30m挂梁,挂梁高度为2.0m;120m T构墩顶处梁高为7.5m,悬臂端处为2.23m;100m T构墩顶处梁高为5.0m,悬臂端处为2.23m;其间均以三次抛物线变高度。为使全孔底缘顺滑连接,边挂梁底部用变高度的装饰板镶面。主梁混凝土为40号。T构的横断面为双箱单室,单箱顶板宽8.0m,底板宽4.53m,两组箱梁间以80cm的桥面湿接缝连结。

120m T构:墩顶6.0m宽度内箱梁顶板厚度均为50cm,其余为25cm;箱梁悬臂板端部厚度为20cm,根部为50cm;箱梁底板厚度根部为90cm,悬臂端部18cm,其间以三次抛物线变化;墩顶6.0m范围内梁肋厚度为80cm,距墩中心线3.0~6.8m范围为80~40cm变厚度,6.8~10m范围内为40~30cm变厚度,其余均为30cm等厚度。

100m T构:墩顶4.6m宽度内箱梁顶板厚度均为40cm,其余为25cm;箱梁悬臂板端部厚

度为20cm,根部为40cm;箱梁底板厚度根部为80cm,悬臂端部19cm,其间以三次抛物线变化;墩顶4.6m范围内梁肋厚度为80cm,距墩中心线2.3~5.3m范围内为80~30cm变厚度,其余均为30cm等厚度。

牛腿块箱梁内部及两组箱梁之间设50cm厚附加肋,箱梁墩顶处设80cm厚的横隔板,牛腿块两端设25cm及50cm厚的横隔板,并与底板相连。T形刚构构造图如图7-44所示。

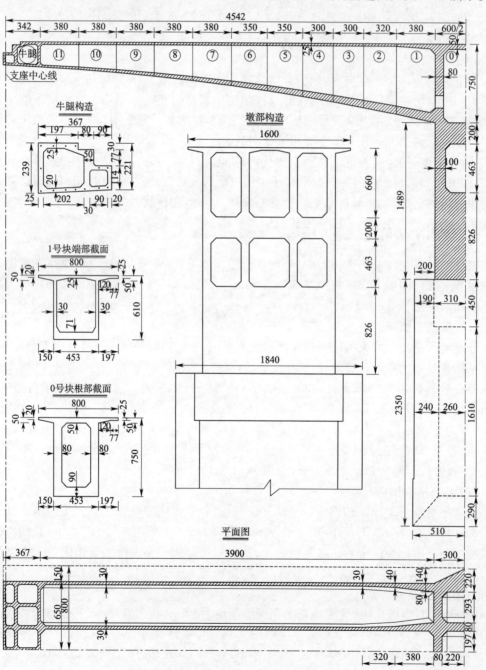

图7-44 T形刚构构造图(尺寸单位:cm)

(2) 上部结构预应力体系

纵向预应力钢束,每束为 24 丝普通碳素钢丝,采用钢制锥形锚具,标准强度为 $R_y^b =$ 1600MPa,控制张拉力为 566kN。120m T 构每箱纵向配束 204 束,其中肋束 128 束,顶板束 76 束,留有 4 个预留管孔道;100m T 构每箱纵向配束 122 束,其中肋束 64 束,顶板束 58 束,留有 2 个预留管孔道。

竖向预应力粗钢筋,标准强度为 $R_g^b = 750$MPa,控制张拉力为 330kN,采用冷轧螺丝锚具。牛腿块预应力粗钢筋间距为 20~40cm,其余节段间距为 70~100cm。

横向预应力钢束,每束为 24 丝普通碳素钢丝,标准强度为 $R_y^b = 1600$MPa,控制张拉力为 500kN。横向预应力仅在牛腿处设置,每个牛腿块底板设置 7 束,顶板 6 束,腹板 1 束,共计 14 束。T 形刚构预应力束布置如图 7-45 所示。墩顶截面预应力束布置如图 7-46 所示。6—6 截面预应力束布置如图 7-47 所示。

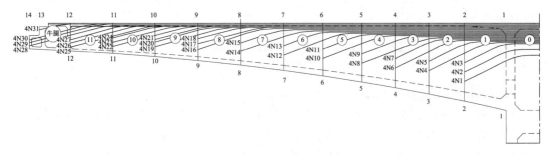

图 7-45 T 形刚构预应力束布置图

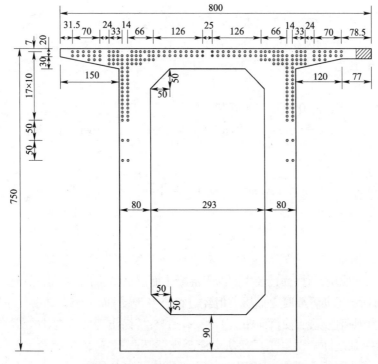

图 7-46 墩顶截面预应力束布置图(尺寸单位:cm)

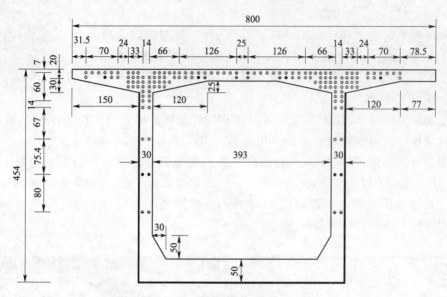

图 7-47 6—6 截面预应力束布置图(尺寸单位:cm)

(3)桥面铺装、支座及伸缩装置

桥面铺装为 20 号防水混凝土三角垫层及细粒式沥青混凝土面层,桥面中心厚度为 17.5cm,桥面边缘厚度为 7cm,其间以直线变厚度。主孔挂梁一端设置固定支座,另一端为双向滑动支座。主孔活动端伸缩缝采用铸铁悬臂式梳形板,固定端采用橡胶管形伸缩缝。

(4)下部结构

主墩基础采用沉井基础,顺桥向及横桥向的尺寸为 10.0m×18.6m,埋深 23.50m;墩身横向宽 13.0m,纵向分别为 6.0m(10~15 号墩)、4.6m(9 号和 16 号墩),高度约为 15m。除沉井封底混凝土强度等级为 C20 外,其余的构件均采用 C25 混凝土。

(5)施工方法

所有 T 构悬臂箱梁除 0 号块采用托架浇筑外,均采用挂篮平衡悬臂现浇法施工,9 号和 16 号墩 T 构的悬臂总长度为 2×25.87m=51.74m,10~15 号墩 T 构的悬臂总长度为 2×45.87m=91.74m。

2. 主要病害分析

经过现场全面检测发现,其病害主要集中于桥面系、箱梁以及跨中下挠。牛腿、挂梁以及下部结构并未发现明显的病害。

(1)桥面系病害

原设计中桥面铺装层为防水混凝土三角垫层及细粒式沥青混凝土面层,厚度为 7~17.5cm。经过长期使用,原桥面铺装中的沥青混凝土面层已基本损坏,大桥管理部门对其进行了维修,并重新铺设了沥青混凝土面层。但经过检查发现,桥面铺装存在着如下问题:沥青混凝土面层普遍出现拥包现象,使桥面凹凸不平,不平整;桥面出现大量网状裂纹(图 7-48)。这些裂纹不断发展,加之沥青混凝土层与防水混凝土层结合不好,使桥面发生了严重的局部破损,沥青混凝土成片剥落,导致桥面出现许多小坑,露出了防水混凝土层(图 7-49)。

由于桥面的不平整和破损,当重载车辆高速通过时,桥梁产生较大的振动,对结构的冲击作用明显。因此,建议对桥面铺装进行彻底维修,并采取适当的构造,保证面层与防水层之间的可靠连接。同时,应采取限载、限速措施,以减小车辆对桥梁的冲击作用。

图7-48 桥面裂缝

图7-49 桥面破损

原设计中伸缩装置采用铸铁悬臂式梳形板,后来大桥维护部门用板式伸缩缝对全部伸缩装置进行了更换。但大部分伸缩缝仍有不同程度的损坏,表现为伸缩装置橡胶的变形、错位、脱落、翘曲、断裂等。另外,至少有一半以上的伸缩装置由于局部的破损,为保证车辆的正常运营,养护部门将破损部位暂时用混凝土封住,导致伸缩缝失去伸缩功能,影响了桥梁的工作性能。为保证桥梁的正常使用,建议更换全部伸缩装置,并根据结构变形大、桥上荷载重的特点,选用合适的伸缩装置型号(图7-50)。

图7-50 伸缩缝产生变形

(2)箱梁病害

通过设在墩柱上的爬梯进入到箱内,对箱梁内部进行了外观检查。本次检查包括1号T墩和2号T墩上、下游及前、后侧的八个悬臂。

①箱内通风良好,梁体混凝土干燥。

在箱梁的内、外侧腹板上均设有许多直径为5cm的通风孔,在每个节段的底板位置也设有直径20cm的挂篮锚固孔,使得整个箱内空气流通情况良好,箱内外温度基本保持一致,避免了过大的温差。另外,无论是顶板、腹板还是底板,梁体混凝土干燥、整洁,无任何破损、潮湿等现象。

②腹板及顶板有开裂现象。

a. 箱梁腹板裂缝。

从牛腿到1/3悬臂断面(8~11号块)的15.2m范围内,在箱内的腹板上发现了多条斜裂缝。图7-51为2号墩鹤岗侧下游内、外侧腹板的裂缝分布情况,其他悬臂的裂缝情况与此相似。斜裂缝一般沿30°~45°方向,裂缝周围混凝土干燥、整洁,很有可能是由于主应力过大所引起。

在所有悬臂的箱梁腹板内,在8~9号块上均产生了长度为2~6m的斜裂缝,斜裂缝的裂缝宽度在0.1~0.2mm之间,呈现出明显的受力裂缝特征。分析纵向预应力钢筋布置图可见,8、9号块是由两根下弯钢束改变为三根下弯钢束的区域,由此推断可能是过大的下弯预应力导致了腹板沿钢束下弯的方向开裂,但该推断还有待于通过荷载试验结果来证实。

箱梁外的腹板未发现有开裂现象。

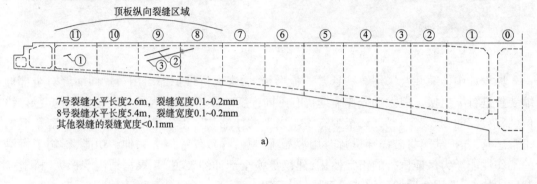

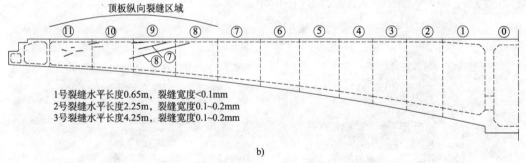

图7-51　2号墩鹤侧下游内、外侧腹板裂缝分布
a)内侧腹板裂缝分布;b)外侧腹板裂缝分布

b. 箱梁顶板纵向裂缝。

顶板内未设横向预应力筋,在横向属于钢筋混凝土构件。从牛腿到1/3悬臂断面(8~11号块)的15.2m范围内,在箱内的顶板上均发现了多条纵向裂缝。裂缝一般有5条,对称于顶板纵向中心分布,其中在顶板纵向中心处的裂缝宽度最大,约为0.06mm。裂缝四周没有钢筋锈蚀的痕迹。初步判断为由顶板横向弯矩引起的受力裂缝。

(3)悬臂端下挠

由于T构悬臂端的下挠,导致桥面系在挂梁处出现了折线线形,使桥面系呈波浪状起伏(图7-52),造成了桥面线形的不平顺。其结果是一方面给行车带来了不便,另一方面,在挂梁与T构连接处,加大了车辆对伸缩装置和结构的冲击作用。

利用全站仪,在桥外对主桥的纵向形状进行了测量。表7-9为各T构牛腿处实测出的主梁相对于拟合参考线形的竖向位移值(以参考线形以下为负)。由表可见,牛腿相对于拟合参考线形发生的最大下挠为5号墩的悬臂末端,为102.8mm。1号和8号T构墩的牛腿则发生了上拱现象,最大上拱值为30.9mm。若以牛腿处的高程为准,可得到挂梁跨中的反拱挠度值(表7-10)。

图7-52　呈波浪状起伏的栏杆和桥面系

由此可见,导致桥面起伏的主要原因有两个:一是T构本身的挠度使得牛腿下挠,二是挂梁长期反拱导致其上拱,两者的共同作用使桥面系产生了不平顺的折线形状。

各T构牛腿处相对于参考线形的挠度(单位:mm)　　　　　　　　　表7-9

T墩号	1	2	3	4	5	6	7	8
佳端	25.8	−35.6	−60.8	−84.4	−28.7	−76.0	−78.1	15.2
鹤端	5.9	−30.8	−41.2	−33.6	−102.8	−74.9	−71.4	30.9

挂梁的反拱挠度(单位:mm)　　　　　　　　　　　　　　　　　表7-10

挂梁号	1(佳侧)	2	3	4	5	6	7	8	9(鹤侧)
反拱度	9.2	64.2	71.8	77.6	89.4	69.2	81.0	62.8	51.0

另外,挂梁处的伸缩装置不能正常工作也加大了牛腿处的下挠。若以升温30℃计算,当温度升高时,T构的悬臂端和挂梁都要伸长(相对值约为18mm),但伸缩缝不能自由伸缩限制了这种变形,其后果是在主梁内产生很大的温度应力,并加剧了T构向下的挠度。

3. 加固方案设计

经过对大桥的全面检测和分析,认为产生桥梁病害的主要原因如下:

①桥梁振动过大的问题:主要与桥面铺装层平整度太差及伸缩缝破坏有关。由于桥面系长期缺乏维修,桥面平整度很差,加剧了桥上车辆的动力作用,使桥梁振动过大,衰减缓慢,对桥梁结构的受力极为不利。

②桥梁下挠过大的问题:主要与混凝土的收缩、徐变有关,排除了主梁截面刚度下降、截面抗力下降以及预应力大量损失等因素,因此,不需对结构进行强度和刚度加固。为做到桥面线形平顺,可采用桥面铺装混凝土找平。

综合佳木斯松花江公路大桥的结构受力特性与检测、检算结果,对该桥进行了维修加固设计,加固设计的要点如下:

①对桥面铺装进行维修。凿除全桥桥面铺装层的沥青混凝土面层,重新浇筑沥青混凝土面层,以提高桥面铺装的平整度。桥面铺装层的厚度本着使桥梁纵向线形协调的原则,在结构承载力容许的范围内确定,考虑箱梁、挂梁、牛腿、支座、墩柱等的内力改变对其承载力的影响。

②更换引桥和挂梁处的所有伸缩装置;并根据结构变形大、桥上荷载重的特点,选用合适的伸缩装置型号。

③对箱内所有可见裂缝,均采用化学灌浆法进行封堵。对顶板、墩顶横梁、牛腿横梁等部位,采用粘贴钢板法进行加固。

④因为额外的桥面找平层增加了结构的自重荷载,另外考虑到桥上车辆荷载较大,原桥安全储备较小的问题,对原结构采取了体外预应力加固补强措施。

下面分别针对桥面铺装加厚后T构承载力验算、体外预应力加固设计、锚固横向设计与减振装置设计展开论述。

(1)桥面铺装加厚后T构承载力验算

采用桥梁博士V 3.1对桥面系改造前后结构的应力进行计算。计算时,桥面铺装层为8cm混凝土垫层,桥面找平层为沥青混凝土,其厚度为:牛腿处找平层厚度10cm,在墩顶及挂梁的跨中截面找平层厚度为0,其间按抛物线变化。

①按JTJ 023—1985规范计算。

当结构体系完成后,悬臂根部截面的上缘压应力储备为5.48MPa,比原设计7.70MPa减小2.22MPa(降低28.8%)。其他截面下缘最大压应力为8.67MPa,小于规范规定的允许值$0.7R_a^b = 0.7 \times 28 = 19.6(\text{MPa})$。

在使用阶段荷载组合Ⅰ作用下,各控制截面上、下缘均未出现拉应力,悬臂根部截面的上缘最小正应力为3.13MPa(原设计为3.8MPa,降低17.6%),具有较大的压应力储备。各截面下缘的最大正应力为13.2MPa(原设计为12.1MPa),小于规范的限值$0.5R_a^b = 0.5 \times 28 = 14.0(\text{MPa})$;上缘的最大正应力为8.41MPa(原设计为12.7MPa),同样满足规范的要求。在使用荷载作用下,各控制截面的最大主压应力为13.2MPa(原设计为12.7MPa),小于规范的限值$0.6R_a^b = 0.6 \times 28 = 16.8(\text{MPa})$;最大主拉应力为1.54MPa(原设计为1.22MPa,增加26.2%),小于规范的限值$0.8R_l^b = 0.8 \times 2.6 = 2.08(\text{MPa})$。

铺设找平层后,各截面的极限组合内力比原设计增加了7%~9%,各截面的抗弯强度均小于其设计弯矩,并且有较大的富余,表明结构在承载能力极限状态时各截面的抗弯强度满足要求。

②按JTG D60—2004规范计算。

计算表明结构在承载能力极限状态时各截面的抗弯强度满足要求。

在正常使用极限状态标准效应组合作用下,各控制截面上、下缘压应力的最大值为12.6MPa,小于规范允许值13.4MPa;最大主压应力为12.6MPa,小于规范允许值16.1MPa,满足规范的要求。

在正常使用极限状态长期效应组合作用下,各控制截面上、下缘均未出现拉应力;最大主拉应力为-0.67MPa,小于规范允许值,满足规范的要求。

在正常使用极限状态短期效应组合作用下,各控制截面上、下缘均未出现拉应力;最大主拉应力为-1.14MPa,小于规范允许值1.44MPa($0.6f_{tk}$),满足规范要求。但T构根部截面上缘压应力储备较小,为1.91MPa;从牛腿到6号块各截面上缘的压应力储备均小于2.0MPa。

③120m T构悬臂梁结构计算结论。

通过对120m T构悬臂梁结构的计算,可以得出如下结论:

a. 桥面铺装经过改造后,在正常使用条件下,无论是按照公路JTJ 023—1985规范还是按照公路JTG D60—2004规范计算,T构箱梁的各截面均能满足汽车—超50级或公路—Ⅰ级荷载的使用要求,并且具有一定的强度储备。

b. 虽然从计算结果上,桥面铺装经过改造后能够满足汽车—20级或公路—Ⅰ级的荷载要求,但由于桥梁已使用了近20年,并产生了一些病害,桥梁的实际承载力有所下降;另外,桥上汽车荷载远大于设计荷载,以及按照公路JTG D60—2004规范计算的墩顶截面上缘压应力储备较小(1.91MPa),所以,应增加体外预应力,以增加桥梁的安全储备,延长其使用寿命。

(2)体外预应力加固设计

对本桥来说,设置体外预应力基于如下几方面的考虑:抵抗由于桥面板加厚、中跨跨中范围找平所增加的荷载;减小腹板的主拉应力,减小跨中截面正弯矩及墩顶截面负弯矩,提高桥梁的安全储备;在体外预加力作用下,原梁的裂缝将全部或部分闭合,能明显改善原梁的抗裂性能,提高结构的耐久性;体外预应力加固可在不中断交通的条件下进行,对桥梁的运营影响小;体外预应力加固所需设备简单、施工工期短、经济效益显著。

①体外预应力束布置形式。

后加体外预应力筋数量,按使用荷载作用下截面受拉边缘保持较大压应力储备的全预应力构件受力要求确定,并考虑腹板、顶板、桥面系改造可能引起的结构自重增加的不利影响。采用可调可换式体外预应力锚具,并采用具有多重防护功能的体外预应力钢索作为体外束。可调可换式体外预应力锚具可以进行换索,可以调整索力,能够适应以后桥梁的维护。体外索所用的光面钢绞线为符合美国ASTMA 416-90A标准的高强度、低松弛钢绞线,其标准抗拉强度为$R_y^b = 1860$MPa,并具有良好的抗侵蚀能力,能够适应具有严重侵蚀性的恶劣环境。

采用ϕ15.24-12钢索,配合OVM TSK-VI张拉、锚固锚具,控制张拉应力为$\sigma_k = 0.4R_y^b = 744$MPa,每束张拉吨位125t。每个箱梁两侧各布设2根,沿T构通长直线布置,体外束到截面顶边的距离为65cm。在10号块上设置钢筋混凝土锚固横梁,体外束在锚固横梁上锚固、张拉。横梁上设置了6个孔道,其中两个靠近腹板的孔道为备用孔道。

纵向体外预应力钢束布置如图7-53所示。

②体外预应力加固后结构安全性验算。

按JTG D60—2004规范计算。计算按如下原则进行:不考虑截面开裂及结构刚度降低的影响;活载为公路—Ⅰ级,不考虑活载超载;考虑原桥面铺装重量对混凝土收缩徐变的影响;考虑桥面铺装补强层两阶段受力的特点;不考虑原梁体内预应力束的后期损失;不考虑加固后原结构刚度的改变。

在标准组合作用下,截面最大法向压应力发生在墩顶附近截面上缘,为14.8MPa,小于规范允许值$0.5f_{ck} = 0.5 \times 32.4 = 16.2$MPa。斜截面最大主压应力发生在墩顶截面上缘,为14.8MPa,小于规范限值$0.6f_{ck} = 0.6 \times 32.4 = 19.4$MPa。

在短期效应组合作用下,各截面均未出现拉应力,由此说明,在短期效应组合作用下,各截面的正截面抗裂性均满足全预应力混凝土的要求。

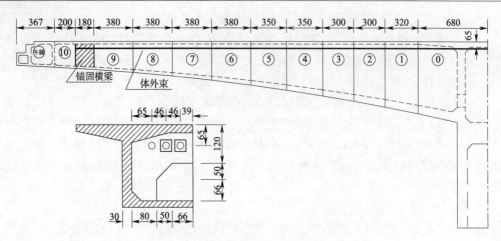

图7-53 纵向体外预应力钢束布置图(尺寸单位:cm)

在短期效应组合作用下的最小主拉应力发生在7号块右端,为-0.974MPa,小于规范限值$0.7f_{tk}=0.7\times2.65=1.855\text{MPa}$,斜截面抗裂性满足要求。其余截面的斜截面抗裂性均满足要求。在短期效应组合作用下,由于施加了体外预应力,提高了T构各截面的压应力储备。根部截面上缘压应力储备为2.28MPa(未施加体外预应力时为1.91MPa),从牛腿到6号块各截面上缘的压应力储备均有所提高(图7-54)。

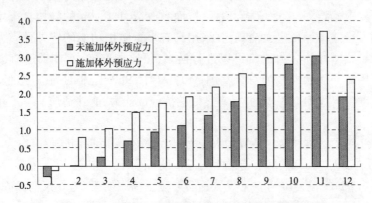

图7-54 T构各截面压应力储备图

(3)锚固横向设计

在顶板、腹板和底板之间设置钢筋混凝土横梁进行锚固。横梁位于9号块末端,厚度1.8m,锚固横梁与牛腿横隔梁的净距为2.30m。

①基本构造。

通过植筋的方式将横梁与原箱梁顶板、腹板、底板连接在一起。浇注横梁混凝土时,在顶板的中间开口(开口宽度30cm),从桥面上浇注,以保证横梁混凝土密实性。锚固横梁构造如图7-55所示。

为了加强锚固横梁与原梁的可靠连接,除了采用植筋技术将钢筋锚固外,确保混凝土的浇筑质量是问题的关键。锚固横梁体积小,钢筋密集,施工空间狭小,混凝土无法振捣,采用一般的混凝土是很难控制质量的。经过对国内已有桥梁加固实例的调查研究,新增设的锚固横梁采用自密实混凝土浇筑技术。自密实混凝土简介具有如下特点:高流态自密实混凝土在20世纪70年代由德意志联邦共和国发明,90年代中期在日本得到广泛应用;高流态自密实混凝土不用振捣而能自行密实,即混凝土自己流满整个模板,无需振动捣实而依靠自重密实;自密实混凝土在国内得到逐步应用,从20世纪90年代末开始浇筑量已超过数万立方,主要用于暗挖、密筋、形状复杂等无法浇筑或浇筑困难,解决扰民问题,缩短工期。本加固工程的锚固横梁内钢筋密集、空间狭小,无法振捣,普通混凝土无法浇筑密实,难以确保施工质量,采用自密实混凝土可解决上述问题。

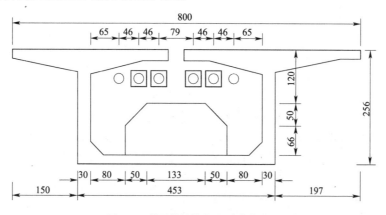

图 7-55 锚固横梁构造(尺寸单位:cm)

为加强横梁混凝土与原梁混凝土的连接,增强横梁的抗剪力,需要先凿除原梁顶板、腹板和底板的混凝土表面约 2cm,然后在横梁范围内,将原梁表面做成宽锯齿状的横向沟槽。沟槽深度不小于 3cm,宽度为 20cm。

② 内力计算。

采用 ANSYS V 10.0 中的 Solid95 块体单元,对锚固横梁进行空间有限元分析(图 7-56),计算在体外索张拉作用下的应力。体外索的设计张拉吨位以 40% 控制,即每束的最终张拉力为 1250kN,考虑到以后调索的可能,计算时体外索的张拉吨位以 50% 控制,即每束的最终张拉力为 1560kN,按同时张拉 6 束计算。

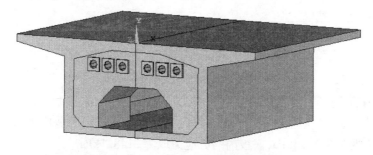

图 7-56 锚固横梁有限元计算图式

a. 横梁与顶板、腹板间的抗剪计算。

图 7-57 为自顶板中心开始,横梁与顶板、腹板、底板接触处横梁的剪应力包络图变化情况(其中 1~16 点为顶板,16~29 点为腹板,29~34 点为底板)。顶板内的剪应力自顶板中心向腹板逐渐增大,最大值发生在上承托中心,为 2654.8kPa。腹板内的最大剪应力发生在下承托与腹板交界处,为 3311.5kPa。底板内的剪应力较小,最大值为 2148.1kPa(图 7-57)。

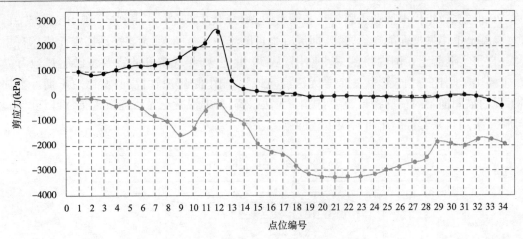

图 7-57　锚固横梁周边剪应力包络图

图 7-58 为横梁与箱梁接触处各点的剪应力包络图沿横梁厚度方向的变化情况。可以看出，最大剪应力发生在锚固面附近，此后在沿横梁厚度方向基本均匀分布。

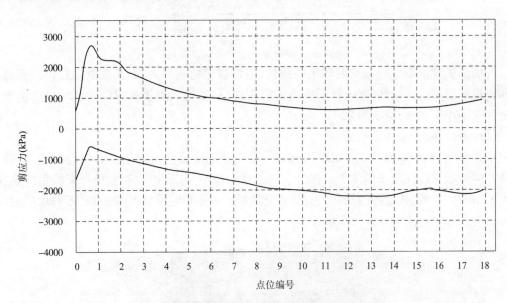

图 7-58　锚固横梁周边剪应力包络图沿厚度方向的变化

进行锚固钢筋计算时，可以偏安全地取顶板剪应力的最大值、腹板剪应力的最大值及底板剪应力最大值计算，并认为沿横梁厚度方向均匀分布。顶板内的剪应力取为 2654.8kPa，腹板内的剪应力取为 3311.5kPa，底板内的剪应力取为 2148.1kPa。

张拉体外束引起的剪力由横梁混凝土体和锚固钢筋共同承受。混凝土的容许剪切应力为 2.4MPa 计算，考虑到新旧混凝土之间的连接问题，计算时按 0.8 折减。

采用规格为 16×190 直径为 160mm 的 HRB335 钢筋作为植入筋，锚固深度为 19cm，每根锚栓的设计抗剪力为 33.0kN。

锚固钢筋的计算结果见表 7-11。根据计算结果，顶板内锚固钢筋的纵横向间距 20cm，腹板内锚固钢筋的纵横向间距 15cm，底板内锚固钢筋的纵横向间距 15cm（图 7-59）。

锚固钢筋计算表   表 7-11

构件	长度 (m)	计算剪应力 τ (kPa)	混凝土剪应力 τ_c (kPa)	锚固钢筋承受剪力 (kN)	锚固钢筋计算根数	间距 (m)
顶板	4.0	2654.8	1920	5290.6	160.3	0.212
腹板	3.05	3311.5	1920	7639.3	231.5	0.154
底板	1.848	2148.1	1920	758.8	23.0	0.380

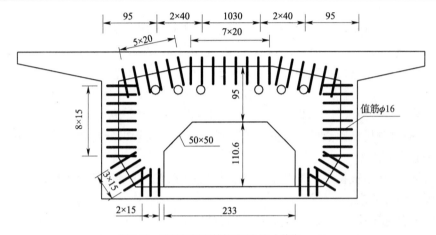

图 7-59 横梁锚固钢筋构造图(尺寸单位:cm)

b. 横梁抗弯设计。

采用 HRB335 钢筋,直径 32mm,沿横梁厚度方向布置 5 排,间距 12cm。在横梁后端,沿高度方向,横梁下缘至锚垫板间距为 10cm,锚垫板至顶板间距为 15cm。

(4)减振装置设计

在车辆荷载作用下桥梁结构将产生振动,同时也会引起体外索的振动。若体外索振动过大,将导致索内产生较大的索力变化,这对体外索的抗疲劳性能和锚具的工作性能不利。为防止在车辆荷载作用下体外索产生过大的振动,需要对体外索采取减振措施。

本桥体外索减振装置采用减振横梁配合减振支架的方法(图 7-60)。先在箱梁两腹板之间设置横向的减振横梁,横梁由两根槽钢组成,位于体外索下方并靠紧体外索的护套管,横梁的两端通过锚固钢板固结在箱梁腹板上。减振横梁每隔 6m 设置一道。

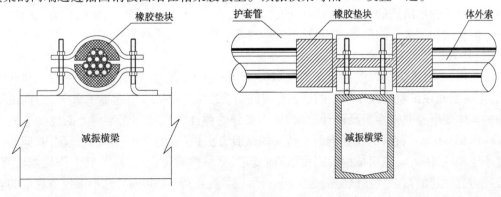

图 7-60 体外索减振装置构造图

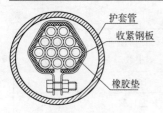

图 7-61 体外束收紧装置

减振支架由橡胶垫块、半圆形钢套管和钢支架组成。松散的体外束由橡胶垫块和两个半圆形钢套管收紧后,通过钢支架固定在减振横梁上。减振横梁上方的护套管需要剥除。

为使各体外束在护套管内更紧密地结合成为整体,在护套管内设置了体外束收紧装置(图 7-61)。收紧装置由橡胶垫和外面的收紧钢板组成,每隔 3m 设置一道。

4. 加固效果评价

2007 年 6 月~2008 年 8 月,佳木斯松花江公路大桥按照上述加固方案进行了维修加固施工。在加固施工过程中,整个施工过程平稳、安全,没有发生异常现象。锚固横梁的工作状态正常,与箱梁顶板、腹板、底板连接稳定可靠。监控单位通过对体外索的张拉力和伸长量、锚固横梁的变形、裂缝等的监测,将其控制在允许的范围之内,确保了维修加固工程的质量和安全。哈尔滨工业大学于 2008 年 8 月 26 日~8 月 29 日完成了大桥的外观检查和荷载试验工作,并通过分析试验数据对加固后的桥梁进行了加固效果分析和使用性能评价。

(1)外观检查结论

①钢板粘贴:从钢板粘贴的外观上看,钢板边缘溢胶色泽一致、硬化程度较好,钢板粘贴的质量达到了设计要求。

②伸缩装置施工质量良好,车辆通过平稳,对桥梁的冲击明显减小。

③采用回弹法测得的 T 构主梁混凝土的平均强度为 46.47MPa,满足桥梁主体结构设计强度等级 C40 的要求。采用回弹法测得的锚固横梁混凝土的平均强度为 49.8MPa,略低于 C50 的设计标准。

④在体外束张拉之前,锚固横梁混凝土已经产生了数条到数十条裂缝,裂缝大多出现在横梁与顶板、腹板的交界面处,裂缝长 5~50cm,宽 0.01~0.20mm。在体外索张拉过程中,横梁并未出现新的裂缝。本次检查时发现,横梁与顶板交界面竖向裂缝略有发展,但幅度较小;横梁与腹板交界面裂缝未再发展。

⑤本次检查时发现,锚固横梁墩顶侧的过人洞上方,新出现了竖向裂缝。主要裂缝有 7 道,均匀分布在过人洞水平段和倾斜段,裂缝向上延伸到孔道,沿横梁向锚固端延伸约 50cm,裂缝宽度 0.1~0.25mm,深度为 0.5~2.5cm,属于表面裂缝。通过对裂缝的形态、性质和荷载试验结果的分析,推断该裂缝是由混凝土的收缩引起,与体外索张拉、车辆荷载关系不大。由于裂缝出现的部位不是结构的关键受力部位,因此,不会对横梁的受力性能产生影响。但从结构耐久性的角度,需要对裂缝做封闭处理。

(2)静力荷载试验结论

①采用 12 台重 300kN 的加载车辆对 120m T 构进行加载,加载荷载系数 η 在 0.906 工况下,牛腿截面在试验荷载作用下的最大相对残余变形为 1.34%,均远小于 20%,由此说明结构的整体变形及完整性满足设计要求,处于良好的弹性工作状态。牛腿处的挠度校验系数 $\lambda = 0.838$、0.844,在《大跨径混凝土桥梁的试验方法》要求的 0.60~0.85 范围内,即实测挠度小于理论计算值,说明结构的刚度、整体变形、完整性满足设计要求,其工作性能较好,承载能力有一定的富余。在试验荷载作用下,牛腿处挠度为 44.40mm,远小于规范规定的容许挠度 $L/300 = 150$mm。

②在试验荷载作用下,箱梁内、外侧腹板相应测试点的混凝土纵向应变不均匀系数与理论值非常接近,说明箱梁截面在横桥向的受力分布情况是与设计的要求相一致的。试验荷载产生的应变与理论计算值的比值在 0.878~0.937 之间,其平均值为 $\lambda = 0.905$,实测值均小于理论值,说明结构工作性能良好,承载能力有一定的安全储备。

③在试验荷载作用下,体外索的自振频率有所增加,变化幅度在 0.8%~9.0% 之间,变化较小。说明在静载作用下,体外索的拉力增量很小。

④在试验荷载作用下,锚固横梁的混凝土横向应变测点的应变很小,几乎可以忽略不计。说明桥面车辆荷载对锚固横梁的作用较小,不是引起锚固横梁拉应力开裂的主要原因。

⑤在试验荷载作用下,锚固横梁的裂缝长度及裂缝宽度均没有发生变化。另外,在试验过程中,横梁上未发现有新裂缝产生。

(3) 动力荷载试验结论

①根据空间有限元的分析结果,原结构的自振频率为 1.74Hz,实测结构的自振频率为 1.904Hz,比原结构提高了 9.4%,说明经过维修加固后,结构的整体刚度得到了提高。

②加固后结构的阻尼比为 0.018,比加固前的阻尼比 0.011 提高了 63.6%,这与更换了伸缩装置及设置体外索有关。阻尼比提高对振动的衰减有利,可以缩短结构振动的持续时间。

③跑车时的加速度幅值最大值为 $0.284 m/s^2$,比维修前的幅值 $0.382 m/s^2$ 降低了 34.5%。说明经过桥面铺装维修和伸缩装置更换后,加速度幅值明显降低,提高了行车的舒适性。

④在 2 台试验车作用下,牛腿处动挠度为 3.74mm(加固前为 7.56mm),自由通车状态下的动挠度为 5.27mm(加固前为 17.10mm)。振动幅值较加固前分别降低 50.5% 和 69.2%,说明经过维修后,桥面平整程度良好,桥梁结构行车性能较好。

⑤在 2 台试验车作用下的动应变幅值为 $74\mu\varepsilon$(加固前为 $671\mu\varepsilon$),说明维修加固后,车辆对桥梁结构的冲击作用明显降低,车辆通过时桥梁结构反应平稳,动应变得到大幅度减小。

⑥拍振现象消失。桥梁的实测固有频率为 1.904Hz,比常见通行车辆的激振频率 2.5Hz 约小 31%,不会产生拍振现象,很大程度上减小了结构的振动幅度。

⑦在试验荷载及桥上自由车辆荷载作用下,体外索振动很小,基本表现为杂乱无章的振动,说明在车辆荷载作用下体外索的拉力变化很小,不会随车辆或桥梁的振动而引起共振现象,减振装置的效果明显。

(4) 荷载试验总结

根据对该桥的外观检查、静载试验结果及动载试验结果分析,可以得到如下检测结论:

①钢板粘贴、伸缩缝更换、锚固横梁、体外索、裂缝灌注等施工质量较好,达到了维修加固设计的要求。锚固横梁虽然由于混凝土收缩出现了一些非结构性表面裂缝,但不会对横梁的受力性能产生影响。

②根据静载试验的结果,在相当于汽车—超 20、挂车—120 级的试验荷载作用下,该桥的挠度、应变、裂缝均满足要求,现有桥梁能够满足汽车—超 20 级荷载的使用要求。

③根据动载试验结果,桥梁的动力工作性能较维修前有了大幅度提高,桥梁的振动幅度

减小约70%,动力工作性能得到了很大程度的改善,消除了维修加固前由于桥梁振动过大带来的安全隐患。

总之,本次维修加固,通过桥面系处理、钢板粘贴、伸缩缝更换、设置体外索、裂缝灌注等措施,大大提高了结构的承载能力、动力工作性能和耐久性,达到了桥梁维修加固的预期效果。另外,需要强调的是,本加固设计采用了可换可调式的体外预应力锚具体系,该锚具的特点是可以重复调整体外索的拉力,并且在体外索出现破坏时可以整根更换,这为以后桥梁的维护提供了极大的方便。在以后桥梁的运营过程中,可以根据梁体的实际受力需要,以及锚固横梁和体外索的实际工作情况,对体外索进行吨位补拉、更换等措施,以使桥梁结构满足正常的使用要求。

二、松原市松花江公路大桥加固案例

以松原市松花江公路大桥为例,分别从桥梁基本概况、主要病害分析、加固方案设计、施工试验研究、施工过程监控与加固效果评价六个方面进行阐述,以此来介绍大跨径PCT构+挂梁桥体外预应力加固技术的基本思路。

1. 桥梁基本概况

松原市松花江特大桥位于吉林省松原市,是连接江南和江北城区的唯一交通要道。桥梁全长1389m,共分38孔,分左右幅(左幅为新桥,右幅为旧桥),每幅桥宽11m,双向四车道。右幅旧桥于1973年10月建成,分孔跨径为北侧主桥3×49m+中间滩桥30×32.667m+南侧主桥5×49m,设计荷载汽—13、拖—60级。南、北两侧主桥的上部结构为T形刚构加挂孔,浅滩部分为预应力混凝土简支T梁,钻孔灌注桩基础。主桥下部结构为实体墩,浅滩为框架式墩身。左幅建成于1993年,分孔跨径为南侧主桥48.2m+2×49m+中间滩桥30×32.67m+北侧主桥4×49m+48.2m,南、北两侧的主桥为预应力混凝土变截面连续梁,其余为预应力混凝土简支T梁,钻孔灌注桩基础,设计荷载汽—20、挂—100级,人群荷载3.5kN/m²。

桥梁总体布局分为三段,第一段从0号台到3号墩,跨径为48.2m+2×49m,左幅新桥部分为三孔预应力混凝土变截面连续梁,右幅旧桥部分为三孔预应力混凝土T形刚构;第二段由3号墩~33号墩为30孔32.67m跨径的预应力混凝土简支梁桥;第三段从33号墩到38号台,跨径为4×49m+48.2m,左幅新桥部分为五孔预应力混凝土变截面连续梁,右幅旧桥部分为五孔预应力混凝土T形刚构。

下面只对左幅南北两侧的主桥进行介绍。

(1)主梁构造

本桥上部结构采用变高度预应力混凝土连续梁,先简支后连续法逐段施工。墩顶为现浇段,长12m,采用单箱四室变高度预应力混凝土箱梁,墩顶梁高2.8m。其余部分为变高度预应力混凝土T梁,横向由5片T梁组成,采用预制拼装施工。其中,边跨T梁预制长度为41.5m,跨中段梁高为2.0m;中跨T梁预制长度为35m,跨中截面梁高1.3m。预制T梁横向由1.0m的湿接段连接,跨内设置了7道横隔梁。预制T梁与现浇箱梁之间由长1.0m接缝段连接,接缝处为实心箱形断面。主梁混凝土采用C40。上部结构构造如图7-62所示。

第 7 章 大跨径 PC 桥梁体外预应力加固技术

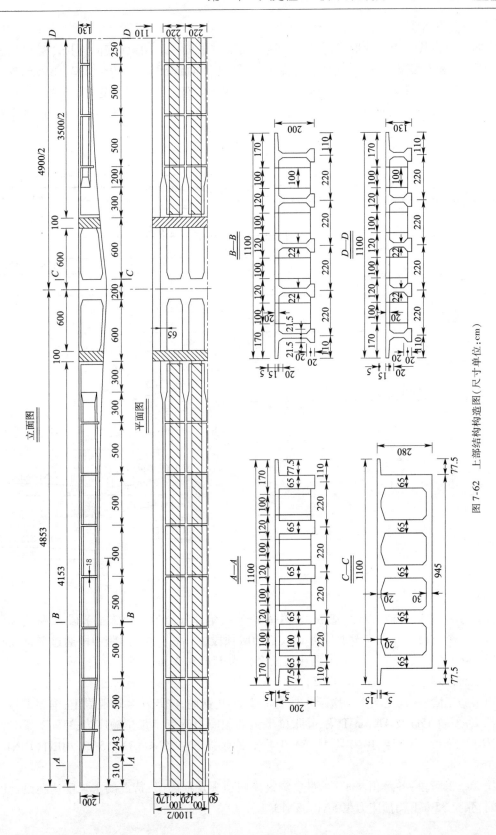

图 7-62 上部结构构造图（尺寸单位：cm）

(2)预应力体系

纵向预应力共采用三种形式,分为先期束(预制时张拉)、后期束(横向连接之后纵向连接之前张拉)和连续束三种(纵向连接时张拉)。预制 T 梁部分均采用 $9\phi^j15.2$ 钢绞线,连续束则采用 $7\phi^j15.2$ 钢绞线,张拉控制应力均为 1200MPa。在进行纵向合龙时,连续束通过联接器与预制 T 梁内的先期束联接。三跨连续梁预应力布置如图 7-63 所示。五跨连续梁预应力布置如图 7-64 所示。

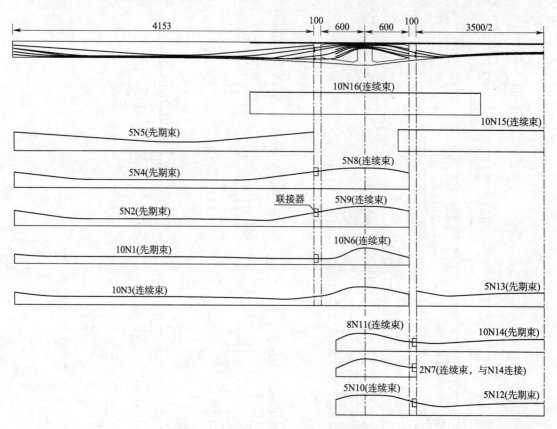

图 7-63 三跨连续梁预应力布置图(尺寸单位:cm)

(3)施工方法

按支架分段施工方法设计、施工。其中 5 跨连续梁部分分为 9 个施工节段,3 跨连续梁部分分为 5 个节段。先在支架上现浇 12m 长的墩顶段,然后将预制的跨中段通过湿接段与墩顶段连接。湿接段长度为 1.0m,跨中段长度分为 35m 和 41m 两种。

①三跨连续梁施工顺序(图 7-65)。

第 1 施工阶段:在支架上支墩顶 0 号块模板,绑扎钢筋,浇筑 0 号块混凝土;锚固 1 号、2 号墩约束;预制 35m 及 41.5m T 梁,并张拉 T 梁的预应力钢束。张拉顺序为:35m T 梁对称张拉 5N12,5N12′,10N14,10N14′;41.5m T 梁对称张拉 5N4,5N4′,5N5,5N5′,10N1,10N1′,5N2,5N2′。

第 2 施工阶段:各跨预制 T 梁就位,浇筑横向顶板及横隔梁;待混凝土强度达到设计值 85% 时,张拉 35m T 梁预应力束 5N13,5N13′。

第7章 大跨径 PC 桥梁体外预应力加固技术

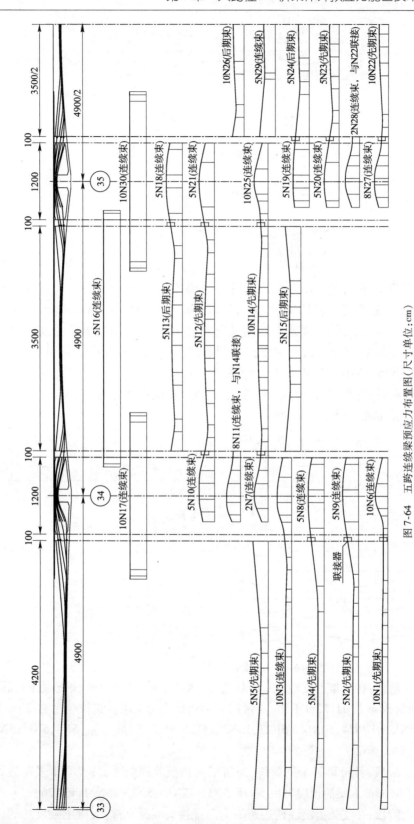

图 7-64 五跨连续梁预应力布置图（尺寸单位：cm）

273

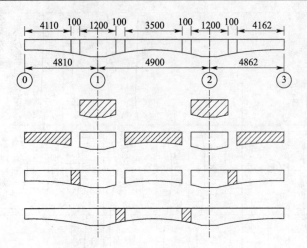

图7-65 三跨连续梁施工顺序图(尺寸单位:cm)

第3施工阶段:在支架上浇筑两边跨的纵向湿接头混凝土;待混凝土强度达到设计值85%时,对称张拉后期连续束10N3,10N3′,5N8,5N8′,5N9,5N9′,10N6,10N6′。

第4施工阶段:在支架上浇筑中跨的纵向湿接头混凝土;待混凝土强度达到设计值的85%时,解除2号墩临时约束,对称张拉后期连续束2N7,2N7′,4N15,4N11,4N11′,6N15,4N11,4N11′,4N16,4N16′,5N10,5N10′,6N16,6N16′。

第5施工阶段:拆除支架,形成三跨连续梁;铺设桥面系及附属工程。

②五跨连续梁施工顺序(图7-66)。

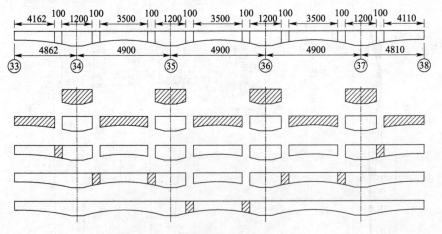

图7-66 五跨连续梁施工顺序图(尺寸单位:cm)

第1施工阶段:在支架上支墩顶0号块模板,绑扎钢筋,浇筑0号块混凝土;锚固34~37号墩约束;预制35m及41.53m T梁,并张拉T梁的预应力钢束。张拉顺序为:35m T梁对称张拉5N12,5N12′,10N14,10N14′,5N23,10N22;41.53m T梁对称张拉5N4,5N4′,5N5,5N5′,10N1,10N1′,5N2,5N2′。

第2施工阶段:各跨预制T梁就位,浇筑横向顶板及横隔梁;待混凝土强度达到设计值的85%时,张拉35m T梁的预应力束5N15,5N15′,5N13,5N13′,5N24,10N26。

第3施工阶段:在支架上浇注两边跨的纵向湿接头混凝土;待混凝土强度达到设计值的

85%时,对称张拉后期连续束10N3,10N3′,5N8,5N8′,5N9,5N9′,10N6,10N6′。

第4施工阶段:在支架上浇筑第二、四跨的纵向湿接头混凝土;待混凝土强度达到设计值的85%时,解除34、37号墩临时约束,对称张拉后期连续束2N7,2N7′,2N25,2N25′,2N16,2N16′,5N10,5N10′,5N21,5N21′,3N16,3N16′,4N17,4N17′,8N11,8N11′,8N25,8N25′,6N17,6N17′,5N18,5N18′。

第5施工阶段:支架浇筑第3跨纵向湿接头混凝土;待混凝土强度达到设计值85%时,解除36号墩临时约束,对称张拉后期连续束5N19,5N19′,5N20,5N20′,5N29,4N30,4N30′,8N27,8N27′,6N30,6N30′,2N28,2N28′。

第6施工阶段:拆除支架,形成五跨连续梁;铺设桥面系及附属工程。

(4)下部结构

下部结构采用双柱墩式钻孔灌注桩基础。墩身为现浇混凝土门式墩,钻孔桩直径为1.2m,桩长40m,桩距3m,桥台布置为双排4根,其他墩布置呈三排梅花形。

(5)桥面系及伸缩装置

桥面净宽11m,横向布置为1.5m人行道+9m车行道+0.5m防撞护栏,桥面设置1%双向横坡。纵坡设置:K1+094.20~K1+697.78之间为0.1044%,K1+697.78~K1+763.12之间为0%,K1+763.12~K2+464.70之间为0.1008%。桥面铺装采用混凝土铺装层,厚度为9.5—14.5—9.5cm,设1%双向横坡,分两部分完成:先做厚度为4.5—9.5—4.5cm的C30防水混凝土,其上涂刷NK-4型防水涂料,固化后绑扎桥面钢筋网,浇筑表层5cm厚桥面混凝土。

2. 主要病害分析

对桥梁的主要受力部位,如主梁、湿接段以及桥面系、墩台、伸缩装置等,进行全面细致的外观检查,对桥梁的病害进行定量分析和描述。

(1)桥面系附属设施

桥面附属设施主要包括:桥面铺装、伸缩缝装置情况以及桥梁支座。

①桥面铺装:原设计中桥面铺装层为9.5—14.5—9.5cm的防水混凝土面层,分两层铺设,其中表层为5cm的混凝土层。经过长期使用,原桥面铺装中的表层混凝土已基本损坏,大桥管理部门对其进行了维修,并重新铺设了沥青混凝土面层。经过检查发现,南、北岸连续梁部分的桥面铺装完好,较为平整,未发现破坏现象。新桥简支梁桥跨及旧桥部分的桥面铺装基本完好,虽然局部有破损、凹凸不平、裂纹及不平整的现象,但并不影响桥梁的正常使用,对桥梁结构的影响不大。

②伸缩缝装置情况:原设计中新桥连续梁部分的伸缩装置XF组合式大变位斜支撑伸缩缝,后更换为上海彭浦橡胶制品厂生产的GQF-MZL-240型伸缩缝。经检查发现,伸缩装置未出现破坏现象,工作基本正常。北岸新桥的南侧伸缩装置所在的人行道出现局部破损现象,需要修复。

③桥梁支座:新桥均采用板式橡胶支座,经过检查,支座周围清洁,工作正常,未发现有任何破损现象。

(2)连续梁裂缝检查

利用桥梁检测车,对新桥的南、北侧连续梁桥跨进行了外观检查。

①预制T梁:南岸第一、三跨及北岸第一、五跨的预制T梁部分的跨中、梁端等部位均未观测到裂缝。南岸第二跨跨中左右各6m范围内的梁底,主梁发生了严重的横向开裂。裂缝纵向间距约为0.5m,从梁底开始,大部分已越过T梁的马蹄进入腹板,最大裂缝宽度约为0.3mm,表现为典型的受弯开裂特征。在距离跨中约5.5m及4.3m的腹板内,出现了两道斜裂缝,裂缝宽度分别为0.2mm和0.3mm,呈现出明显的主拉应力裂缝特征。北岸第二、四跨的T梁梁底也发生了较严重的开裂现象,其裂缝特征与南岸第二跨的开裂情况基本相同。北岸第三跨的T梁跨中截面未观测到开裂现象。

②接缝:南岸边跨、北岸边跨的接缝均未观测到开裂现象。南岸第二跨接缝和北岸的第二、四跨的接缝均出现了开裂现象。裂缝基本沿桥梁的纵向,位于腹板范围内,最大宽度约为0.2mm。北岸第三跨接缝的下缘位置也出现了纵向开裂现象,裂缝宽度约0.2mm,但裂缝较少。与之相连的预制T梁的梁端开始出现轻微的裂缝。

③墩顶现浇段箱梁:从外观上看,墩顶现浇段箱梁的混凝土质量较好,未发现肉眼能见裂缝。

(3)桥梁线形观测

南岸的桥面系在第二跨出现了下挠,北岸的桥面系在第二、四跨出现了下挠,使桥面系呈波浪状起伏,造成了桥面线形的不平顺,外观上给人带来一种不安全感(图7-67)。

图7-67 呈波浪状起伏的栏杆和桥面系

利用全站仪,在桥外对主桥的纵向形状进行了测量。测量时以T梁外侧翼缘板的端部下缘为准。图7-68、图7-69中的虚线为利用全站仪测得的坐标描绘出的主桥形状(图中纵横向的比例为1:100)。

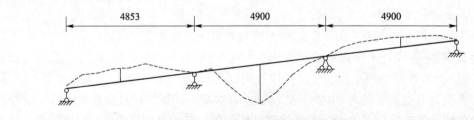

图7-68 三跨连续梁纵向线形(尺寸单位:cm)

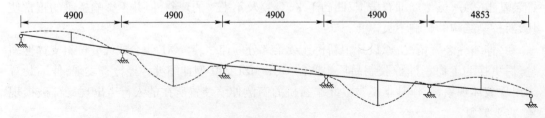

图7-69 五跨连续梁纵向线形(尺寸单位:cm)

若认为墩顶处不发生变位,则相邻两中墩高程的连线可以作为设计的初始线形(或参考线形)。图7-68中墩连线后的纵坡为0.1184%,图7-69中墩连线后的纵坡为0.1143%,与设计值0.1044%、0.1008%基本相同。

第7章 大跨径 PC 桥梁体外预应力加固技术

从图中可以看出,三跨梁的中跨发生了下挠,而边跨则上拱;五跨梁的第二、四跨发生了下挠,而第一、三、五跨则上拱,这与前面对于混凝土收缩、徐变效应的计算结论是一致的。各跨中位置主梁相对于参考线形的挠度值见表7-12。

各跨跨中相对于参考线形的挠度(向上为正,单位:cm) 表7-12

位置	第1跨跨中	第2跨跨中	第3跨跨中	第4跨跨中	第5跨跨中
三跨梁	4.8	-14.2	3.6	—	—
五跨梁	4.6	-13.1	2.1	-12.0	5.7

(4)对下挠原因的综合分析

根据对松原市松花江特大桥的计算、外观检查及荷载试验结果的综合分析,认为导致该桥部分桥跨发生下挠的主要原因与以下几方面有关:

①设计上存在薄弱环节,部分截面预压应力储备较小,导致使用阶段拉应力过大。

从计算结果来看,当桥面系完成后,发生下挠这几跨的跨中截面下缘的压应力储备较低,不足以抵抗混凝土收缩徐变、汽车、挂车等荷载中任一项产生的拉应力。在这些荷载的单独作用或共同作用下,截面下缘均将出现较大的拉应力,从而导致开裂。

②对混凝土收缩徐变的影响估计不足,后期预应力损失过大。

混凝土的收缩、徐变的长期作用一方面将增大结构的自重挠度,另外,混凝土收缩、徐变效应还要引起预应力的损失,从而进一步加大了梁体的下挠。根据计算结果,三跨连续梁第2跨跨中截面在混凝土收缩徐变作用下将下挠42.2mm,而边跨将上拱59.8mm。实际测量的结果是,第2跨跨中截面实际下挠142mm,边跨分别上拱36mm、48mm。虽然由于各种原因,计算值与实际值不可能完全吻合,但它证明了混凝土收缩、徐变对结构的实际影响与理论是一致的。由混凝土收缩徐变引起的应力损失将使结构产生很大的拉应力,从而降低了结构中的预压应力,甚至将其完全消耗掉。从本桥的计算结果来看,发生下挠的桥跨,其跨中截面下缘的预压应力均小于混凝土收缩、徐变产生的拉应力。

③截面开裂导致刚度降低,桥上繁重的车辆进一步加重了开裂。

由于预应力的严重不足,使得结构产生了较大的变形,从而引起大量的受力裂缝,如腹板抗主拉应力不足导致的腹板斜裂缝、跨中截面的底板因受拉导致的横向裂缝等,这些裂缝在桥梁外观检查时已得到了证实。此时,截面由于开裂,导致其刚度下降,从而使得主梁在桥上荷载作用下发生较大的挠度,截面的承载能力将严重下降。另外,从桥梁通行的情况来看,桥上车流量很大,其中不乏重型车辆。这些重型车辆通过时,进一步加剧了截面的开裂,降低了结构刚度。

综上所述,导致结构产生下挠的主要原因是预应力不足引起的结构挠度以及由此产生的截面开裂导致刚度下降,而预应力不足的主要原因,一方面是局部截面预压应力储备较小,另一方面则是由于对混凝土收缩、徐变产生的效应估计不充分。

3. 加固方案设计

根据对原桥的外观检查以及加固前的成桥检测结果,分析部分中跨下挠的主要原因是由于原梁体中的预应力不足。所以加固设计方案主要从补充预应力的角度出发,采用体外预应力技术对该桥进行加固改造,使结构在设计荷载的主要组合作用下,处于全预应力或部分预应力 A 类构件状态。采用如下加固改造措施：

①对桥梁已产生的裂缝进行化学灌浆处理，以防有害物质侵入混凝土，造成预应力钢筋的锈蚀。

②对关键截面的裂缝，如跨中、接缝处等进行碳纤维（或其他复合纤维）封闭处理，以防裂缝进一步扩大，影响结构安全。

③由于新桥产生病害的主要原因是预应力不足的问题，因此，本桥的加固应从补充预压应力出发，使结构在设计荷载的主要组合作用下，尽量处于全预应力或部分预应力 A 类构件状态。

④针对桥梁中跨发生较大挠度的情况，在对结构进行加固以后，将跨中明显下沉段（约 20m）的桥面铺装加厚 10~15cm，以使下挠的桥面呈现水平状态。加厚材料采用轻质、高强的混凝土材料或沥青材料。加厚时应设置必要的锚固钢筋以保证新旧混凝土的连接。另外，人行道及栏杆也需处理成水平状态。

(1) 体外索形式及布置

对本桥来说，补充预压应力最直接、最简便的方法就是采用体外预应力技术。采用可调可换式体外预应力锚具，并采用具有多重防护功能的体外预应力钢索作为体外束。可调可换式体外预应力锚具可以进行换索，可以调整索力，能够适应以后桥梁的维护。体外束采用符合 ASTMA 416-90A 标准的 270 级 $\phi^j 15.24$ 低松弛高强钢绞线，其标准强度为 $R_y^b = 1860$ MPa，最小破断力为 260.7kN，张拉控制应力 $\sigma_k = 0.75 R_y^b = 1395$ MPa。

对于三跨连续梁，边跨采用 $5\phi^j 15.24$ 钢绞线，在每个预制 T 梁的两侧各布设 1 根，边跨共 10 根。体外束在 T 梁的梁端腹板加厚段张拉，采用两端张拉的方式；利用 T 梁的中横隔梁作为体外束的转向装置，体外束到截面底边的距离为 40cm。边跨共设两道转向装置。中跨采用 $9\phi^j 15.24$ 钢绞线，在每个预制 T 梁的两侧各布设 1 根，中跨共 10 根。体外束在 T 梁的梁端腹板加厚段张拉，采用两端张拉的方式；利用 T 梁的中横隔梁作为体外束的转向装置，体外束到截面底边的距离为 40cm。中跨共设四道转向装置。

五跨连续梁的预应力布置与三跨连续梁相同。两个边跨采用 $5\phi^j 15.24$ 钢绞线，第二、四跨采用 $12\phi^j 15.24$ 钢绞线，第三跨则采用 $11\phi^j 15.24$ 钢绞线作为体外束。各跨在每个预制 T 梁的两侧各布设 1 根，每跨共 10 根体外束。边跨设置两道转向装置，三个中跨各设置四道转向装置。边跨及中跨体外束布置如图 7-70 所示。

(2) 锚固钢箱设计

张拉时体外索中的张拉力由锚固箱直接承担，通过锚箱与梁体的稳固连接，以锚箱为载体将预加力直接传递到梁体上。为了保证锚固的可靠与稳定性，锚箱采用钢构件焊接而成，中间预留体外索孔道。在每个预制 T 梁的两侧共布设 4 个钢锚箱，每跨共 20 个，全桥共计 160 个。采用种植高强钢筋及灌注结构胶的形式，将锚固箱与混凝土梁体连接在一起。钢锚箱构造如图 7-71~图 7-73 所示。

(3) 体外索转向装置设计

利用 T 梁的中横隔梁作为体外束的转向装置，边跨内设置 2 道，中跨内布置 4 道。对于边梁的外侧，由于没有横隔梁，因此，设置了单独的转向块装置。转向块为钢结构，通过锚固在腹板上的钢板与 T 梁相连。转向装置构造如图 7-74、图 7-75 所示。

第 7 章 大跨径 PC 桥梁体外预应力加固技术

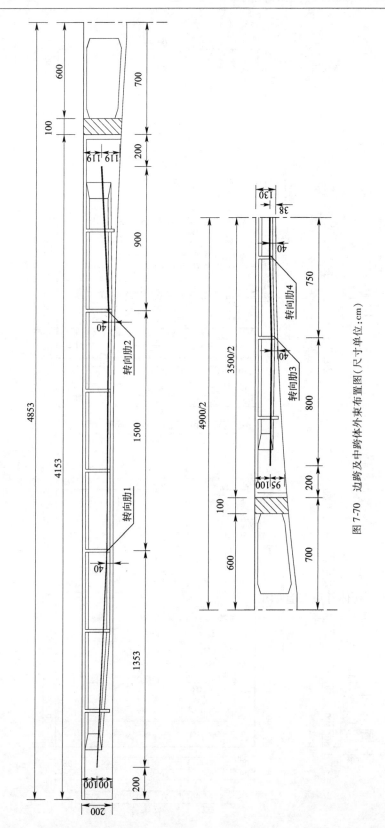

图 7-70 边跨及中跨体外束布置图（尺寸单位：cm）

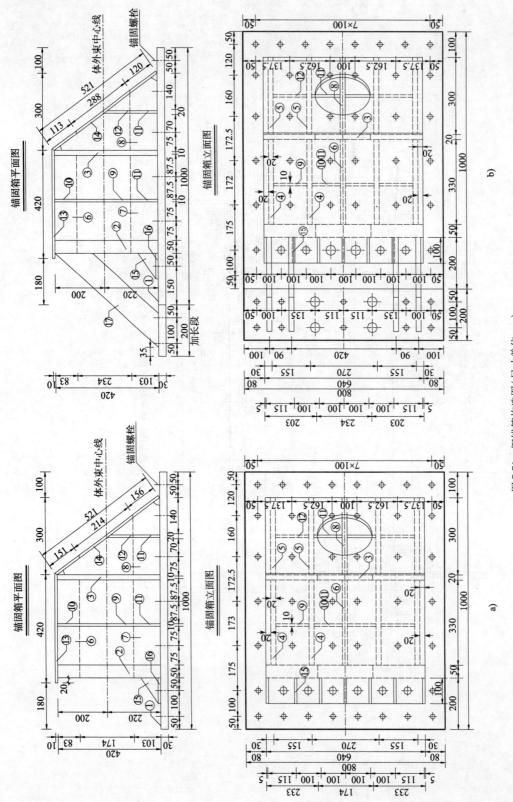

图 7-71 钢锚箱构造图（尺寸单位：cm）
a）边跨钢锚箱；b）中跨钢锚箱

第 7 章 大跨径 PC 桥梁体外预应力加固技术

图 7-72 边跨钢锚箱构造

图 7-73 中跨钢锚箱构造

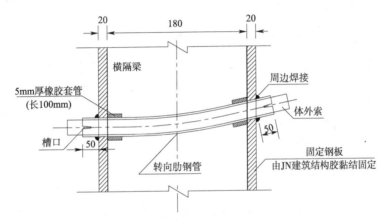

图 7-74 横隔梁转向装置构造(尺寸单位:cm)

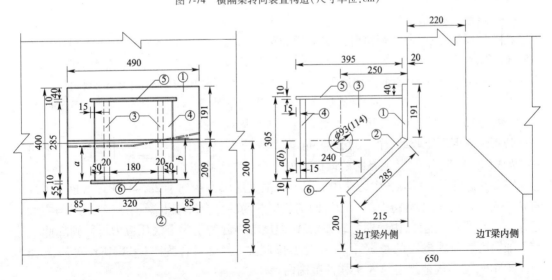

图 7-75 边梁外侧转向装置构造(尺寸单位:cm)

(4)体外索减振装置设计

在车辆荷载作用下桥梁结构将产生振动,同时也会引起体外索的振动。若体外索振动过大,将导致索内产生较大的索力变化,这对体外索的抗疲劳性能和锚具的工作性能不利。

为防止在车辆荷载作用下体外索产生过大振动,需对体外索采取减振措施。

由于边跨只设置了两道转向装置,根据现场情况,锚箱与转向肋及两个转向肋之间的体外索长度偏大,在活载作用下振动明显,振动持续时间较长,影响体外索的耐久性。为有效减小在活载作用下体外索的振动,在每个边跨的两个边梁外侧设置五个减振环。由于中跨已经设置了四道转向装置,转向肋间的长度较小,不需要进行减振环的设置。

减振环通过锚固 T 梁腹板内的 M16 拉杆固定在主梁上。为使各体外束在护套管内更紧密地结合成为整体,在钢管内设置了体外束收紧装置。收紧装置由橡胶垫和外面的收紧钢板组成。体外束减震装置如图 7-76 所示。

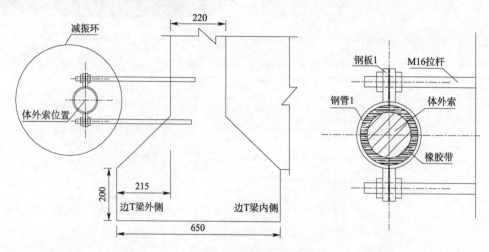

图 7-76　体外束减震装置构造图(尺寸单位:cm)

(5)加固后结构计算

①三跨连续梁加固计算。

在体外预应力加固前,边跨各预制 T 梁的跨中截面在主要组合作用下,下缘最小应力为 -5.10MPa,附加组合作用下为 -6.37MPa,均为 B 类构件。加固后,主要组合作用下的最小正应力为 -0.87MPa,附加组合作用下为 -2.17MPa,为部分预应力混凝土 A 类构件。

对中跨跨中截面下缘来说,加固后主要组合作用下的最小正应力为 -2.49MPa,附加组合为 -4.87MPa,比加固前降低了一半,并且低于加固前边跨跨中的应力水平。

若不考虑混凝土收缩、徐变的影响,除第 2 跨的 T 梁跨中下缘在附加组合作用下出现 -0.70MPa 的拉应力外,其他各跨的截面均处于全预应力状态。

需要注意的是,加固后,中跨跨中截面上缘最大压应力达到了 23.41MPa,已超过了规范的允许值。为此,可以将跨中范围的桥面铺装用配筋的复合纤维混凝土适当加厚,与主梁一起参与后期受力。这样,由后期荷载如活载、温度等引起的 T 梁上缘压应力可得到降低。

加固后墩顶现浇段的接缝下缘出现了拉应力,主要组合为 -0.88MPa,附加组合为 -1.20MPa,均在规范规定的 A 类构件范围内。

②五跨连续梁加固计算。

在体外预应力加固前,边跨各预制 T 梁的跨中截面在主要组合作用下,下缘最小应力为 -5.55MPa,附加组合作用下为 -6.17MPa,均为 B 类构件。加固后,主要组合作用下的最小正应力为 -1.80MPa,附加组合作用下为 -2.42MPa,为部分预应力混凝土 A 类构件。

对第2、3、4跨的跨中截面下缘来说,加固后主要组合作用下的边T梁的最小正应力为-1.39MPa,为A类构件;内梁最小正应力为-3.08MPa,为B类构件,裂缝宽度约0.1mm;附加组合为-5.46MPa。总体拉应力水平比加固前降低了约一半,并且低于加固前边跨跨中的应力水平。

若不考虑混凝土收缩、徐变的后期影响,除第2、4跨的内T梁的跨中下缘在附加组合作用下出现-1.08MPa的拉应力外,其他各跨的截面均处于全预应力状态。

加固后中跨跨中截面上缘最大压应力达到了24.98MPa,已超过了规范的允许值。为此,可采取将跨中范围的桥面铺装用配筋的复合纤维混凝土适当加厚的方法,使桥面铺装与主梁一起参与后期受力。这样,由后期荷载如活载、温度等引起的T梁上缘压应力可得到降低。

加固后墩顶现浇段的接缝下缘出现了拉应力,主要组合为-1.53MPa,附加组合为-1.67MPa,均在规范规定的A类构件范围内。

4. 施工试验研究

为确保加固施工的可靠性和安全性,先后进行了钢锚箱承载力试验、植筋锚固试验、植筋施工工艺等,以得到试验数据,确定相关技术指标和相关设计数据。

(1)钢锚箱承载力试验

正式施工前,需要在现场进行钢锚箱的承载力试验,共进行了5次钢锚箱承载力试验。

①第一次试验:胶的对比试验(图7-77)。

图7-77 第一次试验

在现场分别采用原设计建议的JN建筑结构胶、药包式化学锚栓及武汉二航局生产的K-801混凝土快速黏结结构胶、45号钢材质锚栓进行了两个钢锚箱的对比试验。

试验时,将两个锚固箱锚固在现场浇筑的C50混凝土地梁上,用千斤顶对顶的方式加载。根据试验结果,在140t的时候,采用JN建筑结构胶的锚箱先发生破坏,破坏形式为钢锚箱底板后端的混凝土拔出破坏,而采用K-801胶的钢锚箱未发生破坏。因此,设计中将结构胶变更为K-801结构胶。但此次试验未能测试出采用K-801结构胶灌注的钢锚箱的承载力。

②第二次试验:采用K-801胶的钢锚箱承载力试验(图7-78)。

由于第一次试验未能测试出采用K-801胶的钢锚箱承载力试验,所以,在原来采用JN建筑结构胶安装钢锚箱的位置重新采用K-801胶安装锚箱,进行钢锚箱的对比试验。由于原锚箱底板下混凝土已经破碎,所以对破碎的混凝土采用树脂混凝土进行了修补,然后进行重新钻孔植筋,锚栓的锚固深度仍采用JN药包式化学锚栓建议的锚固深度。根据现场试验结果,在吨位达到140t的时候,两个锚箱底板中间的混凝土被拉坏。

图 7-78 第二次试验

③第三次试验:设计变更后钢锚箱承载力试验(图 7-79)。

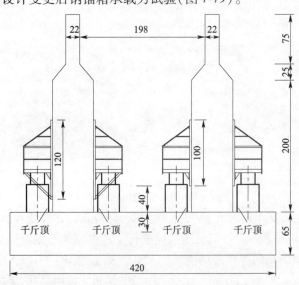

图 7-79 第三次试验(右端立柱破坏)(尺寸单位:cm)

由于前一次试验锚栓的锚固深度偏小,根据试验结果,钢锚箱未能达到设计要求的承载力,所以对原设计进行了变更,调整了原设计中锚栓的锚固深度,将其加深;对于中跨的钢锚箱,还将底板加长 20cm,并用钢板将底板的加长部分与锚箱 N2 钢板连接。

由于前两次试验使得原现浇的地梁顶面混凝土遭到破坏,所以重新设计试验方案,对变更后的钢锚箱重新进行承载力试验。试验方案采用在原地梁上现浇两个立墙,具体尺寸与实桥的端部变截面处一致:右端立墙为锚固深度加深后的钢锚箱试验,左端立墙为锚固深度加深后及底板加大的钢锚箱试验。地梁破坏处采用树脂混凝土修补。

首先进行右端立墙的试验。两侧锚箱同时受力,当吨位达到近160t的时候,立墙被拔起,立墙根部混凝土破坏,此时锚箱未见有任何开裂、破坏现象。

④第四次试验:变更后钢锚箱承载力试验(图7-80)。

为防止第三次试验中的破坏状况再次出现,对左端立墙的试验方案进行了修改。试验时,左端千斤顶维持50t不变,利用右端千斤顶加载。现场试验结果:吨位达到240t时钢锚箱仍未破坏,仅锚后底板的封口胶有开裂现象。但千斤顶已经达到最大张拉吨位,无法再进行加载。

⑤第五次试验:实桥梁体上钢锚箱承载力验证。

虽然前几次试验均模拟实桥尺寸结构进行,但由于实桥为待加固桥梁,实桥母体与现场浇筑

图7-80 第四次试验

的地梁存在一定的差异性,所以,在第四次试验的基础上,进行实桥的钢锚箱安装及体外索张拉。

试验梁体为南岸第二跨中间3号梁,在3号梁的左右两侧同时对称张拉,张拉分七个级别进行,并同时跟踪监测,主要监测钢锚箱的变形以及锚后混凝土的应力变化情况。由于此梁的设计张拉力为140.8t,但考虑北岸五跨连续梁中跨张拉力为187.7t,所以,将此梁张拉力提高到187.7t。

试验结束后两天内,钢锚箱变形及锚后混凝土应力均在设计范围之内,梁母体完好,第三天,梁北侧下游的钢锚箱底钢板处混凝土出现开裂,其开裂形式类似于混凝土受剪开裂。经业主、施工单位以及设计单位共同协定,将开裂混凝土进行灌胶加固。到加固施工结束为止,加固后钢锚箱底板下混凝土未再开裂,变形也未继续发展。

(2)植筋锚固试验

施加体外预应力的关键在于张拉锚固端的可行性和可靠性。本桥在T梁腹板位置设置钢锚箱,由此涉及与原梁的连接问题,这主要靠植入钢筋来解决。通过在T梁的腹板植入钢筋,使钢锚箱与原梁混凝土成为整体,承担由于张拉体外预应力产生的剪力和弯矩。因此,植筋的强度和质量成为该桥体外预应力成败的关键。

由于本桥腹板内预应力筋密集,实际施工时,植入钢筋的深度不能保证达到设计要求(本桥采用直径16mm钢筋,要求植入深度不小于20cm)。另外,由于原梁混凝土性能有所降低,即使满足了植筋的深度要求,也不能保证植入钢筋的抗拉拔强度达到设计值。因此,在进行锚固横梁的设计之前,应在桥梁上通过试验确定钢筋的植入深度和抗拉强度。具体试验要求如下:采用20cm的植入深度植入3根$\phi 16$钢筋,按厂家规定的固化时间,测试其实际抗拉强度,并与厂家给出的建议值进行比较;分别植入深度为10cm、15cm、20cm的$\phi 16$钢筋,每种深度的植筋不少于3个,在保证植筋胶充分固化的情况下,测试各组的抗拉强度;抗拉强度取值标准如有以下三种情况之一即认为达到极限状态,即钢筋屈服、混凝土楔形(倒三角形)拔出、混凝土柱形拔出(即钢筋拔出后,其周围包裹一层混凝土)。

首先确定植筋位置,在边跨墩顶现浇箱梁的端横隔板上植筋,所植钢筋间距不低于10cm。8:10开始钻孔,钻孔过程中遇到钢筋网产生废孔10个(左侧7个,右侧3个)。其施工过程为:清孔;注胶,本次试验采用K-801植筋胶,钢筋采用φ16长1m的HRB335级热轧带肋钢筋;植筋,植入已除锈完钢筋9根,分别植入深度为10cm、15cm、20cm;胶固化时间为50min;进行抗拉拔试验,仪器采用ZY-20型锚杆拉力计,测出各组的抗拉强度。

按厂家的使用说明及指定指标,采取"三清三刷"且混凝土在20℃条件下,对φ16筋,植入深11cm时抗拉力为25.4kN,植入深17.5cm时抗拉力为75.1kN,植入深21.5cm时抗拉力为108.1kN;植入深29.3cm时方可达到设计值。

从本次试验数据上看,当锚固深度为10cm时,锚固钢筋的抗拔力平均值为78.8kN,锚固深度为15cm时抗拔力平均值为102.4kN,锚固深度为20cm时抗拔力平均值为109.1kN并且达到了设计值。由此说明,锚固深度为15cm的抗拔力与锚固深度为20cm的结果相差较小,当局部钻孔深度不能满足设计要求时,可以适当减小钻孔深度至15~20cm。

从试验效果上看,按照厂家提出的植筋50min时进行拉拔试验时,没有混凝土被带出,也没有胶被带出,而植筋24h后进行拉拔试验可见至混凝土表层部分混凝土带出,但其受力与50min拉拔时没有太大区别。

(3)锚固钢筋施工工艺

锚固钢筋施工工艺包括:准备、钻孔、清孔、注胶、植筋以及最终检查。

①准备:检查被植筋混凝土表面是否完好;在已凿毛混凝土表面进行孔位放样,用钢筋探测仪探测并标出原混凝土内钢筋及钢绞线位置,据探测结果调整种植钢筋位置。

②钻孔:在根据钢筋直径按照技术参数表中资料要求,根据直径对应深度打孔,检查孔径及孔深,满足要求即可。

③清孔:利用压缩空气清孔,确保孔壁无尘。

④注胶:首先将植筋胶直接放入胶枪中,将搅拌头旋到胶的头部,扣动胶枪直到胶流出为止,前两次打的胶不用。注胶时,将搅拌头插入孔的底部开始注胶,逐渐向外移动,直至注满孔体积的2/3。注射下一个孔时,按下胶枪后面的舌头,因为自动加压,避免胶继续流出,造成浪费。更换新的胶时,按下胶枪后面的舌头,拉出拉杆,将胶取出。

⑤植筋:将备好的钢筋旋转着缓缓插入孔底,按照固化时间表规定时间(本工程约为30min)进行安装,使得锚固剂均匀地附着在钢筋的表面及缝隙中,待其固化后再进行其他各项工作。

⑥外观检查固化是否正常。重要部位的螺栓需进行现场抗拔试验,检验其锚固力是否满足设计要求;合格后方可进行下一道工序的施工。

实际施工时,应严格控制植筋的施工质量。需要将各植筋孔进行编号,详细记录每个植筋孔的钻孔深度、灌胶的饱满程度、植筋胶的固化时间等。尤其注意在规定的结构胶固化时间前(该时间通常需要通过现场试验确定),不要在其周围进行任何施工,以免扰动胶的固化,影响其抗拉强度。

(4)体外索穿束与张拉工艺

本次施工采取整根体外索一次性穿过的穿束方式。在穿束过程中,要注意防止损伤体外索的防护层。体外索采取整根张拉的方式,张拉时两端同时张拉,理论控制伸长量为

11.6cm。张拉时采取伸长量和张拉吨位双控。

由于钢索每根长度约为40m,若按以往的张拉程序,即初始张拉力为$10\%\sigma_k$时,钢索由于垂度效应尚不能被拉直。经过计算,改变了初应力为$10\%\sigma_k$的做法,每根钢索的初应力改为$20\%\sigma_k$。为保证张拉过程中的结构安全,并使主梁混凝土、锚箱的变形得以充分发展,张拉时需要分级张拉。具体张拉程序如下:

$$0 \to 20\%\sigma_k \to 60\%\sigma_k \to 80\%\sigma_k \to \sigma_k(锚固)$$

每级张拉吨位的持续时间不小于10min,并且每级均需测量体外索的伸长量。待监测人员测量完有关数据并确认结构安全后,才可进行下一级吨位的张拉。

在张拉之前,需要对锚箱进行细致检查。在张拉过程中,若钢锚箱锚固底板出现开裂,或其周围混凝土出现新的裂缝且裂缝持续发展,或出现其他异常情况时,立即停止张拉,千斤顶卸载,待查明原因后,再继续施工。

5. 施工过程监控

旧桥加固有别于新桥建设,尤其是对已经存在病害的桥梁。由于在施工过程中许多不确定因素的存在,以及原桥梁体混凝土质量的不均匀性等,施工过程存在着一定的危险性。所以,为保证桥梁加固施工过程中的安全性,需要对施工中的关键工序以及结构的应力、变形、裂缝等方面进行监控,以达到预期加固设计的目的。

(1)施工过程监控方案

为保证张拉过程中的结构安全,并使主梁混凝土、锚固箱的变形得以充分发展,张拉时需要分级张拉。具体张拉程序如下:边跨张拉(设计张拉吨位78.2t),分三级进行,即16t、32t、78.2t;三跨连续梁中跨张拉(设计张拉吨位140.8t),分四级进行,即28t、56t、112t、140.8t;五跨连续梁中跨张拉(设计张拉吨位129.1t及140.8t),分四级进行,即26t、52t、104t、129.1t(第三跨),28t、56t、112t、140.8t(第二、四跨)。每级张拉吨位的持续时间不小于10min,待监测人员测量完有关数据并确认结构安全后,才可进行下一级吨位的张拉。

张拉过程中,若出现下列情况之一,则应停止张拉:锚后主梁腹板混凝土出现裂缝,且裂缝宽度大于0.05mm;钢锚箱纵向变形或横向变形呈现非线性变化,或者其变形有突然变化;钢锚箱锚后的锚栓周围胶体出现开裂现象;锚后混凝土的拉应力增量超过设计预压应力;锚后混凝土的拉应力增量呈现非线性变化,或者急剧发生变化。若出现上述情况,监控单位应会同建设单位、施工单位、监理单位分析发生的原因,并仔细分析监测数据,确认安全后才可进行施工。否则,应停止张拉,并采取适当措施,尽量保证张拉达到设计吨位。

监控内容包括锚固箱变形监测、体外索张拉伸长量监测、主梁挠度监测、主梁关键断面应力监测以及主梁主要裂缝监测。

①锚固箱变形监测(图7-81)。

利用千分表(或百分表)测量锚固箱在张拉过程中的变形情况。分别在每个锚固箱的立板(N2钢板)和底板(N1钢板)上设置千分表,以测量张拉时锚固箱的纵向和横向变形。

②体外索张拉伸长量监测。

张拉过程中,分级张拉体外索的同时,分级监测体外索的张拉伸长量,并随时与理论计算值进行比较。若发现实测值与理论值不符,则停止张拉,待查明原因后确保万无一失后方可继续施工。

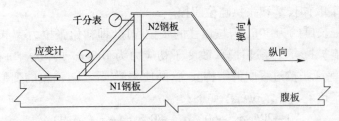

图 7-81 钢锚箱变形监控

③主梁挠度监测。

选取各跨的跨中断面为挠度监测点,利用电子水准仪,随时测量主梁在张拉时的变形情况。在每跨的跨中沿横向设置 5 个挠度监测点,由外侧向内侧编号依次为 1~5 号点,全桥共计有 40 个挠度测点(图 7-82)。

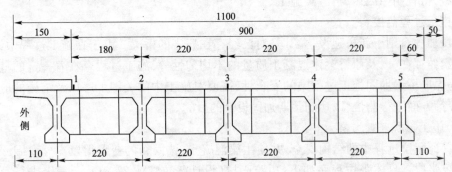

图 7-82 主梁挠度监控测点布置(尺寸单位:cm)

④主梁关键断面应力监测。

在体外索张拉过程中,通过在跨中断面及锚后腹板上贴振弦式应力计的方法,对主梁混凝土的纵向应变进行测量。跨中断面上每片梁底布置 2 个应变计,每跨共计 10 个。锚后腹板混凝土上沿梁高方向布置 2 个应变计。

⑤主梁主要裂缝监测。

选取主梁的主要裂缝,利用裂缝观测仪,观测裂缝在张拉过程中的发展。

(2)钢锚箱施工过程监控

在施工过程中,严格按照监控方案的要求,对体外索进行分级张拉,分别按照设计张拉力的 20%、40%、80%、100%进行张拉控制,并且每一级张拉过程的持荷时间不小于 10min,让锚箱和混凝土的变形得以充分发展。在整个张拉过程中,除一个突发的脱落钢锚箱之外,张拉吨位均满足设计的要求,且钢锚箱的工作状态正常,与主梁的腹板连接稳定可靠,钢锚箱后混凝土完好,无开裂、破坏现象,体外索外表完好,张拉过程中无滑丝、断丝等现象。锚固箱是体外预应力加固技术中关键的控制构件,它的稳定性以及承载能力将直接影响到加固的成败以及加固的效果。所以,在施工过程中对钢锚箱变形与应力的监测是至关重要、必不可少的。

①张拉过程中的变形监测。

在张拉的过程中,需监测锚固箱的变形情况。通过在锚固箱的底板以及立板上布设千分表(或百分表),可以测量出每级加载情况下锚固箱的变形情况。以北岸五跨连续梁中的第二跨为例,监测结果表明,张拉吨位为设计张拉吨位的 20%(28t)时,锚固箱几乎没有变形,此时体外索刚刚被拉紧,随着张拉吨位的加大,底板及立板的变形也随之增大,但是立板的变形总体上要比底板小很多。由于锚固箱间的个体差异,底板及立板的变形相互差别较大,当达到设计张拉吨位(140.8t)时,底板上产生的变形值为 0.06~0.192mm,立板上最大的变形值为 0.015~0.1mm。钢锚箱变形测点布置如图 7-83 所示。

另外,对于底板 N1 而言,实际监控的变形值大于理论计算值,分析其原因在于:N1 钢板主要通过植筋及在与主梁腹板的缝隙中灌入结构胶与主梁连接,由于梁体腹板表面混凝土的不平整性,以及锚固箱在制作焊接过程中底板的变形,使得 N1 钢板与腹板粘贴时中间产生较大的空隙。胶体全部充满缝隙后,在张拉力的作用下,胶体会产生较大的变形,所以导致底板变形的实测值与理论值不符。对于立板而言,变形值不涉及胶体的直接参与,监测值小于理论计算值,说明钢锚箱具有一定的安全储备。

图 7-83 钢锚箱变形测点布置

②张拉结束后的长期监测。

为了掌握张拉后钢锚箱的长期变形情况,进行了张拉结束后的长期变形监测。监测时间持续 5d,每天测量次数控制在 2 次以上。根据张拉过程中测得的数据,底板的变形较立板明显,所以,仅监测钢锚箱底板的变形情况。监测结果表明,在张拉完毕以后,锚固箱底板的变形仍然在继续发展,但随时间的推移,变形的发展也越来越缓慢,张拉结束 3~4d 后基本趋于稳定状态,变形不再继续发展,最大的累计变形达 0.29mm。

③锚箱后混凝土应力监测。

在张拉的过程中,若锚后混凝土的应力增量超过其设计预压应力,或者应力增量呈现非线性的变化趋势,则说明锚箱后混凝土的拉应力过大,可能导致钢锚箱后的主梁混凝土出现开裂现象。根据整个张拉过程中的监测,除脱落的钢锚箱外,其余锚箱后端混凝土完好无破损,无开裂。另外,钢锚箱后混凝土应力分布比较均匀,张拉到最大设计吨位 140.8t 时,产生的最大拉应力为 1.44MPa。该拉应力由混凝土自身就足以承担,何况在原梁体内还存在着一定的预压应力,所以不会将锚后混凝土拉裂。

④脱落锚固箱原因分析及处理。

a. 脱落锚固箱的描述。

按照原来的施工组织计划,进行南岸三跨连续梁第二跨第 2、4 号梁的体外索张拉。张拉前需先将体外索进行张紧,吨位为 28t,此时 2 号梁下游侧南岸张拉端的锚箱后混凝土被拉裂,且扩散面积较大,另一端钢锚箱后混凝土也出现微裂缝,但没有张拉端明显,随即停止此束体外索的张拉。该梁上游的锚箱未出现任何开裂现象。

随后继续进行 4 号梁左右两侧的体外索张拉,在张拉到最后一级(140.8t)之后,2 号梁北岸下游侧的锚箱从梁体剥落(图 7-84),砸在施工支架上,锚栓全部拔出,梁体保护层混凝土被锚箱底板带下,且梁体构造钢筋拉弯(图 7-85);落下的钢锚箱上锚栓上没有胶体,胶体仍留在主梁混凝土内(约 15cm 深),梁体混凝土完好。

 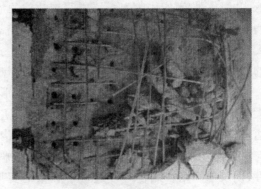

图7-84 脱落的锚箱　　　　　　　　图7-85 破坏的梁体

b. 锚箱脱落的原因分析。

钢锚箱发生脱落事故后,设计单位、建设单位、监理单位以及施工单位进行了多组锚栓的抗拔试验,并用回弹仪对梁体混凝土的强度进行了测定。根据钢锚箱脱落的破坏形态、实际梁体损坏的现象及各种试验的结果,分析钢锚箱脱落的原因如下:

a)施工中许多不确定因素的存在是导致钢锚箱脱落的原因之一。施工中由于多方面条件及因素的限制,例如:结构胶的配比、搅拌的均匀程度、锚栓孔的清洁程度、锚栓孔灌胶的饱满程度、胶体受到扰动等,都会对结构胶与混凝土之间的黏结强度产生很大影响,导致锚栓的抗拔力偏低。在这些因素中,胶体硬化过程中受到过早扰动是导致锚箱脱落的主要原因。结构胶需要一定的硬化时间,若硬化过程中受到扰动,将导致锚栓和混凝土之间黏结力的降低。施工人员在灌注完胶体并植入锚栓后,需等胶体硬化后才能拧紧锚栓外面的螺栓。但施工人员过早拧动了螺栓,扰动了正在硬化的胶体,使结构胶失去黏结力。因此,在以后的施工过程中,规定灌注完胶体12h后,再拧紧螺栓,以保证其达到黏结强度。

b)该片梁的混凝土的强度较低也是导致钢锚箱发生脱落的原因之一。钢锚箱脱落以后,采用回弹的方法对所有梁体进行回弹测试,回弹分析后的结果表明,梁体间混凝土强度存在个体差异,回弹值的离散性较大,该梁的回弹值介于25~45MPa之间。

c. 脱落锚箱的处理。

根据专家们提出的处理建议,征求了业主、监理单位以及施工单位的意见后,提出脱落锚箱的处理方案如下:

a)首先凿除破损表面松动的混凝土,对原有锚栓的孔道进行重新钻孔,将原孔道中硬化的胶体全部清除,并进行适当扩孔处理。

b)修复保护层位置的构造钢筋网,对于拉弯的钢筋应恢复到其原来的位置,对破断的钢筋进行连接处理,并设置门式构造钢筋进行钢筋网的补全。

c)在凿除后的混凝土表面上错开锚栓的位置植入 $\phi12$ 钢筋,钢筋植入深度大于10cm。

d)将锚箱安装到原预定位置,对锚栓孔道进行清孔处理,插入锚栓,并用树脂混凝土对锚箱的左右两侧以及底部进行修复封闭处理,在底部预留出两个压胶口。

e)以钢锚箱的底板为模板,将洗净烘干的细料石从锚箱上部放入到锚箱底板后面的孔隙中,从底面预留的压胶口压入清胶,待压胶饱满后,采用树脂混凝土对上端进行封闭处理。

f)等胶体达到强度后,采用对顶措施将该锚箱与对面的锚箱进行加固。

g)锚后加入斜拉钢板进行加固处理。

根据以上处理方案,完成了该脱落锚箱原预定位置安装和体外索的重新张拉。由于主梁腹板进行了修补,为了保证施工安全,将该索的张拉吨位降为设计张拉吨位的80%,即112t。不仅对整个张拉过程进行了跟踪监控,而且在通车运营后的一周时间内均对该梁体及锚固箱进行监测。结果表明,采用该种加固处理方案,锚固箱工作状态正常,N1粘贴钢板下修复的树脂混凝土完好,无破损、开裂现象,满足设计的要求。

为保证施工过程的安全性,根据设计单位提出的方案,结合专家的意见,决定采取相邻钢锚箱间对顶(图7-86)、并在锚箱后端增加两块斜拉筋板的安全措施。

(3)体外索张拉伸长量监测

在分级张拉过程中,在每一级别上均需监测体外索的张拉伸长量,并随时与理论计算值进行比较。对体外索的监控主要从张拉力以及伸长量两个方面进行双控。由于体外预应力与体内预应力在张拉控制上存在着差异,实际量测的体外索张拉伸长量比理论计算值偏大,主要有以下两个方面的原因:体外索穿索后,索在自重作用下的垂度对张拉伸长量影响较大;由于仅在转向处与梁体接触,体外索的摩阻损失远小于体内预

图7-86 钢锚箱之间的安全对顶装置

应力。由此导致了按体内预应力计算出的伸长值小于实际伸长值。在施工过程中,体外索张拉伸长量与计算值的偏差均控制在6%范围内。

(4)主梁挠度监测

选取各跨的跨中断面为挠度监测点,利用电子水准仪,随时测量主梁在张拉时的变形情况。在每跨的跨中沿横向设置5个挠度监控点,分别设置在各片T梁的跨中位置。全桥共计有40个挠度测点。结果表明,主梁跨中挠度的实测值均小于理论计算值,其比值在0.85~0.95之间,平均值为0.90,说明主梁具有一定的刚度储备;全部张拉结束后,南岸的中跨和北岸的第二、四跨跨中累积变形分别为0.22mm、0.20mm、0.33mm,主梁的下挠变形恢复很小。

(5)主梁关键截面应力监测

在体外索张拉过程中,通过在跨中断面上贴振弦式应力计的方法,对主梁混凝土的纵向应变进行测量。每个跨中断面上梁底共计布置10支应变计。三跨连续梁以第二跨跨中的10个测点为监测对象,五跨连续梁则以第二、三、四跨跨中的测点为监测对象。结果表明,主梁跨中截面应力的实测值均小于理论计算值,其比值在0.85~0.95之间,平均值为0.898,实测值与理论值吻合良好。

(6)主梁主要裂缝监测

由桥梁外观检查的结果可知,梁体的受力裂缝主要分布在跨中6m左右的范围内,根据加固设计文件的要求,对梁体所有的受力裂缝进行封闭灌胶处理。在裂缝封闭处理结束以后,进行体外索的张拉。由于张拉过程中,施加的预应力会对梁体产生预压力的作用,有利于跨中范围内的裂缝的闭合。在监测的过程中,通过选取几条关键裂缝作为监控跟踪对象,利用裂缝观

测仪进行分级观测。经过观测,张拉过程中,裂缝始终闭合,无开展及其他异常现象。

6. 加固效果评价

加固工程结束后,结合施工过程监控的结果以及荷载试验的结果,对松原市松花江公路大桥的加固效果进行评价。

(1)施工监控总结

在整个施工过程中,对体外索的张拉、钢锚箱、主梁挠度、关键截面应力以及主要裂缝进行了实时的监控。

①体外索张拉过程监测。

在施工过程中,严格按照监控方案的要求,对体外索进行分级张拉,分别按照设计张拉力的20%、40%、80%、100%进行张拉控制,并且每一级张拉过程的持荷时间不小于10min,以使钢锚箱及主梁混凝土的变形得以充分发展。在分级张拉过程中,在每一级别上均从体外索的张拉力以及伸长量两个方面进行双控,并随时与理论值进行比较。在施工过程中,体外索张拉伸长量与计算值的偏差均控制在6%范围内,所有体外索的张拉吨位均满足设计要求。体外索外表完好,张拉过程中无滑丝、断丝等现象发生。

②钢锚箱施工过程监控。

由于主梁腹板与钢锚箱底板间胶体的变形,钢锚箱的底板变形值为0.03~0.20mm,大于理论计算值0.023mm。钢锚箱立板的变形值为0.02~0.32mm,小于理论值0.40mm,满足要求。张拉结束后,进行了钢锚箱底板的长期变形监测。监测时间持续5d,每天测量次数在2次以上。根据观测的结果,在张拉完毕以后,锚箱底板的变形仍继续发展,但随时间的推移,变形的发展越来越缓慢,张拉结束3~4d后趋于稳定状态,变形不再继续发展。

③主梁挠度监测。

主梁跨中挠度的实测值均小于理论计算值,其比值在0.85~0.95之间,平均值为0.90,说明主梁具有一定的刚度储备。全部张拉结束后,南岸的中跨和北岸的第二、四跨跨中累积变形分别为0.22mm、0.20mm、0.33mm,主梁的下挠变形恢复很小。

④主梁关键断面应力监测。

主梁跨中截面应力的实测值均小于理论计算值,其比值在0.85~0.95之间,平均值为0.898,实测值与理论值吻合较好。

⑤主梁主要裂缝监测。

通过选取几条关键裂缝作为监控跟踪对象,利用裂缝观测仪进行分级观测。经过观测,张拉过程中,裂缝始终闭合,无开展及其他异常现象。

在加固施工过程中,除出现一个钢锚箱脱落的意外事故外,整个施工过程平稳、安全,没有发生异常现象。钢锚箱的工作状态正常,与主梁腹板连接稳定可靠;钢锚箱后混凝土完好,无开裂、破坏现象。监控单位通过对体外索的张拉力和伸长量、钢锚箱底板和立板的变形、主梁的跨中挠度、主梁关键断面的混凝土应力等的监测,将其控制在允许的范围之内,确保了维修加固工程的质量和安全。

(2)加固后荷载试验

为检验桥梁体外预应力加固的施工质量和加固效果,确保加固后结构的安全,在维修加固之后,对桥梁进行了全面的外观检查和荷载试验,并为以后桥梁的维修管理提供依据。根

第7章 大跨径 PC 桥梁体外预应力加固技术

据对该桥外观检查、静载试验结果及动载试验结果分析,得到如下结论:

①按照汽车—20 级的荷载标准,采用荷载等效的方法,用 4 台重 300kN 的加载车辆分别对南岸三跨连续梁、北岸五跨连续梁进行加载。各试验工况的试验效率系数在 0.93 ~ 1.01 之间,各测试断面的应力校验系数 $\lambda = 0.508 \sim 0.943$,其平均值为 $\lambda = 0.725$,在《大跨径混凝土桥梁的试验方法》要求的 0.70 ~ 0.90 范围内,实测值均小于理论值。说明结构工作性能良好,承载能力有一定富余。

②在试验荷载作用下,得到的桥梁纵向各挠度测点的试验值变化规律与理论计算值的变化规律趋势完全一致,说明结构的刚度、整体变形、完整性满足设计要求,其工作性能较好。当所有试验荷载卸除后,控制截面的变形基本恢复为试验前的初始状态,残余变形很小,说明在试验过程中结构始终处于弹性工作状态。对三跨连续梁及五跨连续梁来说,各跨跨中截面的挠度实测值与理论计算值的比值(即校验系数)在 0.587 ~ 0.803 之间,实测值均小于计算值,说明结构的刚度具有较大的富余。

③在试验荷载作用下,桥梁结构自由振动频率为 2.69Hz,大于理论计算出的结构第一阶自由振动频率(基频)$\omega = 2.36$Hz,说明结构具有良好的动力刚度。加载车辆在不同车速下的激振频率大约为 3.88Hz,大于结构自振频率,结构不会产生临界共振现象。

④在试验荷载作用下,体外索的应力增量较小,为 4.06MPa,相应的索拉力增量为 6.9kN。体外索的自振频率为 20.041Hz,远大于结构的第一阶自振频率及其在加载车辆作用下的强迫振动频率,说明在车辆作用下,体外索不会产生明显的振动,具有良好的抗疲劳性能。

从荷载试验的结果可以看出,加固后桥梁的强度和刚度较加固前得到了较大改善,加固效果明显,加固施工质量良好。根据公路桥梁规范和设计要求,加固后桥梁的受力总体上已达到加固设计和施工的预期目的,能够满足设计荷载汽车—20 级、挂车—100 的正常使用要求。

(3)加固效果综合评价

综合施工过程监控的结果和荷载试验的结果,可以得到如下结论:

①本桥加固工程增大了主梁的应力储备,有效地改善了主梁的应力状态。

加固计算结果表明,通过增设体外预应力钢束,有效地增加了桥梁跨中截面下缘的压应力储备,使得在最不利荷载主要组合作用下,若考虑使用阶段混凝土收缩徐变的影响,三跨连续梁中跨跨中截面下缘应力由加固前的 -6.25MPa 降低到 -2.44MPa,五跨连续梁第二、四跨跨中下缘应力由 -8.89MPa 降低到 -3.08MPa;若不考虑使用阶段混凝土收缩徐变的影响,则全部为全预应力构件,三跨连续梁中跨跨中截面下缘有 1.71MPa 的压应力储备,五跨连续梁第二、四跨跨中下缘有 1.29MPa 的压应力储备。加固后的桥梁应力状态远好于原来的应力状态。

②本桥加固工程提高了主梁的刚度,减小了结构在活载作用下的变形。

通过置换桥面铺装、张拉体外束使裂缝封闭、裂缝灌胶等措施,加强了主梁间的横向联系,有效地提高了主梁的刚度和结构的整体刚度。加固后的荷载试验表明,在试验荷载作用下,主梁变形的实测值小于理论计算值,且结构自振频率的实测值大于理论计算值,说明结构的刚度具有较大储备,并具有良好的动力刚度。

③采用可调可换的体外索系统,为以后的维护提供了极大的方便。

本加固设计首次采用了可换可调式的体外预应力锚具体系,该锚具的特点是可以重复调整体外索的拉力,并且在体外索出现破坏时可以整根更换,这为以后桥梁的维护提供了极大的方便。在以后桥梁的运营过程中,可以根据梁体的实际受力需要,以及钢锚箱和体外索的实际工作情况,对体外索进行吨位补拉、更换等措施,以使桥梁结构满足正常的使用要求。

参 考 文 献

[1] 张树仁,王宗林.桥梁病害诊断与改造加固设计[M].北京:人民交通出版社,2006.

[2] 张树仁,郑绍珪,黄侨,鲍卫刚.钢筋混凝土及预应力混凝土桥梁结构设计原理[M].北京:人民交通出版社,2004.

[3] 黄侨,荣学亮,杨明.桥梁体外预应力筋极限应力计算方法[J].中国公路学报,2010,23(6):78-84.

[4] 张树仁,王潮海.桥梁加固薄弱构件正截面强度试验研究[J].土木工程学报,1994,27(6):62-69.

[5] 王宗林,张树仁,王潮海.体外预应力混凝土简支梁的效率配筋设计[J].土木工程学报,2003,36(12):1-7.

[6] 王潮海,郑继光,吴红林.有粘结预应力加固钢筋混凝土梁试验研究及工程应用[C].2012 桥梁高性能混凝土,2012.

[7] Liu H,Zheng J,Sun Y. Theoretical research on ultimate bearing capacity of pier strengthened using carbon fiber reinforced polymer[J]. Polymers & Polymer Composites,2011,19(2/3):177.

[8] Zheng J,Liu H,Yu L,et al. Simplified analysis on concrete enclosure for composite circular columns in axial compression[C]//World Automation Congress(WAC),2012. IEEE,2012:1-5.

[9] 刘寒冰,郑继光,邹品德.叠合式钢筋混凝土圆截面短柱偏心受压承载力计算[J].吉林大学学报(工学版),2011,41(增刊2):159-163.

[10] 黄侨.公路桥梁体外预应力加固设计方法专题研究报告[R].南京:东南大学,2008.

[11] 李国平.预应力混凝土结构设计原理[M].北京:人民交通出版社,2000.

[12] 张劲泉,魏洪昌,徐岳,等.公路旧桥加固成套技术及工程实例[M].北京:人民交通出版社,2007.

[13] 姚国文,吴海军,李世亚.桥梁检测与加固技术[M].北京:人民交通出版社股份有限公司,2014.

[14] 江祥林,易汉斌,俞博.体外预应力加固桥梁技术与工程实例[M].北京:人民交通出版社,2013.

[15] 谌润水,胡钊芳,帅长斌.公路旧桥加固技术与实例[M].北京:人民交通出版社,2002.

[16] 黄侨.公路钢筋混凝土简支梁桥的体外预应力加固技术[M].北京:人民交通出版社,1999.

[17] 张宇峰,朱晓文.桥梁工程试验检测技术手册[M].北京:人民交通出版社,2009.

[18] 杨琪.高速公路桥梁加固成套技术与工程实践[M].北京:人民交通出版社,2010.

[19] 蒋泽汉,江涛.桥梁承载力鉴定与桥梁加固设计[M].北京:人民交通出版社,2011.
[20] 国外道路标准规范编译组.桥梁加固技术[M].北京:人民交通出版社,2012.
[21] 广东省公路管理局.广东省公路桥梁维修加固技术指南[S].北京:人民交通出版社,2011.
[22] 重庆交通委员会,重庆交通学院.横张预应力混凝土桥梁设计施工指南[M].北京:人民交通出版社,2005.
[23] 李光俊.体外预应力技术在旧桥加固中的应用研究[D].哈尔滨:哈尔滨工业大学,2010.
[24] 张兴.佳木斯松花江公路大桥承载能力评定及维修加固研究[D].哈尔滨:哈尔滨工业大学,2008.
[25] 张立衡.既有桥梁预应力CFRP板主动加固技术研究[D].兰州:兰州交通大学,2013.
[26] 高俊亮.有粘结预应力加固体系应用研究[D].天津:河北工业大学,2006.
[27] 宋宇锋.既有空心板梁桥横向预应力加固技术研究[D].哈尔滨:哈尔滨工业大学,2015.
[28] 王强.有粘结预应力加固试验研究和有限元分析[D].哈尔滨:哈尔滨工业大学,2011.
[29] 于海营.有粘结预应力加固体系参数分析与数值模拟[D].哈尔滨:东北林业大学,2010.
[30] 王磊.增大截面有粘结预应力加固钢筋混凝土梁试验研究[D].济南:山东建筑大学,2012.
[31] 卓静.高强度复合材料FRP片材波形齿夹具锚锚固系统及应用研究[D].重庆:重庆大学,2004.
[32] 王德选.预应力CFRP布加固钢箱梁与混凝土组合梁力学性能[D].沈阳:东北大学,2009.
[33] 李春良.预应力CFRP加固钢筋混凝土梁复合结构力学行为分析[D].长春:吉林大学,2008.
[34] Du Jinsheng,Lu Wenliang,Ji Wenyu. Stress in the external tendons at ultimate(Discussion)[J]. ACI Structural Journal,2006,103(1):149-154.
[35] 梁鹏聪.预应力FRP筋混凝土梁受弯性能研究[D].西安:长安大学,2012.
[36] 李国平,沈殷.体外预应力筋极限应力和有效高度计算方法[J].土木工程学报,2007,40(2):47-52.
[37] 龚黎明.预应力碳纤维板加固混凝土梁的协同受力性能研究[D].重庆:重庆交通大学,2014.
[38] 季少波.预应力碳纤维布加固桥梁力学行为研究[D].武汉:武汉理工大学,2007.
[39] 王朝忠.预应力碳纤维布抗剪加固持载钢筋混凝土T梁试验研究[D].长沙:中南大学,2014.
[40] 刘春伟.预应力碳纤维布与钢板复合加固混凝土梁的正截面受力性能研究[D].泰安:山东农业大学,2008.
[41] 王涛.预应力碳纤维在桥梁工程中的应用研究[D].西安:长安大学,2004.

[42] 牛斌. 体外预应力混凝土梁弯曲性能分析[J]. 土木工程学报,1999,32(04):37-44.

[43] 王红,刘华波,宋爽. 预应力混凝土结构非线性分析中 ANSYS 的应用[J]. 四川建筑科技研究,2006,32(1):43-45.

[44] 严景明. 粘贴预应力纤维增强复合材料在加固混凝土 T 梁中的作用[J]. 现代经济信息,2012,(13):223-223.

[45] 张树仁,宋建永,张颂娟. 桥梁加固钢筋混凝土受弯构件斜截面承载力计算方法及试验研究[J]. 中国公路学报,2003,16(3):64-68.